KB176232

임동석중국사상100

설 원

說 苑

劉向 撰 / 林東錫 譯註

유향(劉向)

"상아, 물소 뿔, 진주, 옥. 진괴한 이런 물건들은 사람의 이목은 즐겁게 하지만 쓰임에는 적절하지 않다. 그런가 하면 금석이나 초목, 실, 삼베, 오곡, 육재는 쓰임에는 적절하나 이를 사용하면 닳아지고 취하면 고갈된다. 그렇다면 사람의 이목을 즐겁게 하면서 이를 사용하기에도 적절하며, 써도 닳지 아니하고 취하여도 고갈되지 않고, 똑똑한 자나 불초한 자라도 그를 통해 얻는 바가 각기 그 자신의 재능에 따라주고, 어진 사람이나 지혜로운 사람이나 그를 통해 보는 바가 각기 그 자신의 분수에 따라주되 무엇이든지 구하여 얻지 못할 것이 없는 것은 오직 책뿐이로다!'

《소동파전집》(34) 〈이씨산방장서기〉에서 구당(丘堂) 여원구(呂元九) 선생의 글씨

책머리에

"어진 스승과 훌륭한 친구가 곁에 있고, 시서예악과 같은 좋은 책이 그 앞에 펼쳐져 있는데도 이를 버리고 옳지 못한 짓을 할 자는 적으리라!"(賢師良友在 其側, 詩書禮樂陳於前, 棄而爲不善者, 鮮矣.)

바로 이 책 담총편(談叢篇. 497)에 실려 있는 경구이다.

집안에 어떠한 책을 소장하고 있는가에 따라 그 집안의 가풍을 알 수 있으며, 자녀에게 어떤 책을 마련해주는가를 보면 그 집 가정교육을 알 수 있다. 이처럼 스승과 친구, 그리고 고전의 훌륭한 책은 세상을 살아가는 가장 좋은 안내자이며 가장 훌륭한 나침반이다.

《설원說苑》은 정말 훌륭한 고전이다. 고대古代부터 한漢나라 때까지의 온갖 지혜와 고사, 격언이 총망라되어 있다. 이에 우리나라 중등학교의 한문 교재는 물론 많은 동양학 서책에 빠짐없이 이《설원》속의 이야기가 등장한다.

특히 송宋나라 때 잔권殘卷 5권이 오늘날의 20권으로 복원되는 과정에서 〈고려본高麗本〉이 결정적인 역할을 하였다고 하였는데 이로 보면 우리나라에서도 일찍부터 읽혀온 아주 친근한 책이었음을 알 수 있다.

더 나아가 지금의 우리 심성에도 맞고 그 내용이 오늘날의 심한 경쟁, 가치관의 혼란, 도덕 부재의 상황 속에 이처럼 훌륭한 교재를 찾기 힘든 때에 교양을 위해서는 물론 덕과 지혜를 쌓기에도 아주 적합한 고전이라고 여긴다.

여기에 실린 이야기는 불과 몇 글자의 격언, 속담부터 수백 자에 이르는 긴 줄거리를 다룬 것으로 그 내용은 지도자가 갖추어야 할 덕과 용인술用人術, 남을 받들어 모실 때의 태도와 임무, 근본과 절도를 세워 살아가는 방법, 덕을 귀히 여기고 은혜에 보답할 줄 아는 삶, 능력 있고 어진 이를 찾아내어 천하를 이롭게 해야 할 이유, 사물을 바로 보고 그에 대처할 줄 아는 지혜, 만물의 본질과 귀착, 나아가 검약과 질박質樸의 본질적인 의미는 물론 심지어 죽음이란 무엇인가에 이르기까지 실로 그 내용은 다양하고 그 깨우침의 방법은 촌철살인寸鐵殺人의 단막극 장편掌篇체이다.

무려 846장에 이르는 이 많은 이야기는 단순히 한문으로 기록된 전적典籍으로의 의미, 혹은 한문 문장 해석과 학습 교재로서의 가치를 넘어서 오늘날 우리가 적용하고 이를 통해 지혜를 얻는데 조금의 손색도 없으리라고 본다.

게다가 본《설원》이 원 출전인 고사성어故事成語는 지금도 널리 회자膾炙되고 있다. 바로 초楚 장왕莊王의 '절영絶纓', 진晉 문공文公의 '한식寒食'의 고사를 낳은 개자추介子推의 이야기, 춘추오패春秋五霸의 수많은 일화, 안자晏子의 번뜩이는 재치와 풍자, 곡돌사신曲突徙薪의 가치관, 선인善人이 손해보는 것 같으나 끝내 복을 받는다는 확신을 심어주는 이야기들……. 사실 이런 내용은 어느 시대, 어느 상황에서나 당연한 척도가 되어야 할 근본의 문제이다. 그러나 글을 읽는 즐거움까지 함께 맛볼 수 있는 것은 바로 이런 고전이 가장 적합하다고 자신한다.

나는 이 책을 우리나라 각계 지도자들이 한 번 읽었으면 한다.

사회 각 분야에서 우리를 이끌고 나가는 노고에 지식을 넘어 더욱 지혜와 덕을 쌓고 어려운 판단은 그 덕과 인본人本이라는 열쇠로 풀 수 있는 해답이 이 책 속에 있기 때문이다.

나는 이《설원》을 완역상주完譯詳注하여 우리에게 조금이라도 보탬이 되었으면 하고 준비해온 지가 꽤 오래되었다. 그러나 분량이 적지않고 판본마다 문자文字의 이동異同이 있어 세밀히 하지 않으면 자칫 망문생의望文生義의 오류를 범할 것으로 염려되어 이제껏 미루어 올 수밖에 없었다.

이에 우선《전국책戰國策》을 완역상주한 다음 내친 김에 자료를 보충하여 작업을 시작하였다.

판본을 대조하고 문자를 확정지은 다음, 장을 나누고 다시 관련 참고 자료를
보충하기 위해 문사철文史哲의 전적典籍을 일일이 섭급涉及하는 일은 매우 고통
스러운 일이기도 하였다.

　그러나 결국 직역 위주일 수밖에 없고 그 때문에 문장의 어색함은 물론
의미의 통순通順면에서도 누소漏疎함을 면할 길이 없었다. 아무쪼록 읽는 이들이
주의하여 질정하고 고쳐주기를 빌 뿐이다.

　　　　줄포茁浦 임동석林東錫이 취벽헌醉碧軒에서 새판을 내면서.

일러두기

1. 이 책의 번역은 〈문연각文淵閣 사고전서본四庫全書本〉《설원說苑》, 그리고
   〈사부비요본四部備要本〉《설원說苑》을 근간으로 하여 조선이趙善詒의《설원
   소증說苑疏證》, 왕영王鍈·왕천해王天海의《설원전역說苑全譯》, 노원준
   盧元駿의《설원금주금역說苑今註今譯》을 참고하였다.
2. 주注는 인명人名, 지명地名, 사건명事件名, 연대 등을 위주로 하되 문자의
   이동異同도 다루었다. 특히 반복되는 인명, 지명 등 고유 명사는 장章이
   바뀌는 곳에는 번거롭더라도 다시 다루었다.
3. 분장分章은 판본마다 학자마다 다름으로 인해《설원소증說苑疏證》을 기준
   으로 하되 일부는 역자가 조정하여 분리하거나 합친 것도 있다.
4. 총 846장으로 이를 일련번호로 쓰고 다시 괄호 속에 그 편(권)의 숫자와
   그편 내의 일련번호를 붙여 찾아보기 쉽도록 하였다.
5. 매장 뒤의 참고 부분의 관련 기록은《설원소증說苑疏證》에 실린 것을
   빠짐없이 싣고 다시《설원전역說苑全譯》에서 출처만 밝힌 것은 최대한
   그 원전을 찾아 관련 문장을 전재轉載하였으며, 일부 미진한 것은 역자가
   다시 찾아 넣거나 보충한 것도 있다.
6. 매장의 제목은 문장 시작의 한 어절語節, 혹은 일부를 택한 것으로 이
   역시 역자가 편의를 위해 임의로 제시한 것이다.
7. 활자로 된《설원소증說苑疏證》,《설원금주금역說苑今註今譯》,《설원전역說苑
   全譯》에서의 탈자, 오자, 이체자 등은 〈사고본四庫本〉과 〈사부본四部本〉을
   대조하여 바로 잡았다.

● 참고문헌

《說苑》文淵閣 四庫全書, 臺灣 商務印書館 印本

《說苑》四部備要本, 臺灣 中華書局 印本. 1969

《說苑疏證》趙善詒, 華東師範大學出版社. 1985. 上海

《說苑全譯》王 鍈・王天海, 貴州人民出版社. 1992. 貴陽

《說苑今註今譯》盧元駿, 臺灣 商務印書館. 1977. 臺北

《說苑補正》金嘉錫, 臺灣大學 中國文學研究所. 1960. 臺北

《新序說苑選譯》曹亦氷, 巴蜀書社. 1990. 成都

《周易正義》(十三經注疏本,藝文印書館)・《尚書正義》・《毛詩正傳》・《周禮注疏》・《儀禮注疏》・《禮記注疏》・《春秋左傳正義》・《春秋公羊傳正義》・《春秋穀梁傳注疏》・《論語注疏》・《孝經注疏》・《爾雅注疏》・《孟子注疏》・《四書集注》(朱熹)・《戰國策》(拙譯)・《呂氏春秋》(四部刊要本)・《孔子家語》(諸子集成本)・《荀子集解》・《新語》・《晏子春秋》・《老子道德經》・《莊子集解》・《列子注》・《抱朴子》・《管子校正》・《韓非子集解》・《鄧析子》・《尹文子》・《公孫龍子》・《墨子閒詁》・《淮南子》・《論衡》・《孫子校正》・《吳子》・《韓詩外傳》・《新序》・《列女傳》・《吳越春秋》・《竹書紀年》・《史記》・《漢書》・《後漢書》・《資治通鑑》・《國語》・《世說新語》・《帛書戰國策》・《荊楚歲時記》・《藝文類聚》・《太平廣記》・《太平御覽》・《漢魏六朝百三家集題辭注》・《昭明文選》・《樂府詩集》・《柳宗元集》・《崇文總目》・《郡齋讀書志》・《詩經詞典》・《四書索引》・《中國歷史地圖集》・《中國歷史紀年表》・《康熙字典》・《中文大辭典》・《中國大百科全書》・《簡明中國古籍辭典》・《中國古典文學辭典》・《辭海》・《四庫全書總目》・《說文解字》.

기타 공구서, 참고서 등은 생략함.

해 제

(1) 《설원說苑》

《설원說苑》은 서한西漢 때에 유향(劉向; 대략 B.C.77~B.C.6)이 찬집撰輯한
필기류筆記類의 역사고사집歷史故事集이다.

〈사고전서四庫全書〉에는 이를 자부子部 유가류儒家類로 분류하였으나 〈사부
비요四部備要〉에는 사부史部로 분류하고 있다.

책이 완성된 연대는 대체로 한漢 성제成帝 홍가鴻嘉 4년(B.C.17년)으로 보고
있으며 유향 자신의 서록書錄에 "凡二十篇, 七百八十四章, 號曰新苑"이라 한
것으로 보아 이미 있던 기록을 새로이 찬집하여 20권 784장으로 정리한 것이
아닌가 한다.

이《설원》이 다루고 있는 내용은 고대부터 서주西周, 동주(東周; 春秋戰國)를
거쳐 진秦, 그리고 자신이 살아 있던 한대漢代까지의 유문일사遺聞逸事로써
《신서新序》의 나머지 재료를 모은 것이라 여기고 있다.

내용은 아주 다양하여 제자諸子의 언행은 물론 국가 흥망의 도리, 철리哲理,
격언格言을 적절히 배합하여 생동감 있게 당시의 살아 있는 백화어白話語로
찬집한 것이다.

자못 소설小說에 가깝고 풍유諷喩의 수사법이 두드러지며 풍격이 박실樸實
하여 후대의 소설 및 민간 고사, 일사佚事, 필기筆記 문학에 지대한 영향을
미친 것으로 평가되고 있다.

특히 문장이 대화체로 되어 있는 것이 많아 당대의 백화어로 여겨지기
때문에 어휘, 문법 연구의 좋은 참고 자료가 되고 있다.

한편 이《설원》20권은 북송北宋 초에 잔권殘卷 5권만 남아 있었으나
증공(曾鞏; 1019~1083)의 집보輯補로 20권 639장으로 모습이 복원되었다. 그러나
육유(陸游; 1125~1210)의 《위남집渭南集》에는 이덕추李德芻의 말을 인용하여

증공이 얻은 것은 〈반질편反質篇〉이 빠진 것이어서 〈수문편修文篇〉을 상하上下로 나누어 20권으로 하였던 것이며, 뒤에 〈고려본高麗本〉이 들어와서야 비로소 책 전체의 면모가 갖추어졌다고 하였다.

李德芻云: 館中說苑二十卷, 而闕反質一卷, 曾鞏乃分修文爲上下, 以足二十卷. 後高麗進一卷, 遂足.(《渭南集》卷27)

그리고 말미末尾에 "淳熙乙巳十月六日務觀"이라 하였는데, 순희淳熙 을사 乙巳는 남송南宋 효종孝宗의 순희淳熙 12년으로 1185년에 해당하며, 무관務觀은 육유의 자字이다.

한편 우리의 《고려사高麗史》에는 1091년(高麗 宣宗 8年, 宋 哲宗 元祐 6년)에 이자의李資義등이 송나라로부터 돌아와 송 철종의 요구에 의해 아주 많은 양의 도서를 보낸 기록이 있다.

"丙午李資義等還自宋奏云, 帝聞我國書籍多好本, 命館伴書所求書目錄授之, 乃曰雖有卷第不足者, 亦須傳寫附來. 百篇尚書, 荀爽周易十卷, 京房易十卷, 鄭康成周易九卷, ……新序三卷, 說苑二十卷, 劉向七錄二十卷 ……."
(《高麗史·世家》卷第十. 宣宗八年)

중국에서는 이들을 바탕으로 자신들의 책을 교정校正, 부사副寫하여 태청루太淸樓 천장각天章閣에 보관하였다고 하였다.

따라서 《위남집》에 〈고려본〉이라 한 것은 이 때 들어간 것이 아닌가 한다. 다시 말해 증공이 복원할 때는 19권뿐인 상태에서 〈수문편〉을 상하로 나누어 20권으로 하였으나 증공 사후에 〈고려본〉이 들어옴으로써 〈수문편〉은 본래대로 한 권으로 되고 〈반질편〉이 제자리를 찾아 제 모습의 20권이 되었을 가능성이 크다.

그 뒤 청대淸代에 이르러 다시 보충과 분장分章을 거듭하여 663장으로 알려져 왔다. 그러나 현재의 《설원소증說苑疏證》(趙善詒, 華東師範大學出版社, 1985)은 고증을 거쳐 무려 845장으로 세분하였고, 《설원전역說苑全譯》(王鍈·王天海, 貴州人民出版社, 1992)에는 718장으로 나누어져 있는 등 그 분장은 책마다, 사람마다 그 견해가 다르다.

이는 〈담총편談叢篇〉의 문장이 대개 70~80장으로 분류되던 것을 격언 위주의 단문이 겹친 것으로 보아 더욱 세분화하였기 때문이다.

또 실제로 〈사고전서본〉과 〈사부비요본〉조차도 각기의 분장이 달라 확정적으로 어떻게 나누는 것이 표준인가 하는 것은 여러 가지 문제가 있다.(역자는 846장으로 나누었다.)

청대부터 현대에 이르기까지 이 《설원》에 대한 많은 연구서가 쏟아져 나왔다. 즉, 진전陳鱣·황요포黃堯圃의 《송본설원교정본宋本說苑校正本》, 주준성 朱駿聲의 《송본설원교정본說苑校正本》, 노문초(盧文弨; 1717~1796)의 《설원 습보說苑拾補》, 유월(兪樾; 1821~1907)의 《독서여록讀書餘錄》, 손이양(孫詒讓; 1848~1908)의 《찰이札迻》, 소시학蘇時學의 《효산필화爻山筆話》, 문정식文廷式의 《순상자지어純常子枝語》, 유사백(劉師培; 1884~1919)의 《설원습보說苑拾補》, 조만리 趙萬里의 《설원각보說苑斠補》, 그리고 일인日人 미장관가尾張關嘉의 《설원찬주 說苑纂註》, 도원장桃源藏의 《설원고說苑考》 등이 있다.

이들의 연구를 모아 문자를 교정하고 분장을 나누고 표점을 찍어 활자로 출판한 것이 곧 조선이趙善詒의 《설원소증說苑疏證》(1985)이다.

그밖에 상종로向宗魯의 《설원교증說苑校證》(1987, 中華書局)이 이 방면 연구

정리의 집대성이며, 백화어로 번역된 것으로는 《설원금주금역說苑今注今譯》(盧元駿, 臺灣商務印書館, 1977, 〈사부비요본〉을 대본으로 함), 《설원전역說苑全譯》(王鍈·王天海, 貴州人民出版社, 1992) 및 일부 선역選譯, 초역抄譯한 것들도 있다.

그러나 이 역시 활자로 옮기는 도중 오기, 오식, 탈자가 있어 결국 〈사고본〉과 〈사부본〉을 일일이 대조해야 정확을 기할 수 있다.

그 중 《설원소증》은 매장의 본문 끝에 관련 기록이 실려 있어 큰 참고가 되고 있다.(역자의 번역본에는 이를 모두 싣고 다시 《설원전역》에 출처만 밝힌 것을 일일이 찾아 전재하였으며 일부 누락된 것은 더욱 보충하여 연구자의 편의와 대조 및 관련 자료의 활용에 도움이 되도록 하였다.)

한편 육유의 《위남집》에 〈고려본〉에 대한 언급과 《고려사》의 기록으로도 알 수 있듯이 우리나라에서도 일찍부터 이 책이 읽혀졌던 것으로 여겨진다.

그러나 구체적인 기록은 알 수 없고 지금 우리나라에 소장되어 고본으로 알려진 《설원》은 대개 명대明代 이후의 판본으로 그 내용을 살펴보면 다음과 같다.

1. 《說苑》漢, 劉向 撰, 影印本, 國立中央圖書館, 1冊, 69張, 24.2×17.0cm, 原本, 貴598, 일산 古3738-14. 國 일산 古3738-18

2. 《說苑》漢, 劉向 撰, 中國木版本, 光緒19(1893) 20권 4책. 序文은 宋 曾鞏, 國立圖書館, 古2526-24.

3. 《說苑》漢, 劉向 撰, 宋 曾鞏 編, 寫本. 返還文化財. 20권 5책. 29.7×20cm. 序; 嘉靖 丁未(1547) 何良俊 외 1人. 國立圖書館, 古2526-4.

4. 《說苑》권7~10. 漢 劉向 撰, 木版本 68張. 國立圖書館 貴598. 일산 貴 3738-14.

5. 《說苑》漢, 劉向著, 明 程榮 校, 日本木版本, 20권 9책. 26.6×18cm.
　　序; 嘉靖 丁未(1547) 明 何良俊, 缺本. 圖2. 권3~4. 國立圖書館, 古052-8.
6. 《說苑》권 3~4. 漢 劉向 撰. 日本木版本 1冊. 國立圖書館 古051-1.

(2) 유향劉向

유향은 서한의 학자이며 문학가이다. 생졸 연대는 대체로 B.C. 77년(漢昭帝 元鳳 4년부터 B.C. 6년 漢 哀帝 建平 元年), 혹은 B.C. 79년(元鳳 2년)부터 B.C. 8년(漢 成帝 綏和 元年)으로 보고 있다.

자는 자정子政이며 본명은 경생更生으로 그의 아들은 흠歆이다.

그는 한 고조 유방劉邦의 이복 동생 초원왕楚元王 유교劉交의 4세손이며, 선제宣帝 때에 왕포王褒 등과 부송賦頌을 바쳐 산기간대부급사중散騎諫大夫給事中에 올랐고 원제元帝 때에는 산기종정급사중散騎宗正給事中에 올랐다.

그러나 그는 여러 차례 환관과 외척을 탄핵하다가 죄를 얻어 하옥되기도 하였으며, 십여 년을 한거한 끝에 성제成帝가 즉위하자 다시 기용되어 마침내 광록대부光祿大夫에까지 올랐으며, 말년에는 중루교위中壘校尉라는 벼슬로 생을 마쳤다. 이 때문에 후세에 그를 유중루劉中壘라 칭하기도 한다.

유향은 마침 선제가 사부辭賦를 좋아하는 분위기에 힘입어 많은 작품을 남겼고 《한서漢書》 예문지에는 그의 사부가 33편이라 기록되어 있다.

그러나 현재는 거의 없어지고 〈구탄九嘆〉이 《초사楚辭》 속에 남아 있으며 이는 그가 '추념굴원충신지절追念屈原忠信之節'을 위해 지은 것이라 한다. 그 외에 〈청우화산부請雨華山賦〉도 남아 있다.

한편 유향은 《초사》 16편도 교집校輯하였는데 여기에 동한東漢 왕일王逸이 주를 단 것이 《초사장구楚辭章句》로 현재 남아 있는 최초의 초사 전본이다.

유향은 고서古書에 대한 주소奏疏와 교수校讐에 뛰어난 업적을 남겼다.
그 중 유명한 것이 바로 《전국책서록戰國策敍錄》과 《간영창릉소諫營昌陵疏》이다. 그밖에도 그가 찬한 책으로는 《신서新序》, 《열녀전列女傳》, 《열선전列仙傳》(宋代 陳振孫이 僞託한 것으로도 봄), 그리고 본 《설원》이 있고 교집한 것으로는 《전국책》이 있다.

또 그는 문헌학文獻學, 목록학目錄學에도 큰 업적을 남겨《별록別錄》을 지었고 뒤에 그의 아들 유흠이 이를 바탕으로 완성한 것이《칠략七略》이며 이는 중국 최초의 목록학 저서이다.

이《칠략》의 원서는 이미 실전되었으나 반고班固의《한서》예문지는 바로 이를 바탕으로 한 것이기 때문에 대략의 경개는 지금도 알 수 있다.

한편 유향의 문집은《수서隋書》경적지經籍志에《유향집劉向集》6권이 실려 있으나 이미 없어졌고 명나라 때 장부(張溥; 1602~1641)가 집일輯佚한《유자정집 劉子政集》이《한위육조백삼가집漢魏六朝百三家集》에 수록되어 있다. 유향의 전기 傳記는《한서》권36〈초원왕전楚元王傳〉에 그 아들 유흠劉歆과 함께 자세히 실려 있다.

참고:《漢書》(권 36) 劉向傳

向字子政, 本名更生. 年十二, 以父德任爲輦郎. 旣冠, 以行修飭擢爲諫大夫. 是時, 宣帝循武帝故事, 招選名儒俊材置左右. 更生以通達能屬文辭, 與王襃・張子僑等並進對, 獻賦頌凡數十篇. 上復興神僊方術之事, 而淮南有枕中鴻寶苑祕書. 書言神僊使鬼物爲金之術, 及鄒衍重道延命方, 世人莫見, 而更生父德武帝時治淮南獄得其書. 更生幼而讀誦, 以爲奇, 獻之, 言黃金可成 上令典尙方鑄作事, 費甚多, 方不驗. 上乃下更生吏, 吏劾更生鑄僞黃金, 繫當死. 更生兄陽城侯安民上書, 入國戶半, 贖更生罪. 上亦奇其材, 得踰冬減死論. 會初立穀梁春秋, 徵更生受穀梁, 講論五經於石渠. 復拜爲郎中給事黃門, 遷散騎諫大夫給事中.

元帝初卽位, 太傅蕭望之爲前將軍, 少傅周堪爲諸吏光祿大夫, 皆領尙書事, 甚見尊任. 更生年少於望之・堪, 然二人重之, 薦更生宗室忠直, 明經有行, 擢爲散騎宗正給事中, 與侍中金敞拾遺於左右. 四人同心輔政, 患苦外戚許・史在位放縱, 而中書宦官弘恭·石顯弄權. 望之·堪·更生議, 欲白罷退之. 未白而語泄, 遂爲許·史及恭·顯所譖愬, 堪·更生下獄, 及望之皆免官. 語在望之傳. 其春地震, 夏, 客星見昴·卷舌間. 上感悟, 下詔賜望之爵關內侯, 奉朝請. 秋, 徵堪·向, 欲以爲諫大夫, 恭·顯白皆爲中郎. 冬, 地復震. 時恭·顯·許·史子弟侍中諸曹, 皆側目於望之等, 更生懼焉, 乃使其外親上變事, 言:

竊聞故前將軍蕭望之等, 皆忠正無私, 欲致大治, 忤於貴戚尚書. 今道路人聞望之等復進, 以爲且復見毁讒, 必曰嘗有過之臣不宜復用, 是大不然. 臣聞春秋地震, 爲在位執政太盛也, 不爲三獨夫動, 亦已明矣. 且往者高皇帝時, 季布有罪, 至於夷滅, 後赦以爲將軍, 高后·孝文之間卒爲名臣. 孝武帝時, 兒寬有重罪繫. 按道侯韓說諫曰:「前吾丘壽王死, 陛下至今恨之; 今殺寬, 後將復大恨矣!」上感其言, 遂貰寬, 復用之, 位至御史大夫, 御史大夫未有及寬者也. 又董仲舒坐私爲災異書, 主父偃取奏之, 下吏, 罪至不道, 幸蒙不誅, 復爲太中大夫, 膠西相, 以老病免歸. 漢有所欲興, 常有詔問. 仲舒爲世儒宗, 定議有益天下. 孝宣皇帝時, 夏侯勝坐誹謗繫獄, 三年免爲庶人. 宣帝復用勝, 至長信少府, 太子太傅, 名敢直言, 天下美之. 若乃羣臣, 多此比類, 難一二記. 有過之臣, 無負國家, 有益天下, 此四臣者, 足以觀矣.

前弘恭奏望之等獄決, 三月, 地大震. 恭移病出, 後復視事, 天陰雨雪. 由是言之, 地動殆爲恭等.

臣愚以爲宜退恭·顯以章蔽善之罰, 進望之等以通賢者之路. 如此, 太平之門開, 災異之原塞矣.

書奏, 恭·顯疑其更生所爲, 白請考姦詐. 辭果服, 遂逮更生繫獄, 下太傅韋玄成·諫大夫貢禹, 與廷尉雜考. 劾更生前爲九卿, 坐與望之·堪謀排車騎將軍高·許·史氏侍中者, 毁離親戚, 欲退去之, 而獨專權. 爲臣不忠, 幸不伏誅, 復蒙恩徵用, 不悔前過, 而教令人言變事, 誣罔不道. 更生坐免爲庶人. 而望之亦坐使子上書自冤前事, 恭・顯白令詣獄置對. 望之自殺. 天子甚悼恨之, 乃擢周堪爲光祿勳, 堪弟子張猛光祿大夫給事中, 大見信任. 恭・顯憚之, 數譖毀焉. 更生見堪・猛在位, 幾已得復進, 懼其傾危, 乃上封事諫曰:

「臣前幸得以骨肉備九卿, 奉法不謹, 乃復蒙恩. 竊見災異並起, 天地失常, 徵表爲國. 欲終不言, 念忠臣雖在畎畝, 猶不忘君, 惓惓之義也. 況重以骨肉之親, 又加以舊恩未報乎! 欲竭愚誠, 又恐越職, 然惟二恩未報, 忠臣之義, 一杼愚意, 退就農畝, 死無所恨.

臣聞舜命九官, 濟濟相讓, 和之至也. 衆賢和於朝, 則萬物和於野. 故簫韶九成, 而鳳皇來儀; 擊石拊石, 百獸率舞. 四海之內, 靡不和寧. 及至周文, 開基西郊, 雜遝衆賢, 罔不肅和, 崇推讓之風, 以銷分爭之訟. 文王既沒, 周公思慕, 歌詠文王之德, 其詩曰:『於穆清廟, 肅雍顯相; 濟濟多士, 秉文之德.』當此之時, 武王・周公繼政, 朝臣和於內, 萬國驩於外, 故盡得其驩心, 以事其先祖. 其詩曰:『有來雍雍, 至止肅肅, 相維辟公, 天子穆穆.』言四方皆以和來也. 諸侯和於下, 天應報於上, 故周頌曰『降福穰穰』, 又曰『飴我釐麰』. 釐麰, 麥也, 始自天降. 此皆以和致和, 獲天助也.

下至幽・厲之際, 朝廷不和, 轉相非怨, 詩人疾而憂之曰:『民之無良, 相怨一方.』衆小在位而從邪議, 歙歙相是而背君子, 故其詩曰:『歙歙訿訿, 亦孔之哀! 謀之其臧, 則具是違; 謀之不臧, 則具是依!』君子獨處守正, 不橈衆枉, 勉彊以從王事則反見憎毒讒愬, 故其詩曰:『密勿從事, 不敢告勞, 無罪無辜, 讒口嗸嗸!』當是之時, 日月薄蝕而無光, 其詩曰:『朔日辛卯, 日有蝕之, 亦孔之醜!』又曰:『彼月而微, 此日而微, 今此下民, 亦孔之哀!』又曰:『日月鞠凶, 不用其行; 四國無政, 不用其良!』天變見於上, 地變動於下, 水泉沸騰, 山谷易處. 其詩曰:『百川沸騰, 山冢卒崩, 高岸爲谷, 深谷爲陵. 哀今之人, 胡憯莫懲!』霜降失節, 不以其時, 其詩曰:『正月繁霜, 我心憂傷; 民之訛言, 亦孔之將!』言民以是爲非, 甚衆大也.

此皆不和, 賢不肖易位之所致也.

自此之後, 天下大亂, 篡殺殃禍並作, 厲王奔彘, 幽王見殺. 至乎平王末年, 魯隱之始即位也, 周大夫祭伯乖離不和, 出奔於魯, 而春秋爲諱, 不言來奔, 傷其禍殃自此始也. 是後尹氏世卿而惠恣, 諸侯背畔而不朝, 周室卑微. 二百四十二年之間, 日食三十六, 地震五, 山陵崩阤二, 彗星三見, 夜常星不見, 夜中星隕如雨一, 火災十四. 長狄入三國, 五石隕墜, 六鶂退飛, 多麋, 有蜮蜚, 鸛鴿來巢者, 皆一見. 晝冥晦. 雨木冰. 李梅冬實. 七月霜降, 草木不死. 八月殺菽. 大雨雹. 雨雪雷霆失序相乘. 水·旱·饑·蝝·螽·螟蜂午並起. 當是時, 禍亂輒應. 弑君三十六, 亡國五十二, 諸侯奔走, 不得保其社稷者, 不可勝數也. 周室多禍: 晉敗其師於貿戎; 伐其郊; 鄭傷桓王; 戎執其使; 衛侯朔召不往, 齊逆命而助朔; 五大夫爭權, 三君更立, 莫能正理. 遂至陵夷不能復興.

由此觀之, 和氣致祥, 乖氣致異; 祥多者其國安, 異衆者其國危, 天地之常經, 古今之通義也. 今陛下開三代之業, 招文學之士, 優游寬容, 使得並進. 今賢不肖渾殽, 白黑不分, 邪正雜糅, 忠讒並進, 章交公車, 人滿北軍. 朝臣舛午, 膠戾乖刺, 更相讒愬, 轉相是非. 傳授增加, 文書紛糾, 前後錯繆, 毀譽渾亂. 所以營惑耳目, 感移心意, 不可勝載. 分曹爲黨, 往往羣朋, 將同心以陷正臣. 正臣進者, 治之表也; 正臣陷者, 亂之機也. 乘治亂之機, 未知孰任, 而災異數見, 此臣所以寒心者也. 夫乘權藉勢之人, 子弟鱗集於朝, 羽翼陰附者衆, 輻湊於前, 毀譽將必用, 以終乖離之咎. 是以日月無光, 雪霜夏隕, 海水沸出, 陵谷易處, 列星失行, 皆怨氣之所致也. 夫遵衰周之軌迹, 循人之所刺, 而欲以成太平, 致雅頌, 猶卻行而求及前人也. 初元以來六年矣. 案春秋六年之中, 災異未有稠如今者也. 夫有春秋之異, 無孔子之救, 猶不能解紛, 況甚於春秋乎?

原其所以然者, 讒邪並進也. 讒邪之所以並進者, 由上多疑心, 既已用賢人而行善政, 如或譖之, 則賢人退而善政還. 夫執狐疑之心者, 來讒賊之口; 持不斷之意者, 開羣枉之門. 讒邪進則衆賢退, 羣枉盛則正士消. 故易有否泰. 小人道長, 君子道消, 君子道消, 則政日亂, 故爲否. 否者, 閉而亂也. 君子道長, 小人道消, 小人道消, 則政日治, 故爲泰. 泰者, 通而治也. 詩又云『雨雪麃麃, 見晛聿消』, 與易同義. 昔者鯀·共工·驩兜與舜·禹雜處堯朝, 周公與管·蔡並居周位, 當是時, 迭進相毀, 流言相謗, 豈可勝道哉! 帝堯·成王能賢舜·禹·周公而消共工·管·蔡, 故以大治, 榮華至今. 孔子與季·孟偕仕於魯, 李斯與叔孫俱宦於秦, 定公·始皇賢季·孟·李斯而消孔子·叔孫, 故以大亂, 污辱至今. 故治亂榮辱之端, 在所信任; 信任旣賢, 在於堅固而不移. 詩云『我心匪石, 不可轉也』. 言守善篤也. 易曰『渙汗其大號』, 言號令如汗, 汗出而不反者也. 今出善令, 未能踰時而反, 是反汗也; 用賢未能三旬而退, 是轉石也. 論語曰:『見不善如探湯.』今二府奏佞讇不當在位, 歷年而不去. 故出令則如反汗, 用賢則如轉石, 去佞則如拔山, 如此望陰陽之調, 不亦難乎!

是以羣小窺見間隙, 緣飾文字, 巧言醜詆, 流言飛文, 譁於民間. 故詩云:『憂心悄悄, 慍于羣小.』小人成羣, 誠足慍也. 昔孔子與顏淵·子貢更相稱譽, 不爲朋黨; 禹·稷與皋陶傳相汲引, 不爲比周. 何則? 忠於爲國, 無邪心也. 故賢人在上位, 則引其類而聚之於朝, 易曰『飛龍在天, 大人聚也』; 在下位, 則思與其類俱進, 易曰『拔茅茹以其彙, 征吉』. 在上則引其類, 在下則推其類, 故湯用伊尹, 不仁者遠, 而衆賢至, 類相致也. 今佞邪與賢臣並在交戟之內, 合黨共謀, 違善依惡, 歙歙訛訛, 數設危險之言, 欲以傾移主上. 如忽然用之, 此天地之所以先戒, 災異之所以重至者也.

自古明聖, 未有無誅而治者也, 故舜有四放之罰, 而孔子有兩觀之誅, 然後聖化可得而行也. 今以陛下明知, 誠深思天地之心, 迹察兩觀之誅, 覽否泰之卦, 觀雨雪之詩, 歷周·唐之所進以爲法, 原秦·魯之所消以爲戒, 考祥應之福, 省災異之禍, 以揆當世之變, 放遠佞邪之黨, 壞散險詖之聚, 杜閉羣枉之門, 廣開衆正之路, 決斷狐疑, 分別猶豫, 使是非炳然可知, 則百異消滅, 而眾祥並至, 太平之基, 萬世之利也.

臣幸得託肺附, 誠見陰陽不調, 不敢不通所聞. 竊推春秋災異, 以(効)[救]今事一二, 條其所以, 不宜宣泄. 臣謹重封昧死上.」

恭·顯見其書, 愈與許·史比而怨更生等. 堪性公方, 自見孤立, 遂直道而不曲. 是歲夏寒, 日靑無光, 恭·顯及許·史皆言堪·猛用事之咎. 上內重堪, 又患眾口之寖潤, 無所取信. 時長安令楊興以材能幸, 常稱譽堪. 上欲以爲助, 乃見問興: 「朝臣斷斷不可光祿勳, 何(也)[邪]?」興者傾巧士, 謂上疑堪, 因順指曰: 「堪非獨不可於朝廷, 自州里亦不可也. 臣見眾人聞堪前與劉更生等謀毀骨肉, 以爲當誅, 故臣前言堪不可誅傷, 爲國養恩也.」上曰: 「然此何罪而誅? 今宜奈何?」興曰: 「臣愚以爲可賜爵關內侯, 食邑三百戶, 勿令典事. 明主不失師傅之恩, 此最策之得者也.」上於是疑. 會城門校尉諸葛豐亦言堪·猛短, 上因發怒免豐. 語在其傳. 又曰: 「豐言堪·猛貞信不立, 朕閔而不治, 又惜其材能未有所効, 其左遷堪爲河東太守, 猛槐里令.」

顯等專權日甚. 後三歲餘, 孝宣廟闕災, 其晦, 日有蝕之. 於是上召諸前言日變在堪·猛者責問, 皆稽首謝. 乃因下詔曰: 「河東太守堪, 先帝賢之, 命而傅朕, 資質淑茂, 道術通明, 論議正直, 秉心有常, 發憤悃愊, 信有憂國之心. 以不能阿尊事貴, 孤特寡助, 抑厭遂退, 卒不克明. 往者眾臣見異, 不務自修, 深惟其故, 而反晻昧說天, 託咎此人. 朕不得已, 出而試之, 以彰其材. 堪出之後, 大變仍臻, 眾亦嘿然. 堪治未期年, 而三老官屬有識之士詠頌其美, 使者過郡, 靡人不稱. 此固足以彰先帝之知人, 而朕有以自明也. 俗人乃造端作基, 非議誣欺, 或引幽隱, 非所宜明, 意疑以類, 欲以陷之, 朕亦不取也. 朕迫于俗, 不得專心, 乃者天著大異, 朕甚懼焉. 今堪年衰歲暮, 恐不得自信, 排於異人, 將安究之哉? 其徵堪詣行在所.」拜爲光祿大夫, 秩中二千石, 領尚書事. 猛復爲太中大夫給事中. 顯幹尚書[事],

尚書五人, 皆其黨也. 堪希得見, 常因顯白事, 事決顯口. 會堪疾瘖, 不能言而卒.
顯誣譖猛, 令自殺於公車. 更生傷之, 乃著疾讒・摘要・救危及世頌, 凡八篇,
依興古事, 悼己及同類也. 遂廢十餘年.

成帝即位, 顯等伏辜, 更生乃復進用, 更名向. 向以故九卿召拜爲中郎, 使領護
三輔都水. 數奏封事, 遷光祿大夫. 是時帝元舅陽平侯王鳳爲大將軍秉政, 倚太后,
專國權, 兄弟七人皆封爲列侯. 時數有大異, 向以爲外戚貴盛, 鳳兄弟用事之咎.
而上方精於詩書, 觀古文, 詔向領校中五經祕書. 向見尚書洪範, 箕子爲武王陳
五行陰陽休咎之應. 向乃集合上古以來歷春秋六國至秦漢符瑞災異之記, 推迹
行事, 連傳禍福, 著其占驗, 比類相從, 各有條目, 凡十一篇, 號曰洪範五行傳論,
奏之. 天子心知向忠精, 故爲鳳兄弟起此論也, 然終不能奪王氏權.

久之, 營起昌陵, 數年不成, 復還歸延陵, 制度泰奢. 向上疏諫曰:

「臣聞易曰:『安不忘危, 存不忘亡, 是以身安而國家可保也.』故賢聖之君,
博觀終始, 窮極事情, 而是非分明. 王者必通三統, 明天命所授者博, 非獨一姓也.
孔子論詩, 至於『殷士膚敏, 祼將于京』, 喟然歎曰:『大哉天命! 善不可不傳于子孫,
是以富貴無常; 不如是, 則王公其何以戒愼, 民萌何以勸勉?』蓋傷微子之事周,
而痛殷之亡也. 雖有堯舜之聖, 不能化丹朱之子; 雖有禹湯之德, 不能訓末孫之
桀紂. 自古及今, 未有不亡之國也. 昔高皇帝既滅秦, 將都雒陽, 感寤劉敬之言,
自以德不及周, 而賢於秦, 遂徙都關中, 依周之德, 因秦之阻. 世之長短, 以德爲効,
故常戰栗, 不敢諱亡. 孔子所謂『富貴無常』, 蓋謂此也.

孝文皇帝居霸陵, 北臨廁, 意悽愴悲懷, 顧謂羣臣曰:『嗟乎! 以北山石爲槨,
用紵絮斮陳漆其間, 豈可動哉!』張釋之進曰:『使其中有可欲, 雖錮南山猶有隙;
使其中無可欲, 雖無石槨, 又何慼焉?』夫死者無終極, 而國家有廢興, 故釋之之言,
爲無窮計也. 孝文寤焉, 遂薄葬, 不起山墳.

易曰:『古之葬者, 厚衣之以薪, 臧之中野, 不封不樹. 後世聖人易之以棺槨.』

棺槨之作, 自黃帝始. 黃帝葬於橋山, 堯葬濟陰, 丘壟皆小, 葬具甚微. 舜葬蒼梧, 二妃不從. 禹葬會稽, 不改其列. 殷湯無葬處. 文・武・周公葬於畢, 秦穆公葬於雍橐泉宮祈年館下, 樗里子葬於武庫, 皆無丘壟之處. 此聖帝明王賢君智士遠覽獨慮無窮之計也. 其賢臣孝子亦承命順意而薄葬之, 此誠奉安君父, 忠孝之至也.

夫周公, 武王弟也, 葬兄甚微. 孔子葬母於防, 稱古墓而不墳, 曰:『丘, 東西南北之人也, 不可不識也.』爲四尺墳, 遇雨而崩. 弟子修之, 以告孔子, 孔子流涕曰:『吾聞之, 古者不修墓.』蓋非之也. 延陵季子適齊而反, 其子死, 葬於嬴・博之間, 穿不及泉, 斂以時服, 封墳掩坎, 其高可隱, 而號曰:『骨肉歸復於土, 命也, 魂氣則無不之也.』夫嬴・博去吳千有餘里, 季子不歸葬. 孔子往觀曰:『延陵季子於禮合矣.』故仲尼孝子, 而延陵慈父, 舜禹忠臣, 周公弟弟, 其葬君親骨肉, 皆微薄矣; 非苟爲儉, 誠便於體也. 宋桓司馬爲石槨, 仲尼曰『不如速朽.』秦相呂不韋集知略之士而造春秋, 亦言薄葬之義, 皆明於事情者也.

逮至吳王闔閭, 違禮厚葬, 十有餘年, 越人發之. 及秦惠文・武・昭・嚴襄五王, 皆大作丘壟, 多其瘞臧, 咸盡發掘暴露, 甚足悲也. 秦始皇帝葬於驪山之阿, 下錮三泉, 上崇山墳, 其高五十餘丈, 周回五里有餘; 石槨爲游館, 人膏爲燈燭, 水銀爲江海, 黃金爲鳧雁. 珍寶之臧, 機械之變, 棺槨之麗, 宮館之盛, 不可勝原, 又多殺宮人, 生薶工匠, 計以萬數. 天下苦其役而反之, 驪山之作未成, 而周章百萬之師至其下矣. 項籍燔其宮室營宇, 往者咸見發掘. 其後牧兒亡羊, 羊入其鑿, 牧者持火照求羊, 失火燒其臧槨. 自古至今, 葬未有盛如始皇者也, 數年之間, 外被項籍之災, 內離牧豎之禍, 豈不哀哉!

是故德彌厚者葬彌薄, 知愈深者葬愈微. 無德寡知, 其葬愈厚, 丘壟彌高, 宮廟甚麗, 發掘必速. 由是觀之, 明暗之效, 葬之吉凶, 昭然可見矣. 周德既衰而奢侈, 宣王賢而中興, 更爲儉宮室, 小寢廟. 詩人美之, 斯干之詩是也, 上章道宮室之如制, 下章言子孫之衆多也. 及魯嚴公刻飾宗廟, 多築臺囿, 後嗣再絕, 春秋刺焉. 周宣如彼而昌, 魯·秦如此而絶, 是則奢儉之得失也.

　陛下卽位, 躬親節儉, 始營初陵, 其制約小, 天下莫不稱賢明. 及徙昌陵, 增埤爲高, 積土爲山, 發民墳墓, 積以萬數, 營起邑居, 期日迫卒, 功費大萬百餘. 死者恨於下, 生者愁於上, 怨氣感動陰陽, 因之以饑饉, 物故流離以十萬數, 臣甚愍焉. 以死者爲有知, 發人之墓, 其害多矣; 若其無知, 又安用大? 謀之賢知則不說, 以示衆庶則苦之; 若苟以說愚夫淫侈之人, 又何爲哉! 陛下慈仁篤美甚厚, 聰明疏達蓋世, 宜弘漢家之德, 崇劉氏之美, 光昭五帝·三王, 而顧與暴〈秦〉亂君競爲奢侈, 比方丘隴, 說愚夫之目, 隆一時之觀, 違賢知之心, 亡萬世之安, 臣竊爲陛下羞之. 唯陛下上覽明聖黃帝·堯·舜·禹·湯·文·武·周公·仲尼之制, 下觀賢知穆公·延陵·樗里·張釋之之意. 孝文皇帝去墳薄葬, 以儉安神, 可以爲則; 秦昭·始皇增山厚臧, 以侈生害, 足以爲戒. 初陵之橅, 宜從公卿大臣之議, 以息衆庶.」

　書奏, 上甚感向言, 而不能從其計.

　向睹俗彌奢淫, 而趙·衛之屬起微賤, 踰禮制. 向以爲王教由內及外, 自近者始. 故採取詩書所載賢妃貞婦, 興國顯家可法則, 及孽嬖亂亡者, 序次爲列女傳, 凡八篇. 以戒天子. 及采傳記行事, 著新序, 說苑凡五十篇奏之. 數上疏言得失, 陳法戒. 書數十上, 以助觀覽, 補遺闕. 上雖不能盡用, 然內嘉其言, 常嗟歎之.

　時上無繼嗣, 政由王氏出, 災異浸甚. 向雅奇陳湯智謀, 與相親友, 獨謂湯曰:「災異如此, 而外家日(甚)[盛], 其漸必危劉氏. 吾幸得同姓末屬, 絫世蒙漢厚恩, 身爲宗室遺老, 歷事三主. 上以我先帝舊臣, 每進見常加優禮, 吾而不言, 孰當言者?」向遂上封事極諫曰:

　「臣聞人君莫不欲安, 然而常危, 莫不欲存, 然而常亡, 失御臣之術也. 夫大臣操權柄, 持國政, 未有不爲害者也, 昔晉有六卿, 齊有田·崔, 衛有孫·甯, 魯有季·孟, 常掌國事, 世執朝柄. 終後田氏取齊; 六卿分晉; 崔杼弑其君光; 孫林父·

甯殖出其君衎, 弒其君剽; 季氏八佾舞於庭, 三家者以雍徹, 並專國政, 卒逐昭公.
周大夫尹氏筦朝事, 濁亂王室, 子朝·子猛更立, 連年乃定. 故經曰『王室亂』,
又曰『尹氏殺王子克』, 甚之也. 春秋舉成敗, 錄禍福, 如此類甚衆, 皆陰盛而陽微,
下失臣道之所致也. 故書曰:『臣之有作威作福, 害于而家, 凶于而國.』孔子曰
『祿去公室, 政逮大夫』, 危亡之兆. 秦昭王舅穰侯及涇陽·葉陽君專國擅勢, 上假
太后之威, 三人者權重於昭王, 家富於秦國, 國甚危殆, 賴寤范雎之言, 而秦復存.
二世委任趙高, 專權自恣, 壅蔽大臣, 終有閻樂望夷之禍, 秦遂以亡. 近事不遠,
即漢所代也.

漢興, 諸呂無道, 擅相尊王. 呂產·呂祿席太后之寵, 據將相之位, 兼南北軍之衆,
擁梁·趙王之尊, 驕盈無厭, 欲危劉氏. 賴忠正大臣絳侯·朱虛侯等竭誠盡節以
誅滅之, 然後劉氏復安. 今王氏一姓乘朱輪華轂者二十三人, 青紫貂蟬充盈幄內,
魚鱗左右. 大將軍秉事用權, 五侯驕奢僭盛, 並作威福, 擊斷自恣, 行汙而寄治,
身私而託公, 依東宮之尊, 假甥舅之親, 以爲威重. 尚書九卿州牧郡守皆出其門,
筦執樞機, 朋黨比周. 稱譽者登進, 忤恨者誅傷; 游談者助之說, 執政者爲之言.
排擯宗室, 孤弱公族, 其有智能者, 尤非毀而不進. 遠絕宗室之任, 不令得給事朝省,
恐其與己分權; 數稱燕王·蓋主以疑上心, 避諱呂·霍而弗肯稱. 內有管·蔡之萌,
外假周公之論, 兄弟據重, 宗族磐互. 歷上古至秦漢, 外戚僭貴未有如王氏者也.
雖周皇甫·秦穰侯·漢武安·呂·霍·上官之屬, 皆不及也.

物盛必有非常之變先見, 爲其人微象. 孝昭帝時, 冠石立於泰山, 仆柳起於上林.
而孝宣帝即位, 今王氏先祖墳墓在濟南者, 其梓柱生枝葉, 扶疏上出屋, 根垂地中;
雖立石起柳, 無以過此之明也. 事勢不兩大, 王氏與劉氏亦且不並立, 如下有泰山
之安, 則上有累卵之危. 陛下爲人子孫, 守持宗廟, 而令國祚移於外親, 降爲皁隸,
縱不爲身, 奈宗廟何! 婦人內夫家, 外父母家, 此亦非皇太后之福也. 孝宣皇帝不
與舅平昌·樂昌侯權, 所以安全之也.

夫明者起福於無形, 銷患於未然. 宜發明詔, 吐德音, 援近宗室, 親而納信, 黜遠外戚, 毋授以政, 皆罷令就弟, 以則效先帝之所行, 厚安外戚, 全其宗族, 誠東宮之意, 外家之福也. 王氏永存, 保其爵祿, 劉氏長安, 不失社稷, 所以褒睦外內之姓, 子子孫孫無疆之計也. 如不行此策, 田氏復見於今, 六卿必起於漢, 爲後嗣憂, 昭昭甚明, 不可不深圖, 不可不蚤慮. 易曰:『君不密, 則失臣; 臣不密, 則失身; 幾事不密, 則害成』唯陛下深留聖思, 審固幾密, 覽往事之戒, 以折中取信, 居萬安之實, 用保宗廟, 久承皇太后, 天下幸甚.」

書奏, 天子召見向, 歎息悲傷其意, 謂曰:『君且休矣, 吾將思之.』以向爲中壘校尉.

向爲人簡易無威儀, 廉靖樂道, 不交接世俗, 專積思於經術, 晝誦書傳, 夜觀星宿, 或不寐達旦. 元延中, 星孛東井, 蜀郡岷山崩雍江. 向惡此異, 語在五行志. 懷不能已, 復上奏, 其辭曰:

「臣聞帝舜戒伯禹, 毋若丹朱敖; 周公戒成王, 毋若殷王紂. 詩曰『殷監不遠, 在夏后之世』, 亦言湯以桀爲戒也. 聖帝明王常以敗亂自戒, 不諱廢興, 故臣敢極陳其愚, 唯陛下留神察焉.

謹案春秋二百四十二年, 日蝕三十六, 襄公尤數, 率三歲五月有奇而壹食. 漢興訖竟寧, 孝景帝尤數, 率三歲一月而一食. 臣向前數言日當食, 今連三年比食. 自建始以來, 二十歲間而八食, 率二歲六月而一發, 古今罕有. 異有小大希稠, 占有舒疾緩急, 而聖人所以斷疑也. 易曰:『觀乎天文, 以察時變.』昔孔子對魯哀公, 並言夏桀·殷紂暴虐天下, 故歷失則攝提失方, 孟陬無紀, 此皆易姓之變也. 秦始皇之末至二世時, 日月薄食, 山陵淪亡, 辰星出於四孟, 太白經天而行, 無雲而雷, 枉矢夜光, 熒惑襲月, 孽火燒宮, 野禽戲廷, 都門內崩, 長人見臨洮, 石隕于東郡, 星孛大角, 大角以亡. 觀孔子之言, 考暴秦之異, 天命信可畏也. 及項籍之敗, 亦孛大角. 漢之入秦, 五星聚於東井, 得天下之象也. 孝惠時, 有雨血, 日食於衝,滅光星見之異. 孝昭時, 有泰山臥石自立, 上林僵柳復起, 大星如月西行, 衆星隨之, 此爲特異. 孝宣興起之表, 天狗夾漢而西, 久陰不雨者二十餘日, 昌邑不終之異也. 皆著於漢紀. 觀秦‧漢之易世, 覽惠‧昭之無後, 察昌邑之不終, 視孝宣之紹起, 天之去就, 豈不昭昭然哉! 高宗‧成王亦有雉雊拔木之變, 能思其故, 故高宗有百年之福, 成王有復風之報. 神明之應, 應若景嚮, 世所同聞也.

　臣幸得託末屬, 誠見陛下有寬明之德, 冀銷大異, 而興高宗‧成王之聲, 以崇劉氏, 故狠狠數奸死亡之誅. 今日食尤屢, 星孛東井, 攝提炎及紫宮, 有識長老莫不震動, 此變之大者也. 其事難一二記, 故易曰『書不盡言, 言不盡意』, 是以設卦指爻, 而復說義. 書曰『伻來以圖』, 天文難以相曉, 臣雖圖上, 猶須口說, 然後可知, 願賜清燕之間, 指圖陳狀.」

　上輒入之, 然終不能用也. 向每召見, 數言公族者國之枝葉, 枝葉落則本根無所庇蔭; 方今同姓疏遠, 母黨專政, 祿去公室, 權在外家, 非所以彊漢宗, 卑私門, 保守社稷, 安固後嗣也.

　向自見得信於上, 故常顯訟宗室, 譏刺王氏及在位大臣, 其言多痛切, 發於至誠. 上數欲用向爲九卿, 輒不爲王氏居位者及丞相御史所持, 故終不遷. 居列大夫官前後三十餘年, 年七十二卒. 卒後十三歲而王氏代漢. 向三子皆好學: 長子伋, 以易教授, 官至郡守; 中子賜, 九卿丞, 蚤卒; 少子歆, 最知名.

차 례

❀ 책머리에
❀ 일러두기
❀ 해제

說苑 等

卷十 경신편敬慎篇

卷十一 선설편善說篇

卷十二 봉사편奉使篇

卷十三 권모편權謀篇

卷十四 지공편至公篇

卷二 신술편臣術篇

卷三 건본편建本篇

卷五 귀덕편貴德篇

說苑 를

卷六 복은편復恩篇

卷七 정리편政理篇

卷八 존현편尊賢篇

卷九 정간편正諫篇

説苑 下

卷十五 지무편指武篇

卷十六 담총편談叢篇

卷十七 잡언편雜言篇

說苑 등

卷十八 변물편辨物篇

卷十九 수문편脩文篇

卷二十 반질편反質篇

❀ 부록

卷十. 경신편敬愼篇

　"경신敬愼"이란 공경하고 삼가며 그 몸과 마음을 바르게 가짐을
뜻한다. 본권은 이에 관한 고사와 일화 등을 모은 것이다.

　모두 35장(298~332)이다.

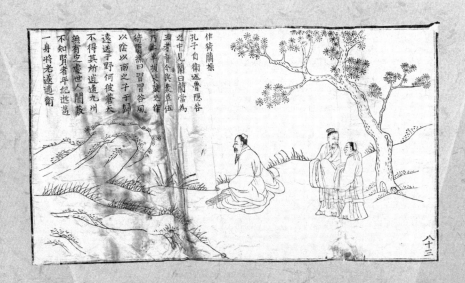

298(10-1) 存亡禍福
존망과 화복

존망화복存亡禍福은 그 요인이 대개 자기 자신에게서 비롯된다. 이 때문에 성인聖人은 경계를 중시하였으며, 자신의 소홀한 바에 대해 경계하고 삼가는 마음을 가졌던 것이다.

〈중용中庸〉에는 이렇게 말하였다.

"숨긴 것보다 더 잘 나타나 보이는 것은 없고, 미세한 것보다 더 잘 드러나는 것은 없다."

그 때문에 군자는 능히 그 홀로 있을 때를 조심해하는 것이다.

격언에 "경계하면 허물이 없고, 사려를 깊이하면 욕됨이 없다"라 하였다.

무릇 경계하지도 않고 사려를 깊이 하지도 않으면서 몸을 온전히 하고 나라를 보전하기란 매우 어렵다.

《시詩》에 "두려워하고 조심하기를 마치 깊은 물가에 임하듯이 하고, 얇은 얼음을 밟듯 하라"라 하였으니 바로 이를 두고 한 말이다.

存亡禍福, 其要在身, 聖人重誡, 敬愼所忽.
中庸曰:『莫見乎隱, 莫顯乎微; 故君子能愼其獨也.』
諺曰:『誠無垢, 思無辱.』
夫不誡不思, 而以存身全國者 亦難矣.

詩曰:『戰戰兢兢, 如臨深淵, 如履薄氷.』
此之謂也.

【中庸曰】〈中庸〉第一章의 말. 見은 現(나타나 보이다)의 뜻.
【愼其獨】〈大學〉章句(七)에 "所謂誠其者, 毋自欺也. 如惡惡臭, 如好好色. 此之謂自謙. 故君子必愼其獨也."라 하였다.
【誠無垢, 思無辱】盧元駿의 해석을 따랐으나, 오히려 "때묻지 않은 상태일 때일수록 경계하고 욕됨이 없을 때일수록 사려 깊게 행하다"의 뜻으로 볼 수도 있다.
【詩曰】《詩經》小雅 小旻의 구절.

299(10-2) 昔成王封周公
주공이 아들 백금에게 부탁한 말

옛날 성왕成王이 주공周公을 봉하자, 주공이 사양하며 받지 않았다. 그래서 주공의 아들인 백금伯禽을 노魯 땅에 봉하였다.

백금이 장차 떠나는 인사를 하려 하자, 주공은 아들에게 이렇게 경계의 말을 해 주었다.

"떠나거라! 너는 노나라를 가졌다는 것으로 선비들에게 교만하게 굴어서는 안 된다. 나는 문왕文王의 아들이며, 무왕武王의 동생이고, 지금 왕인 성왕成王에게는 숙부叔父이다. 또한 천자天子를 돕고 있어서 나는 천하 사람들에게도 역시 가벼운 인물이 아니다. 그러면서도 일찍이 한 번 머리를 감다가도 세 번이나 그 머리를 쥐고 나왔고, 한 번 밥을 먹는데도 세 번씩이나 수저를 놓고 찾아온 선비를 만나 주었다. 그런데도 오히려 천하의 선비들을 놓칠까 걱정하였다.

내 듣자 하니 덕행을 널리 베풀면서 이를 공경으로 지키는 자는 영화榮華를 얻고, 토지를 넓게 가져 부유하면서도 이를 검약儉約으로 지키는 자는 안녕安寧을 얻으며, 녹위祿位가 높고 성한 자로서 이를 겸비謙卑로 지키는 자는 귀함을 얻으며, 많은 무리에 강한 병력을 가지고 있으면서도 두려워하는 마음으로 지키는 자는 승리를 얻고, 총명과 예지가 있으면서도 우매한 듯이 지키는 자는 이익을 얻으며, 널리 듣고 많이 기억하나 스스로 낮은 듯이 지키는 자는 넓음을 얻는다고 하였다. 이 여섯 가지의 지킴은 모두가 결국 겸덕謙德이다.

무릇 천자처럼 귀한 자리에서 사해四海를 다 가진 부富를 누린다 할지라도, 겸손하지 못하면 천하를 잃고 몸을 망치고 마니, 걸桀·주紂가 바로 그러한 예이다.

그러니 가히 삼가지 않을 수 있겠느냐? 그 때문에 《역易》에는 '하나의 도道만 가지고 있으면 크게는 족히 천하를 지킬 수 있고, 중간으로는 나라를 지킬 수 있으며, 작게만 해도 족히 그 몸을 지킬 수 있으니 바로 겸손이 그것이다'라 한 것이다.

무릇 '천도는 가득 찬 것을 덜어 겸손한 것에게 보태 주고, 지도地道는 가득 찬 것을 변화시켜 겸손한 쪽으로 흐르게 하며, 귀신은 가득 찬 것을 해害하여 겸손한 이에게 복을 주며, 인도人道는 가득 찬 것을 싫어하며 겸손한 것을 좋아하게 마련이다.'

그리하여 옷이 다 완성되면 옷고름이 빠져 있게 되고, 궁성이 다 이루어지고 났더니 그 귀퉁이가 허물어져 버리는 경우가 있으며, 집을 다 짓고 났더니 잘못 얽힌 경우가 있는 것이다. 이는 바로 완벽함이 없다는 것을 보여 주는 것으로 천도가 그렇게 한 것이다.

《역易》에는 '겸謙은 형亨하다. 군자는 유종의 미를 이루어 길하리라'고 하였고, 《시詩》에는 '탕湯임금 내려오심이 늦지 않았네. 날마다 성스럽고 공경스러움으로 향하셨네!'라 하였으니 그 경계하심이 이와 같았다. 그러니 너는 절대로 노나라를 가졌다고 선비에게 교만하게 굴어서는 안 되느니라."

昔成王封周公, 周公辭不受, 乃封周公子伯禽於魯, 將辭去. 周公戒之曰:「去矣! 子其無以魯國驕士矣. 我, 文王之子也, 武王之弟也, 今王之叔父也; 又相天子, 吾於天下亦不輕矣. 嘗一沐而三握髮, 一食而三吐哺, 猶恐失天下之士. 吾聞之曰: 德行廣大而守以恭者榮, 土地博裕而守以儉者安, 祿位尊盛而守以

卑者貴, 人衆兵彊而守以畏者勝, 聰明叡智而守以愚者益, 博聞
多記而守以淺者廣; 此六守者, 皆謙德也. 夫貴爲天子, 富有四海,
不謙者, 先天下亡其身, 桀紂是也, 可不愼乎! 故易曰, 有一道,
大足以守天下, 中足以守國家, 小足以守其身, 謙之謂也. 『夫天
道毀滿而益謙, 地道變滿而流謙, 鬼神害滿而福謙, 人道惡滿
而好謙.』 是以衣成則缺衽, 宮成則缺隅, 屋成則加錯; 示不成者,
天道然也. 易曰: 『謙, 亨, 君子有終, 吉.』 詩曰: 『湯降不遲,
聖敬日躋.』 其戒之哉! 子其無以魯國驕士矣.」

【成王】周나라 武王의 아들 姬誦. 어려서 임금이 되어 周公이 보필함.

【周公】文王의 아들. 武王의 아우. 成王의 숙부. 姬旦.

【伯禽】周公 旦의 아들. 魯나라에 봉해졌다. 그러나 周公 旦을 魯나라 시조로
여긴다.

【魯】지금의 山東지역에 있던 땅. 孔子가 태어난 나라.

【文王】季歷의 아들. 姬昌. 武王(姬發)의 父王.

【武王】殷의 紂를 멸하고, 周를 세운 임금. 姬發.

【一沐而三握髮, 一食而三吐哺】이것이 곧 '吐哺握髮'의 고사이다.

【六守】恭者榮・儉者安・卑者貴・畏者勝・愚者益・淺者廣을 말한다.

【易曰】앞의 인용 구절은 《周易》의 謙卦(地山謙)를 말하는 듯하나, 지금의 《易》
에는 실려 있지 않다. 뒤에 인용된 구절은 역시 《周易》謙卦의 구절이다. 文字의
出入이 심하다. 지금의 《易》에는 "天道虧盈而益謙, 地道變盈而流謙, 鬼神害盈而
福謙, 人道惡盈而好謙"이라 하였다. 그리고 세 번째 인용 구절은 역시 《周易》
謙卦의 卦象과 九三의 구절을 섞은 것이다.

【詩曰】《詩經》商頌 長發의 구절.

1.《尚書大傳》梓材篇

伯禽封於魯, 周公曰:「於乎! 吾與女族倫, 吾, 文王之爲子也, 武王之爲弟也, 今王之爲叔父也, 吾於天下豈卑賤也? 豈乏士也, 所執質而見者十二, 委質而相見者三十, 其未執質之士百, 我欲盡智得情者千人, 而吾僅得三人焉, 以正吾身, 以定天下. 是以敬其見者則隱者出矣, 謹諸! 乃以魯而驕人可哉? 尸祿之士, 猶可驕也, 正身之士, 去貴而委賤, 去富而爲貧, 面目黧黑而不失其所. 是以文不滅而章不敗也, 愼哉! 女乃以魯國而驕豈可哉!」

2.《荀子》堯問篇

吾語女: 我, 文王之爲子, 武王之爲弟, 成王之爲叔父, 吾於天下不賤矣, 然而吾所執贄而見者十人, 還贄而相見者三十人, 貌執之士者百有餘人, 欲言而請畢事者千有餘人, 於是吾僅得三士焉, 以正吾身, 以定天下. 吾所以得三士者, 亡於十人與三十人中, 乃在百人與千人之中. 故上士吾薄爲之貌, 下士吾厚爲之貌. 人人皆以我爲越逾好士, 然, 故士至, 士至而後見物, 見物然後知其是非之所在. 戒之哉! 女以魯國驕人, 幾矣! 夫仰祿之士猶可驕也, 正身之士不可驕也. 彼正身之士, 舍貴而爲賤, 舍富而爲貧, 舍佚而爲勞, 顏色黎黑而不失其所, 是以天下之紀不息, 文章不廢也.

3.《韓詩外傳》卷3

周公踐天子之位七年, 布衣之士所執贄而師見者十人, 所友見者十二人, 窮巷白屋所先見者四十九人, 時進善者百人, 教士者千人, 宮朝者萬人. 當此之時, 誠使周公驕而且吝, 則天下賢士至者寡矣. 成王封伯禽於魯, 周公誠之曰:「往矣! 子其無以魯國驕士. 吾, 文王之子, 武王之弟, 成王之叔父也, 又相天子, 吾於天下亦不輕矣. 然一沐三握髮, 一食三吐哺, 猶恐失天下之士. 吾聞德行寬裕, 守之以恭者, 榮. 土地廣大, 守之以儉者, 安. 祿位尊盛, 守之以卑者, 貴. 人衆兵强, 守之以畏者, 勝. 聰明叡智, 守之以愚者, 哲. 博聞强記? 守之以淺者, 智. 夫此六者, 皆謙德也. 夫貴爲天子, 富有四海, 由此德也. 不謙而失天下亡其身者, 桀·紂是也. 可不愼歟! 故易有一道, 大足以守天下, 中足以守其國家, 小足以守其身, 謙之謂也. 夫天道虧盈而益謙, 地道變盈而流謙, 鬼神害盈而福謙, 人道惡盈而好謙. 是以衣成則必缺衽, 宮成則必缺隅, 屋成則必加措, 示不成者, 天道然也. 易曰:『謙, 亨, 君子有終, 吉.』詩曰:『湯降不遲, 聖敬日躋.』誠之哉! 子其無以魯國驕士也.」

4.《史記》魯周公世家

於是卒相成王, 而使其子伯禽代就封於魯. 周公戒伯禽曰:「我文王之子, 武王之弟, 成王之叔父, 我於天下亦不賤矣. 然我一沐三捉髮, 一食三吐哺, 起以待士, 猶恐失天下之賢人. 子之魯, 愼無以國驕人.」

5.《韓詩外傳》卷3

孔子曰:「持滿之道, 抑而損之.」子路曰:「損之有道乎?」孔子曰:「德行寬裕者, 守之以恭; 土地廣大者, 守之以儉; 祿位尊盛者, 守之以卑, 人衆兵强者, 守之以畏; 聰明睿智者, 守之以愚; 博聞强記者, 守之以淺. 夫是之謂抑而損之.」詩曰:『湯降不遲, 聖敬日躋.』

6.《十八史略》卷1

魯: 姬姓, 周公子伯禽之所封也. 周公誨成王, 王有過則撻伯禽. 伯禽就封, 公戒之曰:「我文王之子, 武王之弟, 今王之叔父. 然我一沐三握髮, 一飯三吐哺, 起以待士, 猶恐失天下賢人. 子之魯, 愼無以國驕人.」

7. 그 외에《韓詩外傳》卷8 및 본《說苑》1-3, 1-7, 8-11 등을 참고할 것.

손해를 보겠다고 해야 이익이 생기는 법

공자孔子가 《역易》을 읽다가 손괘損卦·익괘益卦에 이르자 위연히 탄식을 하였다. 자하子夏가 이를 보고 자리를 피해 앉으며 여쭈었다.

"선생님께서 어찌하여 탄식을 하십니까?"

공자의 대답은 이러하였다.

"무릇 스스로 손해를 보고자 하면 이익을 얻게 되고, 스스로 이익만 구하는 자는 손해를 본다고 하였으니, 내 이를 보고 감탄하는 것이다."

자하가 다시 여쭈었다.

"그러면 공부하는 것도 이익을 구할 수 없는 일입니까?"

그러자 공자는 이렇게 설명해 주었다.

"그렇지 않다. 하늘의 도를 보면 완성된 것은 오래 지속된 것이 없다. 학문이라는 것은 빈 마음으로 받아들이는 것이다. 그래서 얻음이 있는 것이다. 진실로 지식을 접하고 가득 찬 것을 놓지 않으려고 한다면 천하의 선한 말들이 귀로 들어올 수가 없느니라. 옛날 요堯 임금은 천자의 지위를 실천하면서 오히려 공손을 다해 이를 지켜 나갔고, 허정虛靜으로 아랫사람을 대해 주었다. 그래서 1백 년이 지났어도 그 이름이 더욱 높아졌고, 지금에 이르도록 더욱 빛나게 된 것이다. 그런가 하면 곤오昆吾는 스스로 뽐내고 득의만만하여 높이 올라갈 데까지 가고도 그칠 줄을 몰랐다. 그래서 당대에 이미 기울고 패하였을 뿐만 아니라 지금까지 그 악명이 더욱 드러나게 되는 것이다. 이것이 바로 손損·익益의 징험徵驗이 아니겠느냐?

나는 이러한 이유로 겸손이란 공경을 지극히 하여 그 자리를 지키는 것이라고 말한 것이다. 무릇 큰 광명이 있으면서 부지런히 움직이기 때문에 능히 클 수 있는 것이다. 그러나 지극히 크고 나면 기울게 마련인 것이다. 나는 바로 이를 경계해야 한다고 본다.

그래서 해가 한낮이 되면 서쪽으로 기울기 시작하고, 달이 차면 기울어 줄어들게 된다. 천지의 차고 기우는 것은 시간이 흐름에 따라 자라고 줄어드는 것을 말한다. 그래서 성인은 오히려 아주 극성極盛함을 감당할 수 없다고 여겼다. 수레를 타고 가다가 세 사람을 한꺼번에 만나면 수레에서 내려섰고, 두 사람을 만나면 난간을 잡고 인사하여 그 차고 기울어짐을 잘 조절하였기 때문에 성인이 이렇게 장구長久할 수 있었던 것이다."

자하가 이 말을 듣고 말하였다.

"알아들었습니다. 청컨대 종신토록 이를 외우겠습니다."

孔子讀易, 至於損益, 則喟然而歎.

子夏避席而問曰:「夫子何爲歎?」

孔子曰:「夫自損者益. 自益者缺, 吾是以歎也.」

子夏曰:「然則學者不可以益乎?」

孔子曰:「否, 天之道成者, 未嘗得久也. 夫學者, 以虛受之, 故曰得, 苟接知持滿, 則天下之善言, 不得入其耳矣. 昔堯履天子之位, 猶允恭以持之, 虛靜以待下, 故百載以逾盛, 迄今而益章. 昆吾自臧而滿意, 窮高而不衰, 故當時而虧敗, 迄今而愈惡, 是非損益之徵與? 吾故曰謙也者, 致恭以存其位者也. 夫豐明而動故能大, 苟大則虧矣, 吾戒之, 故曰天下之善言, 不得入其耳矣. 日中則昃, 月盈則食, 天地盈虛, 與時消息; 是以聖人不敢當盛.

升輿而遇三人則下, 二人則軾, 調其盈虛, 故能長久也.」

　子夏曰:「善, 請終身誦之.」

【損卦】《周易》第 41卦 山澤損.

【益卦】《周易》第 42卦 風雷益.

【子夏】孔子의 제자. 卜商.

【堯】古代 聖人. 唐堯.

【昆吾】夏나라 때 陸終氏의 여섯 아들 중에 맏이로 포악하였다 한다.

【迄今而益章】'章'은 '彰'과 같음. 한편 이 다음 문장에 "天下之善言不得入其耳矣"
(천하의 훌륭한 말들이 귀에 들어오지 않는다)의 구절이 있으나 이는 衍文으로
보고 있다.《說苑疏證》에 "故曰下原衍天下之善言不得入其耳矣十一字, 從拾
補刪"이라 하였다.

【盈虛】《周易》損卦에 "損益盈虛, 與時偕行"이라 하였다.

【調其盈虛】차고 모자람을 조절함. 또는 경우에 맞게 겸손하게 행동함을 뜻한다.

＊＊＊ 참고 및 관련 자료 ＊＊＊

1.《孔子家語》六本篇

孔子讀易, 至於損·益, 喟然而嘆, 子夏避席問曰:「夫子何嘆焉?」孔子曰:「夫自損
者必有益之, 自益者必有決之, 吾是以嘆也.」子夏曰:「然則學者不可以益乎?」子曰:
「非道益之謂也, 道彌益而身彌損. 夫學者損其自多, 以虛受人, 故能成其滿. 博哉天道,
成而必變, 凡持滿而能久者 未嘗有也. 故曰: 自賢者, 天下之善言不得聞於耳矣.
昔堯治天子之位, 猶允恭以持之, 克讓以接下, 是以千歲而益盛, 迄今而益彰. 夏桀·
昆吾自滿而極, 亢意而不絶, 斬刈黎民, 如草芥焉, 天下討之, 如誅匹夫, 是以千載而
惡者, 迄今而不滅. 觀此如行, 則讓長不疾先, 如在輿遇三人則下之, 遇二人則式之,
調其盈虛, 不令自滿, 所以能久也.」子夏曰:「商請志之而終身奉行焉.」

2.《淮南子》人間訓

孔子讀易, 至損益, 未嘗不憤然而歎, 曰:「益損者, 其王者之事與! 事或欲以利之,
適足以害之, 或欲害之. 乃反以利之, 利害之反, 禍福之門戶, 不可不察也.」

301(10-4) 孔子觀於周廟而有欹器焉
좌우명

공자孔子가 주周나라 사당을 참관하다가 기기欹器라는 불안정한 그릇을 보게 되었다. 이에 공자는 사당지기에게 물어 보았다.

"이것이 무슨 그릇입니까?"

사당지기가 대답하였다.

"아마 우좌右坐의 그릇이 아닌가 합니다."

공자가 다시 물었다.

"내가 듣기로 우좌라는 그릇은 가득 차면 엎어지고, 다 비우면 기대어야 서며, 알맞게 채우면 똑바로 선다는데 정말 그렇소?"

이에 사당지기가 대답하였다.

"그렇습니다."

공자는 자로子路로 하여금 물을 떠오게 하여 실험해 보았다.

그랬더니 과연 가득 채우면 엎어지고, 중간쯤 채우면 바로 서며, 다 비우자 다른 물건에 기대어야 세울 수 있었다. 이에 공자는 위연히 감탄하였다.

"아! 어찌 가득 채우고도 기울지 않는 것이 있겠는가!"

이 말에 자로가 물었다.

"감히 여쭙건대 가득 채우고도 이를 지킬 수 있는 방법은 없습니까?"

공자가 대답하였다.

"가득 찬 것을 지킬 수 있는 방법은 그를 덜어 내어 양을 줄이는 것이지!"

"그러면 양을 덜어 내어 줄이는 방법에는 어떤 것이 있습니까?"

자로의 이 질문에 공자는 이렇게 설명하였다.

"높은 자리에 처하면서도 능히 낮추어 행동하고, 가득 찼으면서도 능히 빈 듯이 하며, 부유하면서도 능히 검소하게 하고, 귀하면서도 낮은 듯이 하며, 지혜로우면서도 능히 어리석은 듯이 하고, 용감하되 능히 겁약怯弱한 듯이 하며, 말을 잘하면서도 어눌語訥한 듯이 하며, 넓은 지식이 있어도 능히 얕은 듯이 하고, 명철하면서도 어두운 듯이 하는 것, 이것이 곧 알맞게 덜어서 극한에 이르지 않는다는 뜻이다. 이와 같은 도를 실행할 수 있는 것은, 오직 지극한 덕이 있는 자라야 미칠 수 있는 것이다.

《역易》에 '덜지 않고 자꾸 보태려고만 하기 때문에 손해가 나는 것이요, 스스로 덜어 내어 끝마무리를 잘하니 그 때문에 이익이 되는 것이다'라 한 것이 바로 그 뜻이다.

孔子觀於周廟而有欹器焉, 孔子問守廟者曰:「此爲何器?」

對曰:「蓋爲右坐之器.」

孔子曰:「吾聞右坐之器, 滿則覆, 虛則欹, 中則正, 有之乎?」

對曰:「然.」

孔子使子路取水而試之, 滿則覆, 中則正, 虛則欹.

孔子喟然嘆曰:「嗚呼! 惡有滿而不覆者哉!」

子路曰:「敢問持滿有道乎?」

孔子曰:「持滿之道, 挹而損之.」

子路曰:「損之有道乎?」

孔子曰:「高而能下, 滿而能虛, 富而能儉, 貴而能卑, 智而能愚, 勇而能怯, 辯而能訥, 博而能淺, 明而能闇; 是謂損而不極,能行此道, 唯至德者及之. 易曰:『不損而益之, 故損; 自損而終, 故益.』」

【欹器】밑이 불안정하여 바로 서지 못하는 그릇.
【右坐】그릇 이름. 宥坐·宥座·宥卮·侑卮 등으로도 쓴다. 본 장 참고란의 내용을 참조할 것. 원래 '座右銘'의 '座右'의 뜻. "오른쪽에 놓고 그 원리를 생각하며, 스스로 경계하고 명심한다"는 본래의 고사.
【子路】孔子의 제자. 仲由.
【易曰】《周易》의 損卦나 益卦의 내용이기는 하나 동일한 문장은 없다. 오히려 《老子》42章에 "物或損之而益, 或益之而損"이라 하였다.

참고 및 관련 자료

1. 《荀子》 宥坐篇

孔子觀於魯桓公之廟, 有欹器焉., 孔子問於守廟者曰:「此爲何器?」守廟者曰:「此蓋爲宥坐之器.」孔子曰:「吾聞宥坐之器者, 虛則欹, 中則正, 滿則覆.」孔子顧謂弟子曰:「注水焉!」弟子挹水而注之. 中而正, 滿而覆, 虛而欹. 孔子喟然嘆曰:「吁! 惡有滿而不覆者哉!」子路曰:「敢問持滿有道乎?」孔子曰:「聰明聖知, 守之以愚; 功被天下, 守之以讓; 勇力撫世, 守之以怯; 富有四海, 守之以謙. 此所謂挹而損之之道也.」

2. 《韓詩外傳》 卷3

孔子觀於周廟, 有欹器焉. 孔子問於守廟者曰:「此謂何器也?」對曰:「此蓋爲宥坐之器.」孔子曰:「吾聞宥坐之器, 滿則覆, 虛則欹, 中則正, 有之乎?」對曰:「然.」孔子使子路取水試之. 滿則覆, 中則正, 虛則欹. 孔子喟然嘆曰:「嗚呼, 惡有滿而不覆者哉!」子路曰:「敢問持滿有道乎?」孔子曰:「持滿之道, 抑而損之.」子路曰:「損之有道乎?」孔子曰:「德行寬裕者, 守之以恭; 土地廣大者, 守之以儉; 祿位尊盛者, 守之以卑; 人衆兵强者, 守之以畏; 聰明睿智者, 守之以愚; 博聞强記者, 守之以淺. 夫是之謂抑而損之.」詩曰:『湯降不遲, 聖敬日躋.』

3.《淮南子》道應訓

孔子觀桓公之廟, 有器焉, 謂之宥卮. 孔子曰:「善哉! 予得見此器.」顧曰:「弟子取水.」
水至, 灌之, 其中則正, 其盈側覆. 孔子造然革容曰:「善哉, 持盈者乎!」子貢在側曰:
「請問持盈?」曰:「益而損之.」曰:「何謂益而損之?」曰:「夫物盛而衰, 樂極則悲,
日中而移, 月盈而虧. 是故聰明睿智, 守之以愚; 多聞博辯, 守之以陋; 武力毅勇,
守之以畏; 富貴廣大, 守之以儉; 德施天下, 守之以讓. 此五者, 先王所以守天下而弗
失也, 反此五者, 未嘗不危也.

4.《孔子家語》三恕篇

孔子觀於魯桓公之廟, 有欹器焉. 孔子問於守廟者曰:「此謂何器?」對曰:「此蓋爲
宥坐之器也.」子曰:「吾聞宥坐之器, 虛則欹, 中則正, 滿則覆. 明君以爲至誠, 故常
置之於坐側.」顧謂弟子曰:「試注水焉.」乃注之水, 中則正, 滿則覆. 夫子喟然嘆曰:
「嗚呼! 夫物惡有滿而不覆者哉.」子路進曰:「敢問持滿有道乎?」子曰:「聰明睿智,
守之以愚; 功被天下, 守之以讓; 勇力振世, 守之以怯; 富有四海, 守之以謙. 此所謂
損之又損之之道也.」

5.《文子》九守篇

三皇五帝有戒之器, 命曰宥卮, 其中卽正, 其盈側覆. 夫物盛則衰, 日中則移, 月滿側虧,
樂終而悲. 是故聰明睿智守以愚, 多聞博辨守以儉, 武力勇毅守以畏, 富貴廣大守以狹,
德施天下守以讓. 此五者, 先王所以守天下也. 服此道者不欲盈, 夫惟不盈, 是以弊
不新成.

6.《孔子集語》事譜(上)

孔子觀於魯桓公之廟, 有欹器焉. 夫子問於守廟者曰:「此謂何器?」對曰:「此蓋爲
宥坐之器.」孔子曰:「吾聞宥坐之器, 虛則欹, 中則正, 滿則覆, 明君以爲至誠, 故常
置之於坐側.」顧謂弟子曰:「試注水焉.」乃注之水, 中則正, 滿則覆. 夫子喟然歎曰:
「嗚呼! 夫物惡有滿而不覆哉?」子路進曰:「敢問持滿有道乎?」子曰:「聰明叡智,
守之以愚; 功被天下, 守之以讓; 勇力振世, 守之以怯; 富有四海, 守之以謙, 此所謂
損之又損之之道也.」

7. 기타 참고자료

《韓詩外傳》卷8(254)·《文選》〈褚淵碑〉注

302(10-5) 常摐有疾
이는 빠져도 혀는 빠지지 않는다

상창常摐이 병이 나자 노자老子가 찾아가 여쭈었다.

"선생님의 병이 중하시군요. 우리 여러 제자들에게 가르침을 남겨 주실 말씀이 없으신지요?"

이에 상창은 이렇게 말하였다.

"그대가 묻지 않았더라도 내 그대에게 말해 주려 하였었지!"

그리고는 말을 이었다.

"사람들은 고향을 지나게 되면 수레에서 내리게 되지. 그 이유를 아는가?"

노자가 대답하였다.

"고향을 지나다가 수레에서 내리는 것은 고향을 잊지 못하기 때문이 아닙니까?"

상창이 말하였다.

"아무렴, 맞는 말이시."

그리고는 상창이 다시 물었다.

"큰 교목喬木을 지나다가는 그리로 달려간다. 그 이유를 아는가?"

노자가 대답하였다.

"큰 교목을 보고 달려가는 것은 늙은이를 공경한다는 뜻이 아닙니까?"

상창이 말하였다.

"아무렴, 그렇고말고!"

그리고는 자신의 입을 벌려 노자에게 보여 주면서 물었다.

"내 혀가 있느냐?"

이 말에 노자가 있다고 대답하자, 상창이 다시 "그럼 이빨은 그대로 있느냐?"고 물었다. 이에 노자는 이렇게 말하였다.

"다 빠지고 없습니다."

"그렇다면 그 이유를 아느냐?"

이 질문에 노자는 이렇게 대답하였다.

"무릇 혀가 그대로 있는 것은 부드럽기 때문이 아닙니까? 또 이빨이 빠지는 것은 강하기 때문이 아니겠습니까?"

그러자 상창이 말하였다.

"아무렴, 맞는 말이다. 천하의 원리를 다하였으니, 내 무엇으로 그대에게 말해 줄 게 있겠는가!"

〈老子騎牛圖〉宋 晁補之(畫)

常摐有疾, 老子往問焉, 曰:「先生疾甚矣, 無遺教可以語諸弟子者乎?」

常摐曰:「子雖不問, 吾將語子.」

常摐曰:「過故鄉而下車, 子知之乎?」

老子曰:「過故鄉而下車, 非謂其不忘故耶?」

常摐曰:「嘻, 是已.」

常摐曰:「過喬木而趨, 子知之乎?」

老子曰:「過喬木而趨, 非謂敬老耶?」

常摐曰:「嘻, 是已.」

張其口而示老子曰:「吾舌存乎?」

老子曰:「然.」

「吾齒存乎?」

老子曰:「亡.」

常摐曰:「子知之乎?」

老子曰:「夫舌之存也, 豈非以其柔耶? 齒之亡也, 豈非以其剛耶?」

常摐曰:「嘻, 是已. 天下之事已盡矣, 何以復語子哉!」

【常摐】老子의 스승. 商容이 아닌가 한다. 商摐은 '상종'으로도 읽음.

【老子】老聃. 李耳.《史記》老莊申韓列傳 참조.

【橋木】이 이야기는 본《說苑》卷3 建本篇 077(3-6)을 볼 것. "商子曰二子盍相與觀乎南山之陽, 有木焉, 名曰橋, ……橋者, 父道也"라 하였다.

> ### 참고 및 관련 자료

1. 이 이야기는《史記》張儀列傳에도 비슷하게 실려 있으며,《老子》에서는 "柔弱勝剛强"(36장) · "天下之至柔, 馳騁天下之至堅"(43장) · "守柔曰强"(52) · "人之生也柔弱, 其死也堅强. ……堅强者死之徒, 柔弱者生之徒"(76) · "弱之勝强, 柔之勝剛"(78) 등의 내용과 관련이 있다.

2.《淮南子》繆稱訓

老子學商容, 見舌而知守柔矣. 列子學壺子, 觀景柱, 而知持後矣. 故聖人不爲物先, 而常制之, 其類若積薪樵, 後者在上.

303(10-6) 韓平子問於叔向
강한 것과 부드러운 것

한평자韓平子가 숙향叔向에게 물었다.

"강한 것과 부드러운 것을 대비하면 어느 것이 더 견고합니까?"

이에 숙향은 이렇게 대답하였다.

"저는 지금 나이가 여든입니다. 내 이는 모두 두 번씩이나 빠져서 없지만 혀는 아직도 그대로 있습니다. 노담魯聃이 이런 말을 하였지요. '천하에 가장 부드러운 것만이 천하에 가장 견고한 것을 타고 부릴 수 있다'라고요. 또 이런 말도 하였지요. '사람이 태어날 때는 유약하지만 죽어서는 말라 뻣뻣하며, 만물의 초목도 갓 자라날 때는 부드럽고 약하지만 죽어서는 말라 뻣뻣하다. 이로 보건대 유약함이란 살아 있는 무리들이 지닐 수 있는 것이요, 강함이란 죽은 무리의 것들이다.' 무릇 생명이 있는 것은 허물어져도 다시 복원되지만, 죽은 것은 한 번 무너지면 더욱 쇠잔해지고 맙니다. 저는 이 까닭으로 부드러운 것이 강한 것보다 견고하다고 알고 있습니다."

평자는 이 말을 듣고 말하였다.

"좋습니다! 그렇다면 그대의 행동은 무엇을 표준으로 삼아 따르고 있습니까?"

이에 숙향은 이렇게 말하였다.

"저 역시 부드러움을 따를 뿐이지요. 어찌 강함을 위하리오!"

그러자 평자가 물었다.

"부드러움은 너무 취약脆弱한 것이 아닙니까?"

숙향은 이렇게 설명하였다.

"부드러움이란 질겨서 끊어지지 않고 맑으면서도 결缺함이 없으니, 어찌 취약하다고 하겠습니까? 하늘의 도리란 미약한 것이 이기게 되어 있습니다. 이 때문에 두 군대가 맞붙으면 부드러운 자가 이기며, 원수진 두 사람이 이익을 다투게 되면 약자弱者가 얻게 됩니다. 《역易》에 '천도는 가득 찬 것을 덜어 겸손한 것에게 보태 주고, 지도地道는 가득 찬 것을 변화시켜 겸손한 쪽으로 흐르게 하며, 귀신은 가득 찬 것을 해害하여 겸손한 이에게 복을 주며, 인도人道는 가득 찬 것을 싫어하며 겸손한 것을 좋아한다'라 하였습니다. 이처럼 무릇 겸謙을 품고 있으면 유약柔弱의 부족함을 사도四道가 도와 줄 것이니, 어찌 그쪽으로 가서 그 뜻을 얻지 못할 수 있겠습니까?"

평자가 말하였다.

"훌륭합니다!"

韓平子問於叔向曰:「剛與柔, 孰堅?」

對曰:「臣年八十矣, 齒再墮而舌尚存, 老聃有言曰:『天下之至柔, 馳騁乎天下之至堅.』又曰:『人之生也柔弱, 其死也剛彊; 萬物草木之生也柔脆, 其死也枯槁. 因此觀之, 柔弱者, 生之徒也, 剛彊者, 死之徒也.』夫生者, 毀而必復, 死者, 破而愈亡; 吾是以知柔之堅於剛也.」

平子曰:「善哉! 然則子之行, 何從?」

叔向曰:「臣亦柔耳, 何以剛爲?」

平子曰:「柔無乃脆乎?」

叔向曰:「柔者, 紐而不折, 廉而不缺, 何爲脆也? 天之道, 微者勝, 是以兩軍相加, 而柔者克之; 兩仇爭利, 而弱者得焉. 易曰:

『天道虧滿而益謙, 地道變滿而流謙, 鬼神害滿而福謙, 人道惡滿而好謙.』夫懷謙不足之, 柔弱而四道者助之, 則安往而不得其志乎?」

　平子曰:「善!」

【韓平子】春秋 말기 晉나라 六卿의 하나.

【叔向】晉나라의 大夫. 羊舌職의 아들이며, 羊舌赤의 아우. 羊舌肸·叔肸·叔譽 등으로도 불린다.

【魯聃】老子·李耳. 聃은 그의 字.《史記》老莊申韓列傳에 "老子者, 楚苦縣厲鄕曲仁里人也. 名耳, 字聃, 姓李氏"라 하였다.

【天下之至柔~至堅】《老子》43章의 구절.

【人之生也柔弱~死之徒也】역시《老子》76章에 "故堅强者死之徒, 柔弱者生之徒"라 하였다.

【易曰】《周易》謙卦(第15掛. 地山謙) 象辭의 구절.

【四道】天道·地道·鬼神·人道.

참고 및 관련 자료

1.《老子》43장

天下之至柔, 馳騁天下之至堅, 無有入無間. 吾是以知無爲之有益. 不言之敎, 無爲之益, 天下希及之.

2.《老子》76장

人之生也柔弱, 其死也堅强. 萬物草木之生也柔脆, 其死也枯槁. 故堅强者死之徒, 柔弱者生之徒. 是以兵强則不勝, 木强則兵. 强大處下, 柔弱處上.

부러지는 것과 찢어지는 것

환공桓公이 말하였다.

"쇠붙이가 딱딱하면 부러지고, 가죽이 딱딱하면 찢어지며, 임금 된 자가 강하면 나라가 멸망하고, 신하된 자가 강하면 사귐이 끊어진다."

무릇 강하기만 하면 화합하지 못하고, 화합하지 못하면 쓸 수가 없다. 그래서 수레의 네 마리 말이 서로 조화를 이루지 못하면 먼 길을 갈 수 없고, 부자 사이에 화목이 없으면 그 세대가 파망破亡하며, 형제가 불화하면 함께 오래 살 수가 없다. 또 부부 사이가 불화하면 집에 큰 흉조가 들게 된다.

《역易》에 '두 사람이 같은 마음이면 그 날카로움이 쇠를 자를 수 있다'라 하였으니, 이는 바로 강하지 않은 것으로 시작해야 한다는 뜻이다."

桓公曰:「金剛則折, 革剛則裂; 人君剛則國家滅, 人臣剛則交友絶. 夫剛則不和, 不和則不可用. 是故四馬不和, 取道不長; 父子不和, 其世破亡; 兄弟不和, 不能久同; 夫妻不和, 家室大凶. 易曰:『二人同心, 其利斷金.』由不剛也.」

【桓公】齊 桓公을 가리키는 듯하나 정확히는 알 수 없다. 춘추시대 각 나라마다
桓公의 시호를 가진 군주가 있었다.
【易曰】《周易》繫辭(上)의 구절.

참고 및 관련 자료

1. 《周易》繫辭(上)

子曰君子之道, 或出或處, 或黙或語, 二人同心, 其利斷金, 同心之言, 其臭如蘭.

305(10-8) 老子曰得其所利
이익과 손해

노자老子가 말하였다.

"이익 되는 바를 얻으면 반드시 그 손해날 것에 대하여 염려해야 하고, 성취에 따른 즐거움을 누릴 때에는 반드시 그 실패가 있지 않을까 돌아보아야 한다. 선을 위해서 힘쓰는 자는 하늘이 복으로 보상하고, 불선不善을 저지르는 자는 하늘이 화로써 이를 갚는다.

그래서 '화는 복을 의지해서 생겨나고, 복은 화 속에 감추어져 있는 것이다'라 하였으니 경계하고 조심할지니라.

군자가 힘쓰지 않으면서 어찌 방비할 수 있겠는가?

무릇 위로 하늘이 있음을 알면 때를 놓치지 않을 것이요, 아래로 땅이 있음을 알면 재물을 잃지 않을 것이다. 밤낮으로 근신하면 재해를 만나지 않을 것이다."

老子曰:「得其所利, 必慮其所害; 樂其所成, 必顧其所敗. 人爲善者, 天報以福; 人爲不善者, 天報以禍也. 故曰: 禍兮福所倚; 福兮禍所伏; 戒之愼之, 君子不務. 何以備之, 夫上知天, 則不失時; 下知地, 則不失財. 日夜愼之, 則無災害.」

【老子】老聃. 李耳.

1. 《老子》58章의 구절. 그 다음의 구절은 지금의 《老子》에는 없다.

2. 《老子》58장

其政悶悶, 其民醇醇; 其政察察, 其民缺缺. 禍兮福之所倚, 福兮禍之所伏. 孰知其極?
其無正. 正復爲奇, 善復爲妖. 人之迷, 其日固久. 是以聖人方而不割, 廉而不劌,
直而不肆, 光而不耀.

306(10-9) 曾子有疾
병은 조금 나았을 때가 위험하다

증자曾子가 병이 나자, 그 아들 증원曾元이 아버지의 머리를 잡고 또 다른 아들 증화曾華가 다리를 껴안았다.

이에 증자가 이렇게 말하였다.

"나는 안연顏淵만큼 재주가 없으니 너희들에게 무슨 말을 해 줄꼬? 비록 능력은 없더라도 군자라면 부지런히 힘쓰고 노력해야 한다. 무릇 꽃은 많으나 열매가 적은 것은 하늘이요, 말은 많으나 행동은 적은 것이 곧 인간이다. 나는 새는 산도 낮다고 여겨 그 산꼭대기에 둥지를 틀고, 물고기나 자라는 깊은 못도 얕다고 여겨 그 바닥에 굴을 뚫고 산다. 그런데도 이들을 잡아 올릴 수 있는 것은 바로 미끼이다. 군자가 진실로 이익의 유혹으로 인해 몸을 망치는 일만 없다면 욕됨이 어디에서 다가오겠는가? 관직에 있는 자가 태만하게 되는 것은 바로 그 관직을 얻었을 때이고, 병은 도리어 조금 나았을 때에 심해지는 법이며, 화는 게으름에서 생겨나고, 아내와 자식 때문에 부모에 대한 효도가 식어가게 마련이다.

〈老子騎牛圖〉明 陳洪綬(畫)

이상 네 가지를 잘 살펴 끝맺음을 시작할 때의 각오와 같게 해야 한다. 《시詩》에 '시작할 때에는 잘 하는 듯하더니 끝맺음은 오히려 시원치 않네!'라 하였단다."

曾子有疾, 曾元抱首, 曾華抱足.

曾子曰:「吾無顏氏之才, 何以告汝? 雖無能, 君子務益. 夫華多實少者, 天也; 言多行少者, 人也. 夫飛鳥以山爲卑, 而層巢其巓; 魚鼈以淵爲淺, 而穿穴其中; 然所以得者, 餌也. 君子苟能無以利害身, 則辱安從至乎? 官怠於宦成, 病加於少愈, 禍生於懈惰, 孝衰於妻子; 察此四者, 愼終如始. 詩曰:『靡不有初, 鮮克有終.』」

【曾子】曾參. 孝로써 널리 알려진 孔子의 弟子. 曾參殺人 등의 고사를 남겼다.
【曾元】曾子의 아들.
【曾華】曾子의 아들.
【顏淵】顏回. 才華와 學問이 있었던 孔子 弟子.
【詩曰】《詩經》大雅 湯의 구절.

참고 및 관련 자료

1. 《荀子》法行篇

曾子疾, 曾元持足. 曾子曰:「元, 志之! 吾語汝. 夫魚鼈黿鼉以淵爲淺而堀其中, 鷹鳶猶以山爲卑而增巢其上, 及其得也必以餌. 故君子苟能無以利害義, 側恥辱亦無由至矣.」

2. 《大戴禮記》疾病篇

曾子有疾病, 曾元抑首, 曾華抱足. 曾子曰:「微乎, 吾無夫顏氏之言, 吾何以語汝哉!

然而君子之務, 盡有之矣. 夫華繁而實寡者, 天也; 言多而行寡者, 人也. 鷹鶉以山爲卑而曾巢其上, 魚鼈黿鼉以淵爲淺而蹶穴其中, 卒其所以得之者, 餌也. 是故君子苟無以利害義, 則辱何由至哉!」

3. 《文子》符言篇

宦敗於官茂, 孝衰於妻子, 患生於憂解, 病甚於且瘉. 故愼終如始, 則無敗事.

4. 《韓詩外傳》卷8

官怠於有成, 病加於小愈, 禍生於懈惰, 孝衰於妻子, 察此四者, 愼終如始. 易曰: 『小狐汔濟, 濡其尾.』詩曰: 『靡不有初, 鮮克有終.』

5. 기타 참고자료

《管子》樞言篇·《文子》符言篇

307(10-10) 單快曰國有五寒
다섯 가지 추위

선쾌單快가 말하였다.

"나라에는 다섯 가지 추위가 있지만 얼음이나 결빙結冰은 그 속에 포함되지 않는다. 첫째가 정사政事를 어그러뜨리는 것. 둘째로 여자로 인한 여해厲害, 셋째로 비밀의 누설, 넷째로 경사卿士를 존경하지 않아 국가가 패망하는 것, 다섯째로 안을 잘 다스리지도 못하면서 나라 밖의 일에 힘쓰는 것이다.

이 다섯 가지 중에 한 가지 현상이라도 나타나면, 비록 제사를 지내도 조상신들이 복을 내려 주지 않아 화근을 제거해도 화가 미칠 것이며, 복을 빌어도 그 복은 빌려 쓰는 것처럼 잠시 나타났다가 사라질 것이다."

單快曰:「國有五寒, 而氷凍不與焉; 一曰政舛, 二曰女厲, 三曰謀泄, 四曰不敬卿士而國家敗, 五曰不能治內而務外; 此五者一見, 雖祠無福, 除禍必得, 致福則貸.」

【單快】人名. 생애는 자세히 알 수 없다. '單'은 성씨일 경우 '선'으로 읽는다.
【致福則貸】"복을 빌어, 얻는다 해도 대여받는 것과 같다"라는 뜻.

아무리 나쁜 재앙도
선행을 이기지는 못한다

공자孔子가 말하였다.

"존망화복存亡禍福은 그 근본이 모두 스스로에게 있을 따름이다. 비록 하늘의 재앙이나 땅의 변고가 있어도 그렇지 않은 사람을 죽이지는 못한다."

옛날 은殷나라 임금 재신宰辛 때에 참새가 성城 귀퉁이에서 까마귀를 낳았다. 공인工人이 이를 점치고 나서 풀이하였다.

"작은 것이 큰 것을 낳았으니 나라에는 큰 복이 있고, 왕에게는 그 명예가 배로 오르리라!"

왕 제신이 그 참새의 덕을 기쁘게 여겨 나라의 정치를 팽개친 채 포악한 짓을 일삼았다. 그리하여 외적이 밀려와 은나라는 망하고 말았다. 이는 바로 하늘의 시조時兆를 거스른 것이며, 복을 뒤집어 화가 되도록 한 행위이다.

한편 역시 은나라 무정武丁 때에 이르러 선왕의 도가 어그러졌을 뿐만 아니라 형법조차 느슨하였던 까닭에, 궁중 뜰에 상桑과 곡穀이 나더니 이레 만에 그 크기가 한 아름이나 되었다.

다시 공인이 이를 점쳐 풀이하였다.

"상곡은 들에나 자랄 식물이다. 그 야물野物이 조정에서 자라고 있으니, 이는 바로 나라가 망한다는 뜻이로다!"

이 말에 무정은 두려워하며 자신과 주변을 잘 닦아 옛 선왕의 도를 생각하며 망할 나라를 일으키고, 끊어질 세대를 이어 주며, 안일에 빠진 백성을 들어 진작시키고, 늙은이의 지혜를 밝히는 일에 힘썼다.

그렇게 하여 3년이 지나자 멀리 있는 나라의 임금이 두 번 이상의 통역을 거쳐 찾아오는 자가 여섯 나라나 되었다. 이는 바로 하늘의 시조時兆를 잘 영접하여 화를 복으로 돌린 예이다.

그러므로 요얼妖孼이란 하늘이 천자와 제후를 경계시키는 것이며, 또 악몽惡夢이란 사士·대부大夫에게 경각심을 불러일으키는 것이다. 따라서 아무리 악한 요얼妖孼도 선정善政을 이기지 못하며 아무리 나쁜 악몽일지라도 선행善行을 이기지 못하는 법이다.

지성으로 다스리면 화는 복으로 바뀌게 마련이다. 그 때문에 태갑太甲에는 이렇게 말하고 있다.

"하늘에서 내린 재앙은 피할 수 있으나, 자신이 지은 재앙은 피할 수 없다."

孔子曰:「存亡禍福, 皆在己而已, 天災地妖, 亦不能殺也.」

昔者, 殷王帝辛之時, 爵生烏於城之隅, 工人占之曰:「凡小以生巨, 國家必祉, 王名必倍.」

帝辛喜爵之德, 不治國家, 亢暴無極, 外寇乃至, 遂亡殷國, 此逆天之時, 詭福反爲禍至.

殷王武丁之時, 先王道缺, 刑法弛, 桑穀俱生於朝, 七日而大拱, 工人占之曰:「桑穀者, 野物也; 野物生於朝, 意朝亡乎!」

武丁恐駭, 側身脩行, 思昔先王之政, 興滅國, 繼絶世, 擧逸民, 明養老之道; 三年之後, 遠方之君, 重譯而朝者六國, 此迎天時得禍反爲福也.

故妖孽者, 天所以警天子諸侯也; 惡夢者, 所以警士大夫也. 故妖孽不勝善政, 惡夢不勝善行也; 至治之極, 禍反爲福. 故太甲曰: 『天作孽, 猶可違; 自作孽, 不可逭.』

【殷王 宰辛】殷의 31대 임금. 곧 紂. 周에게 망한 末王.
【爵生烏於城之隅】《戰國策》宋策에 의하면 같은 이야기가 宋 康王 때에도 의탁되고 있다. "宋康王之時, 有雀生鸇於城之陬. 使史占之, 曰小而生巨, 必霸天下. 康王大喜……"라 하였다.
【工人】나라의 대사를 점치는 占卜官
【武丁】殷의 22대 임금. 高宗. 부열(傅說)이라는 신하를 얻어 殷을 부흥시켰다. 《史記》殷本紀 참조.
【桑穀俱生於朝】《史記》殷本紀에는 太戊(殷의 9대 임금) 때의 일로 실려 있다. "帝太戊立伊陟爲相, 亳有祥桑穀共生於朝, 一暮大拱, 帝太戊懼, 問伊陟, 伊陟曰臣聞妖不勝德, 帝之政其有闕與. 帝其修德, 太戊從之, 而祥桑枯死而去"라 하였고, 한편 '祥桑穀'에 대해서는 集解에 "孔安國曰祥, 妖怪也. 二木合生, 不恭其伐"이라 하였다. 그런가 하면《尙書大傳》에는 "七日大拱"이라 하여 본문과 차이가 있다. 그리고 武丁 때의 비슷한 일로는《史記》殷本紀에 "帝武丁祭成湯, 明日, 有飛雉登鼎耳而响, 武丁懼, 祖己曰王勿憂, 先修政事"라 되어 있다. 또한 본 《說苑》卷一 君道篇(026, 027)에도 비슷한 내용이 실려 있다.
【太甲】商湯의 장손자로 상나라 4대 임금. 伊尹에 의해 임금자리에 올랐으나, 방탕하여 桐 땅으로 쫓겨나 근신한 다음 다시 나라를 다스렸다.《史記》殷本紀에 "……伊尹酒立太丁之子太甲, 太甲成湯適長孫也. 是爲帝太甲. ……帝太甲旣立三年, 不明, 暴虐, 不遵湯法, 亂德. 於是伊倫放之於桐宮, 三年, 伊倫攝行政當國, 以朝諸侯. 帝太甲居桐宮三年, 悔過自責, 反善. 於是伊尹酒迎帝太甲而授之政. 帝太甲修德, 諸侯咸歸殷. 百姓以寧"이라 하였다.
【태갑언】《尙書》太甲上의 구절. "逭, 兆也"의 疏에 "言天災可避, 自作災不可逃"라 하였다.

1. 본 장의 내용은 본 《說苑》 君道篇 제26, 27장에도 비슷하게 실려 있다. 그 외의 관련기록은 《史記》·《書經》 등을 참조할 것.

2. 《孔子家語》 五儀解篇

哀公問於孔子曰:「夫國家之存亡禍福, 信有天命, 非唯人也?」孔子對曰:「存亡禍福, 皆己而已, 天災地妖, 不能加也.」公曰:「善. 吾子之言, 豈有其事乎?」孔子曰: 「昔者殷王帝辛之世, 有雀生大鳥於城隅焉, 占之曰:『凡以小生大, 則國家必王而名 必昌.』於是帝辛介雀之德, 不脩國政, 亢暴無極, 朝臣莫救, 外寇乃至, 殷國以亡, 此卽以己逆天時, 詭福反爲禍者也. 又其先世殷王太戊之時, 道缺法圮, 以致天蘖桑 穀於朝, 七日大拱. 工之者曰:『桑穀野木而不合生朝, 意者國亡乎?』太戊恐駭, 側身脩行, 思先王之政, 明養民之道. 三年之後, 遠方慕義, 重譯至者, 十有六國, 此卽以己遂天時, 得禍爲福者也. 故天災地妖所以儆人主者也, 寢夢徵怪所以儆人 臣者也. 災妖不勝善政, 寢夢不勝善行, 能知此者, 至治之極也, 唯明王達此.」公曰: 「寡人不鄙固此, 亦不得聞君子之敎也.」

309(10-12) 石讎曰春秋有忽然
갑자기 망한 나라들

석수石讎가 말하였다.

"춘추春秋시대에 갑자기 망할 만한 나라들이 많았다고 하였으니 나라 임금으로서 조심하지 않으면 안 된다. 비첩妃妾이 많으면 나라가 망하고, 공족公族 간에 불화가 생기면 망하며, 대신이 자기 임무를 다하지 않아도 망하고, 나라의 작록爵祿이 제대로 쓰이지 못해도 망하며, 아첨하는 무리들을 가까이해도 망하고 만다.

또 많은 사람을 쓰되 때를 맞추지 못해도 망하고, 백성을 부리되 절약하지 않으면 망하며, 형벌이 공정하지 못해도 망할 수 있고, 안으로 백성의 마음을 잃으면 망하는 것이요, 밖으로 대국大國에게 태만嫚하게 굴어도 망하고 만다."

石讎曰:「春秋有忽然而足以亡者, 國君不可以不愼也! 妃妾不一, 足以亡; 公族不親, 足以亡; 大臣不任, 足以亡; 國爵不用, 足以亡; 親佞近讒, 足以亡; 擧百事不時, 足以亡; 使民不節, 足以亡; 刑罰不中, 足以亡; 內失衆心, 足以亡; 外嫚大國, 足以亡.」

【石讎】 人名.

【春秋】 시대 이름. 대체로 孔子의《春秋》의 기록인 魯隱公 元年인 B.C.722년 에서 魯哀公 14년(B.C.481)까지의 242년 간으로 보고 있다.

【嫚】 '慢'과 같음. 怠慢 혹은 驕慢.

310(10-13) 夫福生於隱約
경솔과 자만이 나라를 망친다

무릇 복이란 은약隱約에서 생겨나고 화란 득의得意에서 생기나니 제齊 경공頃公이 바로 그러한 예이다.

제 경공은 환공桓公의 후손으로 당시 땅이 넓고 백성이 많았으며 병력도 강하고 나라도 부강하였다. 게다가 패자霸者로서의 남은 존망 尊望까지 있었건만 교만하고 태만하게 굴 뿐 한번도 제후들의 회동會同에 나가지 않았다. 그런데도 군대를 일으켜 노魯나라를 치다가 도리어 위衛나라 군대에게 신축新築에서 패하였으니 이는 적은 것을 경솔히 여기고 크다고 자만하였던 행동이 지나쳤기 때문이다. 그리고 잠시 후 진晉나라·노魯나라와 교빙交聘하면서 그들 사신을 희롱하기까지 하였다. 두 나라가 노하여 서로 자기편을 구하여 결속하니, 이에 위衛와 조曹 두 나라가 이들과 합세, 결국 네 나라가 서로 합하게 되었다.

이어서 안鞍에서 전투를 기약하고 모여 제나라 군대를 크게 쳐부수고 경공을 사로잡았으며, 방축보逢丑父를 참수하니 그제야 놀라 겁을 먹었다.

그러나 방축보의 속임수에 힘입어 겨우 도망쳐 돌아와서는 조문과 병문안을 게을리하지 않았고, 7년 동안 술도 입에 대지 않았으며, 고기도 절제하고 금석사죽金石絲竹의 음악과 여색女色을 멀리하였다. 또한 제후들과의 회맹에 나가 여러 제후들에게 스스로를 낮추었다.

국가를 다스리되 안으로 의를 행한 결과, 그 소문이 제후들에게 알려져 잃었던 땅을 요구하지 않아도 스스로 반환되었고, 존귀와 총애는 무력을 사용하지 않아도 얻어지게 되었다. 이는 바로 변화에 능히 굽히고 숙일 수 있었기 때문에 이룬 것이라 할 수 있다. 따라서 복이란 은약에서 생기며, 화란 득의에서 생긴다고 할 수 있으니, 이것이 바로 득실得失의 이치이다.

夫福生於隱約, 而禍生於得意, 齊頃公是也. 齊頃公, 桓公之子孫也, 地廣民衆, 兵彊國富, 又得霸者之餘尊, 驕蹇怠傲, 未嘗肯出會同諸侯, 乃興師伐魯, 反敗衛師于新築, 輕小嫚大之行甚. 俄而晉魯往聘, 以使者戲, 二國怒, 歸求黨與助, 得衛及曹, 四國相輔, 期戰於鞍, 大敗齊師, 獲齊頃公, 斬逢丑父, 於是懾然大恐, 賴逢丑父之欺, 奔逃得歸. 弔死問疾, 七年不飲酒, 不食肉, 外金石絲竹之聲, 遠婦女之色, 出會與盟, 卑下諸侯, 國家內得行義, 聲問震乎諸侯, 所亡之地, 弗求而自爲來, 尊寵不武而得之, 可謂能詘免變化以致之, 故福生於隱約, 而禍生於得意, 此得失之效也.

【隱約】 공을 감추고 겸손히 하여 줄이고 묶음.
【齊頃公】 춘추시대 齊나라 군주. 이름은 無野. 桓公의 손자인 惠公의 아들. 齊나라 20대 임금. 재위 17년(B.C.598~582).
【桓公】 춘추오패의 하나. 재위 43년(B.C.685~643).
【新築】 衛나라 읍. 지금의 河北省 大名縣. 이 사건은 《左傳》成公 2年 참조.
【鞍】 齊나라 읍. 歷下. 지금의 山東省 歷城縣.
【逢丑父】 齊나라 대부.
【遠婦女之色】 이상의 이야기는 《左傳》成公 2年 참조.
【詘免變化】 '詘'은 '屈'과 같으며 '免'은 '俛'과 같다. 《說苑疏證》에 "俛, 原作免, 從朱駿聲校記改"라 하였다.

참고 및 관련 자료

1. 《春秋繁露》竹林篇

逢丑父殺其身以生其君, 何以不得謂知權? 丑父欺晉, 祭仲許宋, 俱枉正以存其君, 然而丑父之所爲, 難於祭仲, 祭仲見賢, 而丑父猶見非, 何也? 曰:「是非難別者在此, 此其嫌疑相似, 而不同理者, 不可不察. 夫去位而避兄弟者, 君子之所甚貴, 獲虜逃遁者, 君子之所甚賤. 祭仲措其君於人所甚貴, 以生其君, 故春秋以爲知權旋賢之. 丑父措其君於人所甚賤, 以生其君, 春秋以爲不知權而簡之. 其俱枉正以存其君, 相似也, 其使君榮之, 與使君辱, 不同理. 故凡人之有爲也, 前枉而後義者, 謂之中權, 雖不能成, 春秋善之, 魯隱公, 鄭祭仲是也. 前正而後有枉者, 謂之邪道, 雖能成之, 春秋不愛, 齊頃公, 逢丑父是也. 夫冒大辱以生, 其情無樂, 故賢人不爲也, 而衆人疑焉, 春秋以爲人之不知義而疑也, 故示之以義, 曰:『國滅, 君死之, 正也.』正也者, 正於天之爲人性命也, 天之爲人性命, 使行仁義而羞可恥, 非若鳥獸然, 苟爲生, 苟爲利而已. 是故春秋推天施而順人理, 以至尊爲不可以加於至辱大羞, 故獲者絶之. 以至辱爲亦不可以加於至尊大位, 故雖失位, 弗君也. 已反國, 復在位矣, 而春秋猶有不君之辭, 況其溷然方獲而虜邪! 其於義也, 非君定矣, 若非君, 則丑父何權矣! 故欺三軍, 爲大罪於晉, 其免頃公, 爲辱宗廟於齊, 是以雖難, 而春秋不愛. 丑父大義, 宜言於頃公曰:『君慢侮而怒諸侯, 是失禮大矣. 今被大辱而弗能死, 是無恥也. 而復重罪, 請俱死, 無辱宗廟, 無羞社稷.』如此, 雖陷其身, 尚有廉名, 當此之時, 死賢於生, 故君子生以辱, 不如死以榮, 正是之謂也. 由法論之, 則丑父欺而不中權, 忠而不中義, 以爲不然, 復察春秋, 春秋之序辭也, 置王於春正之間, 非曰: 上奉天施, 而下正人, 然後可以爲王也云爾! 今善善惡惡, 好榮憎辱, 非人能自生, 此天施之在人者也, 君子以天施之在人者聽之, 則丑父弗忠也, 天施之在人者, 使人有廉恥, 有廉恥者, 不生於大辱, 大辱莫甚於去南面地位. 而束獲爲虜也. 曾子曰:『辱若可避, 避之而已. 及其不可避, 君子視死如歸.』謂如頃公者也.」

311(10-14) 大功之效
나라 쇠망은 태만에서 시작된다

큰 공을 세울 수 있는 효험은 바로 어진 이를 등용하고 도를 쌓는 데 있다. 그렇게만 하면 점점 그 공이 드러나고 밝아지게 마련이다. 반대로 쇠멸衰滅의 과정은 바로 득의得意하여 태만히 굴 때에 시작되어 점차 거만해지고 망해 가게 된다. 진晉 문공文公이 바로 그 대표적인 예이다.

그는 망명 중에도 도를 수양함을 그치지 않아 결국 왕의 자리를 누리게 되었으며, 왕의 자리에 올라 있을 때에도 마침 위로는 영명한 천자天子가 없었고, 아래로는 어진 방백方伯이 없어 강한 초楚나라가 회맹을 주재하고 있었지만, 제후들이 이반離叛되어 있었다. 게다가 천자는 자신의 권위를 잃고 정鄭나라에 가서 살고 있었던 때였다.

문공은 이에 중국中國의 미약함을 걱정하여 구범咎犯·선진先軫·양처보陽處父를 등용하여, 백성을 보살피고 군대를 길러 4년 만에 국내 정치가 안정되자, 군대를 일으켜 위衛나라를 치고 조백曹伯을 사로잡았으며, 강한 초楚나라까지 눌러 천하에 위세를 떨쳤다.

이리하여 왕법王法을 밝히고 제후를 이끌어 천자를 조견하자, 누구 하나 감히 듣지 않는 자가 없게 되어, 천하가 평정되고 주실周室이 높임을 되찾게 되었다. 이 때문에 큰 공의 효험은 바로 어진 이를 등용시키고, 덕을 쌓는 데에 있어 점차 창현彰顯되고 밝아진다고 말할 수 있는 것이다.

한편 문공은 패공霸功을 세우고 그만 자신이 탕왕湯王무왕武王의
마음과 같게 될 듯이 기대하며, 그 백성을 돌보는 것을 잊고 한 해에
세 번씩이나 전쟁을 일으켜 그들에게 쉴 틈을 주지 않으면서, 허許나라
를 포위하게 되었다. 그리하여 병사들은 지극히 피폐해져서 그들을
굴복시키지 못하고 제후들에게 피폐함을 당한 채 돌아와야 하였다.

이로부터 정치에 태만하게 되었고, 심지어 적천狄泉에서 회맹을 할 때에는
직접 참가하지도 않아 제후들로부터 신의信義가 쇠결衰缺하게 되었다.

이는 마치 좋은 그물을 가졌음에도 보수補修하지 않은 것과 같아,
위무威武가 꺾여 믿음을 잃게 된 것이다. 이리하여 제후들이 찾아오지
않고 정鄭나라는 드디어 등을 돌렸으며, 이적夷狄이 침입해 오고 위衛
나라는 상구商丘로 도읍을 옮기는 등 제멋대로 하였다.

그래서 쇠멸衰滅의 길은 득의만만하여 태만해지기 시작할 때부터
생겨 점차 교만해지고 끝내 망하는 것이라 한 것이다.

大功之效, 在於用賢積道, 浸章浸明; 衰滅之過, 在於得意而怠,
浸蹇浸亡, 晉文公是其效也. 晉文公出亡, 修道不休, 得至于饗國,
饗國之時, 上無明天子, 下無賢方伯, 彊楚主會, 諸侯背畔, 天子
失道, 出居于鄭. 文公於是憫中國之微, 任咎犯·先軫·陽處父,
畜愛百姓, 屬養戎士, 四年政治內定, 則擧兵而伐衛, 執曹伯,
還敗彊楚, 威震天下, 明王法, 率諸侯, 而朝天子, 莫敢不聽,
天下曠然平定, 周室尊顯, 故曰大功之效, 在於用賢積道, 浸章
浸明, 文公於是霸功立, 期至意得湯武之心, 作而忘其衆, 一年
三用師, 且弗休息. 遂進而圍許, 兵亟弊不能服, 罷諸侯而歸,
自此而怠政事, 爲狄泉之盟, 不親至, 信衰誼缺, 如羅不補, 威武
詘折不信, 則諸侯不朝, 鄭遂叛, 夷狄內侵, 衛遷於商丘. 故曰:
衰滅之過, 在於得意而怠, 浸蹇浸亡.

【晉文公】춘추오패의 하나. 19년간 망명생활을 하였다. 재위 9년(B.C.636~628). 《史記》 晉世家 참조.

【饗國】왕위에 올라 권세를 누림을 뜻한다. '饗'은 '享'과 같다.

【天子】춘추시대는 宗主國인 周나라 임금이 실권이 없었다. 당시 周나라 天子는 襄王(姬鄭). 재위 33년(B.C.651~619).

【方伯】원래 천자가 임명하는 外職. 곧 諸侯.

【中國】中原지방을 일컫는다. 晉을 중심으로 한 黃河 일대.

【咎犯】《史記》에는 舅犯狐偃. 文公의 외삼촌.

【先軫】晉나라 대부. 文公의 신하. 食邑이 原 땅이어서 原軫으로도 불린다.

【陽處父】晉나라 대부. 文公의 신하.

【曹伯】曹나라의 군주.

【湯】殷(商)의 시조. 夏의 桀을 물리쳤다.

【武】周의 武王. 殷의 紂를 물리쳤다.

【許】古代 小國. 지금의 河南省 許昌縣.

【狄泉】地名. 翟泉으로도 쓰며, 지금의 河南省 洛陽 근처.

【商丘】地名. 원래 殷나라의 도읍지. 河南省 商丘縣.

312(10-15) 田子方侍魏文侯坐
그대 마음이 내 눈에 보입니다

전자방田子方이 위魏 문후文侯를 모시고 있을 때, 태자 격擊이 급히 달려와 임금을 만나고자 하였다. 빈객들과 여러 신하들이 모두 일어섰지만, 전자방은 홀로 앉은 채로 있었다. 문후는 불쾌한 표정을 지었고 태자 역시 그러하였다. 이를 본 전자방이 이렇게 말하였다.

"그대를 위해 일어설까요? 그러면 예로 보아 어떤지 알 수가 없습니다. 그대로 앉아 있을까요? 그러면 법률상 어떤지 알 수가 없습니다. 청컨대 그대 아들을 위해 초楚 공왕恭王이 태자였을 때의 이야기를 들려 드리고 싶군요! 그가 장차 운몽雲夢으로 가는 길에 대부인 공윤工尹을 만났지요. 공윤은 태자를 보자 얼른 민가로 숨어 버렸습니다. 이에 태자는 수레에서 내려 그 집을 찾아가 이렇게 말하였지요.

'그대 대부께서는 어찌 이와 같이 하십니까? 제가 듣건대 그 아버지를 공경한다고 해서 그 아들까지 공경해야 하는 것은 아니라 하였습니다. 그 아들까지 공경해야 한다면 그보다 더 상서롭지 못한 일이 없다 하더이다. 그런데 그대 대부께서 무슨 일로 이와 같이 하십니까?'라고요. 그러자 공윤은 '조금 전까지는 그대의 외모만 보았는데 지금부터는 그대의 마음을 기억하겠소'라 하였다 하오. 이 이야기를 잘 헤아려 보십시오. 그대는 장차 어떻게 하겠습니까?"

이 말에 문후가 말하였다.

"좋습니다!"

한편 태자 격은 앞으로 나아가서 공왕의 말을 외우되 세 번을 반복하고 따라 배울 것을 청하였다.

田子方侍魏文侯坐, 太子擊趨而入見, 賓客羣臣皆起, 田子方獨不起, 文侯有不說之色, 太子亦然.

田子方稱曰:「爲子起歟? 無如禮何! 不爲子起歟? 無如罪何! 請爲子誦楚恭王之爲太子也, 將出之雲夢, 遇大夫工尹, 工尹遂趨避家人之門中, 太子下車, 從之家人之門中曰:『子大夫何爲其若是? 吾聞之: 敬其父者, 不兼其子, 兼其子者, 不祥莫大焉, 子大夫何爲其若是?』工尹曰:『向吾望見子之面, 今而後記子之心, 審如此, 汝將何之?』」

文侯曰:「善!」

太子擊前誦恭王之言, 誦三遍而請習之.

【田子方】전국시대 魏 文侯의 스승. 魏나라 발전에 큰 공을 세웠다.
【魏文侯】戰國 초기 魏나라의 영명한 군주. 재위 50년(B.C.445∼396).
【太子擊】魏 文侯의 太子. 뒤에 武侯가 됨. 재위 26년(B.C.395∼370).
【楚 恭王】춘추시대 楚의 군주. 共王으로도 쓴다. 莊王의 아들. 재위 31년
(B.C.590∼560).
【雲夢】地名. 호수.
【工尹】춘추시대 楚나라 大夫.《左傳》哀公 18年 참조.

313(10-16) 子贛之承或
세 가지 인의

자공子贛이 승혹承或이라는 곳으로 가다가, 길가에 낡은 천으로 얼굴을 가린 몹시 남루한 차림을 한 사람을 보게 되었다.

그의 이름은 주작舟綽이었다.

자공이 그에게 물었다.

"여기서 승 땅까지 얼마나 됩니까?"

그러나 그는 묵연히 아무 대답도 하지 않는 것이었다. 자공이 다시 물었다.

"사람이 묻는 데 대답도 하지 않으니 무슨 경우가 그렇소?"

그러자 그는 얼굴을 더욱 가리면서 이렇게 대답하였다.

"남을 바라보면서 사람을 무시하는 것을 어질다고 볼 수 있습니까? 또 가까이와서 빤히 보면서 모르는 척하는 것이 지혜로운 일입니까? 남을 경멸한다면 그것이 의로운 일입니까?"

이 말에 자공은 수레에서 내려 이렇게 말하였다.

"제賜가 인의가 모자랐군요. 방금 물으신 세 가지를 다시 한 번 들을 수 있을까요?"

그러나 주작은 이렇게 말하였다.

"그만하면 됐소! 더 이상 일러 줄 게 없소!"

이로부터 자공은 누구든 세 사람을 한꺼번에 만나면 수레를 잡고 인사하고, 다섯 사람이면 수레에서 내려 인사를 하였다.

子贛之承或, 在塗, 見道側巾弊布擁蒙而衣衰, 其名曰舟綽.

子贛問焉, 曰:「此至承, 幾何?」

嘿然不對.

子贛曰:「人問乎己而不應, 何也?」

屏其擁蒙而言曰:「望而黷人者, 仁乎? 覿而不識者, 智乎? 輕侮人者, 義乎?」

子贛下車曰:「賜不仁, 過問三言, 可復聞乎?」

曰:「是足於子矣! 吾不告子.」

於是子贛三偶則軾, 五偶則下.

【子贛】 子貢. 孔子의 제자. 端木賜.
【承或】 地名. 단 '承'만 地名인지 '承或'까지가 地名인지 확실하지 않다.
【丹綽】 당시의 고명한 인사인 듯하다.
【賜】 子贛의 이름.
【軾】 수레의 앞부분 손잡이를 잡고 예를 표하는 것.

314(10-17) 孫叔敖爲楚令尹
세 가지만 지키시오

손숙오孫叔敖가 초楚나라 영윤令尹이 되자, 온 나라 관리와 백성들이 와서 축하해 주었다. 그런데 한 늙은이만이 초라한 의복에 흰 관을 쓰고 맨 뒤에 와서 조문弔問을 하는 것이었다. 손숙오가 의관을 바르게 하고 나아가 그를 맞으면서 물었다.

"초왕께서는 제가 이렇게 불초한 줄을 모르고 저에게 백성을 다스리는 힘든 일을 맡으라 하셨습니다. 그런데 백성들은 모두 와서 축하해 주고 있는데, 귀하께서만은 조문하러 오셨다니 무슨 뜻이 있으십니까?"

그 늙은이는 이렇게 말하였다.

"뜻이 있지요! 스스로가 귀해졌다고 남에게 교만하게 굴면 백성이 이런 자를 떠나가고, 지위가 높아졌다고 권력을 휘두르게 되면 임금이 이를 미워하며, 봉록이 많은데도 족한 줄을 모르면 우환이 따르게 됩니다."

이 말에 손숙오는 두 번 절하며 이렇게 청하였다.

"명령을 공경히 받들겠습니다. 나머지의 가르침까지 듣고 싶습니다."

노인은 다시 이렇게 일러 주었다.

"지위가 높을수록 뜻은 더욱 낮추며, 관직이 클수록 마음은 더욱 작게 하며, 녹이 후할수록 더욱 삼가, 마구 취하는 일이 없도록 하면 됩니다. 그대는 이 세 가지를 잘 지키시기만 하면 족히 이 초나라를 다스릴 수 있습니다."

孫叔敖爲楚令尹, 一國吏民, 皆來賀, 有一老父, 衣麤衣, 冠白冠,
後來弔, 孫叔敖正衣冠而出見之, 謂老父曰:「楚王不知臣不肖,
使臣受吏民之垢, 人盡來賀, 子獨後來弔, 豈有說乎?」

父曰:「有說. 身已貴而驕人者, 民去之; 位已高而擅權者, 君惡之;
祿已厚而不知足者, 患處之.」

孫叔敖再拜曰:「敬受命, 願聞餘教.」

父曰:「位已高而意益下, 官益大而心益小, 祿已厚而愼不敢取;
君謹守此三者, 足以治楚矣.」

【孫叔敖】 楚나라의 賢臣. 蔿敖, 또는 蔿艾獵이라고도 쓰며, 蔿賈의 아들. 兩頭蛇의
고사로 널리 알려져 있다. 《列女傳》 및 《史記》 楚世家, 滑稽列傳 등 참조.
【令尹】 楚나라의 최고 관직. 相國. 丞相과 같다.
【位已高~祿已厚】 '已'는 '益'으로 보았다. 《說苑疏證》에 "位益, 祿益, 兩益字原
均作已, 從劉氏斠補改正"이라 하였다.

참고 및 관련 자료

1. 《荀子》 堯問篇

語曰: 繒丘之封人見楚相孫叔敖曰:「吾聞之也, 處官久者士妬之, 祿厚者民怨之,
位尊者君恨之. 今相國有此三者而不得罪楚之士民, 何也?」孫叔敖曰:「吾三相楚而
心瘉卑, 每益祿而施瘉博, 位滋尊而禮瘉恭, 是以不得罪於楚之士民也.」

2. 《淮南子》 道應訓

狐邱丈人謂孫叔敖曰:「人有三怨, 子知之乎?」孫叔敖曰:「何謂也?」對曰:「爵高者
士妬之, 官大者主惡之, 祿厚者怨處之.」孫叔敖曰:「吾爵益高, 吾志益下; 吾官益大,
吾心益小; 吾祿益厚, 吾施益博. 是以免三怨, 可乎?」

3. 《韓詩外傳》卷7

孫叔敖遇狐丘丈人, 狐丘丈人曰:「僕聞之, 有三利必有三患, 子知之乎?」孫叔敖蹴
然易容曰:「小子不敏, 何足以知之. 敢問何謂三利; 何謂三患?」狐丘丈人曰:「夫爵
高者, 人妬之; 官大者, 主惡之; 祿厚者, 怨逮之. 此之謂也.」孫叔敖曰:「不然.
吾爵益高, 吾志益下; 吾官益大, 吾心益小; 吾祿益厚, 吾施益博. 可以免於怨乎?」
狐丘丈人曰:「善哉言乎! 堯·舜其猶病諸.」詩曰:『溫溫恭人, 如集於木, 惴惴小心,
如臨於谷.』

4. 《列子》說符篇

狐丘丈人謂孫叔敖曰:「人有三怨, 子知之乎?」孫叔敖曰:「何謂也?」對曰:「爵高者,
人妬之; 官大者, 主惡之; 祿厚者, 怨逮之.」孫叔敖曰:「吾爵益高, 吾志益下; 吾官益大,
吾心益小; 吾祿益厚, 吾施益博. 以以免於三怨, 可乎?」

5. 《文子》符言篇

老子曰:「人有三怨, 爵高者, 人妬之, 官大者, 主惡之; 祿厚者, 人怨之. 夫爵益高者,
意益下; 官益大者, 心益小; 祿益厚者, 施益博. 修此三者, 怨不作; 故貴以賤爲本,
高以下爲基.」

병력의 강함을 자만하다가는

위魏 안희왕安釐王 **11년**에 진秦 소왕昭王이 좌우에게 물었다.

"지금 한韓·위魏와 두 나라와 우리 진秦나라를 비교하면 어느 나라가 강한가?"

그러자 모두가 한 입으로 대답하였다.

"우리 진나라만큼 강하겠습니까?"

왕이 다시 물었다.

"그렇다면 지금 여이如耳·위제魏齊·맹상군孟嘗君·망묘芒卯 넷 중에는 누가 가장 어진가?"

이에 이렇게 대답하였다.

"맹상군과 망묘가 훨씬 어질지요!"

그러자 왕은 이렇게 말하였다.

"맹상군과 망묘의 어짊으로 한나라·위나라의 무리를 이끌고 우리 진나라를 공격해 온다 해도 나를 어쩌지 못할 텐데, 하물며 지금 무능한 여이·위제가 약한 한나라·위나라 군대를 이끌고 우리 진을 공격해 오니 그들이 나를 어쩌지 못하리라는 것은 명확한 일이로다."

그러자 좌우가 모두 대답하였다.

"그렇습니다."

이때 신기申旗라는 자가 거문고를 엎어놓고 이렇게 말하였다.

"왕께서 천하를 헤아리심은 아주 잘못되었습니다. 옛날 진晉나라에 육경六卿이 정권을 잡았을 때, 지씨智氏가 가장 강하여 범씨范氏와 중항씨 中行氏를 멸망시켰습니다. 그리고 나서 다시 한씨韓氏·위씨魏氏를 이끌고 조양자趙襄子를 진양晉陽에서 포위, 진수晉水의 물을 터서 진양성을 물바다로 만들었습니다. 그 물이 겨우 삼판三板만 남겨 놓고 들어차게 되자, 지백智伯은 그 물에서 물러나오면서 위魏 선자宣子에게 수레 고삐를 잡게 하고 한韓 강자康子는 옆에서 자신을 모시고 타게 한 후 '나는 물이 남의 나라를 망치게 하는 줄 몰랐다. 지금에서야 알았다. 그렇지, 분수汾水를 트면 안읍安邑을 잠기게 할 것이요, 강수絳水를 트면 평양 平陽을 함락시킬 수 있겠군!'라고 하였습니다.

이 말을 들은 위 선자가 한 강자의 넓적다리를 찔러 신호를 보냈으며, 한 강자는 위 선자의 발을 밟아 알았다고 신호를 하였지요. 넓적다리와 발이 수레 위에서 통하자 도리어 지씨 땅이 찢어졌고 이리하여 지백은 신사국망身死國亡, 결국 천하의 웃음거리가 되고 말았습니다.

지금 우리 진나라가 비록 강하나 그때의 지씨만 못하고, 한·위가 비록 약하다고 하나 진양성 아래에 있을 때보다는 현명합니다. 지금 바야흐로 그 넓적다리와 발을 사용하고 있는 때인지도 모릅니다. 원컨대 왕께서는 쉽게 여기지 마십시오!"

이 말에 소왕은 두려움을 느끼게 되었다.

魏安釐王十一年, 秦昭王謂左右曰:「今時韓魏與秦, 孰彊?」
對曰:「不如秦彊.」
王曰:「今時如耳魏齊與孟嘗芒卯, 孰賢?」
對曰:「不如孟嘗芒卯之賢.」
王曰:「以孟嘗芒卯之賢, 率彊韓魏以攻秦, 猶無奈寡人, 何也?
今以無能如耳魏齊, 而率弱韓魏以伐秦, 其無奈寡人何, 亦明矣!」
左右皆曰:「然!」

申旗伏瑟而對曰:「王之料天下, 過矣. 當六晉之時, 智氏最彊,
滅范中行氏, 又率韓魏之兵, 以圍趙襄子於晉陽, 決晉水以灌
晉陽之城, 不滿者三板, 智伯行水, 魏宣子御, 韓康子爲驂乘,
智伯曰:『吾始不知水可以亡人國也, 乃今知之; 汾水可以灌安邑,
絳水可以灌平陽.』魏宣子肘韓康子, 康子履魏宣子之足, 肘足
接於車上, 而智氏分, 身死國亡, 爲天下笑. 今秦雖彊, 不過智氏,
韓魏雖弱, 尚賢其在晉陽之下也, 此方其用肘足之時, 願王之
必勿易也.」

　　於是秦王恐.

【魏安釐王】전국시대 魏 昭王의 아들. 재위 34년(B.C.276~243).

【十一年】B.C.266년. 秦 昭王 41年에 해당함.

【秦 昭王】전국시대 秦나라 군주. 재위 56년(B.C.306~251). 이름은 稷. 魏冉·范雎
　등을 등용하여 강국으로 만들었으며, 范雎의 遠交近攻策을 이용하였고, 白起를
　장군으로 삼아 병력을 강화하였다.

【如耳】人名. 韓나라 신하.《史記》正義에는 魏나라 大夫로 되어 있다.

【魏齊】人名. 魏 昭王을 돕고 있던 公子. 일찍이 范雎를 고문하였던 인물로
　范雎가 秦의 재상이 되자 두려워 자살하였다.《史記》范雎蔡澤列傳 참조.

【孟嘗君】戰國 四公子의 하나. 田文.《史記》孟嘗君列傳 참조.

【芒卯】孟卯. 齊나라 사람. 魏나라 재상이었다.

【申旗】人名.《史記》에는 '中旗'로 되어 있다. 한편 "申旗伏瑟"은《戰國策》에는
　"中期推琴",《史記》에는 "中旗憑琴",《韓非子》에는 "中期推瑟"로 되어 있다.
　'中期'로도 쓴다.

【六卿】춘추시대 晉의 六卿. 즉 智(知)·范·中行·魏·韓·趙. 뒤에 韓·魏·趙가
　晉나라 땅을 三分하여 戰國七雄에 올랐다. 이를 三晉이라 한다.

【智氏】知氏라고도 쓰며, 六卿 중에 가장 강하였다. 智伯이 군주.

【范氏】晉 六卿의 하나로 智氏에게 망하였다. 당시의 군주는 范吉射.

【中行氏】원래 晉 文公 때의 官名. 당시 荀林甫(荀林父)가 中行軍의 장군이었기 때문에 성씨로 삼았다. 中行文子(荀寅) 때에 智伯에게 망하였다.

【韓氏】晉 六卿. 智氏를 물리치고 戰國七雄에 올랐다. 당시 군주는 康子.

【魏氏】역시 晉 六卿의 하나. 당시 군주는 魏 宣子.

【趙 襄子】趙無恤. 趙鞅의 次子로 형인 太子 伯魯를 폐하고 재위에 올랐다. 智伯이 몹시 미워하여 본 장의 내용처럼 그의 근거지인 晉陽을 물로 공격하자 張孟談을 시켜 韓·魏와 결합. 智氏를 멸망시켰다.

【晉陽】趙氏의 도읍. 지금의 山西省 太原縣. 趙나라는 뒤에 邯鄲으로 도읍을 옮겼다.

【晉水】晉陽을 흐르는 물 이름.

【三板】三版으로도 쓰며, 《戰國策》高誘 注에 "廣二尺曰板"이라 하였고, 《史記》趙世家 正義에는 "八尺曰版"이라 하였다.

【智伯】智氏의 군주. 豫讓이 이를 呑炭漆身의 고사를 남겼다.

【魏宣子】당시 魏나라 군주.

【韓康子】당시 韓나라 군주.

【汾水】山西省에서 黃河로 흘러드는 물. 安邑(魏氏의 수도)을 흐름.

【安邑】魏나라의 초기 도읍지. 지금의 山西省 安邑縣. 원래 夏나라 때 禹가 도읍을 정하였던 곳. 전국시대 魏나라는 大梁으로 수도를 옮겼다.

【絳水】山西省 新絳縣을 흐르는 물.

【平陽】당시 韓나라 초기 근거지. 지금의 山西省 臨汾縣. 원래 堯임금의 도읍지였다 한다. 韓나라는 전국시대 新鄭으로 도읍을 옮겼다.

【汾水可以灌安邑, 絳水可以灌平陽】"韓(平陽)·魏(安邑)를 모두 물바다로 만들겠다"는 뜻.

참고 및 관련 자료

1. 《韓非子》難三篇

秦昭王問於左右曰:「今時韓·魏孰與始强?」左右對曰:「弱於始也」「今之如耳·魏齊孰與曩之孟常·芒卯?」對曰:「不及也」王曰:「孟常·芒卯率强韓·魏猶無奈寡人何也!」左右對曰:「甚然!」中期推琴而對曰:「王之料天下過矣! 夫六晉之時, 知氏最强,滅范·中行而後韓·魏之兵以伐趙, 灌以晉水, 城之未沈者三板. 知伯出, 魏宣子御, 韓康子爲驂乘, 知伯曰:「始吾不知水可以滅人之國, 吾乃今知之. 汾水可以灌安邑, 絳水可以灌平陽.」魏宣子肘韓康子, 康子踐宣子之足, 肘足接乎車上, 而知氏分於晉陽之下. 今足下强, 未若知氏; 韓·魏雖弱, 未至如其在晉陽之下也也. 此天下方用肘足之時, 願王勿易也.」

2.《戰國策》秦策(四)

秦昭王謂左右曰:「今日韓·魏, 孰與始强?」對曰:「弗如也.」王曰:「今之如耳·魏齊, 孰與孟嘗·芒卯之賢?」對曰:「弗如也.」王曰:「以孟嘗·芒卯之賢, 帥强韓·魏之兵以伐秦, 猶無奈寡人何也! 今以無能如耳·魏齊, 帥弱韓·魏以攻秦, 其無奈寡人何, 亦明矣!」左右皆曰:「甚然.」中期推琴對曰:「王之料天下過矣. 昔者六晉之時, 智氏最强, 滅破范·中行, 帥韓·魏以圍趙襄子於晉陽. 決晉水以灌晉陽, 城不沈者三板耳. 智伯出行水, 韓康子御, 魏桓子驂乘. 智伯曰:『始, 吾不知水之可亡人之國也, 乃今知之. 汾水利以灌安邑, 絳水利以灌平陽.』魏宣子肘韓康子, 康子履魏宣子, 躡其踵. 肘足接於車上, 而智氏分矣, 身死國亡, 爲天下笑. 今秦之强, 不能過智伯; 韓·魏雖弱, 尚賢在晉陽之下也. 此乃方其用肘足時, 願王之勿易也.」

3.《史記》魏世家

秦昭王謂左右曰:「今時韓·魏與始孰彊?」對曰:「不如始彊.」王曰:「今時如耳·魏齊與孟嘗·芒卯孰賢?」對曰:「不如.」王曰:「以孟嘗·芒卯之賢, 率彊韓·魏以攻秦, 猶無奈寡人何也. 今以無能如耳·魏齊率弱韓·魏以伐秦, 其無奈寡人何亦明矣.」左右皆曰:「甚然.」中旗馮琴而對曰:「王之料天下過矣. 當晉六卿之時, 知氏最彊, 滅范·中行, 又率韓·魏之兵以圍趙襄子於晉陽, 決晉水以灌晉陽之城, 不湛者三版. 知伯行水, 魏桓子御, 韓康子爲參乘. 知伯曰:『吾始不知水之可以亡人之國也, 乃今知之. 汾水可以灌安邑, 絳水可以灌平陽.』魏桓子肘韓康子, 韓康子履魏桓子, 肘足接於車上, 而知氏地分, 身死國亡, 爲天下笑. 今秦兵雖彊, 不能過知氏; 韓·魏雖弱, 尚賢其在晉陽之下也. 此方其用肘足之時也, 願王之勿易也!」於是秦王恐.

4. 본《說苑》권13 權謀篇 389(13-8) 참조.

부귀는 교만과 약속하지 않았는데도

위魏나라 공자公子 모牟가 동쪽 자기 나라로 가려 하자 양후穰侯가 전송하면서 물었다.

"선생께서 장차 저를 떠나 산동山東으로 가시려 합니다. 어찌 저에게 한 말씀 좋은 가르침을 남기지 않을 수 있겠습니까?"

이에 공자 모가 이렇게 말하였다.

"그대가 일러 주지 않았더라면 제가 하마터면 잊을 뻔하였구려! 그대는 관운官運이 형세形勢와 아무런 기약이 없었는데도 그 세勢가 저절로 찾아오는 경우를 아십니까? 또 그 세가 부富와 약속이 없었는데도 부가 스스로 찾아오는 경우를 보았지요? 그런가 하면 그 부가 귀貴와 약속하지도 않았는데도 그 귀貴가 스스로 다가오는 것을 아시지요? 또 그 귀가 교驕와 기약하지 않았음에도 교가 스스로 찾아오며, 그 교가 죄罪와 아무런 관계도 없는 듯한데 죄가 스스로 찾아들며, 죄가 죽음과 약속이 없는데도 죽음이 스스로 다가오는 것을 알겠지요?"

이에 양후는 이렇게 말하였다.

"좋습니다. 밝은 가르침을 공경히 받들겠습니다."

魏公子牟東行, 穰侯送之曰:「先生將去冉之山東矣, 獨無一言, 以教冉乎?」

魏公子牟曰:「微君言之, 牟幾忘語君, 君知夫官不與勢期, 而勢自至乎? 勢不與富期, 而富自至乎? 富不與貴期, 而貴自至乎? 貴不與驕期, 而驕自至乎? 驕不與罪期, 而罪自至乎? 罪不與死期, 而死自至乎?」

穰侯曰:「善, 敬受明敎.」

【魏 公子 牟】魏나라의 公子. 牟는 이름. 魏牟. 秦에 갔다가 본국 魏로 귀국하는 길이었다.

【穰侯】魏冉. 전국시대 秦나라의 재상. 昭王의 어머니인 宣太后의 아우. 穰(지금의 河南省 鄧縣) 땅에 봉해져서 穰侯로 일컬었다. 《史記》穰侯列傳 참조.

【山東】秦나라의 위치에서 보아 太行山의 동쪽. 또는 崤山의 동쪽. 여기서는 魏나라를 가리킨다.

【官不與勢期~死自至乎】官·勢·富·貴·驕·罪·死로 차츰 자신도 모르게 빠져 들 수 있다는 뜻.

참고 및 관련 자료

1. 《戰國策》趙策에는 平原君(趙勝)이 平陽君에게 말한 것으로 되어 있다.
平原君謂平陽君曰:「公子牟游於秦, 且東, 而辭應侯. 應侯曰:『公子將行矣, 獨無以敎之乎?』曰:「且微君之命令之也, 臣固且有效於君. 夫貴不與富期而富至, 富不與粱肉期而粱肉至, 粱肉不與驕奢期而驕奢至, 驕奢不與死亡期而死亡至. 累世以前, 坐此者多矣.」應侯曰:『公子之所以敎之者厚矣.』僕得聞此, 不忘於心. 願君之亦勿忘也.」平陽君曰:「敬諾.」

민첩할수록 남보다 앞서지 말라

윗사람을 높이고 어진 이를 존중하며 남에게 교만하게 굴지 말아야 한다. 총명하고 성스러운 지혜를 가진 자는 남을 궁지에 몰지 않으며, 천품天品이 민첩할수록 남보다 앞서서는 안 된다. 또 스스로가 강의剛毅하고 용맹하다고 해서 남을 이기려고 들어서도 안 된다.

모르면 물어야 하고 못하면 배워야 한다. 비록 지혜롭다 해도 반드시 그 바탕을 살펴본 연후에야 이를 변석辯析하며, 비록 능하다 할지라도 반드시 양보한 이후에야 이를 맡아야 한다.

그러므로 선비란 비록 총명하고 성지聖智가 있다 해도 스스로는 어리석음으로 지켜야 하고, 그 공이 천하를 덮을지라도 스스로는 양보로써 지키며, 용력勇力이 세상을 막을 수 있다 해도 스스로는 겁약怯弱으로 지키고, 부富가 천하를 다 가졌다 해도 염직廉直으로 지켜야 한다.

이렇게 하는 자는 가히 높이 있어도 위험하지 않고, 가득 차고도 넘치지 않을 것이라 말할 수 있다.

高上尊賢, 無以驕人; 聰明聖智, 無以窮人; 資給疾速, 無以先人; 剛毅勇猛, 無以勝人. 不知則問, 不能則學. 雖智必質, 然後辯之; 雖能必讓, 然後爲之; 故士雖聰明聖智, 自守以愚; 功被天下, 自守以讓; 勇力距世, 自守以怯; 富有天下, 自守以廉; 此所謂高而不危, 滿而不溢者也.

【資給】 스스로 타고난 天品을 말한다. 天資와 같다.

【距】 '拒'와 같다.

1. 내용은 본편 4장(301장)과 주제가 같다.

2. 《荀子》 宥坐篇

孔子曰:「聰明聖知, 守之以愚; 功被天下, 守之以讓; 勇力撫世, 守之以怯; 富有四海, 守之以謙. 此所謂挹而損之之道也.」

3. 《荀子》 非十二子篇

兼服天下之心: 高上尊貴不以驕人, 聰明聖智不以窮人, 齊給速通不爭先人, 剛毅勇敢不以傷人. 不知則問, 不能則學, 雖能必讓, 然後爲德.

4. 《韓詩外傳》 卷6

吾語子:「夫服人之心, 高上尊貴, 不以驕人; 聰明聖知, 不以幽人; 勇猛强武, 不以侵人; 齊給便捷, 不以欺誣人. 不能則學, 不知則問. 雖能必讓, 然後爲知. 遇君則修臣下之義; 出鄕則修長幼之義; 遇長老則修弟子之義; 遇等夷則修朋友之義; 遇少而賤者則修告道寬裕之義. 故無不愛也, 無不敬也, 無與人爭也. 曠然而天地苞萬物也. 如是, 則老者安之, 少者懷之, 朋友信之.」詩曰:『惠于朋友, 庶民小子. 子孫繩繩, 萬民靡不承.』

5. 《孔子家語》 三恕篇

聰明叡智, 守之以愚; 功被天下, 守之以讓; 勇力振世, 守之以怯; 富有四海, 守之以謙, 此所謂損之又損之之道也.

318(10-21) 齊桓公爲大臣具酒
술이 들어가면 혀가 나온다

제齊 **환공**桓公이 술을 마련하여 정오에 모두 모이기를 기약하였다. 관중管仲이 가장 늦게 도착하였는데 환공은 술잔을 들어 한 잔을 다 마셨으나 관중은 반만 마시고 나머지를 버리는 것이었다. 환공이 물었다.

"그대는 늦게 도착하여 술도 반 잔밖에 마시지 않고 버리니 그것이 예에 맞는 것입니까?"

그러자 관중이 이렇게 설명하였다.

"제가 들으니 술이 입으로 들어가면 혀가 나오고, 혀가 나오면 말에 실수가 있게 마련이며, 말에 실수가 있으면 그 몸을 버린다 하였습니다. 저는 생각하기에 몸을 버리느니 술을 버리는 것이 낫다고 보아 그렇게 한 것입니다."

이에 환공이 웃으면서 말하였다.

"중부仲父께서는 일어나 자리에 가서 앉으시오!"

齊桓公爲大臣具酒, 期以日中, 管仲後至, 桓公擧觴以飮之, 管仲半棄酒.

桓公曰:「期而後至, 飮而棄酒, 於禮可乎?」

管仲對曰:「臣聞酒入舌出, 舌出者言失, 言失者身棄, 臣計棄身不如棄酒.」

桓公笑曰:「仲父起就坐.」

【齊桓公】 춘추오패의 首長.

【管仲】 齊 桓公의 재상. 鮑叔과 친교가 있었다.

【仲父】 齊 桓公이 管仲을 자신의 아버지 항렬과 같이 높여 부른 것.

참고 및 관련 자료

1. 〈四庫本〉에는 본 장이 다음 장(319), 그 다음 장(320)까지 연결된 것으로 되어 있다.

2. 《說苑全譯》에 《呂氏春秋》 達鬱篇에 같은 내용이 실려 있다고 하였으나, 동일한 문장은 실려 있지 않으며 다만 管仲이 齊桓公에게 술에 침면하지 않도록 권면한 내용이 실려 있다. 《淮南子》 주에는 오히려 反質篇과 관련이 있다는 기록을 언급하고 있다.

3. 《呂氏春秋》 達鬱篇

管仲觴桓公. 日暮矣, 桓公樂之而徵燭. 管仲曰:「臣卜其晝, 未卜其夜. 君可以出矣.」 公不說, 曰:「仲父年老矣, 寡人與仲父爲樂將幾之? 請夜之.」 管仲曰:「君過矣. 夫厚於味者薄於德, 沈於樂者反於憂, 壯而怠則失時, 老而解則無名. 臣乃今將爲君勉之, 若何其沈於酒也?」 管仲可謂能立行矣. 凡行之墮也於樂, 今樂而益飭, 行之壞也於貴, 今主欲留而不許. 伸志行理, 貴樂弗爲變, 以事其主, 此桓公之所以霸也.

4. 《韓詩外傳》 卷10

齊桓公置酒, 令諸侯大夫曰:「後者飮一經程.」 管仲後, 當飮一經程, 飮其一半而棄其半. 桓公曰:「仲父當飮一經程而棄之何也?」 管仲曰:「臣聞之, 酒入口者舌出, 舌出者言失, 言失者棄身. 與其棄身, 不寧棄酒乎?」 桓公曰:「善.」 詩曰:『荒惵於酒.』

5. 기타 참고자료

《太平御覽》(844)·《事類賦注》(19)

319(10-22) 楚恭王與晉厲公戰於鄢陵之時
작은 충성이 큰일을 망친다

초楚 공왕恭王과 진晉 여공厲公이 언릉鄢陵에서 싸울 때였다. 장군 사마자반司馬子反이 목이 말라 마실 것을 찾자, 수곡양竪穀陽이 술을 가져다 바쳤다. 그러자 자반이 거절하였다.

"물러가거라. 술이 아니냐?"

그러나 곡양은 이렇게 말하였다.

"술이 아닙니다."

자반은 다시 거절하였다.

"가져가거라. 술이 아니냐?"

그런데도 곡양은 끝내 술이 아니라는 것이었다.

이에 자반은 이를 받아 마시고는 그만 취하여 잠이 들고 말았다.

공왕이 다시 전투를 하려고 사람을 시켜 자반을 부르러 보냈으나, 자반이 마음에 병이 났다고 하면서 응하지 않는 것이었다. 이에 공왕이 수레를 몰고 막사 안으로 들어가 보니 술 냄새가 진동하고 있었다. 그러자 왕이 실망하여 말하였다.

"오늘 전투는 그대 사마를 믿고 시작하였는데 그대가 이렇게 취해 있으니 이는 나의 나라를 망치고 우리 백성을 버리는 일이오! 내 더 이상 싸울 수 없소!"

그리고는 자반을 죽이고 귀환해 버렸다.

무릇 곡양이 술을 가져다 준 것이 자반을 질투해서가 아니었건만, 충성을 다한다고 한 짓이 오히려 그를 죽음에 몰아넣은 것이 되고 말았다. 따라서 "작은 충성은 큰 충성의 적賊이며, 작은 이익은 큰 이익의 잔殘"이라 한 것이다.

楚恭王與晉厲公戰於鄢陵之時, 司馬子反渴而求飲, 竪穀陽持酒而進之.

子反曰:「退, 酒也.」

穀陽曰:「非酒也.」

子反又曰:「退, 酒也.」

穀陽又曰:「非酒也.」

子反受而飲之, 醉而寢. 恭王欲復戰, 使人召子反, 子反辭以心疾.

於是恭王駕往入幄, 聞酒臭曰:「今日之戰, 所恃者司馬, 司馬至醉如此, 是亡吾國而不恤吾衆也, 吾無以復戰矣!」

於是乃誅子反以爲戮, 還師.」夫穀陽之進酒也, 非以妬子反, 忠愛之, 而適足以殺之. 故曰:「小忠, 大忠之賊也; 小利, 大利之殘也.」

【楚恭王】共王으로도 쓰며, 楚나라 군주. 莊王(旅)의 아들. 楚나라 23대 임금. 재위 31년(B.C.590~560).

【晉厲公】이름은 州蒲.《史記》에는 壽曼이라 하였다. 景公(孺)의 아들로 晉나라 29대 군주. 欒書에 의해 弑殺되었으며, 재위는 8년(B.C.580~573).

【鄢陵】鄭나라 땅. 鄢國이 鄭 武公에 의해 멸망당하였다. 지금의 河南省 鄢陵縣.

【司馬子反】楚나라 군사 책임자. 正卿公子인 側의 字.

【竪穀陽】子反의 신하. 부하 穀陽竪로도 쓴다.

1. 〈四庫本〉에는 앞장(318), 본 장, 다음 장(320)을 연결하여 하나의 장으로 다루고 있으며 〈四部本〉에는 앞장과 본 장을 하나로 처리하고 있다. 또 盧元駿의 《說苑 今註今譯》에서는 다음 장의 첫머리 "好戰之臣, 不可不察也"를 본 장의 끝에 연결 시켰고 그것도 앞장(318)과 함께 연결시켜 놓았다.

2. 《左傳》 成公 16년

穀陽豎獻飮於子反, 子反醉而不能見. 王曰:「天敗楚也夫! 余不可以待.」乃宵遁.

3. 《韓非子》 十過篇

奚謂小忠? 昔者楚共王與晉厲公戰於鄢陵, 楚師敗, 而共王傷其目. 酣戰之時, 司馬 子反渴而求飮, 豎穀陽操觴酒而進之. 子反曰:「嘻, 退! 酒也.」穀陽曰:「非酒也.」 子反受而飮之, 子反之爲人也, 嗜酒而甘之, 弗能絶於口, 而醉. 戰旣罷, 共王欲復戰, 令人召司馬子反, 司馬子反辭以心疾. 共王駕而自往, 入其幄中, 聞酒臭而還, 曰: 「今日之戰, 不穀親傷, 所恃者司馬也, 而司馬又醉如此, 是亡楚國之社稷而不恤吾 衆也, 不穀無復戰矣.」於是還師而去, 斬司馬子反以爲大戮. 故豎穀陽之進酒不以 讎子反也, 其心忠愛之而適足以殺之. 故曰: 行小忠則大忠之賊也.

4. 《韓非子》 飾邪篇

荊恭王與晉厲公戰於鄢陵, 荊師敗, 恭王傷, 酣戰而司馬子反渴而求飮, 其友豎穀陽 奉巵酒而進之. 子反曰:「去之, 此酒也.」豎穀陽曰:「非也.」子反受而飮之. 子反爲人 嗜酒, 甘之, 不能絶之於口, 醉而臥. 恭王欲復戰而謀事, 使人召子反, 子反辭以心疾. 恭王駕而往視之, 入幄中聞酒臭而還, 曰:「今日之戰, 寡人目親傷, 所恃者司馬, 司馬又如此, 是亡荊國之社稷而不恤吾衆也, 寡人無與復戰矣.」罷師而去之, 斬子反 以爲大戮. 故曰: 豎穀陽之進酒也, 非以端惡子反也, 實心以忠愛之而適足以殺之而 已矣. 此行小忠而賊大忠者也. 故曰:「小忠, 大忠之賊也.」

5. 《呂氏春秋》 權勳篇

昔荊龔王與晉厲公戰於鄢陵, 荊師敗, 龔王傷. 臨戰, 司馬子反渴而求飮, 豎陽穀操 黍酒而進之. 子反叱曰:「訾, 退! 酒也.」豎陽穀對曰:「非酒也.」子反曰:「呞退卻也.」 豎陽穀又曰:「非酒也.」子反受而飮之. 子反之爲人也嗜酒, 甘而不能絶於口以醉. 戰旣罷, 龔王欲復戰而謀, 使召司馬子反, 子反辭以心疾. 龔王駕而往視之, 入幄中, 聞酒臭而還, 曰:「今日之戰, 不穀親傷, 所恃者司馬也, 而司馬又若此, 是忘荊國之

社稷而不恤吾衆也. 不穀無與復戰矣.」於是罷師去之, 斬司馬子反以爲戮. 故豎陽穀
之進酒也, 非以醉子反也, 其心以忠也, 而適足以殺之. 故曰:「小忠, 大忠之賊也.」

6.《淮南子》人間訓

何謂欲利之而反害之? 楚恭王與晉人戰於鄢陵, 戰酣, 恭王傷而休. 司馬子反渴而
求飲. 豎陽穀奉酒而進之. 子反之爲人也, 嗜酒而甘之, 不能絕於口, 遂醉而臥. 恭王
欲復戰, 使人召司馬子反, 辭以心痛. 王駕而往視之, 入幄中而聞酒臭, 恭王大怒曰:
「今日之戰, 不穀親傷, 所恃者司馬也, 而司馬又若此, 是亡楚國之社稷而不率吾衆也,
不穀無與復戰矣.」於是罷師而去之, 斬司馬子反爲僇. 故豎陽穀之進酒也, 非欲禍子
反也, 誠愛而欲快之也; 而適足以殺之, 此所謂欲利之而反害之者也.

싸움을 좋아하는 신하

싸움을 좋아하는 신하는 잘 살펴야 한다. 작은 치욕을 부끄럽게 여겨 큰 원한을 사게 되며 작은 이익을 탐하여 많은 무리를 잃는 경우가 있으니, 《춘추春秋》에도 이를 경계하라 하였다. 바로 진晉나라 선진先軫이 그러한 예이다. 선진은 자신의 공을 높여 명예를 얻기 위해, 진秦나라가 길을 빌려 달라 하지도 않은 채, 자신의 진晉나라를 통과한다는 사실을 기화로 임금에게 진秦나라 군대를 칠 것을 요청하였다. 그러자 양공襄公이 반대하였다.

"안되오. 무릇 진백秦伯과 나의 선군先君은 결교結交를 맺었소. 선군께서 돌아가시자 곧 군대를 일으켜 진秦을 치는 것은 내가 선군께 죄를 짓는 것이며, 이웃 나라와의 교분을 파괴하게 되면 결국 선군의 뜻을 어긴 불효자가 됩니다."

그러나 선진은 이렇게 말하였다.

"선군께서 돌아가셨는데 조문조차 오지 않는 것은 우리의 상사喪事에 대해 애도하지 않는다는 뜻이며, 군대를 일으켜 우리 땅을 지나면서 길을 빌려 달라는 말 한 마디 아니한 것은 지금 임금을 얕보는 처사입니다. 게다가 선군의 관이 아직까지 집안에 있는데도, 이 나라의 상喪에 대해 슬퍼해 주는 기색 하나 없이 군대를 일으킨 것입니다."

이에 점을 쳐보았더니 그 점괘가 이러하였다.

"대국의 군대가 장차 이르리라. 청컨대 맞아 싸워야 한다."

그러자 진晉 양공은 선진의 주장을 들어 주었고, 결국 선진이 군을 이끌고 효산殽山의 요새에서 전쟁을 벌였다. 그러나 진晉나라 군대는 이 격퇴의 싸움에서 말 한 필, 수레 하나 살아온 자가 없었고, 도리어 진秦나라에게 큰 원한만 갖게 하는 결과를 낳고 말았다. 칼날의 연접으로 그 피가 홍수를 이루었고 엎어진 시체와 볕에 드러난 해골뿐이었으며, 국가는 약해질 대로 약해져서 10여 년을 고통 속에서 지내야 하였다. 그뿐 아니라 끝내 그 많은 군대를 다 잃게 되어 그 화가 대부에게까지 미쳤으며 후세에까지 그 근심이 이어졌다. 따라서 싸움을 좋아하는 신하는 잘 살피지 않을 수 없는 것이다.

好戰之臣, 不可不察也! 羞小恥以構大怨, 貪小利以亡大衆; 春秋有其戒, 晉先軫是也. 先軫欲要功獲名, 則以秦不假道之故, 請要秦師.

襄公曰:「不可. 夫秦伯與吾先君有結, 先君一日薨, 而興師擊之, 是孤之負吾先君, 敗鄰國之交 而失孝子之行也.」

先軫曰:「先君薨, 而不弔贈, 是無哀吾喪也; 興師徑吾地, 而不假道, 是弱吾孤也; 且柩畢尚薄屋, 無哀吾喪也興師.」

卜曰:「大國師將至, 請擊之.」

則聽先軫興兵要之殽, 擊之, 匹馬隻輪無脫者, 大結怨構禍於秦; 接刃流血, 伏尸暴骸, 糜爛國家, 十有餘年, 卒喪其師衆, 禍及大夫, 憂累後世, 故好戰之臣, 不可不察也.

【好戰之臣, 不可不察也】 盧元駿의 책에는 앞장(319) 끝에 부가하였다.
【春秋】 책 이름. 孔子의 撰으로 《春秋左氏傳》·《春秋公羊傳》·《春秋穀梁傳》三傳이 十三經에 올랐다. 《春秋經》은 孔子가 魯隱公 元年(B.C.722)부터 魯哀公 14年(B.C.481)까지의 12公, 242년 간의 기록.

【先軫】晉나라의 下軍左. 原 땅에 식읍을 받아 原軫이라고도 부른다.

【晉襄公】춘추시대 晉나라 군주. 재위 7년(B.C.627~621).

【秦伯】秦나라 임금을 말한다. 秦穆公(재위 39년, B.C.659~621).

【先君】晉襄公의 아버지. 즉 晉文公(재위 9년, B.C.636~628).

【殽】殽, 혹은 '崤山'으로도 쓰며, 晉과 秦의 국경 요새. 지금의 河南省 洛寧縣 근처. 이의 동쪽을 당시에는 山東으로 불렀다.

참고 및 관련 자료

1. 〈四庫本〉에는 본 장까지 318, 319에 연결되어 있다.

2. 《左傳》僖公 33년

晉原軫曰:「秦違蹇叔而以貪勤民, 天奉我也. 奉不可失, 敵不可縱. 縱敵患生, 違天不祥. 必伐秦師.」欒枝曰:「未報秦施而伐其師, 其爲死君乎.」先軫曰:「秦不哀吾喪而伐吾同姓, 秦則無禮, 何施之爲? 吾聞之, 一日縱敵, 數世之患也. 謀及子孫, 可謂死君乎?」

3. 《穀梁傳》僖公 33年

晉人與姜戎要而擊之殽, 匹馬隻輪無反者.

321(10-24) 魯哀公問孔子
이사를 간 후 자기 아내조차 잊은 건망증

노魯 애공哀公이 공자孔子에게 물었다.

"제가 듣기로 건망증이 심한 자 가운데, 이사를 간 후 자기 아내조차 잊어버린 이가 있다던데 그런 일이 있습니까?"

그러자 공자가 이렇게 대답하였다.

"그 정도면 건망증이 심한 것이 아니지요. 정말 심한 자는 자기 자신을 잊는데요!"

애공이 물었다.

"좀 얻어들을 수 있을까요?"

공자는 이렇게 설명하였다.

"옛날 하夏나라 걸왕桀王은 천자의 귀한 신분에 천하를 다 가진 부를 누렸으나, 우禹임금의 도를 닦지 않고 도리어 국법을 훼멸하고, 세사世祀를 끊어 버리고 음악에 도취하였으며, 술에서 깨어나지 못하였습니다. 그의 신하에 좌사左師 벼슬의 촉룡觸龍이란 자가 있어 끊임없이 아첨을 하였지요. 탕湯 임금이 걸桀을 주벌誅罰할 때 그 좌사 촉룡은 몸이 죽어 사지가 각각 다른 곳에 놓이게 되었으니, 이런 경우가 바로 자기 몸을 잊어버린 것이 아니고 무엇이겠습니까?"

애공은 두렵고 놀라운 기색을 하며 겨우 이렇게 말하였다.

"훌륭합니다."

魯哀公問孔子曰:「予聞忘之甚者, 徙而忘其妻, 有諸乎?」

孔子對曰:「此非忘之甚者也, 忘之甚者, 忘其身.」

哀公曰:「可得聞與?」

對曰:「昔夏桀貴爲天子, 富有天下, 不修禹之道, 毁壞辟法, 裂絶世祀, 荒淫于樂, 沉酗于酒, 其臣有左師觸龍者, 諂諛不止, 湯誅桀, 左師觸龍者, 身死, 四支不同壇而居, 此忘其身者也.」

哀公愀然變色曰:「善.」

【魯哀公】魯나라의 마지막 군주.

【夏桀】夏나라의 마지막 군주. 湯에게 멸망당하였다.

【禹】夏를 세운 聖君.

【世祀】대대로 이어온 제사.

【左師 觸龍】左師는 官名. 觸龍은 桀의 諛臣.

【湯】商을 세운 聖君. 大乙(太乙).

【四支不同壇而居】車裂刑으로 사지가 찢어졌음을 말한다.

> ## 참고 및 관련 자료

1.《孔子家語》賢君篇

哀公問於孔子曰:「寡人聞忘之甚者, 徙而忘其妻, 有諸?」孔子對曰:「此猶未甚者也, 甚者乃忘其身.」公曰:「可得而聞乎?」孔子曰:「昔者夏桀貴爲天子, 富有四海, 忘其聖祖之道, 壞其典法, 廢其世祀, 荒於淫樂, 耽湎於酒, 佞臣諂諛, 窺導其心, 忠士拑口, 逃罪不言. 天下誅桀而有其國, 此謂忘其身之甚矣.」

2.《尸子》(《太平御覽》490에서 引用)

魯哀公問孔子曰:「魯有大忘, 徙而忘其妻, 有諸?」孔子曰:「此忘之小者也, 昔商紂有臣曰王子須, 務爲諂, 使其君樂須臾之樂, 而忘終身之憂.」

322(10-25) 孔子之周觀於太廟
말은 화를 불러오는 문

공자孔子가 주周나라 태묘太廟를 구경하는데, 오른쪽 계단 앞에 금속으로 만든 동상이 하나 놓여 있었다. 그 동상은 입이 세 겹이나 꿰매어져 있었고, 그 등에는 이런 명문銘文이 적혀 있었다.

"옛사람의 경계의 말이라, 경계할지니라. 경계할지니라.

말을 많이 하지 말라. 말이 많으면 일을 그르친다.

많은 일을 욕심내지 말라. 일이 많으면 근심도 많다.

편안하고 즐거울 때 반드시 조심하여 후회할 일을 짓지 말라.

무엇이 '손해나리오'라 하지 말라. 그 화는 커질 것이다.

무엇이 '해로우리오'라고 하지 말라. 그 화는 장차 크리라.

무엇이 '잔혹하리오'라 하지 말라. 그 화는 장차 불꽃같으리라.

아무도 '듣지 못하였겠지'라 하지 말라. 하늘의 요괴가 지켜 보고 있다.

번쩍번쩍 꺼지지 않고 활활 타오르니 어찌할꺼나.

막힘 없이 출렁출렁 장차 강하江河처럼 되리라.

끊임없이 이어져 장차 그물처럼 되리라.

푸르고 푸르러 베어지지 않는다고 하나 장차 큰 도끼라도 만나면 어찌하려나.

진실로 조심하지 않으면 화의 뿌리가 되리라.

말이 무엇을 상하게 하는가? 바로 화의 문이로다.

강하기만 한 자는 제 명命에 죽지 못하고, 이기기만을 좋아하는 자는 반드시 적을 만나리라.

도둑이 주인을 원망하고, 백성이 그 귀인을 해害하리라.

천하를 다 덮을 아무것도 없다는 것을 군자라면 알아야 한다.

그 때문에 자신을 뒤로 하고 자신을 낮추어 사람들이 그를 사모하게 하는 것이다.

암컷처럼 물러서며 낮은 것을 택하여, 그가 스스로 대적하려 들지 않게 해야 한다.

사람들이 누구나 저것을 좇을 때 나는 홀로 이를 지키며, 많은 무리가 미혹에 빠져도 나는 마음을 옮기지 않으며, 나의 지식을 깊이 감추어 사람들과 재주를 다투지 말지니라.

내 비록 존귀하나 사람이 나를 해치지 않게 하라. 무릇 강하江河가 모든 골짜기 물의 왕이 될 수 있는 것은 바로 스스로를 낮추기 때문이다.

하늘의 도는 따로 친한 것이 없고 항상 선한 이의 편에 선다.

경계할지니라. 경계할 지니라!"

공자孔子가 이를 읽고 제자들을 돌아보며 이렇게 말하였다.

"기록해 두어라! 이 말은 비록 비속鄙俗하기는 하나 사정에 꼭 맞는 것들이다. 《시詩》에 '두려워하고 조심하여 마치 깊은 물가에 임한 듯이, 마치 얇은 얼음을 밟듯 하라'라 하였으니 이와 같이만 행동한다면 어찌 입으로 인해 화를 만나겠느냐?"

孔子之周, 觀於太廟, 右陛之前, 有金人焉, 三緘其口, 而銘其背曰:「古之愼言人也, 戒之哉! 戒之哉! 無多言, 多言多敗; 無多事, 多事多患. 安樂必戒, 無行所悔. 勿謂何傷, 其禍將長; 勿謂何害, 其禍將大; 勿謂何殘, 其禍將然; 勿謂莫聞, 天妖伺人; 熒熒不滅, 炎炎奈何; 涓涓不壅, 將成江河; 緜緜不絶, 將成網羅; 靑靑不伐, 將尋斧柯; 誠不能愼之, 禍之根也; 曰是何傷? 禍之門也. 彊梁者, 不得其死, 好勝者, 必遇其敵; 盜怨主人, 民害其貴.

君子知天下之不可蓋也, 故後之下之, 使人慕之; 執雌持下, 莫能
與之爭者. 人皆趨彼, 我獨守此; 衆人惑惑, 我獨不從; 內藏我知,
不與人論技; 我雖尊高, 人莫害我. 夫江河長百谷者, 以其卑下也;
天道無親, 常與善人; 戒之哉! 戒之哉!」

　　孔子顧謂弟子曰:「記之, 此言雖鄙, 而中事情. 詩曰:『戰戰兢兢,
如臨深淵, 如履薄冰.』行身如此, 豈以口遇禍哉!」

【太廟】조상들의 위패를 모신 종묘. 천자의 종묘를 태묘라 한다.
【强梁】강하고 굳셈을 말한다. 첩운연면어.
【執雌持下】雌雄의 상대적인 것.
【我獨不從】《說苑疏證》에는 從을 徒로 보아 "徒元作從. 從拾補改"라 하였다.
【人莫害我】《說苑疏證》에서는 人莫我害로 보아 "我害, 原倒. 從拾補乙正"이라
　　하였다. 그러나 여기서는 원문대로 해석하였다.
【長百谷】《老子》66章에 실려 있는 구절. "江海所以能爲百谷王者, 以其善下之,
　　故能爲百谷王"이라 하였다.
【天道無親】《老子》79章의 구절. 한편《史記》伯夷列傳에 "或曰天道無親, 常與
　　善人, 若伯夷叔齊, 可謂善人者非邪"라 하였다.
【詩曰】《詩經》小雅 小旻의 구절.

参고 및 관련 자료

1.《孔子家語》觀周篇

孔子觀周, 遂入太祖后稷之廟, 堂右階之前, 有金人焉. 三緘其口, 而銘其背曰:「古之
愼言人也, 戒之哉! 無多言. 多言多敗; 無多事, 多事多患. 安樂必戒, 無所行悔.
勿謂何傷, 其禍將長. 勿謂何患, 其禍將大. 勿謂不聞, 神將伺人. 焰焰不滅, 炎炎若何.
涓涓不壅, 終爲江河. 緜緜不絶, 或成網羅. 毫末不扎, 將尋斧柯. 誠能愼之, 禍之根也.
曰是何傷, 禍之門也. 强梁者不得其死, 好勝者必遇其敵. 盜憎主人, 民怨其上. 君子

知天下之不可上也, 故下之; 知衆人之不可先也, 故後之. 溫恭愼德, 使人慕之. 執雌持下, 人莫踰之. 人皆趨彼, 我獨守此. 人皆或之, 我獨不徙. 內藏我智, 不示人技. 我雖尊高, 人弗我害. 誰能於此? 江海雖左, 長於百川, 以其卑也. 天道無親, 而能下人. 戒之哉!」孔子旣讀斯文, 顧謂弟子曰:「小子識之, 此言實而中, 情而信. 詩曰:『戰戰兢兢, 如臨深淵, 如履薄冰.』行身如此, 豈以口過患哉!」

323(10-26) 魯哀侯棄國而走齊
뿌리는 상하였는데 가지와 잎만 무성하여

노魯 애후哀侯가 나라를 버리고 제齊나라로 도망쳐 왔다.

그러자 제후齊侯가 물었다.

"당신은 아직도 젊은 나이인데 어찌 이렇게 일찍 나라를 포기하십니까?"

이에 애후는 이렇게 대답하였다.

"제가 태자였을 때에 많은 사람들이 제게 충고를 해오면 저는 듣기만 하고 실행하지는 않았으며, 또 많은 사람들이 저를 사랑해 주면 저도 그들을 사랑해 주기만 하였지 가까이하지는 않았습니다. 이 때문에 안으로는 소문을 들을 수 없고, 밖으로는 보필해 줄 신하가 없게 되었습니다. 이는 마치 가을날의 쑥과 같아, 뿌리는 상하였는데 가지와 잎만 무성하여 한 번의 가을바람에 뿌리까지 뽑힌 형상입니다."

魯哀侯棄國而走齊, 齊侯曰:「君何年之少, 而棄國之蚤?」

魯哀侯曰:「臣始爲太子之時, 人多諫臣, 臣受而不用也; 人多愛臣, 臣愛而不近也, 是則內無聞, 而外無輔也. 是猶秋蓬, 惡於根本, 而美於枝葉, 秋風一起, 根且拔矣.」

【魯哀侯】魯나라 哀公을 말한다. 魯나라의 마지막 군주. 그러나 《晏子春秋》에는 魯昭公으로 되어 있다. 昭公은 재위 32년(B.C.541~510).

【齊侯】춘추시대 齊나라 군주. 《晏子春秋》에는 景公으로 되어 있다.

참고 및 관련 자료

1. 《晏子春秋》雜上

魯昭公棄國而走齊. 齊公問焉, 曰:「君何年之少而棄國之蚤? 奚道至於此乎?」昭公 對曰:「吾少之時, 人多愛我者, 吾體不能親; 人多諫我者, 吾志不能用. 好則內無拂 而外無輔, 輔拂無一人, 諂諛我者甚衆. 譬之猶秋蓬也, 孤其根而美枝葉, 秋風一至, 根且拔矣.」景公辯其言, 以語晏子, 曰:「使是人反其國, 豈不爲古之賢君乎?」晏子 對曰:「不然, 夫愚者多悔, 不肖者自賢. 溺者不問墜, 迷者不問路. 溺而後問墜, 迷而後問路, 譬之猶臨難而遽鑄兵, 噎而遽掘井, 雖速亦無及己.」

324(10-27) 孔子行遊中路聞哭者聲
나무가 고요하고자 하나

공자孔子가 길을 가다가 어떤 이의 우는 소리를 들었는데 그 소리가 심히 비통하게 들렸다. 이에 공자는 이렇게 재촉하였다.

"빨리 수레를 몰아라, 어서. 저 앞에 이상한 분의 울음소리가 있다."

그에게 가까이 다가가 보았더니 구오자丘吾子라는 사람이었다. 그는 낫을 껴안고서 새끼줄로 자신의 몸을 묶은 채 울고 있었다. 공자가 수레에서 내려 물었다.

"선생께서는 무슨 상을 당한 것도 아닌데 무엇 때문에 이렇게 슬피 우십니까?"

그러자 구오자가 이렇게 설명하였다.

"나에게는 세 가지 과실이 있습니다."

공자가 다시 물었다.

"원컨대 그 세 가지 과실을 듣고 싶소!"

구오자는 이렇게 대답하였다.

"나는 젊어서 학문을 한답시고 천하를 두루 돌아다녔지요. 그러다가 집에 돌아와 보니 양친이 이미 돌아가셨더군요. 이것이 나의 첫 번째 과실입니다. 또 임금을 모시면서 사치스럽고 교만하여 간언하였지만 성공하지 못하였소. 이것이 두 번째 과실입니다. 그리고 아주 친하게 지내던 친구를 뒤에 끊게 되었습니다. 이것이 세 번째 과실입니다.

나무가 고요하고자 하나 바람이 멎지 아니하고, 자식이 부모를 봉양코자 하나 어버이가 기다려 주지 않는군요. 흘러가고는 다시 오지 않는 것, 그것이 곧 세월이며 한 번 가면 다시 만나볼 수 없는 것 그것이 부모겠지요. 청컨대 이 말을 잘 따라 주십시오!"

그리고는 목을 베어 죽어 버렸다.

이에 공자는 이렇게 말하였다.

"제자들이여 기록하라. 이는 족히 경계로 삼을 일이로다!"

그러자 제자들 중에 어버이를 모시기 위해 고향으로 돌아간 자가 13명이나 되었다.

孔子行遊中路聞哭者聲, 其音甚悲.

孔子曰:「驅之! 驅之! 前有異人音.」

少進, 見之, 丘吾子也, 擁鎌帶索而哭.

孔子辟車而下, 問曰:「夫子非有喪也, 何哭之悲也?」

丘吾子對曰:「吾有三失.」

孔子曰:「願聞三失.」

丘吾子曰:「吾少好學問, 周遍天下, 還後吾親亡, 一失也. 事君奢驕, 諫不遂, 是二失也. 厚交友而後絶, 三失也. 樹欲靜乎風不定, 子欲養乎親不待; 往而不來者, 年也; 不可得再見者, 親也. 請從此辭.」

則自刎而死.

孔子曰:「弟子記之, 此足以爲戒也.」

於是弟子歸養親者十三人.

【前有異人音】《韓詩外傳》에는 "前有賢者"로 되어 있다.

【丘吾子】인명.《韓詩外傳》에는 皐魚로 되어 있다.

【樹欲靜乎風不定, 子欲養乎親不待】널리 알려진 구절로《韓詩外傳》에는 "樹欲靜
而風不止, 子欲養而親不待"로 되어 있다.

참고 및 관련 자료

1.《韓詩外傳》卷9

孔子行, 聞哭聲甚悲. 孔子曰:「驅! 驅! 前有賢者」至, 則皐魚也. 被褐擁鎌, 哭於道傍.
孔子辟車與之言, 曰:「子非有喪, 何哭之悲也?」皐魚曰:「吾失之三矣: 少而學,
游諸侯, 以後吾親, 失之一也; 高尚吾志, 間吾事君, 失之二也; 與友厚而小絶之,
失之三矣. 樹欲靜而風不止, 子欲養而親不待也. 往而不可追者, 年也; 去以不可得
見者, 親也. 吾請從此辭矣.」立槁而死. 孔子曰:「弟子誡之, 足以識矣.」於是門人辭
歸而養親者十有三人. 子路曰:「有人於斯, 夙興夜寐, 手足胼胝, 而面目黎黑, 樹藝
五穀, 以事其親, 而無孝子之名者, 何也?」孔子曰:「吾意者, 身未敬邪? 色不順邪?
辭不遜邪? 古人有言曰:『衣歟? 食歟? 曾不爾卹.』子勞以事其親, 無此三者, 何爲
無孝之名? 意者, 所友非仁人邪? 坐, 語汝. 雖有國士之力, 不能自擧其身. 非無力也,
勢不便也. 是以君子入則篤孝, 出則友賢. 何爲其無孝子之名?」詩曰:『父母孔邇.』

2.《荀子》子道篇

子路問於孔子曰:「有人於此, 夙興夜寐, 耕耘樹藝, 手足胼胝以養其親, 然而無孝之名,
何也?」孔子曰:「意者身不敬與? 辭不遜與? 色不順與? 古之人有言: 衣與繆與
不女聊. 今夙興夜寐, 耕耘樹藝, 手足胼胝以養其親, 無此三者, 則何以爲而無孝之
名也? 意者所友非仁人邪?」孔子曰:「由志之, 吾語女; 雖有國士之力, 不能自擧其身,
非無力也, 勢不可也. 故, 入而行不修, 身之罪也. 出而名不章, 友之過也. 故, 君子入
則篤行, 出則友賢, 何爲而無孝之名也?」

3.《孔子家語》致思篇

孔子適齊, 中路, 聞哭者之聲, 其音甚哀. 孔子謂其僕曰:「此哭哀則哀矣, 然非喪者
之哀矣.」驅而前, 少進, 見有異人焉, 擁鎌帶素, 哭者不哀. 孔子下車, 進而問曰:
「子, 何人也?」對曰:「吾, 丘吾子也.」曰:「子今非喪之所, 奚哭之悲也?」丘吾子曰:

「吾有三失, 晚而自覺, 悔之何及!」曰:「三失可得聞乎? 願子告吾, 無隱也.」丘吾子曰:「吾少時好學, 周遍天下後, 還喪吾親, 是一失也; 長事齊君, 君驕奢失士, 臣節不遂, 是二失也; 吾平生厚交, 而今皆離絕, 是三失也. 夫樹欲靜而風不停, 子欲養而親不待, 往而不來者, 年也; 不可再見者, 親也. 請從此辭.」遂投水而死. 孔子曰:「小子識之, 斯足爲戒矣.」自是弟子辭歸養親者十有三.

4.《孔子家語》困誓篇

子路問於孔子曰:「有人於此, 夙興夜寐, 耕芸樹藝, 手足胼胝, 以養其親, 而名不稱孝, 何也?」孔子曰:「意者, 身不敬與? 辭不順與? 色不悅與? 古之人有言曰:『人與己與不汝欺.』今盡力養親, 而無三者之闕, 何謂無孝之名乎?」孔子曰:「由! 汝志之, 吾語汝. 雖有國士之力, 而不能自舉其身, 非力之少, 勢不可矣. 夫內行不修, 身之罪也; 行修而名不彰, 友之罪也. 行修而名自立, 故君子入則篤行, 出則交賢, 何謂無孝名乎?」

5.《文選》〈長笛賦〉注

韓詩外傳曰: 孔子行, 聞哭聲甚悲.則皋魚也. 被褐擁劍, 哭於路左. 孔子下車, 而問其故. 對曰:「吾少好學, 周流天下, 以後吾親死, 一失也; 高尚其志, 不事庸君, 而晚仕無成, 二失也; 少擇交遊寡親友, 而老無所託, 三失也. 夫樹欲靜而風不止, 子欲養而親不待. 往而不可反者, 年也; 逝去以不可追者, 親也. 吾於是辭矣.」立哭而死. 孔子謂弟子曰:「識矣.」於是門人辭歸而養親者一十三人.

6.《孔子集語》孝本篇

孔子行, 聞哭聲甚悲. 孔子曰:「驅! 驅! 前有賢者.」至, 則皋魚也. 被褐擁鎌, 哭於道傍. 孔子辟車與之言曰:「子非有喪, 何哭之悲也?」皋魚曰:「吾失之三矣: 少而學, 游諸侯, 以後吾親, 失之一也; 高尚吾志, 間吾事君, 失之二也; 與友厚而小絕之, 失之三矣. 樹欲靜而風不止, 子欲養而親不待. 往而不可追者, 年也; 去以不可得見者, 親也. 吾請從此辭矣.」立槁而死. 孔子曰:「孝子誡之, 足以識矣.」於是門人辭歸而養親者十有三人.

7.《孔子集語》孝本篇

子路曰:「有人於斯, 夙興夜寐, 手足胼胝, 而面目黧黑, 樹藝五穀, 以事其親而無孝子之名者, 何也?」孔子曰:「吾意者, 身未敬邪! 色不順邪! 辭不孫邪! 古人有言曰:『衣歟! 食歟! 曾不爾卽.』子勞以事其親, 無此三者, 何爲無孝之名! 意者, 所友非仁人邪! 坐, 語汝, 雖有國士之力, 不能自舉其身, 非無力也, 勢不便也. 是以君子入則篤孝, 出則友賢, 何爲其無孝子之名!」

8. 기타 참고자료

《韓詩外傳》卷1, 卷7·《太平御覽》(487, 764)·《冊府元龜》(953)·《後漢書》〈劉陶傳〉
注,〈桓榮傳〉注

때를 만나지 못한 군자

공자孔子가 《시詩》를 논하다가 정월正月의 육장六章에 이르러 크게
탄복을 하며 말하였다.

"때를 만나지 못한 군자가 어찌 위태롭지 않겠는가? 임금에게 순종하고
세속만 따르면 원칙을 저버리게 되고, 임금을 거스르고 세속을 떠난다면
자신이 위험해지게 마련이다. 또 나 혼자의 길을 가려 하면 사람들은
나를 괴상하게 보지 않으면 멍청하다고 여긴다. 이 때문에 걸桀이
관룡방關龍逄을 죽였고, 주紂가 왕자 비간比干을 죽인 것이다. 그러므로
어진 자는 때를 만나지 못하면 좋은 죽음을 맞지 못할 것을 항상 염려
해야 한다.

《시詩》에 '하늘 지붕이 아무리 높다 해도 몸을 굽히지 않을 수 없고,
땅이 아무리 두텁다 해도 발소리 조심하지 않을 수 없으리'라 하였으니
바로 이를 두고 한 말이다."

孔子論詩, 至於正月之六章, 懼然曰: 「不逢時之君子, 豈不殆哉?
從上依世則廢道, 違上離俗則危身; 世不與善, 己獨由之, 則曰
非妖則孽也; 是以桀殺關龍逄, 紂殺王子比干, 故賢者不遇時,
常恐不終焉. 詩曰: 『謂天蓋高, 不敢不跼; 謂地蓋厚, 不敢不蹐.』
此之謂也.」

【關龍逢】〈四庫全書本〉에는 '關龍逢'으로 되어 있다. 夏나라 末王인 桀의 신하로서 그의 무도함을 충간하였다가 죽음을 당하였다.

【比干】殷의 末王인 紂의 諸父. 紂에게 간하였다가 죽었다.

【詩曰】《詩經》正月의 제 6장의 구절. "謂天蓋高, 不敢不跼, 謂地蓋厚, 不敢不蹐, 維號斯言, 有倫有脊, 哀今之人, 胡爲虺蜴"이라 하였다.

참고 및 관련 자료

1.《孔子家語》賢君篇

孔子讀詩, 於正月六章, 惕焉如懼, 曰:「彼不達之君子, 豈不殆哉! 從上依世則道廢, 違上離俗則身危, 時不興善, 己獨由之, 則曰非妖卽妄也, 故賢也旣不遇天, 恐不終其命焉. 桀殺龍逢, 紂殺比干, 皆類是也. 詩曰:『謂天蓋高, 不敢不跼, 謂地蓋厚, 不敢不蹐.』此言上下畏罪, 無所自容也.」

326(10-29) 孔子見羅者
참새 잡는 그물

공자孔子가 그물을 쳐 놓고 새를 잡는 사람을 보았더니 그가 잡는 것은 작은 참새들뿐이었다. 공자가 물었다.

"참새는 있는 대로 다 잡으면서 큰 새는 잡지 못하니 무슨 이치요?"

그러자 새 잡던 이가 이렇게 설명해 주었다.

"참새가 큰 새를 따라다니면 그 참새조차 잡을 수가 없지요. 그러나 큰 새이면서 참새를 따라다니는 놈은 잡을 수 있습니다."

이 말을 듣고 공자는 제자들에게 이렇게 일렀다.

"군자는 누구를 따를 것인가를 신중히 생각해야 한다. 옳은 사람을 따르지 않으면 그물에 걸릴 위험이 있다."

孔子見羅者, 其所得者, 皆黃口也.

孔子曰:「黃口盡得, 大爵獨不得, 何也?」

羅者對曰:「黃口從大爵者, 不得, 大爵從黃口者, 可得.」

孔子顧謂弟子曰:「君子愼所從, 不得其人, 則有羅網之患.」

【黃口】 참새류의 작은 새를 말한다.

【大爵】 큰 새를 말한다.

1.《孔子家語》六本篇

孔子見羅者, 所得皆黃口小雀. 夫子問之曰:「大爵獨不得, 何也?」羅者曰:「大爵善驚而難得, 黃口者貪食而易得. 黃口從大雀則不得, 大雀從黃口亦可得.」孔子顧謂弟子曰:「善驚以遠害, 利食而忘患, 自其心矣, 而以所從爲禍福. 故君子愼其所從. 以長者之慮, 則有全身之階; 隨小人之戀, 而有危亡之敗也.」

바른 수양과 조심스런 행동

몸을 닦고 바른 행동을 함에는 조심하지 않을 수 없으니 기욕嗜欲은 그 행위를 일그러지게 하고, 참유讒諛는 바른 마음을 어지럽게 하며, 많은 사람의 한결같은 주장은 마음을 돌아서게 한다.

우환은 소홀함에서 생기고, 화禍는 아주 작은 데에서 비롯된다. 한 번 오욕을 입으면 씻어내기 어렵고, 일을 그르치고 나면 되돌리기가 불가능하다. 심념원려深念遠慮하지 않았다가 후회하는 일이 얼마나 많은가?

무릇 요행을 바라는 것은 천성을 그르치게 하는 도끼요, 기욕嗜欲이란 화를 따라 쫓아가는 말馬과 같다. 그리고 아첨이란 그 궁극이 치욕의 집이요, 남에게 학대를 일삼는 것은 화를 찾아 달려가는 길과 같다.

그래서 요행을 버리고 충忠과 신信에 힘쓰고, 기욕을 절제하고 남에게 학대를 일삼지 않으면 군자라는 칭호를 얻을 수 있고 그 명성도 항상 가지게 될 것이다.

脩身正行, 不可以不愼: 嗜欲使行虧, 讒諛亂正心, 衆口使意回, 憂患生於所忽, 禍起於細微, 汙辱難湔灑, 敗事不可復追, 不深念遠慮, 後悔當幾何? 夫徼幸者, 伐性之斧也; 嗜欲者, 逐禍之馬也; 讒諛者, 窮辱之舍也; 取虐於人者, 趨禍之路也, 故曰去徼幸, 務忠信, 節嗜欲, 無取虐於人, 則稱爲君子, 名聲常存.

【嗜欲】기호와 욕심.
【讒諛】아첨.
【深念遠慮】깊이 생각하고 멀리까지 고려함.

1. 《韓詩外傳》卷9

脩愼不可不身也: 嗜慾侈則行虧, 讒毀行則害成; 患生於忿怒, 禍起於纖微; 汙辱難
湔灑, 敗失不復追. 不深念遠慮, 後悔何益? 徼幸者, 伐性之斧也; 嗜慾者, 逐禍之馬也;
謾誕者, 趨禍之路也, 毀於人者, 困窮之舍也. 是故君子不徼幸, 節嗜慾, 務忠信,
無毀於一人, 則名聲尙尊, 稱爲君子矣. 詩曰: 『何其處兮, 必有與也.』

2. 《韓詩外傳》卷5

福生於無爲, 而患生於多欲. 知足, 然後富從之; 德宜君人, 然後貴從之. 故貴爵而賤
德者, 雖爲天子, 不尊矣; 貪物而不知止者, 雖有天下, 不富矣. 夫土地之生不益,
山澤之出有盡, 懷不富之心, 而求不益之物; 挾百倍之欲, 而求有盡之財, 是桀紂之
所以失其位也. 詩曰: 『大風有隧, 貪人敗類.』

3. 《淮南子》繆稱訓

驕溢之君, 無忠臣; 口慧之人, 無必信; 交拱之木, 無把之枝; 尋常之溝, 無吞舟之魚;
根淺則末短, 本傷則枝枯, 福生於無爲, 患生於多慾, 害生於弗備, 穢生於弗耨. 聖人
爲善, 若恐不及, 備禍若恐不免, 蒙塵而欲毋眯, 涉水而欲毋濡, 不可得也, 是故知己
者不怨人.

4. 기타 참고자료

《韓詩外傳》卷五・《說郛》(7)・《呂氏春秋》重生篇

328(10-31) 怨生於不報
원망은 보답하지 않은 데에서 생기고

원망은 보답하지 않은 데에서 생기고, 화禍는 다복多福에서 생긴다. 안정과 위험은 스스로 어떻게 처하느냐에 달려 있고, 곤핍에 빠지지 않는 방법은 미리 예측하는 길밖에 없다. 또 존망存亡은 어떤 사람을 얻느냐에 따라 결정된다. 따라서 끝맺음을 처음 시작할 때처럼 조심하면 이에 장구할 수 있으리라.

이상의 다섯 가지를 능히 실천하는 자는 그 몸을 온전히 할 수 있다. "자기가 하기 싫은 일을 남에게 실행치 말라" 하였으니 이것이 곧 도의 요체이다.

怨生於不報, 禍生於多福, 安危存於自處, 不困在於蚤豫, 存亡在於得人, 愼終如始, 乃能長久. 能行此五者, 可以全身, 『己所不欲, 勿施於人』, 是謂要道也.

【蚤】 '早'와 같다.
【己所不欲, 勿施於人】《論語》顔淵篇과 衛靈公篇의 구절.

"己所不欲, 勿施於人"如初 金膺顯(현대)

참고 및 관련 자료

1.《論語》顔淵篇

己所不欲, 勿施於人. 在邦無怨, 在家無怨.

2.《論語》衛靈公篇

子曰其恕乎, 己所不欲, 勿施於人.

제 몸 하나 세우는 것으로 끝나랴

안회顔回가 서쪽으로 떠나면서 공자孔子에게 여쭈었다.

"어떻게 해야 몸을 세울 수 있을까요?"

공자가 이렇게 설명하였다.

"공恭·경敬·충忠·신信을 갖추면 몸을 바로 세울 수 있느니라. 공을 갖추면 무리로부터의 환난을 면할 수 있고, 경을 갖추면 사람들의 사랑을 받을 것이며, 충을 갖추면 사람들이 그와 함께 하려 하고,

顔回(子淵) 王立忠《精選中華文物石索》

신을 갖추면 사람들이 그를 믿어 주느니라. 사람들이 사랑하고 함께 해 주며 믿어 준다면, 화를 면하는 것은 필연적인 일이다. 이렇게만 되면 나랏일도 할 수 있을 것이니 어찌 하물며 그 몸 하나 세우는 것으로 끝나랴?

그러므로 많은 것을 가까이하지 않고 성긴 것을 친하려 든다면 그것은 너무나 먼 것이 아니겠으며, 가운데를 닦지 않고 그 밖을 닦는다면 이 또한 잘못된 것이 아니겠으며, 일을 먼저 염려하지 않으면서 어려움이 닥쳐서야 해결책을 구한다면 이는 너무 뒤늦은 것이 아니겠느냐?"

顔回將西游, 問於孔子曰:「何以爲身?」

孔子曰:「恭敬忠信, 可以爲身. 恭則免於衆, 敬則人愛之, 忠則人與之, 信則人恃之; 人所愛, 人所與, 人所恃, 必免於患矣, 可以臨國家, 何況於身乎? 故不比數而比疎, 不亦遠乎? 不修中而修外, 不亦反乎? 不先慮事, 臨難乃謀, 不亦晚乎?」

【顔回】孔子의 제자. 顔淵.
【免於衆】무리로부터의 비난이나 공격을 면하는 것을 말한다.
【比數而比疎】'比'를 '친하다, 가까이하다'의 뜻으로 봄.

참고 및 관련 자료

1.《荀子》法行篇

曾子曰:「無內人之疏而外人之親, 無身不善而怨人, 無刑已至而呼天. 內人之疏而外人之親, 不亦遠乎! 身不善而怨人, 不亦反乎! 刑已至而呼天, 不亦晚乎!」

2.《韓詩外傳》卷2

曾子曰:「君子有三言, 可貫而佩之; 一曰: 無內疏而外親, 二曰: 身不善而怨他人, 三曰: 患至而後呼天.」子貢曰:「何也?」曾子曰:「內疏而外親, 不亦反乎? 身不善而怨他人, 不亦遠乎? 患至而後呼天, 不亦晚乎?」詩曰:「啜其泣矣, 河嗟及矣.」

3.《孔子家語》賢君篇

顔淵將西游於宋, 問於孔子曰:「何以爲身?」子曰:「恭·敬·忠·信而已矣. 恭則遠於患, 敬則人愛之, 忠則和於衆, 信則人任之, 勤斯四者, 可以政國, 豈特一身者哉! 故夫不比於數而比於疏, 不亦遠乎? 不修中而修外者, 不亦反乎? 慮不先定, 臨事而謀, 不亦晚乎?」

4.《藝文類聚》(23)

曾子曰: 君子有三言可寶而佩也. 一曰無內疏而外親, 二曰身不善而怨他人, 三曰患已至而後呼天.

5. 기타 참고자료

《類說》(38)·《說郛》(80)

330(10-33) 凡司其身必愼五本
자신을 관리하는 다섯 가지 근본

무릇 자기 자신을 잘 관리함에는 반드시 조심해야 할 다섯 가지 기본이 있다.

첫째, 부드럽게 하되 인仁으로 할 것. 둘째, 성실하게 하되 신信으로 할 것. 셋째, 부귀할 때 남에게 교만하게 굴지 말 것. 넷째, 공恭을 다하되 경敬으로 할 것. 다섯째, 관용을 베풀되 남모르게 조용히 할 것 등이다.

이 다섯 가지를 잘 생각하여 행동하는 자는 흉명凶命을 만나는 일이 없을 것이다.

능히 그 경敬을 실천하면 천시天時가 도와 흉명이 오지 않고 화도 찾아오지 않는다. 남을 공경한다는 것은 남을 공경하는 것이 아니라 자신을 공경하는 것이요, 남을 귀하게 여기는 것도 남을 귀하게 여기는 것이 아니라 자신을 귀하게 여기는 것이다.

옛날에 나는 하늘이 금석金石과 피를 함께 내리는 것을 본 적이 있고, 또 네 개의 달과 열 개의 태양이 함께 나타나 날씨가 무섭게 빨리 변하는 것을 본 적이 있으며, 높은 산이 무너지고 깊은 골짜기가 막히며 큰 도회지의 왕궁이 무너지고 큰 나라가 멸망하는 것을 본 적이 있다.

그런가 하면 높은 산이 찢어지고 깊은 못의 모래가 없어지며, 귀인貴人의 수레가 부서지는 것도 보았고, 많던 수풀에 나무가 사라지고 평원이 계곡으로 변하며, 군자가 노비가 되는 것을 보았다.

또 강과 하수가 말라 구덩이가 되고, 한겨울에 뽕나무·유楡나무가 잎을 따며, 한여름에 눈과 서리가 내리고, 천승의 임금, 만승의 군주가 죽어 장례도 치르지 못하는 것도 본 적이 있다.

그러므로 군자는 공경으로 그 이름을 이루며 소인은 공경으로 그 형벌을 제거할 수 있으니, 어찌 다섯 가지 근본을 경계치 아니하고 삼가지 않을 수 있으랴?

凡司其身, 必愼五本: 一曰柔以仁, 二曰誠以信, 三曰富而貴毋敢以驕人, 四曰恭以敬, 五曰寬以靜. 思此五者, 則無凶命, 用能治敬, 以助天時, 凶命不至, 而禍不來. 敬人者, 非敬人也, 自敬也. 貴人者, 非貴人也, 自貴也. 昔者, 吾嘗見天雨金石與血; 吾嘗見四月, 十日竝出, 有與天滑; 吾嘗見高山之崩, 深谷之窒, 大都王宮之破, 大國之滅; 吾嘗見高山之爲裂, 深淵之沙竭, 貴人之車裂; 吾嘗見稠林之無木, 平原爲谿谷, 君子爲御僕; 吾嘗見江河乾爲坑, 正冬采楡葉, 仲夏雨雪霜, 千乘之君, 萬乘之主, 死而不葬. 是故君子敬以成其名, 小人敬以除其刑, 奈何無戒而不愼五本哉!

【寬以靜】관용을 베풀되 조용히 남모르게 함을 뜻한다.
【凶命】흉한 운명.
【吾】구체적으로 알 수 없다.
【有與天滑】"날씨가 빨리(滑) 변하다"의 뜻으로 보았다.
【楡葉】《說苑疏證》에서는 '葉'을 '柔'으로 보아 "桑原作葉, 從孫詒讓札迻改"라 하였다.

331(10-34) 魯有恭士名曰机氾
호표의 살과 가죽

노魯나라에 공경을 실천하는 선비가 있었는데, 그 이름을 궤범机氾
이라 하였다. 나이가 일흔이 넘었는데도 공경하기를 더욱 철저히 하였다.
겨울에는 응달을 다니고 여름에는 양달로 다니며, 저자거리에 행차
할 때는 무리짓는 쪽으로만 갔고 다니면서도 홀로 행동하는 법이 없었다.
앉을 때도 오똑 단정하게 앉고, 한 번의 식사에도 세 번씩 일어나
가슴을 펴고도 음식을 얼른 삼키지 않는 정도였다. 게다가 구갈裘褐을
입은 선비만 보면 그 선비에게 예를 행하는 것이었다. 노나라 임금이
그에게 물었다.
"궤机 노인께서는 연세도 높으신데, 이제 공恭에서 해방되어도 되지
않겠습니까?"
그러자 궤범은 이렇게 설명하였다.
"군자는 공경을 좋아하므로 그 이름을 이루고, 소인은 공경을 배움으
로써 형벌에서 벗어날 수 있는 것입니다. 임금을 대하고 앉아 있는
지금 어찌 편안하지 않으리오만, 그래도 오히려 실수가 있을 수 있지요.
또 밥 한 끼 먹는 것이 어찌 즐겁지 않으리오만, 그래도 오히려 잘못하여
목이 메는 경우가 있을 수 있지요. 지금 저를 두고 행복한 자라 말할
수 있겠지만 꼭 그런 것은 아닙니다. 홍곡鴻鵠이 하늘을 찌를 듯 날아가니
이 어찌 높이 나는 것이 아니겠습니까? 그러나 잘못하여 화살이 그에게
맞을 수도 있지요. 호표虎豹가 용맹하지만 사람이 그를 잡아 살은 먹고
가죽은 깔고 앉을 수도 있습니다.

칭찬해 주는 자는 적고 악담하는 자가 많은 것이 이 세상입니다.
내 일흔을 살면서도 항상 나에게 형벌이 가해지지 않을까 걱정하고
있는 터에 어찌 공경을 저버리란 말입니까?"

魯有恭士名曰机汜, 行年七十, 其恭益甚, 冬日行陰, 夏日行陽,
市次不敢不行參, 行必隨, 坐必危, 一食之間, 三起不羞, 見衣裘
褐之士, 則爲之禮.

魯君問曰:「机子年甚長矣, 不可釋恭乎?」

机汜對曰:「君子好恭以成其名, 小人學恭以除其刑, 對君
之坐, 豈不安哉? 尚有差跌; 一食之上, 豈不美哉? 尚有哽噎;
今若汜所謂幸者也, 固未能自必, 鴻鵠飛冲天, 豈不高哉? 矰繳
尚得而加之; 虎豹爲猛, 人尚食其肉, 席其皮; 譽人者少, 惡人
者多, 行年七十, 常恐斧質之加於汜者, 何釋恭爲?」

【机汜】人名. '機汜'으로 잘못 쓴 것도 있다. 그리고 판각에 따라 궤사(机汜)로
된 판본도 있다.

【三起不羞】세 번 일어나 가슴을 펴고 음식이 목에 걸리지 않도록 하고도 쉽게
삼키지 않음을 말한다. 羞는 進으로 보았다.

【裘褐之士】裘는 가죽 외투, 즉 좋은 옷을 입은 선비를 말하며, 褐은 거친 옷을
입은 가난한 선비를 말한다.

【矰繳】끈을 맨 화살.

【斧質】고대 刑具의 일종.

332(10-35) 成回學於子路三年
공경이란 하늘을 받드는 것

나이 많은 성회成回가 자로子路에게 3년 동안이나 배우고도 그 공경함이 그치지 않았다. 자로가 물었다.

"무슨 까닭이냐?"

성회는 이렇게 대답하였다.

"제가 들으니 사람의 행동은 새와 같아야 한다고 하였습니다. 위로는 매나 독수리를 걱정해야 하고, 아래로는 그물을 조심해야지요. 무릇 사람은 나에게 선으로 대해 주는 자는 적고 참훼를 늘어놓는 자는 많습니다. 만약 내 몸이 아직 죽지 않은 기간이라면 어찌 화나 죄가 다가오지 않는다고 보장하겠습니까?

저는 일흔이나 되었지만, 그래도 항상 행동에 잘못이 있을까 염려하며 살고 있습니다. 이에 오직 공경으로 하늘의 큰 사명을 대할 뿐입니다."

그러자 자로가 고개를 조아리며 이렇게 말하였다.

"정말 군자로구나!"

子路(仲由)

成回學於子路三年, 回恭敬不已.

子路問其故「何也?」

回對曰:「臣聞之: 行者比於鳥, 上畏鷹鸇, 下畏網羅; 夫人爲善者少, 爲讒者多, 若身不死, 安知禍罪不施. 行年七十, 常恐行節之虧, 回是以恭敬待大命.」

子路稽首曰:「君子哉!」

【成回】春秋 때 齊나라 사람. 子路보다 훨씬 年長이었다.
【子路】孔子 제자. 仲由.

卷十一. 선설편善說篇

"선설善說"은 '선세'로도 읽을 수 있으며 유세·설득·언변 등에 능함을 뜻한다.

모두 28장(333~360)이다.

말을 잘한다는 것이란

손경孫卿, 荀子이 말하였다.

"무릇 말하는 기술은 바르고 장엄하게 하여 자기의 관점을 세우고, 단정 성실히 하여 의견을 처리하며, 굳세고 강하게 하여 자기 주장을 견지하고, 비유를 들어 상대를 깨우치며, 사리를 분별하여 이를 증명하고,

荀卿(荀子, 荀況, 孫卿) 夢谷 姚谷良(그림)

즐거움과 감정을 충만하게 하여 계속 끌고 나가며, 진귀한 보물처럼 느끼게 하며, 귀하고 신기롭게 여기도록 해야 한다. 이렇게만 하면 목적을 달성하지 못하는 경우가 없다."

무릇 이와 같이 하는 것을 일컬어 능히 귀한 바를 귀하게 다룰 줄 안다고 하는 것이다.

전傳에는 이렇게 말하였다.

"오직 군자라야 능히 귀한 바를 귀하게 여길 줄 안다."

그리고 《시詩》에는 이렇게 말하였다.

"경솔하게 말하지 말고 구차스럽게 말하지 말라."

또 귀곡자鬼谷子는 이렇게 말하였다.

"행위가 선량하지 못한 사람을 고쳐 주기란 어렵다. 그러나 설득해도 실천하지 않고 말을 해도 따라 주지 않는 것은 그 언변이 명확하지 않았기 때문이다. 논리가 명확한데도 그가 행동해 주지 않는 것은 논리의 견지堅持가 굳세지 않았기 때문이며, 굳세게 밀고 나갔는데도 효과가 없다면 이는 그의 마음속에 있는 선을 격동시키지 못하였기 때문이다. 논리에 맞고 명확하며 지속적이고 견고하게 하면서 또한 그의 마음속 선善까지 적중시켜, 그 언어가 신기하고 진기하며 밝고 분명하여 마음속을 움직이듯 설득력을 가졌으면서도 실행을 얻지 못하는 경우란 하늘 아래에서 내 듣지 못하였다."

바로 이런 것을 선설善說이라 한다.

자공子貢은 이렇게 말하였다.

"말을 내어놓고 의견을 진설陳說하는 일은 자신에는 득실을, 국가에게는 안위를 좌우하는 문제이다."

《시詩》는 다시 이렇게 말하였다.

"윗사람의 부드럽게 풀어 주는 말투, 백성들의 마음을 안정시키네!"

그러니 말이란 바로 사람에게 있어서 스스로를 소통시키는 것이다.

또 주보언主父偃은 이렇게 말하였다.

"사람이 말을 아니 하면 어찌 알고 써 주리오!"

옛날 자산子産은 말을 잘하였기에 조무趙武가 그를 공경히 대하였고, 왕손만王孫滿은 그 말이 명백하였기 때문에 초楚 장왕莊王이 부끄러움을 깨달았으며, 소진蘇秦은 그 유세가 뛰어났기에 육국六國이 안정을 얻었으며, 괴통蒯通 역시 말을 잘하여 그 몸을 보전할 수 있었다.

이처럼 말이란 임금을 높이고 자기 자신을 중하게 하며, 나라를 안전히 하고 생명을 보전하는 것이다. 따라서 말이란 잘 훈련하지 않을 수 없고, 설說 또한 잘 따져서 하지 않으면 안 된다.

孫卿曰:「夫談說之術, 齊莊以立之, 端誠以處之, 堅强以持之, 譬稱以諭之, 分別以明之, 歡欣憤滿以送之, 寶之, 珍之, 貴之, 神之, 如是則說常無不行矣.」

夫是之謂能貴其所貴.

傳曰:「唯君子爲能貴其所貴也.」

詩云:『無易由言, 無曰苟矣.』

鬼谷子曰:「人之不善, 而能矯之者, 難矣. 說之不行, 言之不從者, 其辯之不明也; 旣明而不行者, 持之不固也; 旣固而不行者, 未中其心之所善也. 辯之, 明之, 持之, 固之, 又中其人之所善, 其言神而珍, 白而分, 能入於人之心, 如此而說不行者, 天下未嘗聞也, 此之謂善說」子貢曰:「出言陳辭, 身之得失, 國之安危也.」

詩云:『辭之繹矣, 民之莫矣.』

夫辭者, 人之所以自通也.

主父偃曰:「人而無辭, 安所用之.」

昔子産脩其辭, 而趙武致其敬; 王孫滿明其言, 而楚莊以慙; 蘇秦行其說, 而六國以安; 蒯通陳說, 而身得以全. 夫辭者, 乃所以尊君, 重身, 安國, 全性者也. 故辭不可不修, 而說不可不善.

【孫卿】 전국 말기 유가학설을 편 학자. 荀子, 荀況. 漢宣帝의 이름 詢을 諱하여 '孫卿'이라 불렀다.《史記》孟荀列傳 및《荀子》참조.

【齊狀】 齊는 齋와 같은 莊敬함을 말함. 단정함·깔끔함.

【傳曰】 이는 俚諺·格言·俗談인 듯하다.

【詩云】《詩經》大雅 抑의 구절. '曰'은 助辭.

【鬼谷子】 蘇秦과 張儀의 스승. 縱橫家의 鼻祖.《鬼谷子》12篇이 전하고 있지만 《漢書》藝文志에 없는 것으로 보아 僞書일 가능성이 높다.《史記》蘇秦張儀 列傳 참조.

【子貢】孔子 제자. 端木賜.

【詩云】《詩經》大雅板의 구절. '繹'은 '悅', '莫'은 '定'의 뜻.

【主父偃】西漢 때 종횡설로 武帝를 설득하여 郞中 벼슬을 지낸 인물.

【子産】춘추시대 鄭나라 大夫. 현능한 재상으로 뒤에 孔子가 높이 여겼다.

【趙武】趙孟. 춘추시대 晉 六卿의 하나. 뒤에 趙나라가 되었다.

【王孫滿】춘추시대 東周의 大夫. 楚莊王이 周室을 없애려 하자, 이를 설득하여 철회시켰다.

【楚莊王】춘추오패의 하나. 《史記》 楚世家 참조.

【蘇秦】전국시대 최고의 游說家. 合縱說을 제창하여 六國의 동시 재상에 올랐다. 《史記》 蘇秦張儀列傳 및 《戰國策》 참조.

【六國】戰國七雄 중 秦을 제외한 여섯 나라. 즉, 韓·魏·趙·燕·楚·齊. 이들이 세로로 연합하여 秦나라와 대항하는 외교정책을 合縱說이라 하며, 蘇秦이 성공시켰다.

【蒯通】楚漢戰(項羽와 劉邦의 爭覇) 때의 변사. 韓信의 造叛을 부추기다 高祖에게 잡혔으나, 高祖(劉邦)가 그의 언변을 듣고 살려 주었다. 言論·游說에 뛰어나 지금의 《戰國策》이 그의 撰集이 아닌가 여기는 설도 있다.

참고 및 관련 자료

1. 《荀子》 非相篇

談說之術: 矜莊以涖之, 端誠以處之, 堅强以持之, 譬稱以喩之, 分別以明之, 欣驩芬薌以送之, 寶之珍之, 貴之神之, 如是則說常無不受. 雖不說人, 人莫不貴, 夫是之謂能貴其所貴. 傳曰:「唯君子爲能貴其所貴也.」 此之謂也.

2. 《韓詩外傳》 卷5

孔子曰:「夫談說之術, 齊莊以立之, 端誠以處之, 堅强以持之, 譬稱以喩之, 分別以明之, 歡忻芬芳以送之, 寶之珍之, 貴之神之; 如是則說恒無不行矣, 夫是之謂能貴其所貴. 若夫無類之說, 不形之行, 不贊之辭, 君子愼之. 詩曰:『無易由言, 無曰苟矣.』

3. 《孔子集語》 五性篇

孔子曰:「夫談說之術; 齊莊以立之, 端誠以處之, 堅强以待之, 辟稱以喩之, 分以明之,歡忻芬芳以送之, 寶之珍之, 貴之神之, 如是, 則說恒無不行矣, 夫是之謂能貴其所貴.
若夫無類之說, 不形之行, 不贊之辭, 君子慎之.」

334(11-2) 趙使人謂魏王

땅을 먼저 받고 나를 죽이는 것이 순서

趙**나라**가 사람을 시켜 위왕魏王에게 이렇게 제의하였다.

"나를 위해 범좌范痤를 죽여 주면 70리의 땅을 드리겠습니다."

위왕은 이를 허락하고 관리에게 범좌를 잡아오도록 하였다. 포위해 놓고 아직 죽이지 않았을 때, 범좌가 지붕을 타고 올라가 지붕 꼭대기에 걸터앉아 그 사자使者에게 이렇게 소리쳤다.

"나를 죽여서 효시하느니 나를 살려 세상에 널리 알리는 것이 낫다. 내가 죽고 났을 때 조나라가 만약 땅을 주지 않는다면 왕은 어찌할 것인가? 그러니 나를 살려둔 채 땅을 먼저 받고 나서 그 뒤에 나를 죽이는 것이 순서일 것이다."

이 말에 위왕이 말하였다.

"옳다."

이에 범좌는 곧 신릉군信陵君에게 이렇게 글을 올렸다.

"저 범좌는 일찍이 이 위나라의 재상을 지냈던 자입니다. 조나라가 땅을 주겠다는 조건으로 저를 죽여 달라고 하자 우리 위왕이 이를 허락하였습니다. 만약 강한 진秦나라가 역시 장차 조나라와 똑같은 방법을 써서 우리에게 땅을 요구하면 그 다음은 당신 차례입니다. 어떻게 하겠소?"

신릉군은 얼른 왕에게 말하여 그를 풀어 주도록 하였다.

趙使人謂魏王曰:「爲我殺范痤, 吾請獻七十里之地.」

魏王曰:「諾」.

使吏捕之, 圍而未殺. 痤自上屋騎危.

謂使者曰:「與其以死痤市. 不如以生痤市, 有如痤死, 趙不與王地, 則王奈何? 故不若如定割地, 然後殺痤.」

魏王曰:「善.」

痤因上書信陵君曰:「痤故魏之免相也. 趙以地殺痤而魏王聽之, 有如强秦亦將襲趙之欲, 則君且奈何?」

信陵君言於王而出之.

【趙】당시 趙王은 孝成王. 재위 21년(B.C.256~245).

【魏王】당시 魏王은 安釐王. 재위 34년(B.C.276~243).

【范痤】《戰國策》에는 '范座'로 표기되어 있다. 魏 나라의 재상.《戰國策》에 의하면 虞卿이 趙의 孝成王에게 范座를 없앨 것을 요구하여 부추겼다.

【信陵君】魏나라 無忌. 戰國四公子의 하나. 范座를 이어 魏나라의 재상이 되었다. 《史記》魏公子列傳 참조.

참고 및 관련 자료

1. 《戰國策》 趙策(四)

虞卿謂趙王曰:「人之情, 寧朝人乎? 寧朝於人也?」趙王曰:「人亦寧朝人耳, 何故寧朝於人?」虞卿曰:「夫魏爲從主, 而違者范座地. 今王能以百里之地, 若萬戶之都, 請殺范座於魏. 范座死,則從事可移於趙.」趙王曰:「善.」乃使人以百里之地, 請殺范座於魏. 魏王許諾, 使司徒執范座, 而未殺也. 范座獻書魏王曰:「臣聞趙王以百里之地 請殺座之身. 夫殺無罪范座, 座薄故也; 而得百里之地, 大利也. 臣竊爲大主美之. 雖然, 而有一焉, 百里之地不可得, 而死者不可復生也, 則主必爲天下笑矣! 臣竊以爲與其以死人市, 不若以生人市使也.」又遺其後相信陵君書曰:「夫趙, 魏, 敵戰之國也. 趙王以咫尺之書來, 而魏王輕爲之殺無罪之座, 座雖不肖, 故魏之免相望也. 嘗以魏之故, 得罪於趙. 夫國內無用臣, 外雖得地, 勢不能守. 然今能守魏者, 莫如君矣. 王請趙殺座之後, 强秦襲趙之欲, 倍趙之割, 則君將何以止之? 此君之累也.」信陵君曰:「善.」遽言之王而出之.

2. 《史記》 魏世家

趙使人謂魏王曰:「爲我殺范痤, 吾請獻七十里之地.」魏王曰:「諾.」使吏捕之, 圍而未殺. 痤因上屋騎危, 謂使者曰:「與其以死痤市, 不如以生痤市. 有如痤死, 趙不予王地, 則王將奈何? 故不若與定割地, 然後殺痤.」魏王曰:「善.」痤因上書信陵君曰:「痤, 故魏之免相也, 趙以地殺痤而魏王聽之, 有如彊秦亦將襲趙之欲, 則君且奈何?」信陵君言於王而出之.

335(11-3) 吳人入荊
우리가 먼저 결정할 필요가 없다

오吳**나라 군대**가 형荊, 楚나라에 침입하여 진陳 회공懷公을 불렀다. 회공이 대신들을 불러놓고 이렇게 명하였다.

"초나라 편을 들었으면 좋겠다고 생각하는 사람은 왼쪽으로, 그리고 오나라 편을 들었으면 좋겠다고 생각하는 사람은 오른쪽으로!"

이때 봉활逢滑이라는 자가 중간에 섰다가 회공 앞으로 나가면서 이렇게 진언하였다.

"오나라라고 복을 주는 것도 아니고, 초나라라고 화를 주는 것도 아닙니다."

회공이 물었다.

"오나라가 승리하였다고 나를 오라고 부르는데 이것이 화가 아니고 무엇이오?"

봉활이 이렇게 설명하였다.

"우리처럼 작은 나라도 이렇게 망설이는데 큰 나라라면 어떻겠습니까? 초나라는 비록 덕은 없지만 더 이상 그 백성들을 죽이게 두지 않을 것이며, 오나라는 싸우느라 그 해골이 마치 초망草莽처럼 들에 나뒹굴고 있으니, 이 또한 덕이라 여길 수 없습니다. 하늘이 초나라를 바르게 가르치기 위해 그 화를 내린 것입니다. 또 오나라에게도 곧 화가 미칠 것이니 그럴 날이 어찌 멀다고 우리만 서둘러 일을 결정하려 하십니까?"

회공은 이를 따르기로 하였다.

吳人入荊, 召陳懷公, 懷公召國人曰:「欲與荊者左, 欲與吳者右.」

逢滑當公而進曰:「吳未有福, 荊未有禍.」

公曰:「國勝君出, 非禍而奚?」

對曰:「小國有是猶復, 而況大國乎? 楚雖無德, 亦不斬艾其民, 吳日弊兵, 暴骨如莽, 未見德焉? 天其或者, 正訓荊也. 禍之適吳, 何日之有?」

陳侯從之.

【荊】 楚의 別稱.

【陳懷公】 성은 嬀. 이름은 柳. 뒤에 吳나라에 의해 죽었다. 재위 4년(B.C.505∼502). 당시 吳王은 闔閭. 재위 19년(B.C.514∼496). 楚王은 昭王. 재위 27년(B.C.515∼489).

【草莽】 들의 거친 풀.

참고 및 관련 자료

1.《左傳》哀公 元年

吳之入楚也, 使召陳懷公. 懷公朝國人而問焉, 曰:「欲與楚者右, 欲與吳者左. 陳人從田, 無田從黨.」逢滑當公而進, 曰:「臣聞, 國之興也以福, 其亡也以禍. 今吳未有福, 楚未有禍, 楚未可棄, 吳未可從. 而晉, 盟主也; 若以晉辭吳, 若何?」公曰:「國勝君亡, 非禍而何?」對曰:「國之有是多矣, 何必不復? 小國猶復, 況大國乎? 臣聞, 國之興也, 視民如傷, 是其福也; 其亡也, 以民爲土芥, 是其禍也. 楚雖無德, 亦不艾殺其民. 吳日敝於兵, 暴骨如莽, 而未見德焉. 天其或者正訓楚也, 禍之適吳, 其何日之有?」陳侯從之. 及夫差克越, 乃修先君之怨. 秋八月, 吳侵陳, 修舊怨也.

2.《史記》陳杞世家

懷公元年, 吳破楚, 在郢, 召陳侯. 陳侯欲往, 大夫曰:「吳新得意; 楚王雖亡, 與陳有故, 不可倍.」懷公乃以疾謝吳. 四年, 吳復召懷公. 懷公恐, 如吳. 吳怒其前不往, 留之, 因卒吳. 陳乃立懷公之子越, 是爲湣公.

336(11-4) 桓公立仲父
정권까지 빼앗을 텐데요

환공桓公이 중부仲父를 재상으로 삼은 다음 대부들에게 이렇게 일렀다.

"나에게 찬성하는 자는 들어와서 오른쪽에, 반대하는 자는 왼쪽에 서시오!"

그런데 가운데에 서 있는 자가 있었다.

환공이 이유를 묻자 그는 이렇게 대답하였다.

"관자管子의 지혜는 족히 천하를 다스릴 만하고 그의 재능은 족히 천하를 빼앗을 만하기도 합니다. 임금께서는 그를 완전히 믿습니까? 내정을 그에게 일임하고 외교를 그에게 마음대로 하게 하며 백성을 몰아 모두 그에게 붙여 주면 그는 정권까지 빼앗고 말 것입니다."

이 말에 환공은 그럴 수 있다고 여겼다.

"그렇다."

그리고는 관중에게 이렇게 일렀다.

"정치의 문제는 모두 그대에게 위임한다. 그러나 그 정령政令의 미치지 못하는 바가 있으면 이는 나만이 그대를 바로잡으리라."

관중은 이로 인해 삼귀대三歸臺를 짓고 백성의 고통을 스스로 자책하였다.

桓公立仲父, 致大夫曰:「善吾者, 入門而右, 不善吾者, 入門
而左.」

有中門而立者, 桓公問焉.

對曰:「管子之知, 可與謀天下, 其强可與取天下. 君恃其信乎?
內政委焉; 外事斷焉. 驅民而歸之, 是亦可奪也.」

桓公曰:「善.」

乃謂管仲:「政則卒歸於子矣, 政之所不及, 唯子是匡.」

管仲故築三歸之臺, 以自傷於民.

【桓公】齊桓公. 춘추오패의 하나. 小白.

【仲父】"桓公이 管仲을 높여 아버지의 항렬로 부른다"는 뜻. 仲은 管仲의 字.
　이를 혹 '중보'로 읽기도 한다.

【是亦可奪也】《韓非子》에는 管仲에게 정권을 그렇게 다 맡기면 위험하지 않겠
　느냐로 되어 있다.

【三歸之臺】여러 이설이 있다. 《論語》八佾篇에 "或曰管仲儉乎. 曰管氏有三歸.
　管事不攝. 焉得儉"의 朱子 注에 "三歸, 臺名. 事見說苑 ……家臣不能具官, 一人常
　兼數事. 管仲不然, 皆言其侈"라 하였고, 《史記》管晏列傳에는 "管仲富擬於公室,
　有三歸. 反坫, 齊人不以爲侈"의 正義에 "三歸, 三姓女也. 婦人謂嫁曰歸"라 하여,
　세 번 아내를 맞이한 것으로 되어 있다.

【以自傷於民】자신이 백성에게 손해를 입힌 것으로 여김. "백성의 재물을 상해
　하였다고 스스로 자책한다"의 뜻.

참고 및 관련 자료

1. 《韓非子》外儲說左下

齊桓公將立管仲, 令群臣曰:「寡人將立管仲爲仲父. 善者入門而左, 不善者入門而右.」
東郭牙中門而立. 公曰:「寡人立管仲爲仲父, 令曰:'善者左, 不善者右.' 今子何爲中

門而立?」牙曰:「以管仲之智, 爲能謀天下乎?」公曰:「能.」「以斷, 爲敢行大事乎?」
公曰:「敢.」牙曰:「君知能謀天下, 斷敢行大事, 君因專屬之國柄焉. 以管仲之能,
乘公之勢以治齊國, 得無危乎?」公曰:「善.」乃令隰朋治內・管仲治外以相參.

세금을 면제해 준다 해도 달갑지 않소

　　제齊 **선왕**宣王이 사산社山으로 사냥을 가자 그곳의 부로父老들 13명
이 서로 나와 선왕을 잘 대접하였다. 왕은 고맙게 여겨 이렇게 말하였다.

　　"여러 부로들께서는 고생하였습니다."

　　그리고는 좌우에게 명하여 그들에게 농토의 세금을 면제해 주도록
하였다.

　　이에 부로들이 일제히 고맙다고 절을 하였다. 그러나 그 중 여구閭丘
선생이란 사람만은 절을 하지 않는 것이었다. 왕이 이상히 여겨 물었다.

　　"부로들께서는 적다고 여기십니까?"

　　그리고는 다시 좌우에게 명하여 그들의 요역徭役까지 면제해 주도록
하였다. 그러자 그들이 다시 일제히 절을 하며 고마움을 표시하였다.
이때에도 여구 선생은 절을 하지 않았다.

　　왕은 이상히 여겨 이렇게 명하였다.

　　"절을 한 분은 물러서고 절을 하지 않은 분은 앞으로 나오시오!"

　　그리고 다시 이렇게 말하였다.

　　"과인이 오늘 이곳에 구경을 왔는데, 고맙게도 부로들께서 과인을
잘 대접해 주었소. 그래서 세금을 면제해 주도록 하였소. 그러자 그들이
모두 절을 하였건만 유독 선생께서는 허리를 굽히지 않았소. 과인이
너무 적다고 그런 것이 아닌가 여겨, 다시 부로들의 요역까지 면제해
주었더니 모두들 고맙다고 또 절을 하였는데, 그래도 선생께서는 절을
하지 않으시니 과인에게 무슨 잘못이라도 있어서 그런 것은 아닌지요?"

그러자 여구 선생은 이렇게 대답하였다.

"대왕께서 이곳을 찾아오신다는 소리를 듣고 모두 이렇게 대왕을 대접하고 위로하는 것은, 대왕이 우리를 오래 살게 해 주고 부유하게 해 주며 귀하게 해 줄 것이라는 기대 때문이었소!"

왕이 이 말에 의아해서 다시 물었다.

"죽고 사는 것은 하늘이 그 시기를 가지고 있지, 과인이 사람을 그렇게 해 줄 수 있는 것은 아니라오. 선생을 오래 살게 하는 것은 과인이 아니잖소? 또 나라 창고가 비록 비어 있는 것은 아니지만, 이는 재해를 방비하기 위한 것이지 선생을 부유하게 하기 위한 것은 아니오. 게다가 대관大官의 자리는 쉽게 나는 것이 아니고, 소관小官은 너무 비천한 자리라 이 또한 선생을 귀하게 해 줄 수 있는 경우가 아니라오!"

여구 선생은 다시 이렇게 설명하였다.

"그런 것이 곧 제가 바라는 것은 아닙니다. 원컨대 대왕께서 훌륭한 집안의 올바른 인물, 덕행을 잘 닦은 자를 뽑아 관리로 삼고 그 법을 공평히 실행하면, 곧 우리 같은 노인네는 좀더 오래 살 수 있을 것이고, 춘하추동 때를 잘 맞추어 그 시기에 알맞은 일로 백성을 진작시켜 백성이 번거롭지 않게 해 주시면 우리는 조금 더 부유해질 수 있으며, 법령을 내리시되 젊은 사람은 윗사람을 공경하고 어른은 노인네를 공경하게 해 주시면 우리의 위치가 조금은 더 귀해지지 않나 하는 바람일 뿐입니다. 그런데 대왕께서는 그렇게 아니하시고, 세금을 면제해 주신 것은 고마우나 그렇게 되면 나라의 창고는 무엇으로 채울 것이며, 또 요역을 면제해 주신다고 하셨으니, 그러면 관부官府의 어려운 일은 누구를 시켜 처리하겠습니까? 따라서 앞서 말씀하신 것을 감히 구하고 있는 것이 아님을 밝히 아실 것입니다."

이 말에 제왕은 이렇게 말하였다.

"훌륭하오. 내 선생을 청하여 재상으로 삼고 싶소!"

齊宣王出獵於社山, 社山父老十三人相與勞王.

王曰:「父老苦矣!」

謂左右賜父老田不租, 父老皆拜, 閭丘先生不拜.

王曰:「父老以爲少耶?」

謂左右復賜父老無徭役, 父老皆拜, 閭丘先生又不拜.

王曰:「拜者去, 不拜者前.」

曰:「寡人今日來觀父老, 幸而勞之, 故賜父老田不租, 父老皆拜, 先生獨不拜, 寡人自以爲少, 故賜父老無徭役, 父老皆拜, 先生又獨不拜, 寡人得無有過乎?」

閭丘先生對曰:「惟聞大王來遊, 所以爲勞大王, 望得壽於大王, 望得富於大王, 望得貴於大王.」

王曰:「天殺生有時, 非寡人所得與也, 無以壽先生; 倉廩雖實, 以備菑害, 無以富先生; 大官無缺, 小官卑賤, 無以貴先生.」

閭丘先生對曰:「此非人臣所敢望也. 願大王選良富家子, 有修行者, 以爲吏, 平其法度, 如此, 臣少可以得壽焉; 春秋冬夏, 振之以時, 無煩擾百姓, 如是, 臣可少得以富焉; 願大王出令, 今少者敬長, 長者敬老, 如是, 臣可少得以貴焉; 今大王幸賜臣田不租, 然則倉廩將虛也. 賜臣無徭役, 然則官府無使焉, 此固非人臣之所敢望也.」

齊王曰:「善. 願請先生爲相!」

【齊宣王】 전국시대 田齊의 군주. 재위 19년(B.C.319~301).

【社山】 齊나라 경내의 어떤 산.

【父老】 그 마을의 노인네들.

【閭丘】 複姓. 齊나라 閭丘嬰의 후대.

1.《群書治要》와《太平御覽》에도 이 글이 전재되어 있다.

분음에서 보물 정鼎이 발견되다

효무황제孝武皇帝 때에 분음汾陰에서 보정寶鼎이 발견되어 이를
감천궁甘泉宮에 헌납해 왔다. 여러 신하들이 모여 임금에게 축수를
하며 환호하였다.

"폐하께서 주정周鼎을 얻으셨다!"

이때 시중侍中 벼슬의 우구수왕虞丘壽王이라는 자만이 홀로 시큰둥하게
여기는 것이었다.

"이것은 주정이 아니다."

왕이 이 소문을 듣고 그를 불러 물었다.

"짐이 주정을 얻자 여러 신하들이 모두
다 주정이라 하는데 그대만은 아니라고
하니 무슨 이유인가? 이유가 분명하면
살려 주려니와 그렇지 않으면 죽이리라!"

우구수왕이 이렇게 말하였다.

"제가 어찌 감히 분명하게 말하지 않겠
습니까? 제가 들건대 주周나라의 덕은 처
음 후직后稷에게서 싹터 공류公劉에게서
자랐으며, 태왕太王에 이르러 극대해졌
고, 문왕文王·무왕武王 때에 성공을 거두
었으며, 주공周公에 이르러 드러났다고
합니다. 그 덕택은 위로 하늘에 통하였고,

像 帝 武 漢

漢 武帝(劉徹)

毛公鼎

아래로는 땅속 샘까지 적셔 통하지 않는 곳이 없었습니다. 이에 하늘이
그 보답에 응하여 정鼎을 주나라에게 내려 준 것입니다. 그 때문에
그 이름을 주정이라 한 것입니다. 지금 우리 한漢나라는 고조高祖께서
주나라의 정통을 이으셨고, 그 밝은 덕이 드러나 보였으며, 은혜를
널리 베풀어 육합六合이 화동和同하였습니다. 더구나 지금 폐하께 이르
러서 더욱 풍성하여 하늘의 상서로운 복이 함께 이르렀으며 상서로운
징조가 모두 나타나고 있는 때입니다.

옛날 진시황秦始皇조차도 친히 팽성彭城까지 가서 구정九鼎을 찾았지만
찾아내지 못하였습니다. 그러던 보정이 하늘이 유덕함을 밝히시어
지금 스스로 나타났으니 이는 하늘이 우리 한나라에게 준 것으로 한정
漢鼎이지 주정周鼎이 아닙니다."

왕이 말하였다.

"훌륭하오."

그러자 여러 신하들은 모두가 만세를 불렀다. 이날에 무제는 우구수
왕에게 황금 10근을 하사하였다.

孝武皇帝時, 汾陰得寶鼎, 而獻之於甘泉宮, 羣臣賀.

上壽曰:「陛下得周鼎.」

侍中虞丘壽王獨曰:「非周鼎.」

上聞之, 召而問曰:「朕得周鼎, 羣臣皆以爲周鼎, 而壽王獨以爲非, 何也? 壽王有說則生, 無說則死.」

對曰:「臣壽王安敢無說? 臣聞夫周德始產于后稷, 長於公劉, 大於大王, 成於文武, 顯於周公, 德澤上洞, 天下漏泉, 無所不通, 上天報應 鼎爲周出, 故名曰周鼎. 今漢自高祖繼周, 亦昭德顯行, 布恩施惠, 六合和同, 至陛下之身逾盛, 天瑞竝至, 徵祥畢見. 昔始皇帝親出鼎於彭城而不能得. 天祚有德, 寶鼎自至, 此天之所以予漢, 乃漢鼎, 非周鼎也.」

上曰:「善.」

羣臣皆稱萬歲. 是日賜虞丘壽王黃金十斤.

【孝武皇帝】武帝. 劉徹. 재위 54년(B.C.140~87). 西漢 中興의 큰 인물.

【汾陰】지명. 漢나라 때의 縣. 지금의 山西省 榮河縣 북쪽.

【寶鼎】周鼎, 九鼎. 원래 夏나라 때 禹임금이 천하의 구리를 모아 九州를 본떠 아홉 개의 鼎을 만들었다. 뒤에 周나라로 이어져 宗主國의 상징이 되었다. 《戰國策》東周策 제일의 첫머리에 이에 대한 이야기가 실려 있으며, 뒤에 楚 莊王의 "問九鼎之輕重"의 고사를 남겼다. 그 뒤 晉의 통일과정에서 사라졌다고 한다. 여기서는 그 중의 일부를 발견한 듯하다. 漢 武帝 元鼎 4年(B.C.113)에 汾陰 사람 巫錦이 寶鼎을 발견하여 바쳤다고 한다.

【甘泉宮】漢나라의 宮 이름.

【侍中】황제를 가까이 모시는 직책.

【虞丘壽王】人名. 虞丘는 복성. 吾丘로도 쓴다. 壽王은 이름.

【后稷】周나라의 시조로 堯임금 때 農官. 이름은 棄.《史記》周本紀 참조.

【公劉】 后稷의 증손으로 백성의 옹호를 받음. 夏나라 말 桀王의 暴政을 피해 戎狄의 땅으로 옮겨와 자리잡았다. 心性이 어질어 수레를 몰 때에도 살아 있는 갈대풀을 피해 다녔다고 한다.

【太王】 太公이라고도 하며 文王의 조부. 古公亶父(古公亶甫). 성덕이 있었으며 그 왕위를 文王(姬昌)에게 이을 뜻을 비치자, 古公의 세 아들 중 泰伯과 虞仲이 도망가고 막내 季歷을 통해 昌에게 이어지도록 하였다. 뒤에 높여 太王·太公이라 추존하였고 그가 기다리던 인물이라는 뜻으로 呂尙을 '太公望'이라 일컬었다. 《史記》 周本紀 참조.

【文王】 西伯昌·姬昌. 武王의 아버지.

【武王】 文王의 아들로 殷의 紂를 멸하였다.

【周公】 姬旦. 文王의 아들이며 武王의 아우. 成王이 어려서 왕위에 오르자 숙부인 周公이 섭정하였다. 儒家의 聖賢으로 받들어진다.

【高祖】 漢나라를 세운 劉邦.

【六合】 東·西·南·北·上·下. 곧 천지사방.

【秦始皇】 嬴政. 전국시대를 통일한 秦나라 임금.

【彭城】 지금의 江蘇省 銅山縣. 楚 懷王과 項羽가 이곳을 도읍으로 정하였다. 秦始皇이 동남쪽에 天子의 기운이 있다는 설을 믿고 순수하여 이곳에서 九鼎을 찾으려 하였다 한다.

참고 및 관련 자료

1.《漢書》吾丘壽王傳

吾丘壽王字子贛, 趙人也. 年少, 以善格五召待詔. 詔使從中大夫董仲舒受春秋, 高材通明. 遷侍中中郎, 坐法免. 上書謝罪, 願養馬黃門, 上不許. 後願守塞扞寇難, 復不許. 久之, 上疏願擊匈奴, 詔問狀, 壽王對良善, 復召爲郎.

稍遷, 會東郡盜賊起, 拜爲東郡都尉. 上以壽王爲都尉, 不復置太守. 是時, 軍旅數發, 年歲不熟, 多盜賊. 詔賜壽王璽書曰:「子在朕前之時, 知略輻湊, 以爲天下少雙, 海內寡二. 及至連十餘城之守, 任四千石之重, 職事並廢, 盜賊從橫, 甚不稱在前時, 何也?」 壽王謝罪, 因言其狀. ……(중략)…… 及汾陰得寶鼎, 武帝嘉之, 薦見宗廟, 臧於甘泉宮. 羣臣皆上壽賀曰:「陛下得周鼎.」 壽王獨曰非周鼎. 上聞之, 召而問之,

曰:「今朕得周鼎, 羣臣皆以爲然, 壽王獨以爲非, 何也? 有說則可, 無說則死.」壽王
對曰:「臣安敢無說! 臣聞周德始乎后稷, 長於公劉, 大於大王, 成於文武, 顯於周公.
德澤上昭, 天下漏泉, 無所不通. 上天報應, 鼎爲周出, 故名曰周鼎. 今漢自高祖繼周,
亦昭德顯行, 布恩施惠, 六合和同. 至於陛下, 恢廓祖業, 功德愈盛, 天瑞並至, 珍祥
畢見. 昔秦始皇親出鼎於彭城而不能得, 天祚有德而寶鼎自出, 此天之所以與漢, 乃
漢寶, 非周寶也.」上曰:「善.」羣臣皆稱萬歲. 是日, 賜壽王黃金十斤. 後坐事誅.

풀이나 먹고사는 무식한 백성이

진晉 헌공獻公 때였다. 동쪽 성곽 밖에 조조祖朝라는 일반 백성이 헌공에게 글을 올렸다.

"초가집에 묻혀 사는 동쪽 성곽 밖의 조조라는 백성입니다. 국가의 계책에 대하여 들려드리고 싶습니다."

헌공이 사람을 시켜 그에게 이렇게 전하도록 하였다.

"고기를 먹는 정도의 관리라면 이미 더불어 논하지만, 풀이나 먹고사는 무식한 백성이 어디라고 간여하려 드느냐?"

그러자 조조는 이렇게 대답하였다.

"대왕께서는 홀로 옛날 환사마桓司馬라는 장군의 이야기도 듣지 못하셨습니까? 그가 아침 일찍 임금을 뵈어야 하는데 그만 아침에 늦게 일어나고 말았습니다. 그래서 급히 마부에게 수레를 몰게 하였는데 옆에 같이 탄 자도 역시 마부에게 소리를 지르는 것이었습니다. 마부가 그의 다리를 치면서 제지하였지요.

'어찌하여 월권을 하고 있소? 어찌하여 수레를 어떻게 몰라고 자꾸 그러는 거요!'

그러자 옆에 탄 이가 이렇게 말하였지요.

'마땅히 소리를 지를 때 소리지르는 것이 나이다. 그대는 수레나 바로 몰라. 그대의 고삐나 똑똑히 잡아라. 그대가 고삐를 잘못 잡아 갑자기 말이 놀라 마구 길을 달리다가 행인이라도 다치게 하는 경우엔 큰 적을 만나리라. 그땐 수레에서 내려 칼도 없이 피를 튀기며 싸워야 하는 것이 나의 일이다. 그대가 어찌 고삐를 놓고 내려와 나를 돕겠는가? 이처럼 그대가 잘못하면 그 화가 나에게까지 미친다는 것을 깊이 생각할 때 내 어찌 간섭을 아니할 수 있겠는가?'

지금 대왕께서는 고기를 먹는 관리 정도라면 이에 서로 고려함이 가능하나, 풀이나 먹고 있는 무식쟁이가 어디라고 간여하느냐고 하였지요? 만약 고기나 먹는 관리들이 조정에 앉아서 하나라도 실수하는 날이면, 저처럼 풀이나 먹는 무식한 이들이 어찌 중원中原의 들판에서 간과 쓸개를 땅에 쳐 발라야 하는 참혹한 일이 없다고 보장하겠습니까? 그 화가 제 몸에 직접 미치는 데 이를 깊이 우려할 마당에 제가 어찌 국가의 계획에 간여하지 않을 수 있겠습니까?"

이에 헌공이 그를 불러 만나 보았다. 사흘을 더불어 이야기를 나누어 보고 더 이상 거리낄 게 없음을 알고 곧바로 그를 스승으로 삼았다.

晉獻公之時, 東郭民有祖朝者, 上書獻公曰:「草茅臣東郭民祖朝, 願請聞國家之計.」

獻公使使出告之曰:「肉食者, 已慮之矣. 藿食者, 尙何與焉?」

祖朝對曰:「大王獨不聞古之將曰桓司馬者? 朝朝其君, 擧而晏, 御呼車, 驂亦乎車, 御肘其驂曰:『子何越云爲乎? 何爲藉呼車?』驂謂其御曰:『當呼者呼, 乃吾事也, 子當御正子之彎御耳. 子今不正彎御, 使馬卒然驚, 妄轢道中行人, 必逢大敵, 下車免劍, 涉血履肝者, 固吾事也. 子寧能辟子之彎, 下佐我乎? 其禍亦及吾身, 與有深憂, 吾安得無呼車哉?』今大王曰:『食肉者, 已慮之矣, 藿食者, 尙何與焉?』設使食肉者, 一旦失計於廟堂之上, 若臣等之藿食者, 寧得無肝膽塗地於中原之野與? 其禍亦及臣之身. 臣與有其深憂. 臣安得無與國家之計乎?」

獻公召而見之, 三日與語, 無復憂者, 乃立以爲師也.

【晉獻公】춘추시대 晉나라 군주. 재위 26년(B.C.676~651).

【祖朝】人名.

【肉食者】관리를 말함. 高官.

【藿食者】콩잎이나 먹는 사람. 즉 무식한 일반 백성을 뜻한다.

【桓司馬】고대의 어떤 장군.

【驂】수레의 오른쪽에 타는 호위무사를 가리킨다. 즉 군주는 왼쪽, 마부는 가운데, 호위무사는 오른쪽에 탄다.

【中原之野】중원의 싸움터.

【肝膽塗地】간과 쓸개를 땅에 바름. 즉 전쟁으로 인해 처참히 죽음.

340(11-8) 客謂梁王曰惠子之言事也
비유는 들지 말고 말하시오

어떤 사람이 양왕梁王에게 일러 말하였다.

"혜자惠子는 어떤 사건을 설명하면서 비유를 잘 듭니다. 왕께서 그에게 비유법을 쓰지 말라고 하면 그는 말을 못할 것입니다."

왕은 이에 수긍하였다.

"알았노라."

그리고 다음 날 혜자를 만났다.

"원컨대 선생께서는 있는 그대로 말하시고 비유는 들지 말아 주십시오!"

그러자 혜자가 물었다.

"지금 여기에 탄彈이 무엇인지 모르는 자가 있다고 합시다. 그가 '탄이란 어떻게 생긴 물건이냐?'라 물어 왔을 때 '탄의 모양은 탄처럼 생겼지'라 일러 준다면 그가 알아듣겠습니까?"

왕이 대답하였다.

"알아듣지 못하겠지요."

혜자가 말을 계속하였다.

"그러면 '탄은 모양이 활처럼 생겼으며 대나무로 현弦을 만들었다'라 설명하면 알아듣겠습니까?"

"그러면 알아듣겠지요!"

혜자는 다시 이렇게 설명하였다.

"무릇 설명이란 상대가 이미 알고 있는 것을 이용해서 그 모르는 바를 깨우쳐 주어야 합니다. 그래야 그 사람이 알아듣습니다. 그런데 지금 왕께서 비유를 들지 말라고 하시니 이는 불가능한 일입니다."
　왕은 수긍하였다.
　"훌륭하오."

　客謂梁王曰:「惠子之言事也, 善譬, 王使無譬, 則不能言矣.」
　王曰:「諾.」
　明日見, 謂惠子曰:「願先生言事, 則直言耳, 無譬也.」
　惠子曰:「今有人於此, 而不知彈者, 曰:『彈之狀何若?』應曰:『彈之狀如彈.』則諭乎?」
　王曰:「未諭也.」
　「於是更應曰:『彈之狀如弓, 而以竹爲弦.』則知乎?」
　王曰:「可知矣.」
　惠子曰:「夫說者, 固以其所知, 諭其所不知, 而使人知之. 今王曰無譬則不可矣.」
　王曰:「善.」

【梁王】魏王. 梁은 魏의 별칭. 魏나라의 수도가 大梁이어서 그렇게 일컫는다.
【惠子】惠施. 전국시대 公孫龍과 더불어 名家의 대표적인 인물로 논리와 이론에 뛰어났다. 《莊子》天下篇에 그의 학설 일부가 실려 있다.
【先生】〈四庫全書本〉의 '先王'은 '先生'의 오기로 여겨진다.

341(11-9) 孟嘗君寄客於齊王
실은 바늘의 힘을 빌려야

맹상군孟嘗君이 자신의 식객 가운데 한 사람을 제왕齊王에게 추천하였다. 그러나 3년이 되도록 등용되지 못한 채 다시 맹상군에게 돌아와 이렇게 묻는 것이었다.

"귀하께서 저를 추천해 주셨는데 3년이 지나도록 등용되지 못하고 있으니, 이는 제게 허물이 있어서인지 아니면 귀하께서 잘못 추천하셔서 그렇게 된 것인지 모르겠습니다."

맹상군이 이렇게 말하였다.

"내가 듣자 하니 실은 바늘의 힘을 빌려 옷 속으로 들어갈 수 있지만, 바늘의 힘으로 인해 빨리 들어가는 것은 아니라 하였소. 또 딸을 시집을 보내려면 중매를 세워야 이루어지는 법이지만, 중매쟁이가 둘 사이를 친하게 할 수는 없다고 하였소. 내 그렇게 추천을 하였는데도 등용되지 못한 것은 선생의 재능이 미약하기 때문일 것인데 어찌 나를 원망하오?"

그러자 식객이 다시 이렇게 반박하였다.

"그렇지 않습니다. 제가 들으니 주周나라의 곡譽이나 한韓나라의 노盧는 천하의 빠른 사냥개입니다. 토끼를 보고 그를 풀어놓으면 절대로 놓치는 법이 없답니다. 그러나 아주 멀리 있는 토끼를 가리키며 풀어놓고 뛰어가 잡으라 하면 몇 대가 흘러도 그 토끼를 잡아오지 못할 것입니다. 이는 사냥개가 능력이 없는 것이 아니라 그렇게 시킨 자가 잘못한 때문이지요."

그러자 맹상군이 이렇게 말하였다.

"그렇지 않소! 옛날 화주華舟와 기량杞梁이 싸움터에서 죽자, 그 아내들이 몹시 슬퍼하여 성을 향해 울어 그 성의 귀퉁이가 무너지고, 성은 그들을 위해 스스로 허물어져 주었다 하오. 군자가 능히 그 안을 잘 다스리면 밖의 만물이 감응해 오는 법이오. 무릇 흙덩이조차도 충성을 알고 허물어질 줄 아는데, 하물며 곡식을 먹는 임금에게 있어서야 어떠하겠소?"

객은 굽히지 않고 다시 나섰다.

"그렇지 않습니다. 저는 굴뚝새가 갈대 위에 둥지를 트는 것을 보았습니다. 깃털을 모아 서로 붙여 짓는데 여자들의 뛰어난 솜씨로도 따르지 못할 정도로 정교하였습니다. 가히 완전할 만큼 견고하였지요. 그러나 큰바람이 불어 그 갈대가 부러지자 그 알과 새끼는 엎어져 죽고 말았습니다. 왜 그렇겠습니까? 그 의탁한 갈대가 약하였기 때문이 아닙니까? 또한 여우는 사람이 누구나 없앴으면 하는 존재이고, 쥐는 누구나 태워 죽였으면 하는 놈입니다. 그러나 저는 곡식 신을 모신 사당의 여우와 토지신을 모신 사당의 쥐가 쫓겨났다거나 타죽었다는 소리를 들어 보지 못하였습니다. 왜 그렇겠습니까? 그가 의탁한 곳이 그들을 살려 주기에 충분한 곳이었기 때문이 아니겠습니까?"

여기에 이르자 맹상군이 감탄하여 다시 그를 제나라에 위촉하였고 제왕은 그를 재상으로 삼았다.

孟嘗君寄客於齊王, 三年而不見用, 故客反謂孟嘗君曰:「君之寄臣也, 三年而不見用, 不之臣之罪也? 君之過也?」

孟嘗君曰:「寡人聞之, 縷因針而入, 不因針而急, 嫁女因媒而成, 不因媒而親. 夫子之材, 必薄矣, 尚何怨乎寡人哉?」

客曰:「不然, 臣聞周氏之譽, 韓氏之盧, 天下疾狗也. 見兔而指屬, 則無失兔矣; 望見而放狗也, 則累世不能得兔矣! 狗非不能,屬之者非也.」

孟嘗君曰:「不然, 昔華舟杞梁戰而死, 其妻悲之, 向城而哭, 隅爲之崩, 城爲之阤. 君子誠能刑於內, 則物應於外矣. 夫土壤且可爲忠, 況有食穀之君乎?」

客曰:「不然, 臣見鷦鷯巢於葦苕, 著之髮毛, 建之女工不能爲也, 可謂完堅矣. 大風至, 則苕折卵破子死者, 何也? 其所託者, 使然也. 且夫狐者, 人之所攻也, 鼠者, 人之所燻也. 臣未嘗見稷狐見攻, 社鼠見燻也, 何則? 所託者然也.」

於是孟嘗君復屬之齊, 齊王使爲相.

【孟嘗君】戰國四公子의 하나로 식객 3천을 거느렸다. 아버지인 靖郭君 田嬰의 뒤를 이어 薛 땅을 세습받아 薛公이라고도 부른다. 이름은 田文.《史記》孟嘗君列傳 참조. 이 사건 당시 맹상군은 薛 땅에 있었던 듯하다.

【齊王】당시는 湣王(閔王). 재위 17년(B.C.300~284).

【周氏犫】周나라 땅에서 나는 유명한 사냥개.

【韓氏盧】韓子盧·東郭逡·東郭㕙 등으로 불리는 유명한 名犬.《戰國策》참조.

【華舟·杞梁】둘 모두 人名. 華舟는 華周로도 쓴다. 杞梁은 이름이 殖. 둘 모두 莒 땅의 전투에서 전사하자 그 아내들이 슬피 울어 성이 무너졌다 한다.《禮記》檀弓(下)·《左傳》·《戰國策》·《古今注》를 참고할 것. 한편 이 이야기는 南朝의 宋 때 吳邁遠에 의해 樂府의 雜曲歌辭로도 올라 있다.

【鷦鷯】굴뚝새를 가리킨다. 아주 작은 새.

【昔華舟杞梁戰而死~城爲之阤】《說苑疏證》에는 "此兩句疑有說誤"라 하였다. 한편,《說苑疏證》에는 "華舟杞梁"에서 華舟가 탈자되었고, 말미에 "參見本書立節第十四章"이라 하였으나 이는 관련이 없고 오히려 政理篇 36장과 연관이 있는 듯하다.

【稷狐·社鼠】본《說苑》第7 政理篇 220(7-36)에 "夫社束木而塗之 鼠因往托焉. 燻之則恐燒其木, 灌之則恐敗其塗, 此鼠所以不可得殺者, 以社故也"라 하였다. '社鼠'에 관한 이야기는 《晏子春秋》 등에 널리 실려 있다.

1. 다른 기록에는 거의 宋玉이 楚襄王에게 유세한 것으로 되어 있다.

2.《韓詩外傳》卷7

宋玉因其友見楚襄王, 襄王待之無以異, 乃讓其友. 友曰:「夫薑桂因地而生, 不因地而幸; 女因謀而嫁 不因謀而親. 子之事王未耳, 何怨於我?」宋玉曰:「不然, 昔者齊有狡兔, 曰東郭䨲, 蓋一日而走五百里. 於是齊有良狗曰韓盧, 亦一日而走五百里. 使之瞻見指注, 雖良狗猶不及眾兔之塵. 若攝纓而縱紲之, 則狡兔亦不能離也. 今子之屬臣也, 攝纓縱紲與? 瞻見之注與?」其友曰:「僕人有過, 僕人有過.」詩曰:『將安將樂, 棄予如遺.』

3.《韓詩外傳》卷8

有鳥於此, 架巢於葭葦之顚, 天喟然而風, 則葭折而巢壞, 何? 其所托者弱也. 稷蜂不攻, 而社鼠不薰, 非以稷蜂社鼠之神, 其所托者善也. 故聖人求賢者以輔. 夫吞舟之魚大矣, 蕩而失水, 則爲螻蟻所制, 失其輔也. 故曰:『不明爾德, 時無背無側. 爾德不明, 以無陪無卿.』

4.《新序》雜事(五)

宋玉因其友以見楚襄王, 襄王待之無以異, 宋玉讓其友. 其友曰:「夫薑桂因地而生, 不因地而辛; 婦人因謀而嫁 不因謀而親. 子之事王未耳, 何怨於我?」宋玉曰:「不然, 昔者齊有良兔曰東郭䨲, 蓋一旦而走五百里. 於是齊有良狗曰韓盧, 亦一旦而走五百里. 使之遙見指屬, 則雖韓盧不及眾兔之塵. 若躡迹而縱紲, 則雖東郭䨲亦不能離. 今子之屬臣也, 躡迹而縱緤與? 遙見而指屬與? 詩曰:『將安將樂, 棄我如遺.』此之謂也.」其友人曰:「僕人有過, 僕人有過.」

342(11-10) 陳子說梁王
선을 실행하는 방법

진자陳子라는 사람이 양왕梁王에게 유세를 펴자, 양왕은 내심 즐거워하면서도 그를 의심하여 이렇게 물었다.

"그대는 어찌하여 진후陳侯의 나라를 버리고, 소국인 이 나라에 와서 나를 가르치려 하오?"

진자가 설명하였다.

"선善을 행하는 데에도 방법이 있고, 만남이라는 것도 때가 있습니다. 옛날 부열傅說이 거친 옷을 입고 칼을 찬 채 비부성秕傅城에서 노역을 할 때, 무정武丁이 꿈 속에서 보고 다음 날 아침 이를 찾아내었습니다. 그제야 무정은 훌륭한 임금이 되었습니다.

또 영척寗戚이 길가에서 소를 먹이며 그 수레를 두드려 노래부를 때, 환공桓公이 이를 발견한 것입니다. 그래서 환공은 패자가 될 수 있었던 것입니다.

백리해百里奚 스스로 다섯 마리 양가죽에 팔려 진陳나라에 포로가 되었을 때, 진秦 목공穆公이 이를 얻음으로써 강한 나라가 된 것입니다.

이 세 사람의 덕행을 논한다면 모두가 공자孔子의 뛰어난 제자들만도 못합니다. 그런데 지금 공자는 천하를 두루 돌아다니며 남쪽으로 진陳·채蔡에서 곤액을 만났고, 북쪽으로는 제齊 경공景公에게 요구하여 세 번 앉고 다섯 번 서면서 설득하느라 그 곁을 떠나지 못하였습니다.

부열(傅說) 《三才圖會》

공자의 시운時運이 좋지 않아 그의 학문이 실행되지 못하였고, 경공
역시 그 시대에는 흥미를 느끼지 못하여 제대로 들어 주지 못하였던
것입니다. 공자 같은 성인도 시운으로 그들의 태만을 어쩌지 못하는데
저 홀로 어찌 무엇을 할 수 있겠습니까?"

陳子說梁王, 梁王說而疑之曰:「子何爲去陳侯之國, 而敎小國
之孤於此乎?」

陳子曰:「夫善亦有道, 而遇亦有時, 昔傅說衣褐帶劍, 而築於
秕傅之城, 武丁夕夢, 旦得之, 時王也; 甯戚飯牛, 康衢擊車輻
而歌, 顧見桓公得之, 時霸也; 百里奚自賣五羊之皮, 爲秦人虜,
穆公得之, 時强也. 論若三子之行, 未得爲孔子駿徒也. 今孔子
經營天下, 南有陳蔡之阨, 而北干景公, 二坐而五立, 未嘗離也.
孔子之時不行, 而景公之時怠也. 以孔子之聖, 不能以時行, 說
之怠, 亦獨能如之何乎?」

【陳子】 구체적으로는 알 수 없다. 陳나라 출신의 책사, 혹은 성이 陳氏인 어떤 인물.

【梁王】 魏王.

【陳侯】 陳나라 임금. 陳子가 모시던 임금.

【傅說】 殷나라 高宗(武丁)을 도운 名臣. 《史記》 殷本紀에 "武丁夜夢得聖人. 名曰說, 以夢所見視群臣百吏, 皆非也. 於是乃使百工營求之野. 得說於傅險中. 是時說爲胥靡, 築於傅險, 見於武丁. 武丁曰是也. 得而與之語, 果聖人, 擧以爲相. 殷國大治. 故遂以傅險姓之. 號曰傅說"이라 하였다.

【秕傅城】 城인 듯하나 확실치 않다. 《史記》에는 '傅險'으로 되어 있다.

【武丁】 殷나라 22대 임금. 高宗.

【甯戚】 齊桓公 때 소를 먹이던 인물로서 노래로 齊桓公을 풍자하여 발탁되었다.

【顧見】 《說苑疏證》에는 이 '顧見'을 "碩鼠"로 보고 있다. "碩鼠"는 관리와 탐관 오리를 비판하는 《詩經》 魏風의 노래. "碩鼠原作顧見. 從拾補改"라 하였다.

【桓公】 齊桓公.

【百里奚】 五羖大夫(五羔大夫). 원래 虞나라 大夫로 秦穆公 부인의 잉신(媵臣) 으로 갔다가 宛으로 도망감. 뒤에 穆公이 그의 어짊을 듣고 양가죽 다섯 장으로 사옴. 《史記》 秦本紀 참조.

【秦穆公】 춘추오패의 하나.

【陳蔡】 孔子가 陳·蔡 지역을 지나다 곤액을 만남. 《史記》 孔子世家 참조.

【齊景公】 春秋 말기 齊나라 군주. 재위 58년(B.C.547~490).

【干】 求와 같다. '요구하다'의 뜻.

참고 및 관련 자료

1. 본장의 주제는 본 《說苑》 권8, 237의 鄒陽이 梁王에게 유세한 내용과 비슷하다.

343(11-11) 林旣衣韋衣而朝齊景公
여우가죽을 입었다고
여우가 되는 것입니까

임기林旣란 자가 거친 가죽옷을 입은 채 제齊 경공景公을 뵙자 경공이
물었다.

"이런 모습이 군자의 복장입니까? 아니면 소인의 복장입니까?"

임기가 머뭇거리며 얼굴빛을 바꾸고 이렇게 말하였다.

"무릇 복장을 보고 어찌 선비의 행동을 판단할 수 있겠습니까? 옛날
형荊나라는 장검長劍에 오뚝한 관을 쓰는 옷차림이었는데도, 그 속에서
영윤令尹 자서子西가 나왔습니다. 또 이 제나라는 짧은 옷에 수엽관遂傑冠
이라는 모자를 쓰고 다녔지만, 그 가운데에서 관중管仲과 습붕隰朋 같은
이가 나왔습니다. 그런가 하면 월越나라는 문신文身과 전발剪髮하고
다녔지만, 그 속에서 범여范蠡와 대부大夫 문종文種이 배출되었으며,
서융西戎은 좌임左衽·추결椎結하였지만, 그 속에서 유여由余 같은 인물이
나왔습니다.

만약 임금의 말처럼 복장만 가지고 따진다면 개가죽 옷을 입은 자는
개 짖는 소리를 내어야 하고, 양가죽 옷을 입은 자는 양 우는 소리를
내야 할 것입니다. 게다가 임금께서는 여우가죽 외투를 입고 계시니
생각건대 그렇게 변하여야 될 게 아닙니까?"

경공이 다시 물었다.

"그대는 용감하기도 하오. 그런데 아직 그대의 기이한 변론을 들어

보지 못하였소! 이웃의 싸움을 해결하는 방법이오? 아니면 천승지국의
승리를 이끌 수 있는 방법이오?”

이런 빈정거림에 임기는 다시 이렇게 대답하였다.

“임금께서 말하는 바가 무엇인지 모르겠군요! 무릇 높고 위험한
건물 꼭대기에 올라가서도 눈 하나 깜빡거리지 않고 무서움에 떨지
않는 것은, 집을 짓는 장인匠人의 용한勇悍입니다. 또 깊은 물에 들어가
교룡蛟龍을 찌르고 원타黿鼉 같은 것을 잡아내어 오는 것은 어부의 용한
이며, 깊은 산에 들어가 호표虎豹를 찌르고 웅비熊羆를 잡아 나올 수
있는 것은 사냥꾼의 용한입니다. 그런가 하면 머리가 날아가고 배가
찢기는 것을 어렵게 여기지 않고 해골을 드러내고 피를 들 가운데에
흩뿌리는 것, 이것은 무사武士의 용한입니다.

그런데 지금 이 넓은 궁중에 서서 얼굴을 붉히며 바른말을 내뱉어
임금의 노기怒氣를 촉발하되, 비록 이 앞에 승헌乘軒의 높은 상이 있다
해도 마음을 움직이지 않고, 뒤에 비록 부질斧質 같은 위협이 있다
해도 두려워하지 않는 것, 이것이 바로 저 임기가 가질 수 있는 용한입니다.”

林旣衣韋衣而朝齊景公, 齊景公曰: 「此君子之服也? 小人之
服也?」

林旣逡巡而作色曰: 「夫服事何足以端士行乎? 昔者, 荊爲長劍
危冠, 令尹子西出焉; 齊短衣而遂僕之冠, 管仲隰朋出焉; 越文
身剪髮, 范蠡大夫種出焉; 西戎左衽而椎結, 由余亦出焉. 卽如
君言, 衣狗裘者, 當犬吠, 衣羊裘者, 當羊鳴, 且君衣狐裘而朝,
意者, 得無爲變乎?」

景公曰: 「子眞爲勇悍矣, 今未嘗見子之奇辯也. 一隣之鬪也,
千乘之勝也?」

林旣曰: 「不知君之所謂者, 何也? 夫登高臨危, 而目不眴, 而足

不陵者, 此工匠之勇悍也; 入深淵, 刺蛟龍, 抱鼈鼊而出者, 此漁夫之勇悍也; 入深山, 刺虎豹, 抱熊羆而出者, 此獵夫之勇悍也; 不難斷頭, 裂腹暴骨, 流血中野者, 此武士之勇悍也. 今臣居廣延, 作色端辯, 以犯主君之怒, 前雖有乘軒之賞, 未爲之動也; 後雖有斧質之威, 未爲之恐也; 此旣之所以爲勇悍也.」

【林旣】 齊景公 때의 인물. 사적은 자세하지 않다.

【韋衣】 다듬지 않은 가죽으로 만든 천한 백성의 옷.

【齊景公】 춘추시대 齊나라 군주. 재위 58년(B.C.547~490).

【荊】 楚나라의 별칭.

【子西】 令尹(楚나라 재상의 관직 이름)을 지냈다. 楚平王(재위 13년. B.C.528~516)의 庶弟로서 덕이 있고 用兵에 뛰어났던 인물.

【遂傑之冠】 모자의 일종.

【管仲】 齊桓公의 名臣.

【隰朋】 역시 齊桓公의 名臣.

【范蠡】 越王勾踐을 도와 吳를 멸한 名臣. 陶朱公. 鴟夷子皮.《史記》越王句踐世家 참조.

【大夫文種】 역시 越王 勾踐(句踐)을 도운 大夫 文種.

【左衽椎結】 옷을 왼쪽으로 여미고 머리를 틀어 매는 戎族의 풍습. 中原과 달라 야만시한 것.

【由余】 춘추시대 晉나라 사람으로 戎으로 도망갔다가 秦穆公에게 발탁되어 秦에 큰 공을 세운 인물.《史記》秦本紀 참조.

【黿鼊】 거북. 자라의 일종.

【熊羆】 곰의 일종들.

【勇悍】 용기와 자신감. 어떤 무서움도 두려워하지 않는 태도와 의기.

【乘軒】 좋은 수레. 신분이 높은 이가 타는 수레.

【斧質】 형구. 도끼와 질곡 등.

1. 《太平御覽》 437과 463에 《新序》에서 인용하였다고 하였으나 지금의 《新序》에는
이 내용이 실려 있지 않다.

344(11-12) 魏文侯與大夫飮酒
앞서가던 수레가 넘어졌는데

위魏 문후文侯가 대부들과 술을 마시면서 공승불인公乘不仁으로 하여금 술 마시는 규칙을 발표토록 하였다.

"잔을 다 비우지 않는 자는, 그 벌로써 큰 잔으로 한 잔씩 더 마시기로 한다."

그러다가 문후 자신이 잔을 다 비우지 않자 공승불인이 술을 들어 왕에게 벌주를 내렸다. 왕은 쳐다보기만 할 뿐 거절하였다. 그때 옆에서 왕을 모시고 있던 자가 대신 명하였다.

"불인은 물러가시오. 임금께서는 이미 취하셨소!"

그러자 공승불인이 이렇게 말하였다.

"《주서周書》에 '앞의 수레가 엎어지는 것을 보면 뒤따르던 수레는 경계해야 한다'라 하였습니다. 이는 위험한 경우를 설명한 말로서, 신하된 자는 무슨 일이든 쉽게 여겨서는 안 되고, 임금 역시 쉽게 여겨서는 안 된다는 뜻입니다. 지금 임금께서 규칙을 정하여 놓고 그것을 지키지 않으면 되겠습니까?"

이에 문후가 말하였다.

"옳습니다."

그리고는 술을 들어 잔을 비운 다음 이렇게 말하였다.

"공승불인公乘不仁을 상객上客으로 삼겠노라!"

魏文侯與大夫飮酒, 使公乘不仁爲觴政曰:「飮不釂者, 浮以大白.」

文侯飮而不盡爵, 公乘不仁擧白浮君. 君視而不應, 侍者曰:「不仁退, 君已醉矣.」

公乘不仁曰:「周書曰:『前車覆, 後車戒.』蓋言其危, 爲人臣者不易, 爲君亦不易. 今君已設令, 令不行, 可乎?」

君曰:「善.」

擧白而飮.

飮畢曰:「以公乘不仁爲上客!」

【魏文侯】戰國 초기 魏나라의 영명한 군주. 재위 50년(B.C.445~396).
【公乘不仁】人名. 公乘은 複姓. 不仁은 이름. 〈四部備要本〉에는 '公勝'으로 되어 있다.
【浮以大白】'浮'는 '罰'의 뜻. '大白'은 술잔의 別稱이라 한다.
【周書】《尙書》周書의 구절.
【上客】客卿으로서의 최고 관직.

알아들을 수 없는 월나라 사투리 노래

양성군襄成君이 처음으로 봉封을 받는 날이었다. 그는 좋은 옷에 옥으로 된 검劍을 차고 호석縞舃이라는 훌륭한 신발을 신은 채 흐르는 물가에 서 있었다. 대부들이 종추鍾錘를 잡고 영을 집행하며 호령을 하였다.

"누가 왕자에게 이 물을 건널 수 있도록 해 줄 수 있는가?"

이때 초楚나라 대부 장신莊辛이 이곳을 지나다가 흥미를 느끼며 양성군에게 다가와 배알하였다. 그리고는 일어서며 이렇게 말하였다.

"원컨대 저는 그대의 손을 한 번 잡아 보고 싶습니다. 괜찮겠습니까?"

그러자 양성군이 얼굴색을 바꾸며 불쾌히 여겨 대꾸도 하지 않았다. 이에 장신이 물러나 손을 씻고는 이렇게 말하였다.

"그대는 홀로 악군자석鄂君子晳이 파도 위에서 뱃놀이를 할 때의 이야기를 듣지 못하였습니까? 청한靑翰이라는 멋진 배를 타고 꽃과 아름다운 풀이 아주 아름다운 명승지에, 푸른 덮개에 서미犀尾의 장식, 게다가 멋진 옷에 좋다는 음악은 다 갖추고 있었습니다. 이때 노와 삿대를 젓던 이가 월越나라 출신이었는데, 그가 이런 월나라 말로 이렇게 노래를 불렀지요.

'濫兮抃草濫予, 昌枑澤予.
昌州州, 鍖州焉乎.
秦胥胥, 縵予乎.
昭澶秦踰, 滲惿隨河湖.'

악군이 이를 듣고 말하였지요.

'나는 월나라 말을 모른다. 그대는 나를 위해 초나라 말로 해석해 달라.'

이에 월나라 말을 아는 자를 불러 통역을 하였더니 그 뜻이 이와 같았습니다.

'오늘 저녁은 무슨 저녁인고? 이렇게 물 가운데에서 노닐도다.

오늘은 무슨 날인고! 왕자와 함께 배를 띄워 노닐도다.

수치를 당해도 사랑을 받으니, 꾸짖어 욕하셔도 헐뜯지 않겠네.

마음이 굳으니 끊어짐이 없으리라. 왕자께서 나를 알아주기만 한다면!

산에는 나무 있고 그 나무는 가지가 있듯이, 그대로 인해 즐거운 이 마음 그대는 모르리!'

이 말에 악군자석은 소매를 걷고 달려가 그를 포옹해 주었으며, 비단자락을 가져다 그를 덮어 주었지요. 악군자석은 초왕의 모제母弟로서 영윤令尹의 높은 관직에 올랐고 작위는 집규執圭에 이를 정도로 높았지요.

그에 비하여 노 젓던 사람은 일개 월나라 사람에 불과하였습니다. 그런데도 오히려 즐거움을 함께 나누며 그 뜻을 모두 펴 보였습니다. 지금 그대가 어찌 악군자석만 못하겠으며, 저 또한 어찌 그 노 젓던 사람만 못하겠습니까? 그런데 제가 손 한 번 잡아 보자는 데 안 된다 하시니 무슨 까닭입니까?"

이에 양성군은 손을 받들어 그에게 내밀며 이렇게 말하였다.

"내가 젊을 때에는 매우 잘생겼다고 해서 어른들에게 칭찬을 받았지요. 그러나 이렇게 갑작스러운 모욕은 받아 본 적이 없습니다. 지금부터는 어른에 대한 젊은이의 예로써 삼가 명령을 받들어 모시겠습니다."

襄成君始封之日, 衣翠衣, 帶玉劍, 履縞舄, 立於遊水之上, 大夫擁鍾錘縣, 縣令執樲號令, 呼:「誰能渡王者於是也?」

楚大夫莊辛, 過而說之, 遂造託而拜謁, 起立曰:「臣願把君之手, 其可乎?」

襄成君忿作色而不言.

莊辛遷延沓手而稱曰:「君獨不聞夫鄂君子皙之汎舟於新波之中也? 乘青翰之舟, 極蒣芘, 張翠蓋而檢犀尾, 班麗袿袥, 會鍾鼓之音, 畢榜枻越人擁楫而歌, 歌辭曰:『濫兮抃草濫予, 昌枑澤予, 昌州州, 饉州焉乎, 秦胥胥, 縵予乎, 昭澶秦踰, 滲惿隨河湖.』鄂君子皙曰:『吾不知越歌, 子試爲我楚說之.』於是乃召越譯, 乃楚說之曰:『今夕何夕兮, 搴中洲流, 今日何日兮, 得與王子同舟. 蒙羞被好兮, 不訾詬恥, 心幾頑而不絶兮, 知得王子, 山有木兮, 木有枝, 心說君兮, 君不知.』於是鄂君子皙乃榆脩袂, 行而擁之, 舉繡被而覆之. 鄂君子皙, 親楚王母弟也. 官爲令尹, 爵爲執珪, 一榜枻越人猶得交歡盡意焉. 今君何以踰於鄂君子皙, 臣何以獨不若榜枻之人, 願把君之手, 其不可, 何也?」

襄成君乃奉手而進之, 曰:「吾少之時, 亦嘗以色稱於長者矣. 未嘗遇僇如此之卒也. 自今以後, 願以壯少之禮謹受命.」

【襄成君】 구체적으로 알 수 없다. 당시 어느 나라의 公族인 듯하다.

【縞舃】 좋은 비단으로 짠 훌륭한 신.

【鍾鍾】 誤字일 것으로 본다. '鍾鍾'은 종을 치는 쇠망치 같은 것.

【誰能渡王者於是也】 이는 제후나 경대부를 봉할 때의 의식에서 질문하는 내용이 아닌가 한다. 즉 그 임무를 확인하기 위하여 큰 소리로 행하는 절차의 하나인 듯하다.

【莊辛】 楚나라 대부. 楚 莊王의 후예로 莊을 성으로 삼았다. 뒤에 陽陵君에 봉해졌다. 《戰國策》 楚策 참조.

【鄂君子皙】楚公王의 아들로 令尹을 지냈다. 鄂 땅에 봉해졌다.
【靑翰】배 이름. 배에 푸른색을 칠하고 새의 모양을 조각한 것.
【翠蓋】비취색의 천으로 만든 배의 덮개. 지붕.
【犀尾】배의 꼬리를 물소의 뿔 모양으로 장식한 것.
【楚王】楚恭王. 재위 31년(B.C.590~560).
【令尹】楚나라 최고 관직. 相國. 재상에 해당한다.
【執圭】원래 楚나라의 爵位로 임금을 직접 대하는 높은 직위.

参고 및 관련 자료

1.《北堂書鈔》138에 이 문장을 싣고 이를《新序》에서 인용하였다고 하였으나,
지금의《新序》에는 이 내용이 실려 있지 않다.

346(11-14) 雍門子周以琴見乎孟嘗君
그대를 울릴 수 있는 거문고 연주

옹문자주雍門子周가 거문고를 화제로 삼아 맹상군孟嘗君을 만났다. 맹상군이 그에게 물었다.

"선생께서는 거문고 연주로 저田文를 슬픔에 젖게 할 수 있습니까?"

옹문자주가 이렇게 설명하였다.

"제가 어찌 능히 귀하를 울릴 수 있겠습니까? 제가 울릴 수 있는 대상이란 먼저 귀하였으나 뒤에 천하게 된 자, 먼저 부자였으나 뒤에 가난하게 된 자입니다. 그 중에서도 재주가 있고 뛰어났으나 포악하고 무도한 임금을 만난 데다가 도에 맞지 않은 이치가 씌워져 울분에 빠진 자, 자신이 처한 형세가 모두 감춰지고 끊어져 이웃에게조차 인정을 받지 못하며, 굽히고 꺾여 궁벽한 골목에 얽매인 채 그 고통을 하소연할 데조차 없는 자, 서로 즐거움을 나누고 사랑하다가 원한도 없으면서 생이별하였고, 멀리 흩어져 나라까지 멸망하여 다시는 만나 볼 수도 없는 처지에 놓인 자, 어려서 양친을 잃고 형제도 모두 흩어져 집도 없이 가슴에 한이 가득한 자, 이런 자들만큼 울리기 쉬운 상대도 없지요.

이런 경우에 처하였을 때는 나는 새나, 빠른 바람소리를 흉내낸 음악조차 들으려 하지 않습니다. 지극히 궁한 속에 즐거움이란 없기 때문이지요.

그래서 그런 사람들에게는, 제가 거문고 줄을 맞추고 거문고를 가슴에 안아 연주 준비를 하면서 긴 한숨만 쉬어도 곧 눈물이 옷깃을 적시게 됩니다.

그러나 지금 귀하는 천승의 군주입니다. 평시에는 넓은 집의 그윽한 방에 편안히 살며, 휘장을 내리고 맑은 바람을 쐬면서 배우나 우스개꾼의 온갖 유희가 앞에 펼쳐져 있고, 언제나 편안하도록 아첨하는 자가 있으며, 조금 심심하다 싶으면 장기 바둑에 정녀鄭女의 춤이 있고, 초나라 음악과 같은 격한 율동이 있어 세련된 빛깔이 눈을 즐겁게 하고, 멋진 음악이 귀를 즐겁게 합니다. 물놀이를 하겠다면, 배가 서로 잇대어 온갖 깃과 깃발을 휘날리며, 치고 불고 하는 음악으로 그 길이를 알 수 없는 물 위에서 노닐 수 있습니다.

또 들놀이를 하고 싶다 생각하면 닫고 뛰는 말에 훌륭한 화살로 넓은 사냥터의 짐승을 몰아 맹수와 싸울 수 있습니다. 돌아오면 깊은 그 궁중에서 북을 치고 악기를 불어 그대를 맞이합니다. 이럴 때에는 천지를 보기를 손가락 하나만도 못하게 여기고, 죽음과 삶에 대한 것도 까맣게 잊고 살게 마련입니다.

따라서 비록 아무리 거문고를 잘 연주하는 자가 있다 하더라도 누구도 귀하를 비통함에 빠지게 할 수는 없습니다.

이에 맹상군이 나섰다.

"아니오! 아니오! 저는 결코 그렇지 않습니다."

옹문자주가 다시 말을 이었다.

"그렇습니다. 그러나 제가 귀하를 슬프게 할 수 있는 일은 단 한 가지 있습니다. 무릇 명성은 제왕帝王과 필적하면서도 진秦나라를 곤액에 처하게 한 것은 귀하입니다. 또 다섯 나라가 맹약을 맺고 남쪽으로 초나라를 치게 한 것도 역시 귀하입니다. 천하가 무사한 적은 한 번도 없었으니 합종合從 아니면 연횡連橫이 계속되어 왔습니다.

합종이 성취되면 초나라가 종주국宗主國이 되고, 연횡이 성사되면 진秦나라가 종주국이 됩니다. 어느 쪽이 성사되건 이루어져 종주국이 된 나라는 반드시 귀하의 봉지인 설薛에 원수를 갚으려 들 것입니다.

진·초의 강한 힘이 귀하의 약한 설 땅을 상대로 원수를 갚겠다고 나서는 것은, 날카로운 도끼를 갈아 하루살이 버섯을 자르는 형세와 같아 남김없이 절단되고 말 것입니다. 천하에 알 만한 선비들 치고 귀하의 그런 상황을 생각하고 콧등이 시큰하게 한심하다 여기지 않는 이가 없습니다. 그리고 천추만세 후에 귀하의 사당에는 고깃점 하나 올라오지 않을 것입니다. 그 높던 궁궐은 무너져 없어지고, 그 예쁘게 꾸몄던 연못 또한 웅덩이로 변하고 말 것이며, 귀하의 무덤도 평지로 바뀌어 평평해지고 말 것입니다.

그때 어린아이들이나 나무꾼, 그리고 꼴 베는 자들이 그곳에 와서 이리 밟고 저리 뛰며 그 위에서 노래를 흥얼거리겠지요. 많은 사람들이 이를 보고 그 누가 측은히 여기지 않겠습니까? 그리고는 귀하를 떠올려 슬퍼하며 '맹상군 같이 존귀하던 인물이 어찌 이 지경에 이르렀는고?'라 하겠지요!"

이에 맹상군이 왈칵 울음을 터뜨려 그 눈물이 속눈썹에 맺혀 떨어지지 않고 있었다. 그제야 옹문자주는 거문고를 끌어안고 연주를 시작하였다.

처음에는 서서히 궁치宮徵에서 시작하여 악하고 여린 우각羽角으로 옮겨 그 끝을 딱 끊어 한 곡조를 이루었다. 맹상군이 눈물을 왈칵 흘리며 마지막 한숨까지 쉬면서 그에게 다가가 이렇게 말하였다.

"선생의 거문고 소리는 나로 하여금 깨어진 나라에 망한 읍 사람 신세가 되도록 만들었군요!"

雍門子周以琴見乎孟嘗君.

孟嘗君曰:「先生鼓琴亦能令文悲乎?」

雍門子周曰:「臣何獨能令足下悲哉? 臣之所能令悲者, 有先貴而後賤, 先富而後貧者也. 不若身材高妙, 適遭暴亂, 無道之主, 妄加不道之理焉; 不若處勢隱絶, 不及四隣, 詘折儐厭, 襲於窮巷, 無所告愬; 不若交歡相愛, 無怨而生離, 遠赴絶國, 無復相見之時; 不若少失二親, 兄弟別離, 家室不足, 憂慼盈胸. 當是之時也, 固不可以聞飛鳥疾風之聲, 窮窮焉固無樂已, 凡若是者, 臣一爲之徽膠援琴而長太息, 則流涕沾衿矣. 今若足下千乘之君也, 居則廣廈邃房, 下羅帷, 來清風, 倡優侏儒處前, 迭進而諂諛; 燕則鬥象棋而舞鄭女, 激楚之功風, 綵色以淫目, 流聲以娛耳; 水遊則連方舟, 載羽旗, 鼓吹乎不測之淵; 野遊則馳騁弋獵乎平原廣圃, 格猛獸; 入則撞鍾擊鼓乎深宮之中. 方此之時, 視天地曾不若一指, 忘死與生, 雖有善鼓琴者, 固未能令足下悲也.」

孟嘗君曰:「否! 否! 文固以爲不然.」

雍門子周曰:「然臣之所爲足下悲者, 事也. 夫聲敵帝而困秦者, 君之; 連五國之約, 南面而伐楚者, 又君也. 天下未嘗無事, 不從則橫, 從成則楚王, 橫成則秦帝. 楚王秦帝, 必報讎於薛矣. 夫以秦楚之强, 而報讎於弱薛, 譬之猶摩蕭斧而伐朝菌也, 必不留行矣. 天下有識之士, 無不爲足下寒心酸鼻者. 千秋萬歲之後, 廟堂必不血食矣. 高臺旣以壞, 曲池旣以漸, 墳墓旣以下而青延矣. 嬰兒豎子, 樵採薪蕘者, 蹢躅其足而歌其上, 衆人見之, 無不愀焉, 爲足何悲之曰:『夫以孟嘗君尊貴乃可使若此乎?』」

於是孟嘗君泫連泣涕, 承睫而未殞, 雍門子周引琴而鼓之,
徐動宮徵, 微揮羽角, 切終而成曲, 孟嘗君涕浪汗增, 歔而就之曰:
「先生之鼓琴, 令文立若破國亡邑之人也!」

【雍門子周】 전국시대 齊나라 사람. 雍門은 원래 齊나라의 西門. 뒤에 姓氏가
　　되었다. 子周는 이름.

【孟嘗君】 戰國四公子의 하나 . 아버지인 田嬰(靖郭君. 薛公)의 뒤를 이어 薛
　　땅을 근거지로 하였다. 이름은 田文.《史記》孟嘗君列傳 참조.

【田文】 孟嘗君의 姓名.

【廣廈】 큰 집을 말한다.

【鄭女】 鄭나라 출신의 여자. 鄭나라는 음악과 춤이 뛰어났던 지역.

【合從】 전국시대 국제형세로 보아 서쪽의 秦과 대항하기 위해 동쪽의 여섯
　　나라 韓·魏·趙·燕·齊·楚가 세로로 합해 연합정책을 펴는 것. 蘇秦이 合從을
　　성사시켜 여섯 나라의 재상을 동시에 지낸 적이 있음.《戰國策》참조. 合縱
　　으로도 쓴다.

【連橫】 각 나라가 各個로 秦과 맹약을 맺는 것. 형세가 가로로 저울대같이 되므로
　　連橫·連衡으로 부른다. 張儀가 이를 주장하여 秦나라의 재상이 되었다.《史記》
　　蘇秦張儀列傳 및《戰國策》참조.

【薛】 薛公의 봉지이며 근거지. 동시에 孟嘗君의 근거지였다.《戰國策》齊策
　　참조.

【蕭斧】 강하고 날카로운 도끼를 말한다. 桓譚의《新論》참조.

【曲池旣以漸】《說苑疏證》에서는 "塹, 原作漸, 從拾補及劉氏斠補改"라 하였다.

【靑延】 푸르고 평평한 모습을 말한다. 疊韻連綿語.《廣雅》釋詁 참조. 한편
　　《說苑疏證》에는 "而靑延矣. 拾補云. 當誤衍. 尾張氏纂注云, 靑延下有脫文"이라
　　하였다.

【宮徵】 五音 중의 宮調와 徵調.

【羽角】 역시 오음 중의 羽調와 角調.

【歔而就之曰】《說苑疏證》에 이 구절에 대하여 "劉氏斠補云: 此句疑有誤衍"이라
　　하였다.

1. 桓譚의 《新論》 琴道篇에도 전재되어 있다.

347(11-15) 蘧伯玉使至楚
하급 선비에게는 재물로 부탁을 해야

거백옥蘧伯玉이 초楚나라 사신으로 가는 길에 복수濮水 가에서 초나라 공자公子 석晳을 만났다. 공자 석은 말먹이 풀을 직접 들고 거백옥을 기다렸다가 물었다.

"상객께서는 어디로 가시는 길입니까?"

거백옥이 수레 위에서 식軾을 잡고 그에게 인사를 하자 공자 석이 다시 정중히 물었다.

"제가 듣건대 상사上士에게는 표정色만으로 부탁을 해도 되고, 중사中士에게는 말로 부탁을 해야 하며, 하사下士에게는 재물로 부탁을 해야 한다고 하였습니다. 이 세 가지 중에 어느 방법으로 부탁을 드릴까요?"

거백옥이 그가 무엇을 부탁하는 것인지 알아듣고는 이렇게 말하였다.

"삼가 그 명령을 받들겠습니다."

드디어 거백옥이 초왕을 만나 사신으로서의 일을 다 마치자 서로 앉아 한담을 나누다가 조용히 선비에 대한 이야기에 이르게 되었다. 초왕이 물었다.

"어느 나라에 선비가 가장 많습니까?"

"초나라에 선비가 가장 많지요!"

초왕은 크게 기뻐하였다. 그러자 거백옥이 이렇게 말하였다.

"초나라에 선비가 가장 많기는 하지만 이를 잘 활용하지는 못하고 있습니다."

왕이 당황히 여기며 물었다.

"그게 무슨 뜻입니까?"

거백옥은 이렇게 설명하였다.

"오자서伍子胥는 초나라 태생입니다. 그가 오吳나라로 도망가자, 오나라가 이를 맞아 재상으로 삼고, 군대를 일으켜 초나라를 공격하였습니다. 그리하여 평왕平王의 무덤을 파 버렸지요. 오자서는 초나라 출신인데도 오히려 오나라에서 잘 활용하였습니다. 또 흔분황釁盆黃 역시 초나라 출신이지만, 진晋나라로 도망하여 그 나라의 70개 현을 다스리매, 얼마나 잘 다스려졌던지 길에 물건을 떨어뜨려도 마구 주워 갖는 자가 없었고, 성곽을 닫지 않고 살아도 도적 하나 없었습니다. 분황이 나기는 초나라에서 났지만, 오히려 진나라가 이를 잘 등용해서 썼던 것입니다. 지금 오는 길에 복수 가에서 공자 석을 만났더니 제게 이렇게 말하더군요. '상급의 선비에게는 표정만으로 부탁을 해도 되고, 중급의 선비에게는 말로 부탁을 해야 하며, 하급의 선비에게는 재물로 부탁을 해야 합니다. 이 세 가지 중에 어느 방법으로 부탁을 할까요?'라고요. 그렇다면 공자 석이 또 어느 나라에 가서 무엇을 다스리게 될지 모르겠군요!"

이에 정신이 번쩍 난 초왕이 사使에게 말 네 필, 부사副使에게 이승二乘을 주어 복수 가의 공자 석을 뒤쫓게 하였다. 이리하여 공자 석은 초나라로 돌아와 중히 쓰이게 되었으니 바로 거백옥의 힘이었다.

그래서 《시詩》에 "누구든 고기를 잘 삶는 자 있으면 나는 그를 위해 솥을 씻어 주리. 누구든 서쪽 고향으로 가겠다는 자에게는 내 좋은 말로 그를 위로해 주리"라 하였으니 바로 이를 두고 한 말이다.

만물이 서로 얻는 것은 진실로 아주 미세하고 묘한 데에서 비롯되는 것이다.

蘧伯玉使至楚, 逢公子晳濮水之上.

子晳接草而待曰:「敢問上客將何之?」

蘧伯玉爲之軾車, 公子晳曰:「吾聞上士可以託色, 中士可以託辭, 下士可以託財, 三者, 固可得而託身耶?」

蘧伯玉曰:「謹受命.」

蘧伯玉見楚王, 使事畢, 坐談語, 從容言至於士.

楚王曰:「何國最多士?」

蘧伯玉曰:「楚最多士.」

楚王大說.

蘧伯玉曰:「楚最多士而楚不能用.」

王造然曰:「是何言也?」

蘧伯玉曰:「伍子胥生於楚, 逃之吳. 吳受而相之. 發兵攻楚, 墮平王之墓. 伍子胥生於楚, 吳善用之. 釁蚡黃生於楚, 走之晉, 治七十二縣, 道不拾遺, 民不妄得, 城郭不閉, 國無盜賊, 蚡黃生於楚, 而晉善用之. 今者, 臣之來, 逢公子晳濮水之上, 辭言『上士可以託色, 中士可以託辭, 下士可以託財, 三者, 固可得而託身耶?』又不知公子晳將何治也.」

於是楚王發使一駟, 副使二乘, 追公子晳濮水之上, 子晳還重於楚, 蘧伯玉之力也.

故詩曰:『誰能烹魚, 溉之釜鬵, 孰將西歸, 懷之好音.』

此之謂也. 物之相得, 固微甚矣.

【蘧伯玉】 춘추시대 衛나라 大夫. 이름은 瑗. 자는 伯玉. 어질고 훌륭하다고 알려져 있다. 《論語》 衛靈公에 "君子哉. 伯玉, 邦有道則仕, 邦無道則可卷而懷之"라 하였고, 憲問篇에는 "伯玉使人於孔子. 孔子與之坐而問焉, 曰夫子何爲, 對曰夫子欲寡其過而未能也, 使者出, 子曰使乎使乎"라 하였다.

【濮水】 물 이름. 地名.

【公子皙】楚共王의 아들.

【軾】수레 앞의 손잡이. 수레를 타고 가다가 예를 취할 때 잡거나, 무엇을 물을 때 이를 잡고 행동한다.

【託邑】《說苑疏證》에 "邑. 原作色. 從劉氏斠補改"라 하였다. 즉 '邑을 주면서 부탁하다'의 뜻. 그러나 정도의 차이로 보아 표정(上士)·말(中士)·재물(下士)의 내용이 오히려 타당할 듯하다. 이에 원문 '色'대로 해석하였다.

【伍子胥】楚나라 平王의 핍박으로 吳로 망명한 인물.《史記》伍子胥列傳 참조.

【平王】春秋 말기 楚나라 군주. 재위 13년(B.C.528~516). 太子의 결혼문제로 伍子胥의 아버지와 형을 죽였다. 도망 간 伍子胥가 吳나라 군대를 이끌고 쳐들어 와서 이미 죽은 平王의 무덤을 파 그 해골을 채찍질하였다.《史記》伍子胥列傳 참조.

【爨蚡黃】楚나라 출신으로 晉나라에서 활동한 인물.《春秋左傳》에는 苗賁皇 으로 되어 있다.

【詩曰】《詩經》檜風·匪風의 구절.《詩經》에는 '烹'이 '亨'으로 되어 있다. 通假字이다.

348(11-16) 叔向之弟羊舌虎善樂達
남을 어려움에서 구해 주는 자

숙향叔向**의 아우 양설호**羊舌虎는 악달樂達과 아주 친하였다.
그런데 악달이 진晉나라에 죄를 짓자, 진나라에서는 양설호까지 죽이고
숙향은 노예로 삼아 버렸다. 얼마 후 기해祁奚란 자가 말하였다.

"내가 듣기로 소인이 자리를 얻으면 불의不義를 다투지 않으며, 군자의
근심하는 바는 불상不祥을 보고 구제하려 들지 않는 것이다."

그리고는 범환자范桓子를 찾아가 이렇게 설득하였다.

"듣건대 나라를 훌륭하게 다스리는 자는 상을 지나치게 베풀지도
아니하고, 형벌을 마구 사용하지도 않는다고 하더이다. 상이 지나치면
못된 이들에게 주어지게 될까 두렵고, 형벌이 남용되면 잘못하여 군자
가 다칠 수 있기 때문이지요. 불행스럽게 형벌이 지나쳐서 군자가 다치
느니보다는, 차라리 상이 지나쳐서 못된 자들이 상을 받고, 군자가
형벌을 받는 일이 없는 편이 낫겠지요.

그래서 요堯임금의 형벌은 곤鯀을 우산羽山에서 없애고 우禹를 등용한
것이며, 주周나라의 형벌은 관숙管叔과 채숙蔡叔을 없애고 주공周公이
재상이 된 것이니, 이는 바로 형벌을 남용하지 않았던 증거입니다."

이에 환자는 관리에게 명하여 숙향을 석방시키도록 하였다.

남을 어려움에서 구해 주는 자는 왕왕 자기 자신도 위험과 곤란에
처하게 된다. 그러나 그 번거로움과 모욕을 두려워하지 않고 덤벼도
오히려 구해 내지 못하는 경우가 있다. 지금 기해는 선왕의 덕을 논하여
숙향이 풀려나도록 하였으니, 어찌 그의 훌륭함을 다 따라 배울 수 있으랴?

叔向之弟羊舌虎善樂達, 達有罪於晉, 晉誅羊舌虎, 叔向爲之奴.

旣而祁奚曰:「吾聞小人得位, 不爭不義, 君子所憂, 不救不祥.」

乃往見范桓子而說之曰:「聞善爲國者, 賞不過; 刑不濫. 賞過則懼及淫人; 刑濫則懼及君子. 與不幸而過, 寧過而賞淫人, 無過而刑君子. 故堯之刑也, 殛鯀於羽山而用禹; 周之刑也, 僇管蔡而相周公, 不濫刑也.」

桓子乃命吏出叔向, 救人之患者, 行危苦而不避煩辱, 猶不能免.

今祁奚論先王之德, 而叔向得免焉, 學豈可已哉?

【叔向】春秋 때 晉나라 大夫. 羊舌肸. 叔嚮으로도 쓰며 叔肸로도 일컫는다.

【羊說虎】叔向의 庶弟. 叔虎라고도 쓴다.

【樂達】춘추시대 晉나라 大夫. 〈四庫全書本〉과 〈四部備要本〉 모두 樂達로 실려 있으나 《呂氏春秋》에는 欒盈으로 되어 있고 《說苑疏證》에는 盧文弨의 《說苑拾補》에 따라 欒逞으로 보고 있다.(欒逞. 原誤作樂達, 從拾補改. 下同.)

【祁奚】춘추시대 晉나라 大夫. 晉 悼公 때 中軍尉를 지냈다.

【范桓子】춘추시대 晉나라 六卿의 하나. 당시 晉나라 대권을 쥐고 있었다.

【與不幸而過】盧元駿의 《說苑今註今譯》에는 이 다섯 글자를 衍文으로 보았으나 이는 타당하지 못한 듯하다.

【殛鯀於羽山】《史記》 五帝本紀에 "殛鯀於羽山. 以變東夷"라 하였다.

【僇管蔡】《史記》 周本紀에 "成王少, 周初定天下, 周公恐諸侯畔周, 公乃攝行政當國, 管叔, 蔡叔羣弟疑周公. 與武庚作亂, 畔周, 周公奉成王命, 伐誅武庚, 管叔·放蔡叔"이라 하였다.

1.《呂氏春秋》開春篇

叔嚮之弟羊舌虎善欒盈, 欒盈有罪於晉, 晉誅羊舌虎, 叔嚮爲之奴而騰. 祁奚曰:「吾聞
小人得位, 不爭不祥, 君子在憂, 不救不祥.」乃往見范桓子而說也, 曰:「聞善爲國者,
賞不過而刑不慢. 賞過則懼及淫人; 刑慢則及君子. 與其不幸而過, 寧過而賞淫人,
毋過而刑君子. 故堯之刑也, 殛鯀於虞而用禹, 周之刑也, 戮管蔡而相周公, 不慢刑也.」
宣子乃命吏出叔嚮. 救人之患者, 行危苦不避煩辱, 猶不能免. 今祁奚論先王之德,
而叔嚮得免焉, 學豈可以已哉?

2.《左傳》襄公 21年

晉侯問叔向之罪於樂王鮒, 對曰:「不棄其親, 其有焉.」於是祁奚老矣, 聞之, 乘馹
而見宣子, 曰:「詩曰:『惠我無疆, 子孫保之.』書曰:『聖有謨勳, 明徵定保.』夫謨而
鮮過, 惠訓不倦者, 叔向有焉, 社稷之固也. 猶將十世宥之, 以勸能者. 今壹不免其身,
以棄社稷, 不亦惑乎? 鯀殛而禹興. 伊尹放大甲而相之, 卒無怨色. 管蔡爲戮, 周公
右王. 若之何其以虎也棄社稷? 子爲善, 雖敢不勉. 多殺何爲?」宣子說, 與之乘,
以言諸公而免之. 不見叔向而歸. 叔向亦不告免焉而朝.

349(11-17) 張祿掌門見孟嘗君曰
옷을 항상 새것으로

장록張祿은 문지기의 임무를 띠고 있었는데 어느 날 맹상군孟嘗君을 만나 물었다.

"옷을 항상 새것으로 낡지 않게 입고, 창고가 항상 가득 차서 비는 법이 없도록 하는 방법이 있는데, 귀하는 이를 알고 있습니까?"

그러자 맹상군이 대답하였다.

"옷을 새것처럼 하려면 잘 손질하면 되고, 창고가 항상 차서 비우지 않게 하려면 부유하면 되지, 무슨 다른 방법이 있단 말이오? 그 외에 다른 방법이 있다면 한 번 들려 주시오!"

장록은 이렇게 설명하였다.

"원컨대 귀하께서 귀한 신분이시라면 어진 이를 등용하시고, 귀하가 부자라 느끼신다면 가난한 이에게 베푸십시오. 이렇게 하면 항상 새 옷처럼 낡지 않게 입으실 수 있고, 창고가 차서 비는 법이 없게 될 것입니다."

맹상군은 이 말에 일리가 있다고 여겼고, 그 뜻에 즐거움을 느꼈으며, 그의 언변에도 놀라움을 느꼈다.

그래서 이튿날 사람을 시켜 그에게 황금 1백 근과 문채 나는 옷감 1백 순純을 가져다 주도록 하였다. 그러자 장록은 이를 사양하며 받지 않았다. 뒤에 장록張祿은 다시 맹상군孟嘗君을 만나게 되었는데 그때 맹상군이 물었다.

"지난날 선생께서 제게 가르쳐 주시기를 '옷을 항상 새것으로 낡지 않게 하고, 창고가 항상 가득 차서 비는 법이 없도록 하는 방법이 있는데 아는가'고 물었지요. 저는 이에 그 가르침을 기쁘게 여겨 사람을 시켜 그 보답으로 황금 1백 근과 무늬 옷감 1백 순을 보내어 우선 내 집 문 안의 가난한 자부터 도우려 하였더니, 선생님께서는 어찌하여 사양하며 받지 않으셨습니까?"

장록이 이렇게 대답하였다.

"그대께서 장차 그대의 돈을 파내어 주고 그대의 창고에서 곡식을 풀어 우리 선비들을 도와 주려 한다면, 옷이 다 낡고 신발이 모두 헤지도록 해도 모자랄 것입니다. 그때에는 어느 겨를에 새 옷이 낡지도 않게, 가득한 창고가 비우지도 않게 할 수 있겠습니까?"

맹상군이 물었다.

"그러면 어떻게 해야 합니까?"

장록이 다시 이렇게 일러 주었다.

"무릇 진秦나라는 사방이 요새로 막힌 나라여서 벼슬을 구하는 자가 그 나라에 들어가고 싶어도 들어갈 수가 없습니다. 원컨대 귀하께서 저를 위하여 장문의 편지를 써서, 저를 진나라 왕에게 가까이할 수 있도록 해 주십시오. 제가 가서 성공하면 이는 귀하가 저를 보내 준 덕분이며, 가서 등용되지 못하면 비록 아무리 구해도 안 되는 것이니, 이는 제 자신이 불우해서 그런 것으로 여기면 그만입니다.

이 맹상군은 허락하였다.

"명령대로 하겠습니다."

그리고는 편지를 써서 장록을 진나라 왕에게 가까이할 수 있도록 해 주었다. 장록은 과연 진나라에 가서 크게 등용되었다. 그러자 그는 진왕에게 이렇게 말하였다.

"제가 이 나라로 오면서 대왕의 경내에 들어서 보니 농토가 잘 개간되어 있고, 관리와 백성들도 잘 다스려지고 있었습니다. 그러나 대왕께서는 꼭 얻어야 될 하나를 얻지 못하고 있으니 그것이 무엇인지 아십니까?"

왕이 대답하였다.

"모르오."

장록은 이렇게 설득하였다.

"저 산동山東 제齊나라에 재상에 있는데 바로 맹상군이라는 사람입니다. 그는 매우 어진 인물입니다. 천하에 급한 일이 없다면 그것으로 그만이겠지만, 만약 급한 일이 생긴다면 천하의 영웅은 수용하고 웅준雄俊한 선비를 지휘하며, 이들과 연합하여 친구로 연결할 수 있는 자는 생각건대 바로 그 사람밖에 없을 것입니다. 그런데도 대왕께서는 어찌 저를 통하여 그를 친구로 삼으려 들지 않습니까?"

진왕은 허락하였다.

"공경하여 받들겠소."

그리고는 1천 금을 맹상군에게 전해 주도록 하였다.

맹상군이 밥도 먹지 않고 이를 깊이 생각하다가 드디어 깨닫고는 이렇게 감탄하였다.

"이것이 바로 장 선생이 말한 바 늘 새것처럼 입되 낡지 않게 하며, 창고를 가득 채우되 비우지 않게 한다는 그것이로군!"

張祿掌門, 見孟嘗君曰:「衣新而不舊, 倉庾盈而不虛, 爲之有道, 君亦知之乎?」

孟嘗君曰:「衣新而不舊, 則是修也. 倉庾盈而不虛, 則是富也. 爲之奈何? 其說可得聞乎?」

張祿曰:「願君貴則擧賢, 富則振貧, 若是則衣新而不舊, 倉庾盈而不虛矣.」

孟嘗君以其言爲然, 說其意, 辯其辭, 明日使人奉黃金百斤, 文織百純, 進之張先生. 先生辭而不受. 後先生復見孟嘗君.

孟嘗君曰:「前先生幸教文曰:『衣新而不舊, 倉庾盈而不虛,

爲之有說, 汝亦知之乎?」文竊說敎, 故使人奉黃金百斤, 文織
百純, 進之先生, 以補門內之不贍者, 先生曷爲辭而不受乎?」

張祿曰:「君將掘君之偶錢, 發君之庾粟以補士, 則衣弊履穿
而不贍耳, 何暇依新而不舊, 倉庾盈而不虛乎?」

孟嘗君曰:「然則爲之奈何?」

張祿曰:「夫秦者, 四塞國也. 遊宦者, 不得入焉. 願君爲吾爲
丈尺之書, 寄我與秦王, 我往而遇乎, 固君之入也. 往而不遇乎,
雖人求間謀, 固不遇臣矣.」

孟嘗君曰:「敬聞命矣.」

因爲之書, 寄之秦王, 往而大遇.

謂秦王曰:「自祿之來, 入大王之境, 田疇益辟, 吏民益治, 然而
大王有一不得者, 大王知之乎?」

王曰:「不知.」

曰:「夫山東有相, 所謂孟嘗君者, 其人賢人, 天下無急則已,
有急則能收天下英乂雄俊之士, 與之合交連友者, 疑獨此耳.
然則大王胡不爲我友之乎?」

秦王曰:「敬受命.」

奉千金以遺孟嘗君.

孟嘗君輟食察之而寤曰:「此張生之所謂衣新而不舊, 倉庾
盈而不虛者也.」

【孟嘗君】戰國 四公子의 하나. 田文.
【張祿】孟嘗君의 식객. 원래 전국시대 魏나라의 范雎가 魏나라에서 핍박을 받고
  秦으로 도망가면서 그 이름을 張祿으로 고쳐 뒤에 재상이 되었다. 《史記》
  范雎蔡澤列傳 참조. 그러나 여기서의 張祿이 그와 같은 인물인지는 알 수 없다.

【純】 옷감을 재는 단위.

【秦王】 당시 秦王은 昭王(재위 56년. B.C.306~251).

【山東】 秦나라 쪽에서 보았을 때 殽山(혹 太行山)의 동쪽. 여기서는 齊나라를
가리킴.

【乂】 '구획하다, 지휘하다'의 뜻.

【寤】 悟와 같다. 즉 '깨닫다'의 뜻.

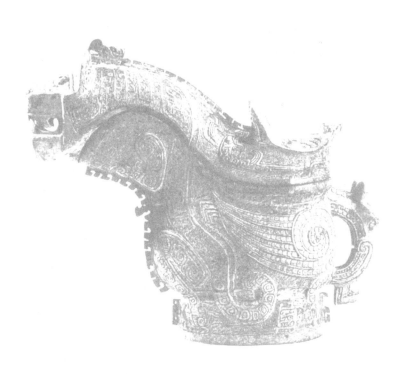

350(11-18) 莊周貧者往貸粟於魏
수레바퀴 자국에 괸 물 속의 붕어

장주莊周는 집이 가난하여 위魏나라에 가서 식량을 꾸어 달라고 하였다. 문후文侯가 이렇게 핑계를 대었다.

"우리 백성들이 곡식을 바쳐 오면 그때 가져다 드리지요!"

장자는 이렇게 말하였다.

"방금 제가 이곳으로 오는 도중 길가 쇠발자국이 패인 곳에 물이 괴어 붕어鮒魚가 갇혀 있는 것을 보았습니다. 그 붕어는 나를 보자 '제가 살아날 수 있을까요?' 하고 탄식을 하며 물었습니다. 그때 저는

莊子(莊周) 《三才圖會》

'조금만 기다리면 내가 너를 위해 남쪽 초왕楚王을 만나 강수江水와 회수淮水의 물길을 터서 너에게로 끌어들이도록 허락을 받아 주겠노라' 하였지요.

그러자 붕어는 '지금 내 생명은 쟁반 옹기 속에 있소. 그런데도 그대가 나를 위해 초왕을 만나 거창하게 강수·회수의 물을 끌어대어 준다니 그때 그대는 나를 마른 생선가게에 가서나 찾으시오!'라 하더이다. 지금

제가 가난하여 곡식을 꾸러 왔는데, 백성이 나라에 곡식을 바쳐야
내게 주겠다니 그때 그대는 날품팔이꾼의 시장에서나 찾으시오!"
이 말에 문후는 식량 백 종鍾을 풀어 장자의 집으로 보내 주었다.

莊周貧者, 往貸粟於魏, 文侯曰:「待吾邑粟之來而獻之.」

周曰:「乃今者周之來, 見道傍牛蹄中有鮒魚焉, 大息謂周曰:
『我尚可活也?』周曰:『須我爲汝南見楚王, 決江淮以漑汝.』鮒魚
曰:『今吾命在盆甕之中耳, 乃爲我見楚王, 決江·淮以漑我, 汝卽
求我枯魚之肆矣.』今周以貧故來貸粟, 而曰須我邑粟來也而
賜臣, 卽來亦求臣傭肆矣.」

文侯於是乃發粟百鍾, 送之莊周之室.

【莊周】莊子. 전국시대 道家의 유명한 人物. 梁 惠王·齊 宣王·孟子 등과 동시대
人物. 宋나라 蒙縣 사람.《史記》老莊申韓列傳 참조. 그의 사상에 대해서는
《莊子》를 볼 것.
【魏】《說苑疏證》에서는 '魏'자 다음에 '文侯'가 있어야 한다고 보았다. "文侯
二字原不重, 從劉氏斠補補"라 하였다.
【文侯】戰國 초기 魏나라의 영명한 군주.《莊子》에는 監河侯에게 식량을 달라고
부탁한 것으로 되어 있다. 참고란을 볼 것. 한편 莊子와 魏文侯는 시간적으로
맞지 않다.
【江淮】長江과 淮水. 楚나라의 영토 내의 강이므로 楚王에게 부탁한다고 한 것.
【鍾】곡식을 계량하는 단위. 6斛4斗를 1鍾이라 한다.

1. 이 이야기는 '학철붕어'(涸轍鮒魚)의 고사이다.

2. 《莊子》外物篇

莊周貧者, 故往貸粟於監河侯, 監河侯曰:「諾, 我將得邑金, 將貸子三百金, 可乎?」
莊周忿然作色曰:「周昨來, 有中道而呼者. 周顧視車轍中, 有鮒魚焉. 周問之曰:『鮒
魚來, 子何爲者邪?』對曰:『我東海之波臣也, 君豈有斗升之水而活我哉?』周曰:
『諾, 我且南遊吳越之王, 激西江之水而迎之, 可乎?』」鮒魚忿然作色曰:『吾失吾常,
與我無所處, 吾得斗升之水然活耳, 君乃言此, 曾不如早索我於枯魚之肆.」

351(11-19) 晉平公問叔向
간언할 말을 숨기지 말라

진晉 평공平公이 숙향叔向에게 물었다.

"만약 흉년과 질병이 겹친 데다가 적인翟人까지 우리를 공격해 온다면 어떻게 대처해야 합니까?"

숙향은 이에 이렇게 대답하였다.

"흉년이 든다면 그 다음 해에 회복될 것이오. 질병이 퍼진다 해도 머지않아 그칠 것이며, 적인이 내습해 온다는 것도 큰 근심거리가 될 것은 없습니다."

그러자 평공이 다시 물었다.

"그렇다면 이보다 더 큰 환난이 있습니까?"

그제야 숙향은 이렇게 답하였다.

"무릇 대신들이 녹을 중히 여겨 간언을 하지 아니하고, 근신近臣들은 죄가 두려워 감히 말을 하지 못하며, 좌우의 신하들은 총애를 입어 작은 관직이나 하나 얻을까 하고 아첨을 일삼는데도 임금이 모르고 있는 것이 진실로 환난 중에 가장 큰 것입니다."

이 말에 평공이 수긍하였다.

"옳습니다."

그리고는 전국에 이러한 명령을 내렸다.

"간언할 일이 있는데도 숨기거나 좌우 신하로서 나라의 관리나 얻으려고 말을 꾸미는 자는 죄를 주리라."

晉平公問叔向曰:「歲饑民疫, 翟人攻我, 我將若何?」

對曰:「歲饑來年而反矣, 疾疫將止矣, 翟人不足患也.」

公曰:「患有大於此者乎?」

對曰:「夫大臣重祿而不極諫, 近臣畏罪而不敢言, 左右顧寵於小官而君不知. 此誠患之大者也.」

公曰:「善.」

於是令國中曰:「欲有諫者爲隱, 左右言及國吏罪.」

【晉平公】춘추시대 晉나라 군주. 悼公의 아들. 이름은 彪. 재위 26년(B.C.557~532).

【叔向】叔嚮. 叔肸. 羊舌肸.

【翟人】狄人과 같음. 北方의 이민족.

【欲有諫者爲隱, 左右言及國吏罪】《新序》에는 "좋은 진언을 謁者가 막으면 사형에 처한다"(欲進善言, 謁者不通, 罪當死)라 하였다.

┌─────────────────┐
│ 참고 및 관련 자료 │
└─────────────────┘

1. 《新序》 雜事篇(五)

晉平公問叔向曰:「國家之患孰爲大?」對曰:「大臣重祿而不極諫, 近臣畏罰而不敢言, 下情不上通, 此患之大者也.」公曰:「善.」於是令國曰:「欲進善言, 謁者不通, 罪當死.」

352(11-20) 趙簡子攻陶
조상의 묘를 파리라

조간자趙簡子가 도陶 땅을 공격하였을 때 부하 중의 두 사람이 먼저 성을 올랐다가 그 위에서 그만 죽고 말았다. 간자가 그들의 시신을 찾으려 하였지만 도군陶君이 내어 주지를 않았다.

이때 승분저承盆疽가 도군에게 이렇게 말하였다.

"간자는 장차 그대 조상의 묘를 파서 그대 백성과 교환하자고 흥정을 벌여 '성을 기어 넘어 투항해 오는 자는 살려 주겠지만, 그렇지 않으면 그 조상들의 묘를 파서 썩은 시신은 재로 만들 것이며, 썩지 않은 것은 그 시체를 해부할 것이다'라 할 것입니다."

도군은 두려워하며 두 사람의 시신을 내어 주고 강화를 청하였다.

趙簡子攻陶, 有二人先登, 死於城上, 簡子欲得之, 陶君不與.

承盆疽爲陶君曰:「簡子將掘君之墓, 以與君之百姓市曰: 『踰邑梯城者將赦之, 不者, 將掘其墓, 朽者, 揚其灰, 未朽者, 辜其尸.』」

陶君懼, 請效二人之尸以爲和.

【趙簡子】 春秋 말기 晉나라 六卿의 하나. 趙武子의 孫인 趙鞅. 뒤에 그 후손이 趙나라를 세우게 되었다.

【陶】陶丘. 지금의 山東省 定陶縣. 원래 堯임금이 이곳에 거주하여 그 후대를 唐侯라 일컬었다.

【陶君】陶나라의 군주.

【承盆疽】陶나라의 大夫인 듯하다.

【睪】 '해부하다'의 뜻.

353(11-21) 子貢見太宰嚭
흙덩이 한 줌을 큰 산에 보탠다고

자공子貢이 태재太宰 백비伯嚭를 만났더니 백비가 물었다.

"공자孔子라는 사람은 어떤 인물입니까?"

자공이 대답하였다.

"나는 무어라 말로 표현할 수 없습니다."

백비가 다시 물었다.

"그를 잘 모른다면서 왜 그를 섬깁니까?"

자공이 다시 대답하였다.

"잘 모르기 때문에 섬기는 것입니다. 우리 선생님은 큰 산림山林 같아서 백성들 누구나 각각 그 속에서 재목을 얻고 있습니다."

이 대답에 백비가 다시 물었다.

"그대는 선생님에게 무슨 보탬이 되고 있소?"

자공은 이렇게 말하였다.

"선생님은 더 이상 보태 드릴 게 없습니다. 저는 그분에게 있어서 작은 흙덩이 정도에 지나지 않아 흙 한 덩이를 큰 산에 보탠다 해도 한 치도 더 높여 주지 못합니다. 게다가 그것은 지혜롭지도 못한 일이지요!"

백비가 물었다.

"그렇다면 그대는 어떻게 그 양을 잽니까?"

자공이 대답하였다.

"천하에 큰 술동이가 있는데 귀하께서는 그 양을 재어 보지도 않고 판단하려 하시니 이게 우리 둘 중에 누가 잘못하고 있는지 모르겠군요!"

子貢見太宰嚭, 太宰嚭問曰:「孔子何如?」

對曰:「臣不足以知之.」

太宰曰:「子不知, 何以事之?」

對曰:「惟不知, 故事之, 夫子其猶大山林也, 百姓各足其材焉.」

太宰嚭曰:「子增夫子乎?」

對曰:「夫子不可增也. 夫賜其猶一累壤也, 以一累壤增大山, 不益其高, 且爲不知.」

太宰嚭曰:「然則子有所酌也.」

對曰:「天下有大樽, 而子獨不酌焉, 不識誰之罪也.」

【子貢】孔子의 제자. 端木賜. 吳나라에서 벼슬을 하였다.

【太宰 嚭】吳나라의 太宰인 伯嚭. 원래 楚나라 伯州犁의 후손으로서, 吳나라로
　도망하여 闔閭에 의해 등용되었다. 伍子胥와 사이가 나빠 결국 越에게 망하였다.

참고 및 관련 자료

1.《說苑疏證》에는 다음 두 장(354, 355)과 매우 같으며 尾張氏의 의견대로 '然則~'
을 다음 장의 "善哉, 子貢之言也"와 바꾸어야 된다고 보았음. "按與下兩章相類似,
尾張氏纂注, 然則下四句與次章簡子曰下善哉, 子貢之言也, 七字更換, 則其辭順也.
當是錯簡"이라 함.

2. 기타 관련자료는 355장을 볼 것.

354(11-22) 趙簡子問子貢
목마른 자라 해도 강물을 다 마실 수 없듯이

조간자趙簡子가 자공子貢에게 물었다.

"공자孔子는 어떤 인물입니까?"

자공이 대답하였다.

"저는 잘 알지 못합니다."

간자가 불쾌한 표정을 지으며 다시 물었다.

"선생께서는 공자를 수십 년 섬기면서 학문을 다 이룬 다음 그를 떠나셨소. 내가 그대에게 묻고 있는데 '모른다'고 하시니 무슨 뜻이오?"

자공은 이렇게 대답하였다.

"저는 목마른 자가 강해江海를 마시는 것같이 만족하면 그만입니다. 공자께서는 강해와 같으니 제가 어찌 그 양과 깊이를 알 수 있겠습니까?"

이에 간자는 이렇게 말하였다.

"훌륭하도다! 자공의 말이여."

趙簡子問子貢曰:「孔子爲人何如?」

子貢對曰:「賜不能識也.」

簡子不說曰:「夫子事孔子數十年, 終業而去之, 寡人問子, 子曰:『不能識.』何也?」

子貢曰:「賜譬渴者之飲江海, 知足而已, 孔子猶江海也, 賜則奚足以識之.」

簡子曰:「善哉! 子貢之言也.」

【趙簡子】春秋 말기 晉나라 六卿의 하나.
【子貢】孔子의 제자. 端木賜.

참고 및 관련 자료

1. 355장을 볼 것.

355(11-23) 齊景公謂子貢
하늘의 높이를 알 수 없듯이

제齊 경공景公이 자공子貢에게 물었다.

"그대는 누구를 스승으로 모시고 있소?"

"저는 중니仲尼를 스승으로 모시고 있습니다."

"중니는 어진 분입니까?"

"예. 어집니다."

"그 어짊이 어느 정도요?"

"잘 모릅니다."

그러자 경공이 다시 물었다.

"그대는 그가 어진 분이라 해놓고 어느 정도 되느냐는 물음에는 모른다 하니 그게 될 말이오?"

자공은 이렇게 설명하였다.

"지금 하늘이 높다고 말하면 어른과 어린이, 어리석은 자와 지혜로운 자 누구나 할 것 없이 모두가 높다는 것을 압니다. 그러나 '얼마나 높으냐'라 물으면 '모른다'라고 할 것입니다. 이 때문에 중니께서 어질다고 하였지만 얼마나 어진지는 모른다고 한 것입니다."

齊景公謂子貢曰:「子誰師?」

曰:「臣師仲尼.」

公曰:「仲尼賢乎?」

對曰:「賢.」

公曰:「其賢何若?」

對曰:「不知也.」

公曰:「子知其賢, 而不知其奚若, 可乎?」

對曰:「今謂天高, 無少長愚智皆知高, 高幾何? 皆曰:『不知也.』是以知仲尼之賢, 而不知其奚若.」

【齊景公】春秋 말기 齊나라 군주. 晏子가 그의 재상이었다. 재위 58년(B.C.547~490).

【仲尼】孔子의 이름은 丘. 字는 仲尼.

참고 및 관련 자료

1. 《韓詩外傳》卷8

齊景公爲子貢曰:「先生何師?」對曰:「魯仲尼.」曰:「仲尼賢乎?」曰:「聖人也, 豈直賢哉!」景公嘻然而笑曰:「其聖何如?」子貢曰:「不知也.」景公悖然作色, 曰:「始言聖人, 今言不知, 何也?」子貢曰:「臣終身戴天, 不知天之高也. 終身踐地, 不知地之厚也. 若臣之事仲尼, 譬猶渴操壺杓, 就江海而飲之, 腹滿而去, 又安知江海之深乎?」景公曰;「先生之譽, 得無太甚乎?」子貢曰:「臣賜何敢甚言, 尚慮不及耳. 臣譽仲尼, 譬猶兩手捧土而附泰山, 其無益亦明矣. 使臣不譽仲尼, 譬猶兩手杷泰山, 無損亦明矣.」景公曰:「善! 豈其然? 善! 豈其然?」詩曰:『民民翼翼, 不測不克.』

356(11-24) 趙襄子謂仲尼
큰 종을 막대기로 두드리면

조양자趙襄子가 중니仲尼에게 물었다.

"선생께서는 몸을 굽혀 만나 본 군주가 70여 명이나 되지만 이제껏 의견이 통용되지 못하였습니다. 이는 세상에 명군明君이 없어서입니까? 아니면 선생의 도가 통하지 않을 저급한 것이기 때문입니까?"

이 질문에 공자는 대답도 하지 않았다. 다른 날 양자는 자로子路를 만날 기회를 얻자 이렇게 물었다.

"내 일찍이 그대의 선생에게 도를 물었더니 대답을 하지 않더이다. 알면서 대답을 해 주지 않았다면 이는 숨기는 것이요, 숨겼다면 어찌 그런 사람을 어질다 할 수 있겠소? 또 진실로 몰라서 대답을 하지 않았다면 그런 분을 어찌 성인이라 할 수 있겠소?"

자로는 이렇게 대답하였다.

"천하에 훌륭한 종을 세워 놓고 막대기로 이를 치면 어찌 그 멋진 소리가 나겠습니까? 귀하께서 우리 선생님께 질문하신 것이 혹시 막대기로 종을 치는 것과 같은 그런 유가 아니었는지요?"

趙襄子謂仲尼曰:「先生委質以見人主, 七十君矣, 而無所通, 不識世無明君乎? 意先生之道, 固不通乎?」

仲尼不對.

異日, 襄子見子路曰:「嘗問先生以道, 先生不對, 知而不對則隱也. 隱則安得爲仁; 若信不知, 安得爲聖?」

子路曰:「建天下之鳴鐘, 而撞之以挺, 豈能發其聲乎哉? 君問先生, 無乃猶以挺撞乎?」

【趙襄子】春秋末 戰國初의 趙나라 군주. 이름은 毋. 趙簡子의 太子이며, 韓·魏와 더불어 智氏를 멸하고 三家分晉을 거쳐 전국시대를 맞았다. 재위 51년(B.C.475∼425).

【仲尼】孔子·孔丘.

【子路】孔子의 제자. 仲由.

【挺】梃의 오기로 봄. '막대기, 꼬챙이'의 뜻.

357(11-25) 衛將軍文子問子貢
세 번 궁해진 이유

위衛나라 장군 문자文子가 자공子貢에게 물었다.

"계문자季文子는 세 번 궁하였다가 세 번 현달하였는데 어떻게 그럴 수 있습니까?"

자공은 이렇게 설명하였다.

"궁하였을 때는 어진 이를 섬겼고, 현달하였을 때는 궁한 이를 천거하였으며, 부유하였을 때는 가난한 이에게 나누어 주었고, 귀하였을 때는 천한 이를 예우하였지요.

궁하였을 때 어진 이를 섬기면 모멸을 당하지 않게 되고, 현달하였을 때 궁한 이를 천거하면 친구들에게 인정을 받게 되며, 부유하였을 때 가난한 이에게 나누어 주면 친척들이 가까이해 오며, 귀하였을 때 천한 이를 예우해 주면 백성들이 그를 추대하게 되지요. 이런 사람이 무엇을 얻는다는 것은 진실된 도입니다. 그런데도 잃는 것이 있다면 이는 운명이겠지요!"

문자가 다시 물었다.

"잃기만 하고 얻지는 못하는 것은 무슨 이유입니까?"

자공은 이렇게 대답하였다.

"궁하였을 때 어진 이를 섬기지 않고, 현달하였을 때 궁한 이를 천거하지 않으며, 부유하였을 때 가난한 이에게 나누어 주지 않고, 귀하게 되었을 때 천한 이를 무시하였는데도 얻는 것이 있다면 이는 운명일 뿐이지만, 그때는 잃게 되는 것이 진실된 이치입니다."

衛將軍文子問子貢曰:「季文子三窮而三通, 何也?」

　子貢曰:「其窮事賢, 其通擧窮, 其富分貧, 其貴禮賤. 窮而事賢, 則不侮; 通而擧窮, 則忠於朋友, 富而分貧, 則宗族親之; 貴而禮賤, 則百姓戴之. 其得之, 固道也; 失之, 命也.」

　曰:「失而不得者, 何也?」

　曰:「其窮不事賢, 其通不擧窮, 其富不分貧, 其貴不禮賤, 其得之, 命也; 其失之, 固道也.」

【文子】춘추시대 衛나라 장군. 大夫.
【子貢】孔子의 제자. 端木賜.
【季文子】이름 友. 춘추시대 魯나라 桓公(재위 18년. B.C.711~694) 때 재상을
　　지냈다.

358(11-26) 子路問於孔子管仲何如人也
관중이 죽음을 택하지 않은 까닭

자로子路가 공자孔子에게 여쭈었다.

"관중管仲은 어떤 사람입니까?"

"큰 인물이지!"

자로가 다시 여쭈었다.

"옛날 양공襄公에게 유세를 하였지만, 양공이 즐거워하지 않았습니다. 이로 보면 관중은 달변가는 아닌 것 같습니다. 또 공자公子 규糾를 세우려 하였지만, 뜻을 이루지 못하였으니 이로 보면 능력이 없는 것입니다.

제齊나라의 집들이 파괴되었을 때 슬픈 기색을 표시하지 않은 것을 보면 이는 인자하지 않았다는 뜻이고, 질곡桎梏에 묶여 죄수 수레에 갇혀 있으면서도 부끄러워하지 않았으니 이는 부끄러움을 모르는 처사입니다. 그런가 하면 자신이 쏘아 죽이려던 임금을 섬겼으니 이는 정절貞節이 없는 것이며, 소홀召忽은 죽었는 데 따라 죽지 않았으니 이는 인仁을 저버린 행위입니다. 이런 인물을 선생님께서는 어찌 큰 사람이라 하십니까?"

공자가 이렇게 설명하였다.

"관중이 양공에게 유세하였을 때 양공이 기쁘게 받아 주지 않은 것은, 관중이 언변이 모자라서가 아니라 양공이 몰라서 그런 것이며, 공자 규를 세우려다가 실패한 것은, 능력이 모자라서가 아니라 때를 잘 만나지 못하였기 때문이다.

또 제나라의 집들이 부서졌는 데 근심하는 표정을 짓지 않은 것은, 그가 인자하지 않아서가 아니라 운명을 알았기 때문이며, 질곡에 묶여 죄수 수레에 있으면서도 부끄러워하는 기색이 없었던 것은, 부끄러움을 몰라서가 아니라 스스로 판단력이 있었기 때문이다.

그런가 하면 자기가 쏘아 죽이려던 임금을 다시 섬긴 것은 정절이 없어서가 아니라 균형이 무엇인지 알았기 때문이며, 소홀이 죽었는데도 자신은 죽지 않은 것은 어질지 못해서가 아니다. 소홀이라는 자는 남의 신하가 될 정도의 인물로 죽지 않으면 삼군의 포로밖에 되지 않지만, 죽으면 그 이름이 천하에 남게 되니 어찌 죽지 않았겠느냐?

그러나 관중은 천하를 돕는 보좌의 능력과 제후의 재상감이다. 죽으면 그저 구렁텅이에 버려지는 일개 시체에 불과하지만, 죽지만 않으면 천하에 그 공을 다시 세울 수 있는데 어찌 가벼이 죽겠느냐? 중유仲由야! 네가 잘 몰라서 하는 말이다!"

子路問於孔子曰:「管仲何如人也?」

子曰:「大人也.」

子路曰:「昔者, 管子說襄公, 襄公不說, 是不辯也; 欲立公子糾而不能, 是無能也; 家殘於齊而無憂色, 是不慈也; 桎梏而居檻車中無慙色, 是無愧也; 事所射之君, 是不貞也; 召忽死之, 管仲不死, 是無仁也. 夫子何以大之?」

子曰:「管仲說襄公, 襄公不說, 管仲非不辯也, 襄公不知說也; 欲立公子糾而不能, 非無能也, 不遇時也; 家殘於齊而無憂色, 非不慈也, 知命也; 桎梏而居檻車中無慙色, 非無愧也, 自裁也; 事所射之君, 非不貞也, 知權也; 召忽死之, 管仲不死, 非無仁也. 召忽者, 人臣之材也, 不死則三軍之虜也; 死之則名聞天下, 夫何爲不死哉? 管子者, 天子之佐, 諸侯之相也, 死之則不免爲溝中之瘠; 不死則功復用於天下, 夫何爲死之哉? 由! 汝不知也.」

【子路】 孔子의 제자. 仲由.
【管仲】 管夷吾. 鮑叔과의 우정 고사를 남긴 인물. 춘추시대 齊나라 桓公을 패자로 만든 인물. 《史記》 齊太公世家・管晏列傳 참조.
【襄公】 이름은 諸兒. 齊나라 釐公의 태자. 포악하여 신하에게 죽음을 당하였다. 재위 12년(B.C.697~686). 뒤를 이어 桓公이 들어섰다.
【公子糾】 襄公의 아우로서 齊나라에 내분이 일자, 管仲과 召忽이 모시고 魯나라로 망명하였다. 한편 小白(뒤에 桓公이 됨)은 鮑叔이 모시고 莒로 망명하였다. 管仲이 小白을 죽이고 公子 糾를 임금으로 세우려 하였으나 실패하였다. 《史記》 齊太公世家 참조.
【桎梏】 죄인의 손과 발을 묶는 형구.
【檻車】 죄인을 호송하는 수레.
【事所射之君】 公子 糾와 小白이 각각 망명하였을 때, 管仲이 미리 길목을 지키다가 小白을 쏘았으나, 혁대의 고리 쇠붙이를 맞혔다. 小白이 거짓 죽은 체하고 급히 돌아와 왕위에 오른 다음 鮑叔의 천거로 管仲을 불러 재상을 삼았다. 《史記》 齊太公世家 및 管晏列傳 참조.
【召忽】 管仲과 함께 公子 糾를 모시고 魯나라로 망명하였던 인물. 小白이 왕이 되자 죽음.
【仲由】 子路의 字.

참고 및 관련 자료

1. 《孔子家語》 致思篇

子路問於孔子曰:「管仲之爲人何如?」子曰:「仁也.」子路曰:「昔管仲說襄公, 公不受, 是不辯也; 欲立公子糾而不能, 是不智也; 家殘於齊而無憂色, 是不慈也; 桎梏而居檻車, 無慚心, 是無愧也; 事所射之君, 是不貞也; 召忽死之, 管仲不死, 是不忠也. 仁人之道, 固若是乎?」孔子曰:「管仲說襄公, 公不受, 公之闇也, 欲立子糾而不能,不遇時也; 家殘於齊而無憂色, 是知權命也; 桎梏而無慚心, 自裁審也, 事所射之君, 通於變也; 不死子糾, 量輕重也. 夫子糾未成君, 管仲未成臣, 管仲才度義, 管仲不死束縛而立功名, 未可非也, 召忽雖死, 過與取仁, 未足多也.」

2.《論語》八佾篇

子曰:「管仲之器小哉!」或曰:「管仲儉乎?」曰:「管氏有三歸. 官事不攝, 焉得儉?」「然則管仲知禮乎?」曰:「邦君樹塞門, 管氏亦樹塞門, 邦君爲兩君之好, 有反坫, 管氏亦有反坫, 管氏而知禮, 孰不知禮!」

3.《論語》憲問篇

子路曰:「桓公殺公子糾, 小忽死之. 管仲不死, 曰未仁乎!」子曰:「桓公九合諸侯, 不以兵車, 管仲之力也. 如其仁, 如其仁.」
子貢曰:「管仲非仁者與, 桓公殺公子糾, 不能死, 又相之.」子曰:「管仲相桓公, 霸諸侯, 一匡天下, 民到于今受其賜, 微管仲, 吾其被髮左衽矣, 豈若匹夫匹婦之爲諒也. 自經於溝瀆而莫之知也.」

359(11-27) 晉平公問於師曠
삼년과 사흘

진晉 평공平公이 사광師曠에게 물었다.

"구범咎犯과 조쇠趙衰는 누가 더 어집니까?"

사광은 이렇게 설명하였다.

"양처보陽處父가 문공文公의 신하가 되고 싶어 구범에게 부탁을 하였더니 3년이 지나도록 해결해 주지 못하였으나 조쇠에게 부탁을 하였더니 사흘 만에 해결해 주었습니다.

지혜가 아래 선비들을 이해해 주지 못할 정도라면 이는 총명하지 못한 것이며, 알고 있으면서도 윗사람에게 알리지 않았다면 이는 불충不忠한 것입니다. 또 할 말이 있으면서도 감히 말을 하지 못한다면 이는 용기가 없는 것이고, 보고하였는 데 윗사람이 들어 주지 않는다면 그 보고한 자가 어딘가 훌륭하지 못함이 있기 때문일 것입니다."

晉平公問於師曠曰:「咎犯與趙衰, 孰賢?」

對曰:「陽處父欲臣文公, 因咎犯, 三年不達, 因趙衰, 三日而達. 智不知其士衆, 不智也; 知而不信, 不忠也; 欲言之而不敢, 無勇也; 言之而不聽, 不賢也.」

【晉平公】 춘추시대 晉나라 군주. 재위 26년(B.C.557~532).

【師曠】 平公의 師傅. 원래는 樂師. 이로 인하여 樂曠으로 일컫는다.

【咎犯】 舅犯. 晉文公의 舅父로 文公을 보좌한 인물.《史記》晉世家 참조.

【趙衰】 역시 晉文公의 신하로 큰 공훈이 있었다. '조최'로도 읽는다.

【陽處父】 晉文公 때의 太傅. 뒤에 賈季에게 피살되었다.

【文公】 춘추오패의 하나. 19년의 망명 끝에 왕이 되어 패자에 올랐다. 재위 9년(B.C.636~628).

360(11-28) 趙簡子問於成摶

변할 때마다 훌륭해지다

조간자趙簡子가 성단成摶에게 물었다.

"저는 양식羊殖이라는 분은 어진 대부라 듣고 있는데 그의 행동은 어떻습니까?"

성단이 대답하였다.

"저 단은 잘 모릅니다."

이에 간자가 되물었다.

"제가 듣기로 그대들은 서로 친한 사이라면서요? 그런데 모르신다니 어찌된 일입니까?"

그제야 그는 이렇게 설명하였다.

"그는 변화가 잦은 사람입니다. 열다섯 살 때에는 청렴하여 자신의 과실을 숨기지 않더니, 스무 살 때에는 어진 성품에 의를 좋아하였지요. 그러다가 서른 살에는 진晉나라 중군위中軍尉가 되어 용감하면서 인을 좋아하였습니다. 다시 쉰 살에는 변방의 장군이 되어 멀리 있는 자가 친복해 왔습니다. 지금 저는 그를 못 본 지가 5년이나 됩니다. 그가 또 어떻게 변하였는지 알 수가 없습니다. 그래서 감히 안다고 할 수 없습니다."

이에 간자는 이렇게 말하였다.

"과연 그는 어진 대부로군, 매번 변할 때마다 위로 올라가니!"

趙簡子問於成摶曰:「吾聞夫羊殖者, 賢大夫也, 是行奚然?」

對曰:「臣摶不知也.」

簡子曰:「吾聞之: 子與友親, 子而不知, 何也?」

摶曰:「其爲人也數變, 其十五年也, 廉以不匿其過; 其二十也, 仁以喜義, 其三十也, 爲晉中軍尉, 勇以喜仁, 其年五十也, 爲邊城將, 遠者復親. 今臣不見五年矣. 恐其變, 是以不敢知.」

簡子曰:「果賢大夫也, 每變益上矣!」

【趙簡子】春秋 말기 晉나라 六卿의 하나. 그 아들 襄子 때에 三晉으로 鼎立하여 전국시대를 맞았다.

【成摶】春秋 때 晉나라의 臣下인 듯하다.

【羊殖】역시 春秋 때 晉나라의 人物.

【中軍尉】군대의 직책.

卷十二. 봉사편奉使篇

"봉사奉使"란 사신의 사명과 임무를 받들고 이를 잘 수행해 낸다는
뜻이다. 본권은 이에 관한 일화와 고사 등을 모은 것이다.

모두 21장(361~381)이다.

서로 상반된 논리

《춘추春秋》에는 논리가 상반된 것 네 가지를 기록하고 있다. 즉 "대부大夫는 일을 자기 마음대로 성사시켜서도 안 되며, 독단적으로 일을 만들어서도 안 된다"라 해 놓고는, "국경을 나가 있을 때 사직을 안정시키고 국가를 이롭게 할 수 있는 일이라면 이를 전권專權으로 처리할 수 있다"라 하였다.

또 이미 "대부는 임금의 명으로 출사出使하였을 때, 진퇴進退는 대부 자신이 결정해야 한다"라 해 놓고는 "임금의 명으로 출사하였을 때, 상사 喪事의 소식을 들으면 천천히 행하되 되돌아와서는 안 된다"라 하였다.

이는 무슨 이유인가? 이 뜻은 각각 네 가지가 각각 그에 맞는 조목에만 한정되며 제멋대로 바꿀 수가 없다는 것이다.

마구 일을 만들 수 없다는 것은 평상적이고 일반적인 원칙을 지켜야 한다는 뜻이고, 전권으로 할 수 있다는 것은 위험과 환난을 구제하기 위하여 할 수 있는 일이며, 진퇴가 대부 자신에게 있다 함은 군대를 거느리고 병력을 사용할 때의 경우이고, 천천히 가되 되돌아올 수 없다는 것은 출사 중에

杜預《春秋經傳集解》

임금이나 어버이의 상喪을 들었을 때의 이야기이다.

　공자公子 결結이 일을 발생시켰을 때 《춘추》에 잘못되었다고 하지 않은 것은 장공莊公을 위험에서 구해 내기 위한 일이었기 때문이며, 공자公子 수遂가 일을 벌였을 때 《춘추》에서 비판한 것은 희공僖公이 위험한 일이 없는데도 그렇게 하였기 때문이다.

　그러므로 군자가 위험이 있는데도 이를 잘 판단하여 전적으로 구하는 데에 힘을 쏟지 않으면 이는 불충不忠한 것이요, 위험이 없는데도 제멋 대로 일을 벌인다면 이는 옳은 신하가 못 되는 것이다.

　《전傳》에는 "《시詩》에 융통성 없는 해석이란 있을 수 없고, 《역易》은 항상 길吉하기만 한 경우란 없으며, 《춘추春秋》는 항상 옳은 고집만 있는 것은 아니다"라 하였으니 바로 이를 두고 한 말이다.

　春秋之辭, 有相反者四, 旣曰:『大夫無遂事.』不得擅生事矣. 又曰:『出境可以安社稷, 利國家者, 則專之可也』旣曰:『大夫以君命出, 進退在大夫矣.』又曰:『以君命出, 聞喪徐行而不反』者, 何也?

　曰:「此義者, 各止其科, 不轉移也. 不得擅生事者, 謂平生常經也; 專之可者, 謂救危除患也; 進退在大夫者, 謂將帥用兵也; 徐行而不反者, 謂出使道聞君親之喪也. 公子子結擅生事, 春秋不非, 以爲救莊公危也. 公子遂擅生事, 春秋譏之, 以爲僖公無危事也. 故君有危而不專救, 是不忠也. 若無危而擅生事, 是不臣也. 傳曰:「詩無通故, 易無通吉, 春秋無通義.」此之謂也.」

【春秋】 경전 이름. 六經의 하나. 공자가 저술한 역사책.
【遂事】 專權으로 일을 완수·처리·결단하는 일. "大夫無遂事"는 《公羊傳》 襄公 12年의 구절.

【聞喪徐行而不反】"고국의 임금이나 부모의 상을 당하였을 때는 出使의 길을 계속하되 천천히 갈 뿐 귀국해서는 안 된다"는 뜻.

【公子結擅生事, 春秋不非, 以爲救莊公危也】公子結(子結)은 魯나라의 大夫이며, 莊公은 魯나라의 군주. 재위 32년(B.C.693~662). 이에 관한 이야기는 《左傳》 莊公 19年을 참조할 것.

【公子遂擅生事, 春秋譏之, 以爲僖公無危事也】이 구절에서 公子 遂는 春秋 때 魯나라 대부. 僖公은 魯 僖公. 재위 33년(B.C.659~627). 釐公으로도 쓴다. 이에 대한 기록은 《左傳》 僖公 26年부터 33年까지의 記事를 참조할 것.

【詩無通詁】《詩經》은 通故(즉 불변의 해석)가 없음을 말한다.

【易蕪通吉】《周易》은 通吉(즉 모든 길한 것)만 있는 것이 아님을 말한다.

【春秋無通義】《春秋》의 大義가 正名分·寓褒貶·明是非이기는 하나 융통성 없는 通義만 있는 것이 아님을 말한다.

참고 및 관련 자료

1.《公羊傳》莊公 19年

秋, 公子結媵陳人之婦於鄄, 遂及齊侯, 宋公盟. 媵者何? 諸侯娶一國, 則二國往媵之, 以侄娣從. 侄者何? 兄之子也; 娣者何? 弟也. 諸侯壹聘九女, 諸侯不再娶, 媵不書, 此何以書? 爲其有遂事書. 大夫無遂事, 此其言遂何? 聘禮, 大夫受命, 不受辭, 出竟, 有可以安社稷, 利國家者則專之可也.

2.《公羊傳》襄公 19年

晉士匄帥師侵齊, 至穀, 聞齊侯卒, 乃還. 還者何? 善辭也. 何善爾? 大其不伐喪也. 此受命乎君而伐齊, 則何大乎其不伐喪? 大夫以君命出, 進退在大夫也.

3.《公羊傳》宣公 8年

夏, 六月, 公子遂如齊, 至黃乃復. 其言至黃乃復何? 有疾也. 何言乎有疾乃復? 譏. 何譏爾? 大夫以君命出, 聞喪徐行而不反.

4.《公羊傳》僖公 30年

公子遂如京師, 遂如晉. 大夫無遂事, 此其言遂何? 公不得爲政爾.

오리발을 고정시킬 수 없는 이유

조왕趙王이 초楚나라에 사신을 파견하면서 음악을 연주하며 환송하고 있었다. 왕이 사신에게 이런 경계의 말을 전하였다.

"내가 말한 대로만 처리해 주시오!"

사신은 이렇게 대답하였다.

"왕께서 연주하시는 거문고 소리가 이처럼 비절悲切한 적이 없었습니다."

이 말에 왕은 이렇게 이유를 설명하였다.

"궁상宮商의 현이 아주 잘 조율되어서 그렇지요!"

사신이 물었다.

"그렇다면 한 번 잘 조율되었을 때, 이를 기러기발雁足에 표시해 두었다가 그대로만 하면 되지 않습니까?"

왕은 이렇게 대답하였다.

"날씨에는 조습燥濕이 있고, 현絃에는 완급이 있어 궁상의 현을 한 번 옮겼다 하면 어떤 것이 맞는지 알 수 없지요. 그래서 표시를 해 두어도 소용이 없습니다."

사신으로 갈 그는 이렇게 말하였다.

"제가 듣건대 훌륭한 임금이 사람을 부릴 때에는 그에게 일을 맡기되 말로 제한을 두지 않으며, 그 사신이 상황에 따라 상대 나라에 길한 일이 있으면 축하해 주고, 어려운 일이 있으면 이를 위안해 줄 수 있다고 하더이다. 지금 제가 갈 초나라는 우리 이 조趙나라에서 1천여

리가 떨어져 있습니다. 그러므로 길흉과 우환은 예측할 수 없으니 이것이 마치 기러기발에 표시를 해 둘 수 없는 경우와 같습니다."

《시詩》에 "저렇게 길을 재촉하는 많은 사신들, 임무를 성사시키지 못하면 어쩌나 하고 근심들 하네!"라 하였다.

趙王遣使者之楚, 方鼓瑟而遣之.

誡之曰:「必如吾言.」

使者曰:「王之鼓瑟, 未嘗悲若此也!」

王曰:「宮商固方調矣!」

使者曰:「調則何不書其柱耶?」

王曰:「天有燥濕, 絃有緩急, 宮商移徙不可知, 是以不書.」

使者曰:「明君之使人也, 任之以事, 不制以辭, 遇吉則賀之, 凶則弔之. 今楚趙相去, 千有餘里, 吉凶憂患, 不可豫知, 猶柱之不可書也.」

詩云:『莘莘征夫, 每懷靡及.』

【未嘗悲若此也】거문고의 음이 잘 調律이 되어 음이 아름답게 남을 뜻함.

【宮商】고대 중국의 宮商角徵羽의 五音 중에 宮音과 商音. 여기서는 音調를 말한다.

【柱】絃을 조절하는 작은 기둥. 기러기발. 고정시킬 수 없으며 매번 그 위치를 조절하여 음을 맞추어야 함.

【詩云】《詩經》大雅의 鹿鳴 구절. '莘莘'은 '駪駪'으로 되어 있다. 빨리 걷는 모습.

1.《韓詩外傳》卷7

趙王使人於楚, 鼓瑟而遣之, 曰:「必如吾言, 愼無失吾言.」使者受命, 伏而不起,
曰:「大王鼓瑟未嘗若今日之悲也.」王曰:「然, 瑟固方調.」使者曰:「調則可記其柱.」
王曰:「不可. 天有燥溼, 絃有緩急, 柱有推移, 不可記也.」使者曰:「臣請借此以喩.
楚之去趙也千有餘里, 亦有吉凶之變. 凶則弔之, 吉則賀之, 猶柱之有推移, 不可記也.
故明王之使人也, 必愼其所使, 任之以心, 不任以辭也.」詩曰:『莘莘征夫, 每懷靡及.』

2. 기타 참고자료

《群書治要》·《太平御覽》(576)

363(12-3) 楚莊王擧兵伐宋
두 마음을 가질 수 없다

초楚 **장왕**莊王이 군대를 일으켜 송宋나라를 치자 송나라는 급한 나머지 진晉나라에 도움을 청하였다. 진晉 경공景公이 군대를 보내어 송나라를 구원해 주려 하자 백종伯宗이 만류하였다.

"하늘은 지금 초나라의 국운을 열어 주고 있습니다. 쳐서는 안 됩니다."

그래서 우선 장사壯士를 구하기로 하여 곽霍 땅 출신의 해양解揚이라는 자를 얻게 되었다. 그의 자는 자호子虎였다. 진나라에서는 이를 송나라에 보내어 초나라에 항복하지 말고 버틸 것을 이르도록 하는 임무를 맡겼다.

그가 가는 길에 정鄭나라를 지나게 되었는데 정나라는 마침 새롭게 초나라와 친한 사이였으므로 해양을 붙들어 초나라에 갖다 바치고 말았다. 초왕은 그에게 후한 재물을 내려 주며 송나라에 가서 그 말을 뒤집어 급히 초나라에게 항복하도록 해 줄 것을 요구하였다. 세 번째의 제의에 해양은 그만 허락을 하고 말았다.

이에 초나라에서는 해양을 높은 수레에 태우고 송나라에 가서 송나라에게 항복하도록 소리치게 하였다. 그런데 해양은 송나라에 이르자 그만 초나라와의 약속을 배반하고 진나라 임금이 시킨 말을 외치는 것이었다.

"진나라는 바야흐로 온 나라의 군대를 모아 이 송나라를 구해 주고자 한다. 송나라가 아무리 위급하다고 해도 절대로 초나라에 항복하지 말라. 지금 곧 진나라 군대가 올 것이다."

초 장왕은 크게 노하여 그를 잡아다가 삶아 죽이려 하였다. 이때 해양은 장왕에게 이렇게 말하였다.

"임금이 능히 명령을 내리는 것은 의義에 해당하고, 신하가 임금의 명령을 따르는 것은 신信에 해당합니다. 그런 임금의 명령을 받고 출사出使한 저는 비록 죽더라도 두 가지 마음을 가질 수 없습니다."

그러자 초왕이 물었다.

"너는 나의 부탁을 승낙하였다. 그리고 다시 이를 배반하니 그 믿음 이란 것이 어디 있느냐?"

해양은 이렇게 말하였다.

"죽음을 염두에 두고서 왕에게 그것을 승낙한 것은, 우리 임금의 명령을 성사시키겠다는 뜻에서였습니다. 죽어도 한이 없습니다."

그리고는 초나라 신하들을 돌아보며 이렇게 말하였다.

"남의 신하가 되어서 지극한 충성을 잊지 않았는데도 죽음을 얻는 자가 있음을 아시오!"

초왕의 여러 신하들이 모두 그를 풀어 줄 것을 간언하자, 드디어 장왕도 그를 석방하여 진나라로 돌아가도록 하였다.

진나라에서는 그에게 상경上卿의 작위를 주었다. 그 때문에 후세 사람들은 그를 곽호霍虎라 불렀다.

楚莊王擧兵伐宋, 宋告急, 晉景公欲發兵救宋.

伯宗諫曰: 「天方開楚, 未可伐也.」

乃求壯士, 得霍人解揚, 字子虎, 往命宋毋降, 道過鄭, 鄭新與 楚親, 乃執解揚而獻之楚. 楚王厚賜與約, 使反其言, 令宋趣降, 三要, 解揚乃許.

於是楚乘揚以樓車, 令呼宋使降, 遂倍楚約而致其晉君命曰: 「晉方悉國兵以救宋, 宋雖急, 愼毋降楚, 晉兵今至矣.」

楚莊王大怒,

將烹之, 解揚曰:「君能制命爲義, 臣能承命爲信, 受吾君命以出, 雖死無二.」

王曰:「汝之許我, 已而倍之, 其信安在?」

解揚曰:「死以許王, 欲以成吾君命, 臣不恨也.」

顧謂楚君曰:「爲人臣, 無忘盡忠, 而得死者.」

楚王諸弟皆諫王赦之.

於是莊王卒赦解揚而歸之.

晉爵之爲上卿. 故後世言霍虎.

【楚莊王】 춘추오패의 하나. 재위 23년(B.C.613~591).

【晉 景公】 春秋 때 晉나라 군주. 재위 19년(B.C.599~581).

【宗伯】 晉나라 대부. 바른말을 잘하였으며 나중에 참언에 따라 죽었다.

【霍】 地名. 고대 小國名. 지금의 山西省 霍縣.

【解揚】 霍 땅 출신. 字는 子虎. 霍虎로 불렸다.

참고 및 관련 자료

1.《左傳》宣公 15年

十五年春, 公孫歸父會楚子於宋. 宋人使樂嬰齊告急於晉. 晉侯欲救之. 伯宗曰:「不可.
古人有言曰:『雖鞭之長, 不及馬腹.』天方授楚, 未可與爭. 雖晉之强, 能違天乎?
諺曰:『高下在心, 川澤納汚, 山藪藏疾, 瑾瑜匿瑕.』國君含垢, 天之道也. 君其待之.」
乃止. 使解揚如宋, 使無降楚, 曰:「晉師悉起, 將至矣.」鄭人因而獻諸楚, 楚子厚賂之,
使反其言; 不許, 三而許之. 登諸樓車, 使呼宋人而告之. 遂致其君命. 楚子將殺之,
使與之言曰:「爾旣許不穀而反之, 何故? 非我無信, 女則棄之, 速卽爾刑.」對曰:
「臣聞之, 君能制命爲義, 臣能承命爲信, 信載義而行之爲利. 謀不失利, 以衛社稷,
民之主也. 義無二信, 信無二命. 君之賂臣, 不知命也. 受命以出, 有死無實, 又可賂乎?

臣之許君, 以成命也. 死而成命, 臣之祿也. 寡君有信臣, 下臣獲考, 死又何求?」
楚子舍之以歸.

2.《史記》鄭世家

十一年, 楚莊王伐宋, 宋告急于晉. 晉景公欲發兵救宋, 伯宗諫晉君曰:「天方開楚, 未可伐也.」乃求壯士得霍人解揚, 字子虎, 誑楚, 令宋毋降. 過鄭, 鄭與楚親, 乃執解揚而獻楚. 楚王厚賜與約, 使反其言, 令宋趣降, 三要乃許. 於是楚登解揚樓車, 令呼宋. 遂負楚約而致其晉君命曰:「晉方悉國兵以救宋, 宋雖急, 愼毋降楚, 晉兵今至矣!」楚莊王大怒, 將殺之. 解揚曰:「君能制命爲義, 臣能承命爲信. 受吾君命以出, 有死無隕.」莊王曰:「若之許我, 已而背之, 其信安在?」解揚曰:「所以許王, 欲以成吾君命也.」將死, 顧謂楚軍曰:「爲人臣無忘盡忠得死者!」楚王諸弟皆諫王赦之, 於是赦解揚使歸. 晉爵之爲上卿.

3.《史記》晉世家

六年, 楚伐宋, 宋來告急晉, 晉欲救之, 伯宗謀曰:「楚, 天方開之, 不可當.」乃使解揚紿爲救宋. 鄭人執與楚, 楚厚賜, 使反其言, 令宋急下. 解揚紿許之, 卒致晉君言. 楚欲殺之, 或諫, 乃歸解揚.

364(12-4) 秦王以五百里地易鄢陵
다섯 걸음 안에 피를 튀기리라

진왕秦王이 5백 리의 땅과 언릉鄢陵을 바꾸자고 제의하였으나 언릉군鄢陵君이 이를 거절하며 수락하지 않았다. 그리고 당저唐且를 진왕에게 보내어 해명토록 하였다. 당저가 진나라에 이르자 진왕이 위협하였다.

"우리 진나라는 한韓나라를 쳐부수고, 위魏나라를 멸하였다. 언릉군은 겨우 50리의 땅으로 버티고 있는데, 내 어찌 그의 위세가 겁나서 그냥 두는 것이겠느냐? 그저 그 의로움을 높이 사서일 뿐이다. 지금 내가 그 땅의 열 배를 주면서 바꾸자고 하였음에도 언릉군이 이를 거부하고 받지 않으니 이는 나를 가볍게 여기기 때문이다."

그러자 당저가 자리를 피해 앉으면서 이렇게 대답하였다.

"그런 것이 아닙니다. 무릇 이해에 이끌려 휩쓸리지 않는 것이 바로 우리 언릉입니다. 언릉군은 선군先君에게 물려받은 땅을 잘 지키려는 것뿐입니다. 비록 1천 리를 준다 해도 허락하지 않을 텐데 겨우 5백 리를 가지고 제의를 하시다니요!"

진왕은 분연작색하여 노기에 찬 모습으로 소리쳤다.

"그대는 천자天子가 화를 내면 어찌되는 줄 아시오?"

당저가 대답하였다.

"저는 아직 보지 못하였습니다."

진왕은 이렇게 말하였다.

"천자가 한 번 노하면 엎어질 시체가 1백만, 그 피가 1천 리나 흐른다!"

당저는 지지 않고 이렇게 말하였다.

"그렇다면 대왕께서도 역시 포의위대布衣韋帶의 선비가 화내는 것을 보신 적이 있습니까?"

진왕도 지지 않고 대꾸하였다.

"포의위대의 하찮은 선비가 화를 내어 봤자 관을 벗고 맨발로 땅에 엎드려 사과하면 끝날 일, 무슨 어려움이 있겠는가?"

당저는 이렇게 말하였다.

"그것은 필부우인匹夫愚人이 노하였을 때이지 포의위대의 선비가 노하였을 때가 아닙니다. 무릇 전제專諸가 오왕吳王 요僚를 찔렀을 때 혜성이 달을 파고들었고, 분성奔星이 낮에 나타났습니다. 또 요리要離가 왕자王子 경기慶忌를 찔렀을 때 새매가 누대를 들이받았습니다. 그런가 하면 섭정攝政이 한왕韓王의 계부季父를 찌르자 흰 무지개가 해를 뚫었습니다.

이 세 사람이 바로 포의위대의 선비의 노함을 보여 준 것이며, 이제 저까지 보태어 장차 네 사람이 되려 합니다. 선비가 노기를 머금고 아직 드러내지 않았을 때라도 그 엄청남은 천하를 휩쓰는 법입니다. 선비가 노기를 나타내지 않으면 그뿐이지만 한 번 노기를 뿜어냈다 하면 죽는 사람은 하나, 그 피는 다섯 발자국 아래에 뿌려지지요!"

그리고는 비수를 만지며 일어서서 진왕을 노려 보았다.

"지금이 바로 결정의 때입니다."

진왕은 그만 얼굴색을 바꾸고 몸을 펴서 무릎을 꿇어앉으며 빌었다.

秦始皇(嬴政)

"선생은 앉으시오. 내가 깨달았소. 진나라가 한나라와 위나라를 파멸시킬 정도의 힘을 지녔음에도, 귀국 언릉이 홀로 50리밖에 되지 않은 땅으로 능히 존속할 수 있는 것은, 바로 오로지 선생 같은 분이 있기 때문이라는 것을 알았소!"

秦王以五百里地易鄢陵, 鄢陵君辭而不受, 使唐且謝秦王.

秦王曰:「秦破韓滅魏, 鄢陵君獨以五十里地存者, 吾豈畏其威哉? 吾多其義耳. 今寡人以十倍之地易之, 鄢陵君辭而不受, 是輕寡人也.」

唐且避席對曰:「非如此也. 夫不以利害爲趣者, 鄢陵也. 夫鄢陵君受地於先君, 而守之. 雖復千里不得當. 豈獨五百里哉?」

秦王忿然作色, 怒曰:「公亦曾見天子之怒乎?」

唐且曰:「王臣未曾見也.」

秦王曰:「天子一怒, 伏尸百萬, 流血千里.」

唐且曰:「大王亦嘗見夫布衣韋帶之士怒乎?」

秦王曰:「布衣韋帶之士怒也, 解冠徒跣, 以頭頓地耳, 何難知者.」

唐且曰:「此乃匹夫愚人之怒耳, 非布衣韋帶之士怒也. 夫專諸刺王僚, 彗星襲月, 奔星晝出; 要離刺王子慶忌, 蒼隼擊於臺上; 聶政刺韓王之季父, 白虹貫日, 此三人, 皆夫布衣韋帶之士怒矣. 與臣將四士, 含怒未發, 揋屬天下. 無怒卽已, 一怒伏尸一人, 流血五步.」

卽案七首起視秦王曰:「今將是矣.」

秦王變色長跪曰:「先生就坐, 寡人喩矣. 秦破韓滅魏, 鄢陵獨以五十里地存者, 徒用先生之故耳.」

【秦王】《戰國策》에 의하면 秦 始皇. 嬴政에 해당한다.

【鄢陵】춘추시대에 있던 나라 이름. 지금의 河南省 鄢陵縣. 그러나《戰國策》에는 魏襄王이 동생 成侯를 安陵 땅에 封하여 그를 安陵君으로 부른 것.

【唐且】전국시대 人物.《史記》魏世家에는 唐雎로 되어 있다. 뒤에 上卿이 되었다. '당저'로 읽으며 '且'는 '雎'의 가차자이다.《戰國策》魏策 참조.

【天子】전국시대에는 宗主國만이 天子였으나 여기서는 秦 始皇이 자신을 높여 부른 것.

【布衣韋帶】베옷에 거친 가죽띠를 맨 선비로 자객·유협을 말한다.

【專諸刺王僚】春秋 후기 吳나라의 刺客인 專諸('전저'라고 읽음)가 吳王僚(재위 12년. B.C.526~515)를 죽였다. 당시 公子 光(뒤에 闔閭가 됨)이 삼촌인 吳王僚를 죽이고 自立하고자 伍子胥가 추천한 專諸를 시켜 비수를 구운 생선의 뱃속에 넣고 음식 나르는 일을 가장, 접근하여 죽였다.《史記》吳太伯世家 참조.

【要離刺王子慶忌】吳나라 公子 光이 吳王 僚를 죽이고 자립한 후, 다시 僚의 아들인 慶忌를 죽인 일. 要離가 거짓으로 吳나라에 죄를 짓고 慶忌가 있는 衛나라를 찾아가 다시 吳나라로 가서 나라를 빼앗자고 유혹한 후, 吳나라에 이르자 慶忌를 찔러 죽이고 자신도 죽었다.

【聶政刺韓王之季父】聶政은 韓나라 軹 땅 深井里 사람으로 자객. 韓王의 季父는 俠累·韓傀로 불리는 인물. 韓나라 哀侯(재위 2년 B.C.376~375)의 寵臣. 嚴仲子(嚴遂)가 당시 재상인 韓傀에게 미움을 받아 도망갔다가 복수를 위해 聶政을 사귀었다. 뒤에 聶政은 약속대로 韓나라 궁궐로 들어가 韓傀를 찔러 죽이고 자신도 자결하였다.《戰國策》韓策 및《史記》刺客列傳 참조.

【一怒伏尸一人】"一怒伏尸二人"으로 되어야 한다. 왕과 자신 두 사람이 죽음을 말한다.

참고 및 관련 자료

1.《戰國策》魏策(四)

秦王使人謂安陵君曰:「寡人欲以五百里之地易安陵, 安陵君其許寡人.」安陵君曰: 「大王加惠, 以大易小, 甚善. 雖然, 受地於先王, 願終守之, 弗敢易.」秦王不說.

安陵君因使唐且使於秦. 秦王謂唐且曰:「寡人以五百里之地易安陵, 安陵君不聽寡人, 何也? 且秦滅韓亡魏, 而君以五十里之地存者, 以君爲長者, 故不錯意也. 今吾以十倍之地, 請廣於君, 而君逆寡人者, 輕寡人與?」唐且對曰:「否, 非若是也. 安陵君受地於先王而守之, 雖千里不敢易也, 豈眞五百里哉?」秦王怫然怒, 謂唐且曰:「公亦嘗聞天子之怒乎?」唐且對曰:「臣未嘗聞也.」秦王曰:「天子之怒, 伏尸百萬, 流血千里.」唐且曰:「大王嘗聞布衣之怒乎?」秦王曰:「布衣之怒, 亦免冠徒跣, 以頭搶地爾.」唐且曰:「此庸夫之怒也, 非士之怒也. 夫專諸之刺王僚也, 彗星襲月; 聶政之刺韓傀也, 白虹貫日; 要離之刺慶忌也, 倉鷹擊於殿上. 此三子者, 皆布衣之士也, 懷怒未發, 休祲降於天, 與臣而將四矣. 若士必怒, 伏尸二人, 流血五步, 天下縞素, 今日是也.」挺劍而起. 秦王色撓, 長跪而謝之曰:「先生坐, 何至於此, 寡人諭矣. 夫韓, 魏滅亡, 而安陵以五十里之地存者, 徒以有先生也.」

2.《**太平御覽**》437에 이 글을 《**新序**》에서 인용하였다고 하였으나 지금의 《**新序**》에는 이 문장이 실려 있지 않다.

365(12-5) 齊攻魯子貢見哀公
보물은 나중에 찾으면 되지요

제齊나라가 노魯나라를 공격하자 자공子貢이 노魯 애공哀公을 만나 오吳나라에게 도움을 청하자고 요청하였다.

그러자 애공은 이렇게 말하였다.

"어찌 선군이 남긴 보물까지 주면서 그럴 수 있소?"

자공이 방법을 일러 주었다.

"오나라가 우리의 보물을 요구하고 있는데 그들 군대를 빌려 달라 하면 보물을 빼앗기지 않을 수 없지요."

그리고는 버드나무 활에 삼끈으로 시위를 맨 양궁良弓 여섯 개를 가지고 오나라로 갔다. 그리고 자공은 오왕을 만나 이렇게 말하였다.

"제나라는 무도한 나라입니다. 주공周公의 후손인 노나라가 더 이상 혈식血食을 하지 못하도록 할 것입니다. 장차 노나라는 세금 5백을, 주邾나라는 다시 3백을 제나라에 바칠 수밖에 없습니다. 이렇게 하여 제나라가 강해지면 오나라에 이익이 될지 손해가 될지 알 수 없군요!"

이 말에 오왕은 두려워하며 군대를 일으켜 노나라를 구해 주었다.

제후들이 이 소식을 듣고 이렇게 말하였다.

"제나라가 주공의 후손을 치려 하자 오나라가 이를 구해 주었다."

그리고는 모두 오나라를 받들게 되었다.

齊攻魯. 子貢見哀公, 請求救於吳.

公曰:「奚先君寶之用?」

子貢曰:「使吳責吾寶, 而與我師, 是不可恃也.」

於是以楊幹麻筋之弓六往.

子貢謂吳王曰:「齊爲無道, 欲使周公之後不血食, 且魯賦五百, 邾賦三百, 不識以此益齊, 吳之利與? 非與?」

吳王懼, 乃興師救魯.

諸侯曰:「齊伐周公之後, 而吳救之.」

遂朝於吳.

【子貢】孔子의 제자. 端木賜.

【魯哀公】春秋 말기 魯나라의 마지막 군주.

【奚先君寶之用】내용상으로 보아 吳나라가 魯나라의 보물을 주면 도와 주겠다고 조건을 붙였던 것으로 여겨진다.

【周公】魯나라의 시조. 당시도 높이 받들었다.

【血食】肉食. 조상의 사당에 제사를 올림.

【邾】춘추시대 魯나라의 속국. 뒤에 鄒로 나라 이름이 바뀌었으며 孟子가 태어난 곳임.

366(12-6) 魏文侯封太子擊於中山
아버지의 아들 사랑

위魏 **문후**文侯가 태자太子 격擊을 중산中山에 봉封한 지 3년이 되도록 사신의 왕래가 없었다. 이때 사인舍人 벼슬의 조창당趙倉唐이 나아가 이렇게 말하였다.

"아들 된 자가 3년 동안 부친의 부름을 듣지 않는다는 것은 효孝라 할 수 없습니다. 마찬가지로 아버지 된 자로서 3년씩이나 자식의 소식을 묻지 않는 것도 자애스럽다 할 수 없습니다. 그런데 귀하는 어찌하여 아버지 나라에 사신을 파견하지 않으십니까?"

태자는 이렇게 말하였다.

"바란 지 오래이지요. 그러나 보내기에 마땅한 사신을 아직 구하지 못하였습니다!"

창당이 자진하여 나섰다.

"제가 사신의 명을 받들겠습니다. 그런데 그대 아버님께서 좋아하시는 것이 무엇인지요?"

태자가 말하였다.

"저희 아버님께서 즐겨 드시는 것은 신부晨鳧라는 새의 고기이며 좋아하시는 것은 북견北犬입니다."

이에 태자는 창당에게 신부와 북견을 주어 아버지 문후에게 갖다 바치도록 하였다. 창당은 문후에게 이르러 그를 알현하고자 이렇게 말하였다.

"못난 아들 격擊의 심부름꾼입니다. 감히 대부들이 뵙는 예로는 뵈올 수 없으니 청컨대 한가한 시간을 내어 주시면 신부晨鳧를 바쳐 요리사에게 요리토록 할 것이며, 북견北犬을 풀어 연인涓人에게 넘겨 주겠습니다."

이에 문후는 기뻐하면서 이렇게 말하였다.

"격이 나를 이처럼 사랑하는구나. 내가 무엇을 즐겨먹는지 무엇을 좋아하는지를 알고 있구나!"

그리고는 창당을 불러 만나 보았다.

"그래 격은 아무 일 없겠지요!"

창당이 대답하였다.

"네! 네!"

이렇게 세 번이나 똑같이 문답하고 나서 창당이 말하였다.

"임금께서 태자를 내보내어 나라에 봉해 놓으시고 이름을 그렇게 부르시는 것은 예가 아닙니다."

그제야 문후는 부끄러운 기색을 하고 얼굴을 바꾼 다음 다시 물었다.

"그대의 임금은 아무 탈 없습니까?"

창당은 이렇게 말을 이었다.

"제가 떠날 때에 조정에서 글을 써서 제게 보내기까지 하였습니다."

문후는 좌우 신하들을 돌아보며 손가락으로 가리키며 물었다.

"그대의 임금은 이들 중 누구만큼 키가 자랐소?"

창당이 이렇게 대답하였다.

"예의로 보면 사람을 비교하려면 반드시 그의 신분에 맞는 대상이 있습니다. 제후로서는 그에 맞는 자가 없어 비교할 수가 없습니다."

왕이 말을 고쳤다.

"나와 비교한다면 누가 더 클까요?"

창당이 대답하였다.

"임금께서 내려 주신 외출용 외투는 지금도 입을 수 있고, 하사하신 허리띠도 아직 다시 만들지 않아도 될 정도입니다."

임금이 물었다.

"그대의 임금은 무엇에 열심이지요?"

"《시詩》에 열심입니다."

"시 가운데에서도 어느 것을 좋아하시오?"

"신풍晨風과 서리黍離의 장章을 좋아합니다."

이 말에 문후는 친히 신풍장을 읊조렸다.

"저리도 빠른 신풍晨風 새여!

울창한 북쪽 숲으로 날아가도다.

나 아직 보지 못하였네!

마음 속 근심하며 그리워하던 사람.

어찌할거나, 어찌할거나.

나를 아주 잊으신 것은 아닌지!"

그러고 나서 문후가 다시 물었다.

"그대의 임금이 나를 잊은 것은 아닌가?"

창당이 대답하였다.

"감히 그럴 리가 있겠습니까? 때마다 그리워하지요!"

이 말에 문후는 다시 서리장을 읊었다.

"저렇게 치렁치렁 늘어진 기장,

저렇게 자란 메기장의 싹들,

나는 가도 가도 갈 길이 멀어

가슴은 물결처럼 출렁이누나.

내 마음 아는 이 이렇게 말하지.

내 마음 근심에 싸였느냐고.

내 마음 모르는 이 이렇게 말하지.

무엇을 위해서 그러는가고.

아득히 푸른 저 하늘이여!

이는 누구의 탓이라 하리요!"

문후가 다시 물었다.

"그대의 임금은 나를 원망하지 않던가요?"

창당이 말하였다.

"감히 그럴 수가 있겠습니까? 때만 되면 그리워하더이다."

문후는 창당으로 하여금 가는 길에 태자에게 옷 한 벌을 전해 주도록 하면서 닭이 울 때의 새벽녘에 태자가 있는 곳에 도착하도록 명하였다. 새벽녘 창당이 도착하자, 태자는 문후가 내려준 선물을 받아 옷상자를 열어 보았다. 그런데 옷들이 모두 거꾸로 뒤집혀 있는 것이었다. 이를 본 태자가 소리쳤다.

"어서 수레를 준비하라. 임금께서 나를 부르신다."

의아해진 창당이 물었다.

"제가 올 때 그런 명령을 받지 못하였는데요!"

태자가 이렇게 설명하였다.

"임금께서 내게 옷을 내려주신 것은 추위를 막으라 하신 게 아니오. 나를 부르시기 위해 아무와도 상의하지 않으시고, 그저 그대로 하여금 닭이 우는 새벽에 도착하여 나에게 전해 주라 하신 것이오.

《시詩》에 '동쪽 하늘 밝기도 전에 뒤집힌 옷 입느라 이리 뒤집고 저리 뒤집고. 그 사이 임금께서 벌써 나를 부르러 보내셨네!'라 하지 않았습니까?"

드디어 태자는 서쪽으로 가서 문후를 뵈었다. 문후는 크게 기뻐하면서 주연을 베풀고 이렇게 말하였다.

"무릇 어진 녀석을 멀리 보내고 사랑스러운 자식만을 가까이하는 것은 사직의 장책長策이 되지 못한다."

그리고는 막내아들 지贄를 중산中山에 봉하고 태자 격을 다시 불러 들였다.

그래서 "그 자식을 알려면 그가 사귀는 친구를 보고, 그 임금을 알고자 하면 그가 파견한 사신을 보라"고 한 것이다.

조창당이 한 번 사신으로 가자 문후는 자애로운 아버지가 되었고, 태자 격은 효성스런 아들이 되었다.

태자는 이렇게 말하였다.

"《시詩》를 빌려 '봉황이 날도다. 휘휘 날개 소리를 내며, 다시 아래로 모여 한 곳에 멈추네. 주나라 왕실, 훌륭한 선비도 많네. 오직 군자라야 심부름하지. 천자에게 사랑 받으며'라 하였으니 이는 바로 그의 사인舍人 창당을 두고 한 말이로다."

魏文侯封太子擊於中山, 三年, 使不往來.

舍人趙倉唐進稱曰:「爲人子, 三年不聞父問, 不可謂孝. 爲人父, 三年不問子, 不可謂慈. 君何不遣人使大國乎?」

太子曰:「願之久矣. 未得可使者.」

倉唐曰:「臣願奉使, 侯何嗜好?」

太子曰:「侯嗜晨鳧, 好北犬.」

於是乃遣倉唐緤北犬, 奉晨鳧, 獻於文侯.

倉唐至, 上謁曰:「孼子擊之使者, 不敢當大夫之朝, 請以燕閒, 奉晨鳧, 敬獻疱廚, 緤北犬, 敬上涓人.」

文侯悅曰:「擊愛我, 知吾所嗜, 知吾所好.」

召倉唐而見之, 曰:「擊無恙乎?」

倉唐曰:「唯唯.」

如是者三, 乃曰:「君出太子而封之國君, 名之, 非禮也.」
文侯怵然爲之變容.

問曰:「子之君無恙乎?」

倉唐曰:「臣來時, 拜送書於庭.」

文侯顧指左右曰:「子之君, 長孰與是?」

倉唐曰:「禮, 擬人必於其倫, 諸侯無偶, 無所擬之.」

曰:「長大孰與寡人.」

倉唐曰:「君賜之外府之裘, 則能勝之, 賜之斥帶, 則不更其造.」

文侯曰:「子之君何業?」

倉唐曰:「業詩.」

文侯曰:「於詩何好?」

倉唐曰:「好晨風, 黍離.」

文侯自讀晨風曰:「鴥彼晨風, 鬱彼北林, 未見君子, 憂心欽欽, 如何如何, 忘我實多.」

文侯曰:「子之君以我忘之乎?」

倉唐曰:「不敢, 時思耳.」

文侯復讀黍離曰:「彼黍離離, 彼稷之苗, 行邁靡靡, 中心搖搖, 知我者謂我心憂, 不知我者謂我何求? 悠悠蒼天, 此何人哉?」

文侯曰:「子之君怨乎?」

倉唐曰:「不敢, 時思耳.」

文侯於是遣倉唐賜太子衣一襲, 勅倉唐以雞鳴時至.

太子起拜, 受賜發篋, 視衣盡顛倒.

太子曰:「趣早駕, 君侯召擊也.」

倉唐曰:「臣來時不受命.」

太子曰:「君侯賜擊衣, 不以爲寒也, 欲召擊, 無誰與謀, 故勅子以雞鳴時至, 詩曰:『東方未明, 顛倒衣裳, 顛之倒之, 自公召之』」

遂西至謁. 文侯大喜, 乃置酒而稱曰:「夫遠賢而近所愛, 非社稷之長策也.」

乃出少子擊, 封中山, 而復太子擊.

故曰:「欲知其子, 視其友; 欲知其君, 視其所使.」

趙倉唐一使而文侯爲慈父, 而擊爲孝子.

太子乃稱:「詩曰:『鳳凰于飛, 翽翽其羽, 亦集爰止, 藹藹王多吉士, 維君子使, 媚于天子.』舍人之謂也.」

【魏文侯】戰國 초기 魏의 영명한 군주. 재위 50년(B.C.445~396).

【太子擊】魏文侯의 아들. 사실 이 당시는 태자가 아니었다.

【中山】전국시대 나라 이름. 지금의 河北省 경내에 있었으며, 魏나라의 속국처럼 예속되었던 적이 있다. 魏나라보다 동쪽에 위치한다.

【封太子擊於中山】文侯는 擊을 미워하여 멀리 中山으로 보낸 후 서로 만나 보기도 싫다며 3년 동안 소식이나 심부름할 사람조차 왕래시키지 않았다.

【舍人】시종관.

【趙 倉唐】趙나라 출신. 倉唐은 人名.

【晨鳧】물오리의 일종.《韓詩外傳》에는 '晨鴈'으로 되어 있다.

【北犬】사냥개의 일종.

【緤北犬】개를 끌고 갈 수 있도록 끈으로 맴을 말한다.

【涓人】개나 말 등 가축을 관리하는 임무를 맡은 신하. 또는 임금 곁에서 掃除나 청소를 맡은 환관·내시.

【晨風】원래 새매의 일종. 身靑黃色의 새매.《詩經》國風의 秦風 晨風章.

【黍離】《詩經》國風 王風의 章. 黍稷으로 되어 있다.

【詩曰】《詩經》國風 齊風의 東方未明의 구절.

【遂西至謁】《說苑疏證》에 "文侯兩字原不重, 從拾補補"라 하여 '文侯' 두 글자를 보충해야 한다고 보았다.

【摯】文侯의 아들로《韓詩外傳》에는 訴로 되어 있다.

【趙倉唐一使】《說苑疏證》에 이 앞에 "劉氏斠補云欲知其子下疑有脫文"이라 하였다.

【詩曰】《詩經》大雅 卷阿의 구절.

1. 《**韓詩外傳**》卷8

魏文侯有子曰擊, 次曰訴, 訴少而立之以爲嗣. 封擊於中山. 三年莫往來. 其傳趙蒼
唐諫曰:「父忘子, 子不可忘父. 何不遣使乎?」擊曰:「願之, 而未有所使也.」蒼唐曰:
「臣請使.」擊曰:「諾.」於是乃問君之所好與所嗜. 曰:「君好北犬, 嗜晨鴈.」蒼唐至,
曰:「北蕃中山之君, 有北犬, 晨雁, 使蒼唐再拜獻之. 文侯曰:「嘻! 擊知吾好北犬,
嗜晨雁也.」則見使者. 文侯曰:「擊無恙乎?」蒼唐唯唯而不對. 三問而三不對. 文侯
曰:「不對何也?」蒼唐曰:「臣聞諸侯不名君, 旣已賜弊邑, 使得小國侯, 君問以名,
不敢對也.」文侯曰:「中山之君無恙乎?」蒼唐曰:「今者臣之來, 拜送於郊.」文侯曰:
「中山之君長短若何矣?」蒼唐曰:「問諸侯, 比諸侯. 諸侯之朝, 則側者皆人臣, 無所
比之. 然則所賜衣裘幾能勝之矣.」文侯曰:「中山之君亦何好乎?」對曰:「好詩.」
文侯曰:「於詩何好?」曰:「好黍離與晨風.」文侯曰:「黍離何哉?」對曰:「彼黍離離,
彼稷之苗. 行邁靡靡, 中心搖搖. 知我者謂我心憂, 不知我者謂我何求. 悠悠蒼天,
此何人哉!」文侯曰:「怨乎?」曰:「非敢怨也, 時思也.」文侯曰:「晨風謂何?」對曰:
『鴥彼晨風, 鬱彼北林. 未見君子, 憂心欽欽. 如何如何, 忘我實多.』此自以忘我者也.」
於是文侯大悅, 曰:「欲知其子視其母, 欲知其人視其友, 欲知其君視其所使. 中山君
不賢, 惡能得賢?」遂廢太子訴, 召中山君以爲嗣. 詩曰:『鳳凰于飛, 翽翽其羽, 亦集
爰止. 藹藹王多吉士, 惟君子使, 媚於天子.』君子曰:「夫使非直敝車罷馬而已, 亦將
喩誠信, 通氣志, 明好惡, 然後可使也.」

2. 그밖에 본 《**說苑**》 권 17, 733 및 《**孔子家語**》 六本篇의 일부 구절을 참고
할 것.

367(12-7) 楚莊王欲伐晉
이제 정벌해도 됩니다

초楚 **장왕**莊王이 진晉나라를 치려고 먼저 돈윤豚尹으로 하여금 진나라의 사정을 살피도록 하였다. 돈윤이 돌아와 이렇게 보고하였다.

"칠 수가 없습니다. 윗자리에 있는 사람은 백성을 걱정하고 아랫사람들은 그를 덕스럽게 여기며 즐겁게 살고 있습니다. 더구나 어진 신하로 심구沈駒라는 사람이 있습니다."

이듬해 다시 돈윤이 다녀와서 이렇게 보고하였다.

"이제 쳐도 됩니다. 처음에 말하였던 그 어진 신하는 죽었고, 아첨하는 무리들이 임금의 궁중에 가득합니다. 임금은 놀이에 빠져 예를 모르고, 그 아랫사람들은 위험에 처해 있으면서 윗사람들을 원망하고 있습니다. 상하가 서로 이반되어 있으니 군대를 일으켜 치게 되면 그 백성들이 먼저 반기를 들 것입니다."

장왕이 이 말을 따르자 과연 그와 같았다.

楚莊王欲伐晉, 使豚尹觀焉.

反曰:「不可伐也. 其憂在上; 其樂在下. 且賢臣在焉, 曰沈駒.」

明年, 又使豚尹觀, 反曰:「可矣. 初之賢人死矣. 詔諛多在君之盧者, 其君好樂而無禮; 其下危處以怨上. 上下離心, 與師伐之, 其民必先反.」

莊王從之, 果如其言矣.

【楚莊王】 춘추오패의 하나. 재위 23년(B.C.613~591).

【豚尹】 당시 楚나라 大夫.《左傳》襄公 18年에 '揚豚尹宜'라는 이름이 보이고
杜預의 注에 "揚豚邑大夫. 名宜"라 하였다.

【沈駒】 당시 晉나라 大夫.

현사와 성인이 필요한 이유

양왕梁王이 여러 신하를 불러 모아 서로 그 허물을 토론하도록 하였다. 이에 임좌任座가 먼저 나서서 간언을 하였다.

"임금께서는 나라를 넓히고 백성을 강성하게 하고자 하시면서, 이 나라에 어진 이, 말 잘하는 이가 많지 않은 데 대해서는 어떻게 보십니까?"

왕은 이렇게 대답하였다.

"과인의 나라도 좁고 협소하며 백성도 약하고 적습니다. 과인 혼자로 충분히 다스릴 수 있는데 현인·변사가 무슨 소용이 있겠습니까?"

임좌가 반대하고 나섰다.

"그렇지 않습니다. 지난날 제齊나라가 이유 없이 노魯나라를 친 적이 있습니다. 그때 노나라 임금은 겁이 나서 그 나라 재상을 불러 '어찌하였으면 좋을까' 하고 물었습니다. 그러자 재상은 '유하혜柳下惠라는 사람이 있는데, 어려서는 열심히 공부하였고 나이가 들어서는 지혜가 많습니다. 그를 불러 시험삼아 제나라에 사신으로 보내시지요'라 제의하였습니다.

柳下惠와 그 아내 《列女傳》 삽화

이에 노나라 임금은 '나는 천승 나라의 임금이오. 내가 친히 제나라에 사신으로 가도 제나라가 들어 주지 않을 터인데, 유하혜처럼 포의위대 布衣韋帶한 선비 하나 보낸다고 해서 무슨 이익이 되겠소?'하고 난색을 표하였습니다. 그러자 재상이 '제가 들으니, 불을 빌리지 못한 자가 바라는 것은 불씨이지 큰 장작불은 아니라 하였습니다. 지금 유하혜를 제나라에 보내면, 비록 제나라 군대가 모두 물러서지는 않더라도 노나라 침공의 가속加速은 막을 수 있을 것입니다'라 하였습니다. '그러리라' 여기고 곧 유하혜를 불러 만나 보기로 하였습니다. 그는 궁궐에 오면서도 옷을 펄럭이며 빨리 걸어야 하는 예도 지키지 않는 것이었습니다. 그래도 임금은 자리를 피하여 서서 '과인이 배고픈 후에야 곡식을 찾고, 목마른 후에야 우물을 파는 신세가 되었습니다. 그래서 일찍이 즐거운 일로 그대를 만나 뵙지 못하였지요. 지금 나라에 우환이 생겨 백성은 두려움에 빠져 있습니다. 그대를 대부로 삼아 제나라에 사신으로 보내고 싶습니다'라 간청하였지요. 이에 유하혜는 '좋습니다' 하고 허락한 다음, 동쪽으로 제나라 임금을 찾아갔습니다. 제나라 군주가 '노나라 임금이 두려워하더이까?'라 묻자, 유하혜는 한 마디로 '임금과 신하가 모두 두려움을 모르오!'라 하였지요.

제나라 군주는 이 대답에 분연히 화를 내며 '내가 노나라 성城을 바라보니 혼란스럽기가 마치 곧 망할 나라 같았고, 백성이 집의 기둥까지 뽑고 나무를 있는 대로 베어 성곽을 수리하고 있었소! 또 노나라 임금을 보니 우리나라 땅이 다 된 것 같던데, 그대는 두려워하지 않더라 하니 무슨 말이오?'라 물었지요. 유하혜는 이렇게 대답하였습니다. '저의 임금께서 두려워하지 않는 까닭은 그 선대가 주周나라에서 나와 노나라에 봉해졌고, 귀국의 선대 역시 같은 주나라에서 나와 제나라에 봉해졌기 때문이지요. 그들이 함께 주나라 남문南門을 나설 때 양羊을 잡으면서 이렇게 맹약을 맺었다 하더이다. 즉 지금부터 우리 후손들 중에 누구든 먼저 공격하는 자가 있으면, 그 죄는 이 양의 목이 달아나듯 하리라 라고요. 그래서 저의 임금은 노나라를 친 자는 양의 목이 될 것임을 알고 조금도 두려워하지 않는 것입니다. 그렇지 않다면 백성이 그렇게 급하지 않을 수 없지요!'라구요.

　제나라 임금은 이 말에 군대를 3백 리 밖으로 후퇴시켰습니다. 무릇 유하혜는 그저 포의위대의 선비에 불과하였지만, 제나라에 가서 노나라의 위난危難을 해결하였습니다. 그런데 어찌하여 현사나 성인이 필요치 않다는 말입니까?"

梁王贅其群臣而議其過, 任座進諫曰:「主君國廣以大, 民堅而衆, 國中無賢人辯士, 奈何?」

王曰:「寡人國小以狹, 民弱臣少, 寡人獨治之, 安所用賢人辯士乎?」

任座曰:「不然, 昔者, 齊無故起兵攻魯, 魯君患之, 召其相曰:『爲之奈何?』相對曰:『夫柳下惠少好學, 長而嘉智, 主君試召使於齊.』魯君曰:『吾千乘主也, 身自使於齊, 齊不聽. 夫柳下惠特布衣韋帶之士也, 使之又何益乎?』相對曰:『臣聞之, 乞火不得不望其炮矣. 今使柳下惠於齊, 縱不解於齊兵, 終不愈益攻於魯矣.』魯君乃曰:『然乎?』相卽使人召柳下惠來. 入門, 袪衣不趨. 魯君避席而立, 曰:『寡人所謂飢而求黍稷, 渴而穿井者, 未嘗能以歡喜見子. 今國事急, 百姓恐懼, 願籍子大夫使齊.』柳下惠曰:『諾.』乃東見齊侯. 齊侯曰:『魯君將懼乎?』柳下惠曰:『臣君不懼.』齊侯忿然怒曰:『吾望而魯城, 芒若類失亡國, 百姓發屋伐木以救城郭, 吾視若魯君類吾國. 子曰不懼, 何也?』柳下惠曰:『臣之君, 所以不懼者, 以其先人出周, 封於魯, 君之先君亦出周, 封於齊, 相與出周南門, 刲羊而約曰:‘自後子孫, 敢有相攻者, 令其罪, 若此刲羊矣.’臣之君固以刲羊不懼矣, 不然,

百姓非不急也.』齊侯乃解兵三百里. 夫柳下惠特布衣韋帶之士,
至解齊, 釋魯之難, 奈何無賢士聖人乎?」

【梁王】 魏王. 梁은 魏나라 도읍인 大梁을 말한다.

【任座】 魏나라의 신하.

【柳下惠】 춘추시대 魯나라의 賢人. 展禽. 이름은 獲. 호는 버드나무 아래에 살아서
柳下子. 시호는 惠. 이름은 季.《論語》衛靈公에 "子曰臧文仲, 其竊位者與, 知柳下
惠之賢, 而不與立也"라 하였고, 微子篇에는 "柳下惠爲士師, 三黜, 人曰子未可以
去乎, 曰直道而事人, 焉往而不三黜, 枉道而事人, 何必去父母之邦"이라 하였다.
또 같은 곳에 "柳下惠, 少連, 降志辱身矣"라 하였다.

【相與出周南門】 魯나라는 周公의 아들 伯禽이 봉을 이었고, 齊는 姜太公望 呂尙
이 봉을 받았으므로 한 뿌리에서 나왔다는 뜻.

【南門】 周나라 鎬京의 南門. 각각 봉을 받고 임지로 나섬.

참고 및 관련 자료

1.《左傳》僖公 26年

夏, 齊孝公伐我北鄙. 衛人伐齊, 洮之盟故也. 公使展喜犒師, 使受命於展禽. 齊侯未
入竟, 展喜從之, 曰:「寡君聞君親擧玉趾, 將辱於弊邑, 使下臣犒執事.」齊侯曰:
「魯人恐乎?」對曰:「小人恐矣, 君子則否.」齊侯曰:「室如懸罄, 野無靑草, 何恃而
不恐?」對曰:「恃先王之命. 昔周公, 大公股肱周室, 夾輔成王. 成王勞之而賜之盟曰:
『世世子孫, 無相害也.』載在盟府, 大師職之. 桓公是以糾合諸侯而謀其不協, 彌縫
其闕而匡救其災, 昭舊職也. 及君卽位, 諸侯之望曰:『其率桓之功.』我敝邑用不敢
保聚, 曰:『豈其嗣世九年而棄命廢職, 其若先君何?』君必不然. 恃此以不恐.」齊侯
乃還.

369(12-9) 陸賈從高祖定天下
육가의 외교술

육가陸賈는 고조高祖를 좇아 천하를 평정한 인물이다. 구변이 좋은 자로서 이름이 나 있어, 왕의 좌우에 거하면서 항상 제후 등에게 사신으로 다녔다. 고조가 황제가 되어 비로소 중국이 안정되었을 때였다.

위타尉佗가 남월南越을 평정하고 그곳에서 스스로 왕이 되어 있었는데, 고조는 육가를 사신으로 보내어 그 위타에게 남월왕南越王의 봉인封印을 주고 오도록 하는 임무를 맡겼다. 육가가 이르러보니 위타는 그 지역 풍속대로 머리를 틀어 묶고 기거箕踞의 자세로 육가를 맞이하는 것이었다. 이에 육가는 위타를 이렇게 달래었다.

"그대는 중국사람이오. 친척과 형제·조상의 무덤이 모두 그대의 고향인 진정眞定에 있소. 그런데 그대는 천성을 버리고 관대까지 다 없애면서 구구하게 이 월越을 근거지로 하여 천자天子와 겨루며 대적하려 하니, 이에 그 화가 곧 그대의 몸에 미치게 될 것입니다.

무릇 지난날 진秦나라가 그 정치를 잘못하자 제후·호걸이 모두 들고 일어났지만, 오직 한왕漢王만이 관중關中에 먼저 들어가서 함양咸陽을 점거하였지요. 그러나 항적項籍이 약속을 저버리고 스스로 서초패왕西楚霸王이 되어 제후들이 복속하고 말았습니다. 그때 항적은 천하에서 가장 강하였다고 말할 수 있었지요.

그러나 한왕이 파촉巴蜀에서 일어나 천하를 휘두르며 제후들을 몰아 마침내 항우項羽를 죽여 멸망시키고 말았습니다. 그 5년이 지나 천하는 평정되었으니, 이는 사람의 힘으로 되는 것이 아니라 하늘이 세워준 것입니다.

천자께서는 그대가 남월에서 왕이 되어 있으면서도 천하에 포악한 무리를 없애는 일에 나서서 돕지 않는다는 말을 들으셨습니다. 장군과 재상이 군대를 몰아 귀하를 없애자고 하였지만, 천자께서는 이제는 천하평정에 고생을 많이 한 백성들을 불쌍히 여겨 쉬게 하려고 저를 보내어 귀하를 왕으로 책봉하고 부절을 갈라 사신이 왕래하기를 바라고 있습니다.

그런데 그대는 교외에 나와 나를 맞이하고 북면北面하여 신하를 칭하였어야 함에도 불구하고, 아직 제대로 갖추어지지도 않은 이 월나라를 새로이 꾸며 여기서 강권을 흔들고 있습니다. 한나라에서 이를 알면 그대 선조의 묘를 파내어 모두 불사를 것이며, 그대의 친족은 모두 멸족시키고, 즉시 한 장수에게 10만 명씩의 군대를 딸려 이 월나라를 쳐들어올 것입니다. 그러면 월나라 백성들은 그대를 먼저 죽여 한나라에 항복하고 말 것입니다. 이는 마치 손바닥 뒤집듯 쉽게 일어날 수 있는 일입니다."

이 말에 위타는 벌벌 기다가 일어나 육가에게 미안한 표정으로 사과하였다.

"만이蠻夷의 땅에 산 지가 오래되어 예와 의를 모두 잃었습니다."

그러면서 다시 육가에게 물었다.

"나와 소하蕭何·조삼曹參·한신韓信 중에 누가 가장 어집니까?"

"그대가 어질지요!"

육가의 이 대답에 위타가 다시 물었다.

"그럼 나와 황제 중에 누가 더 어집니까?"

이 질문에 육가는 이렇게 대답하였다.

"황제께서는 풍패豊沛에서 일어나 포악한 진나라를 토벌하고, 강한 초楚나라를 없앴으며, 천하를 위해 이익을 일으키고 해를 제거하였습니다. 그리하여 오제五帝·삼왕三王의 업을 이어 중국을 통괄하여 다스리고 있소. 중국의 백성은 억億 단위로 계산하여야 하며, 그 땅은 1만 리나 되고, 백성은 천하의 가장 기름진 곳에서 살고 있소. 그들은 수레를 타고 움직이며, 만물이 풍족하고, 정치는 한집안에서 처리하고 있소. 천지가 개벽된 이래 일찍이 있어 보지 못한 나라요. 그러나 그대는 백성을 다 모아야 수십만도 되지 않으며, 그나마 다 미개한 만이蠻夷들로서 울퉁불퉁한 산이나 바닷가에 살고 있어, 비유컨대 한漢나라의 1개 군郡 정도이지요. 그런데 어찌 그대를 한왕에 비교할 수 있겠소?"

그러자 위타가 웃으면서 이렇게 말하였다.

"내 중국에서 일어나지 않았기 때문에 이곳에서 왕이 되었을 뿐이지, 나로 하여금 중국에 살게 하였다면 어찌 한왕만 못하겠소?"

그리고는 크게 즐거워하며 머물게 하여 함께 몇 달을 마셨다.

"월나라에는 더불어 말할 만한 인물이 없소. 그대가 와 주니 내 하루도 새로운 소식을 듣지 않는 날이 없소."

그리고는 육가에게 자루에 1천 금에 해당하는 선물을 담아 주고 따로 또 1천 금을 주어 환송하였다.

육가는 위타를 남월왕으로 삼기로 하고, 위타 스스로 신하를 자칭하며 한나라를 받들기로 맹약을 맺도록 하였다. 육가가 돌아와 보고하자 고조가 크게 기뻐하며 그를 태중대부太中大夫로 배수拜授하였다.

陸賈從高祖定天下, 名爲有口辯士, 居左右, 常使諸侯, 及高祖時, 中國初定, 尉佗平南越, 因王之, 高祖使陸賈賜尉佗印, 爲南越王. 陸生至, 尉佗椎結箕踞見陸生.

陸生因說佗曰:「足下中國人, 親戚昆弟墳墓在眞定. 今足下弃反天性, 損冠帶, 欲以區區之越, 與天子抗衡爲敵國, 禍且及身矣. 且夫秦失其政, 諸侯豪傑並起, 惟漢王先入關, 據咸陽, 項籍倍約, 自立爲西楚霸王, 諸侯皆屬, 可謂至彊. 然漢王起巴蜀,鞭笞天下, 劫諸侯, 遂誅項羽, 滅之. 五年之間, 海內平定, 此非人力, 天之所建也. 天子聞君王王南越, 不助天下誅暴逆, 將相欲移兵而誅王, 天子憐百姓新勞苦, 且休之, 遣臣授君王印, 剖符通使, 君王宜郊迎, 北面稱臣, 乃欲以新造未集之越, 屈彊於此, 漢誠聞之, 掘燒君王先人冢墓, 夷種宗族, 使一偏將將十萬衆臨越, 越則殺王以降漢, 如反覆手耳.」

於是尉佗乃蹶然起坐, 謝陸生曰: 「居蠻夷中久, 殊失禮義.」

因問陸生曰: 「我孰與蕭何・曹參・韓信賢?」

陸生曰: 「王似賢.」

復問: 「我孰與皇帝賢?」

陸生曰: 「皇帝起豐沛, 討暴秦, 誅強楚, 爲天下興利除害, 繼五帝三王之業, 統理中國, 中國之人以億計, 地方萬里, 居天下之膏腴, 人衆車輿, 萬物殷富, 政由一家, 自天地剖判, 未嘗有也. 今王衆不過數十萬, 皆蠻夷, 踦𨈔山海之間, 譬若漢一郡, 何可乃比於漢王?」

尉佗大笑曰: 「吾不起中國, 故王此, 使我居中國, 何遽不若漢.」

乃大悅陸生, 與留飲數月.

曰: 「越中無足與語, 至生來, 令我日聞所不聞.」

賜陸生橐中裝, 直千金, 佗送亦千金. 陸生拜尉佗爲南越王, 令稱臣, 奉漢約. 歸報, 高祖大悅, 拜爲太中大夫.

【陸賈】漢高祖 劉邦의 謀士. 《新語》라는 책을 남긴 인물. 《史記》 酈生陸賈
列傳 참조.

【高祖】漢高祖 劉邦. 秦始皇의 폭정에 봉기하여 楚漢戰을 거쳐 天下를 통일하였다.
재위 12년(B.C.206~195). 《史記》 高祖本紀 참조.

【尉佗】 성은 趙氏. 즉 趙他. 漢나라 眞宗 땅 사람. 高祖가 南越王에 봉하였으며 呂后 때에 帝를 칭하였다. 《史記》에는 尉他. 索隱에 "趙他爲南越尉, 故曰尉他"라 하였다.

【南越】 지금의 貴州와 베트남 근처. 交趾.

【爲南越王】 漢 王室에서 복속시키기 위하여 冊封해 줌.

【箕踞】 무릎을 꿇고 앉아 키와 같은 모습을 하고 있는 것.

【眞定】 地名. 尉佗의 출신지. 漢地.

【漢王】 高祖 劉邦을 가리킨다. 項羽가 스스로 西楚霸王이 되어 劉邦을 漢中王에 봉하였다.

【關中】 秦의 본거지인 咸陽一帶를 말한다. 咸陽은 秦의 수도. 楚나라 義帝가 "先入關中者爲王"이라 하여 劉邦이 제일 먼저 關中에 들어갔으나 項羽의 위세에 눌려 물러났다. 鴻門宴의 고사 참조.

【項籍】 24살에 봉기한 項羽. 《史記》項羽本紀에 "項籍者, 下相人也. 字羽. 初起時, 年二十四"라 하였다.

【西楚霸王】 項羽가 봉기할 때에 假王으로 楚 義帝를 세워 놓고, 자신이 天下를 휘어잡자 스스로를 西楚霸王이라 하였다.

【巴蜀】 지금의 四川省 북부. 원래 劉邦이 봉해졌던 곳은 같은 지역으로 漢中이라 불렀다.

【項羽】 項籍.

【蕭何】 漢나라 沛 땅 사람으로 劉邦을 도와 천하를 평정하였다. 뒤에 相國이 되었다. 《史記》蕭相國世家 참조.

【曹參】 역시 高祖 劉邦을 도운 인물. 뒤에 蕭何의 뒤를 이어 相國이 되었다. 《史記》曹相國世家 참조.

【韓信】 漢나라 准陰 出身. 張良(留侯)·蕭何와 더불어 漢興三傑로 불리었다. 뒤에 准陰侯로 봉해졌으며 모반을 꾀하다가 죽었다. 《史記》准陰侯列傳 참조.

【豊沛】 地名. 高祖가 난 곳. 《史記》高祖本紀에 "高祖, 沛豊邑中陽里人也. 姓劉氏. 字季"라 하였다.

【楚】 여기서의 '楚'는 春秋전국시대의 楚나라가 아니다. 項羽의 선대가 楚나라 장수를 지냈으므로 項羽가 楚를 복원시킨다고 楚나라 이름을 들고 나온 것이다.

【五帝】 異說이 많다. 《史記》五帝本紀에는 黃帝·顓頊·帝嚳·唐堯·虞舜을 들고 있다.

【三王】夏禹·商湯·周文王을 가리키는 것으로 보인다.
【太中大夫】中大夫는 皇帝 측근의 신하. 太(大)를 높여 부르는 것.

참고 및 관련 자료

1.《史記》酈生陸賈列傳

陸賈者, 楚人也. 以客從高祖定天下, 名爲有口辯士, 居左右, 常使諸侯. 及高祖時, 中國初定, 尉他平南越, 因王之. 高祖使陸賈賜尉他印爲南越王. 陸生至, 尉他魋結箕倨見陸生. 陸生因進說他曰:「足下中國人, 親戚昆弟墳墓在眞定. 今足下反天性, 棄冠帶, 欲以區區之越與天子抗衡爲敵國, 禍且及身矣. 且夫秦失其政, 諸侯豪桀竝起, 唯漢王先入關, 據咸陽. 項羽倍約, 自立爲西楚霸王, 諸侯皆屬, 可謂至彊. 然漢王起巴蜀, 鞭笞天下, 劫略諸侯, 遂誅項羽滅之. 五年之閒, 海内平定, 此非人力, 天之所建也. 天子聞君王王南越, 不助天下誅暴逆, 將相欲移兵而誅王, 天子憐百姓新勞苦, 故且休之, 遣臣授君王印, 剖符通使. 君王宜郊迎, 北面稱臣, 迺欲以新造未集之越, 屈彊於此. 漢誠聞之, 掘燒王先人冢, 夷滅宗族, 使一偏將將十萬衆臨越, 則越殺王降漢, 如反覆手耳.」於是尉他迺蹶然起坐, 謝陸生曰:「居蠻夷中久, 殊失禮義.」因問陸生曰:「我孰與蕭何·曹參·韓信賢?」陸生曰:「王似賢.」復曰:「我孰與皇帝賢?」陸生曰:「皇帝起豐沛, 討暴秦, 誅彊楚, 爲天下興利除害, 繼五帝, 三王之業, 統理中國. 中國之人以億計, 地方萬里, 居天下之膏腴, 人衆車輿, 萬物殷富, 政由一家, 自天地剖泮未始有也. 今王衆不過數十萬, 皆蠻夷, 崎嶇山海閒, 譬若漢一郡, 王何乃比於漢!」尉他大笑曰:「吾不起中國, 故王此. 使我居中國, 何渠不若漢?」迺大說陸生, 留與飮數月. 曰:「越中無足與語, 至生來, 令我日聞所不聞.」賜陸生橐中裝直千金, 他送亦千金. 陸生卒拜尉他爲南越王, 令稱臣奉漢約. 歸報, 高祖大悅, 拜賈爲太中大夫.

2.《漢書》陸賈傳

陸賈, 楚人也. 以客從高祖定天下, 名有口辯, 居左右, 常使諸侯.
時中國初定, 尉佗平南越, 因王之. 高祖使賈賜佗印爲南越王. 賈至, 尉佗魋結箕踞見. 賈因說佗曰:「足下中國人, 親戚昆弟墳墓在眞定. 今足下反天性, 棄冠帶, 欲以區區之越與天子抗衡爲敵國, 禍且及身矣. 夫秦失其正, 諸侯豪桀並起, 唯漢王先入關, 據咸陽. 項籍背約, 自立爲西楚霸王, 諸侯皆屬, 可謂至彊矣. 然漢王起巴蜀,

鞭笞天下, 劫諸侯, 遂誅項羽. 五年之間, 海內平定, 此非人力, 天之所建也. 天子聞
君王王南越, 而不助天下誅暴逆, 將相欲移兵而誅王, 天子憐百姓新勞苦, 且休之,
遣臣授君王印, 剖符通使. 君王宜郊迎, 北面稱臣, 乃欲以新造未集之越屈强於此.
漢誠聞之, 掘燒君王先人冢墓, 夷種宗族, 使一偏將將十萬衆臨越, 卽越殺王降漢,
如反覆手耳.」於是佗乃蹶然起坐, 謝賈曰:「居蠻夷中久, 殊失禮義.」因問賈曰:
「我孰與蕭何・曹參・韓信賢?」賈曰:「王似賢也.」復問曰:「我孰與皇帝賢?」賈曰:
「皇帝起豐沛, 討暴秦, 誅彊楚, 爲天下興利除害, 繼五帝三王之業, 統天下, 理中國.
中國之人以億計, 地方萬里, 居天下之膏腴, 人衆車輿, 萬物殷富, 政由一家, 自天地剖
判未始有也. 今王衆不過數萬, 皆蠻夷, 崎嶇山海間, 譬如漢一郡, 王何乃比於漢!」
佗大笑曰:「吾不起中國, 故王此. 使我居中國, 何遽不若漢?」乃大說賈, 留與飲數月.
曰:「越中無足與語, 至生來, 令我日聞所不聞.」賜賈橐中裝直千金, 它送亦千金.
賈卒拜佗爲南越王, 令稱臣奉漢約. 歸報, 高帝大說, 拜賈爲太中大夫. 賈時時前說
稱詩書. 高帝罵之曰:「乃公居馬上得之, 安事詩書!」賈曰:「馬上得之, 寧可以馬上
治乎? 且湯武逆取而以順守之, 文武並用, 長久之術也. 昔者吳王夫差・智伯極武
而亡; 秦任刑法不變, 卒滅趙氏. 鄕使秦以幷天下, 行仁義, 法先聖, 陛下安得而有之?」
高帝不懌, 有慚色, 謂賈曰:「試爲我著秦所以失天下, 吾所以得之者, 及古成敗之國.」
賈凡著十二篇. 每奏一篇, 高帝未嘗不稱善, 左右呼萬歲, 稱其書曰《新語》.

370(12-10) 晉楚之君
모자는 아무리 낡아도 머리에 쓰는 것

진晉·초楚 두 나라 임금이 서로 친하여 완구宛丘에서 회맹의 잔치를 열게 되었다. 송宋나라는 이에 사람을 보내어 가서 살펴보도록 하였다. 이때 진·초의 대부들이 송나라 사신에게 이렇게 말하였다.

"공손하게 천자天子를 뵙는 예로 한다면 내가 그대를 우리들의 임금에게 안내하여 만나 볼 수 있게 하리라."

그러자 송나라 사신이 이렇게 대꾸하였다.

"관冠은 아무리 낡았어도 머리에 쓰는 것이요, 신은 아무리 새것이라도 아래에 신는 것이오! 주실周室이 비록 쇠미해졌다 하나 제후諸侯가 이를 대신할 수 없고, 군대를 몰아 우리 송나라를 쳐들어온다 해도 나는 복장을 바꾸지 못할 것입니다."

그리고는 읍揖을 하고 떠나 버렸다. 여러 대부들이 이 말을 듣고 부끄러워하며 드디어 제후를 뵙는 예로써 그를 자신들의 임금에게 안내하였다.

晉楚之君, 相與爲好, 會於宛丘之上. 宋使人往之.

晉楚大夫曰:「趣以見天子禮見於吾君, 我爲見子焉.」

使者曰:「冠雖敝, 宜加其上; 履雖新, 宜居其下; 周室雖微, 諸侯未之能易也. 師升宋城, 猶不更臣之服也.」

揖而去之, 諸大夫瞿然, 遂以諸侯之禮見之.

【宛丘】 地名. 지금의 河南省 准陽縣. 옛날 陳나라 근거지.

【宋】 원래 殷의 후대. 《史記》 宋微子世家 참조.

【天子】 封建制에서의 최고 직위. 즉 周나라 임금. 종주국 임금을 부르는 칭호.

【冠雖敝, 宜加其上; 履雖新, 宜居其下】 많이 알려진 구절로 《史記》 儒林傳 (轅固生)에는 "冠雖弊必加於首, 履雖新必關於足"이라 하였고 본 《說苑》 叢談篇 (513)에도 따로 실려 있다.

【周室】 春秋 이후 종주국인 周나라는 그 권위를 잃어가고 있었다.

371(12-11) 越使諸發執一枝梅遺梁王
매화 한 송이

월越나라가 제발諸發이라는 사신을 양왕梁王에게 파견하면서 매화梅花 한 가지를 보내었다. 양왕의 신하 중에 한자韓子라는 자가 이를 보고서 좌우에게 이렇게 말하였다.

"어찌 매화 한 가지만 가지고 열국列國의 임금을 뵙는단 말인가? 청컨대 여러분들의 부끄러움을 내가 씻어 주리라."

그리고는 나가 제발에게 이렇게 말하였다.

"우리 왕께서 명하셨다. 관을 쓰고 오면 예로써 만나 주려니와 그렇지 않으면 만날 수 없다!"

그러자 제발은 이렇게 말하였다.

"우리 월나라도 역시 천자가 봉해 준 나라요. 다만 기주冀州나 연주兗州 같은 중원中原에 살지 못하고 저 바닷가에 처하여, 울타리처럼 그대들을 막아 주며 살고 있을 뿐이오. 특히 그곳에서는 교룡蛟龍과 싸우면서 살아야 하기 때문에, 전발문신剪髮文身하여 화려하게 무늬를 꾸며 용龍처럼 하고 있소. 이는 바로 수신水神의 재해를 피하기 위함이오.

지금 대국께서 관을 쓰면 예로써 만나 주려니와 그렇지 않으면 안 된다고 하시니, 가령 대국의 사신이 우리나라에 왔을 때 우리 임금도 똑같이 '외국에서 온 사신을 전발문신한 연후에나 만나 주겠다'라 명한다면 대국은 어찌 하겠소? 그래도 좋으시다면 제가 관을 쓰고 뵙지요. 그러나 그렇지 않다면 원컨대 남의 나라 풍속을 바꾸라 하지 않았으면 좋겠소!"

양왕이 이 소리를 듣고서 얼른 옷을 챙겨 입고 나아가 재발을 맞이하고 한자를 축출해 버렸다.

《詩시》에 "군자라야 사신이 되어 천자에게 사랑을 받는다"라 하였으니 이를 두고 한 말이다.

越使諸發執一枝梅遺梁王, 梁王之臣曰韓子, 顧謂左右曰: 「惡有以一枝梅, 以遺列國之君者乎? 請爲二三子慚之.」

出謂諸發曰: 「大王有命, 客冠則以禮見, 不冠則否.」

諸發曰: 「彼越亦天子之封也. 不得冀兗之州, 乃處海垂之際, 屏外蕃以爲居, 而蛟龍又與我爭焉. 是以剪髮文身, 爛然成章, 以像龍子者, 將避水神也. 今大國其命冠則見以禮, 不冠則否. 假令大國之使, 時過敝邑, 敝邑之君亦有命矣. 曰: 『客必翦髮文身, 然後見之.』於大國何如? 意而安之, 願假冠以見, 意如不安, 願無變國俗.」

梁王聞之, 披衣出, 以見諸發. 令逐韓子.

詩曰: 『維君子使, 媚于天子.』 若此之謂也.

【諸發】춘추시대 越월나라 사람.
【梁王】魏王위왕. 여기서는 시기로 보아 魏위나라가 생기기 전인 것으로 여겨진다.
【韓子】魏위나라 신하.
【冀州·兗州】모두 中原중원 지역의 문명화된 곳을 지칭한다.
【蛟龍】여기서는 악어나 뱀 등을 가리킨다.
【翦髮文身】머리를 깎고 몸에 무늬를 새김. 文은 紋과 같다. 越월나라의 풍속.
【詩曰】《詩經시경》大雅 卷阿의 구절.

1.《韓詩外傳》卷8

越王勾踐使廉稽獻民於荊王. 荊王使者曰:「越, 夷狄之國也. 臣請欺其使者.」荊王曰:「越王, 賢人也, 其使者亦賢, 子其愼之.」使者出見廉稽, 曰:「冠則得以俗見, 不冠不得見.」廉稽曰:「夫越亦周室之列封也, 不得處於大國, 而處江海之陂, 與魭鱣魚鼈爲伍, 文身翦髮而後處焉. 今來至上國, 必曰冠得俗見, 不冠不得見, 如此, 則上國使適越, 亦將劓墨文身翦髮而後得以俗見, 可乎?」荊王聞之, 披衣出謝. 孔子曰:「使於四方, 不辱君命, 可謂士矣.」

2. 기타 참고자료

《北堂書鈔》(40)·《太平御覽》(779)

372(12-12) 晏子使吳吳王謂行人

천자의 조정으로 잘못 왔군요

안자晏子가 오吳나라에 사신으로 가자, 오왕이 행인行人에게 이렇게 일렀다.

"내 들기로 안영晏嬰은 북방의 말 잘하기로 소문난 인물로서 예禮에 대한 공부도 대단하다고 하더라. 안내하는 관리로 하여금 그자를 만나거든 나를 천자天子라 불러 어찌하나 보아라."

이튿날 안자가 일이 있어 행인을 만나게 되자, 행인이 고하였다.

"천자께서 그대를 뵙고자 하오!"

안자는 난감한 모습을 세 번이나 한 다음 이렇게 말하였다.

"나는 우리 못난 나라 임금의 명령을 받고 오왕이 있는 곳에 사신으로 가라는 임무를 맡았는데, 내가 똑똑치 못하여 그만 천자의 조정으로 잘못 왔군요. 내가 만날 오왕은 어디 있소?"

이런 일이 있은 후 오왕은 그만 굴복하고 말았다.

"부차夫差가 만나 뵙기를 원합니다."

이리하여 안자는 그를 제후를 접견하는 예로써 만나게 되었다.

晏子使吳, 吳王謂行人曰:「吾聞晏嬰蓋北方之辯於辭, 習於禮者也, 命儐者: 客見則稱天子.」

明日, 晏子有事, 行人曰:「天子請見.」

晏子懾然者三, 曰:「臣受命弊邑之君, 將使於吳王之所, 不佞而迷惑入于天子之朝, 敢問吳王惡乎存?」

然後吳王曰:「夫差請見.」

見以諸侯之禮.

【晏子】晏嬰. 晏平仲. 재치와 기지가 뛰어났고 검소한 인물이었다. 齊나라 靈公·莊公·景公을 섬긴 재상.《史記》管晏列傳 참조.

【行人】外交官. 고대 中國의 직책 중에 大行人·小行人 등이 있었다.《中國歷代職官表》참조.

【晏嬰】晏子. 嬰은 晏子의 이름.

【天子】封建에서 周나라 임금만을 天子로 부름.

【夫差】吳나라 임금. 자신의 이름을 스스로 불러 사죄함을 뜻함.

【有事】《晏子春秋》注에 覲見이라 하여 왕을 약속대로 뵙게 됨을 말한다.

참고 및 관련 자료

1.《晏子春秋》雜下

晏子使吳, 吳王謂行人曰:「吾聞晏嬰, 蓋北方辯於辭, 習於禮者也. 命擯者曰:『客見則稱天子請見.』」明日, 晏子有事, 行人曰:「天子請見.」晏子蹴然. 行人又曰:「天子請見.」晏子蹴然. 又曰:「天子請見.」晏子蹴然者三, 曰:「臣受命弊邑之君, 將使於吳王之所, 以不敏而迷惑, 入於天子之朝, 敢問吳王惡乎存?」然後吳王曰:「夫差請見.」見之以諸侯之禮.

373(12-13) 晏子使吳吳王
남의 밥을 얻어먹을 수 있는 사람

안자晏子가 오吳나라 사신으로 갔을 때 오왕이 말하였다.

"과인은 편벽하고 비루한 만이蠻夷의 땅에 살아 군자의 행동에 대한 가르침을 많이 받지 못하였소. 청컨대 제 잘못이 있더라도 허물삼지 말아 주시오!"

안자가 난감한 표정을 지으며 자리를 옮겨 앉았다. 왕이 다시 물었다.

"제가 듣기로 귀국 제齊나라 임금은 백성을 못살게 굴고 오만하며 야만스럽고 포악하다고 하던데, 그대는 그를 용납함이 어찌 그리 너그럽소?"

이에 안자가 대답하였다.

"제가 들으니 정미한 일에 통달하지 못하고 거친 일을 처리할 줄 모르면 노고롭기만 하고, 큰일도 처리하지 못하고 작은 일도 해낼 수 없으면 결코 가난에서 벗어나지 못하며, 큰 권세를 가진 자가 사람을 다스리지도 못하고 작은 권위를 가진 자로서 사람을 자기 문 안으로 끌어들이지 못하면 틀림없이 곤궁해진다고 하였습니다. 이것이 바로 제가 벼슬을 할 수 있는 이유입니다. 저 같은 사람이 어찌 능히 도를 실행하기 때문에 남의 밥을 얻어먹을 수 있는 사람이겠습니까?"

안자가 나가자 왕이 웃으면서 이렇게 말하였다.

"내 오늘 안자를 굴려 주려다가 도리어 벌거벗고 사람 많은 큰집에 뛰어든 꼴이 되었군!"

晏子使吳, 吳王曰:「寡人得寄僻陋蠻夷之鄉, 希見敎君子之行, 請私而毋爲罪!」

晏子愀然避位矣.

王曰:「吾聞齊君蓋賊以慢, 野以暴, 吾子容焉, 何甚也?」

晏子逡巡而對曰:「臣聞之: 微事不通, 麤事不能者, 必勞, 大事不得, 小事不爲者, 必貧; 大者不能致人, 小者不能至人之門者必困, 此臣之所以仕也. 如臣豈能以道食人者哉?」

晏子出. 王笑曰:「今日吾譏晏子也, 猶俉而訾高橛者.」

【晏子】 晏平仲·晏嬰.

【野以暴】〈四庫全書本〉에 "野以(闕)"로 되어 있다. 〈四部備要本〉에 근거하여 '暴'로 補入하였다.

【豈能以道食人者哉】 '스스로 못났기 때문에 견디어 낸다'는 뜻. 겸양의 말.

1.《晏子春秋》外篇 卷七

晏子使吳, 吳王曰:「寡人得寄僻陋蠻夷之鄉, 希見敎君子行, 請私而無爲罪.」晏子蹴然辟位. 吳王曰:「吾聞齊君蓋賊以慢, 野以暴, 吾子容焉, 何甚也?」晏子遵而對曰:「臣聞之, 微事不通, 粗事不能者, 必勞; 大事不得, 小事不爲者, 必貧; 大者不能致人, 小者不能至人之門者, 必困. 此臣之所以仕也. 如臣者, 豈能以道食人者哉!」晏子出, 王笑曰:「嗟乎! 今日吾譏晏子, 訾猶俉而高橛者也.」

374(12-14) 景公使晏子使於楚
귤은 칼로 깎아 먹는 것이 아닙니다

경공景公이 안자晏子를 초楚나라에 사신으로 보냈다. 초왕이 안자를 만나자 귤과 깎는 칼을 내놓았다. 그런데 안자는 껍질을 벗기지 않은 채 먹는 것이었다. 초왕이 말하였다.

"귤은 껍질을 벗기고 먹는 것이오!"

그러자 안자는 재치 있게 이렇게 말하였다.

"제가 들으니 임금께서 내려주신 것이면 참외나 복숭아는 물론, 귤이나 유자柚子도 껍질을 벗기지 않고 먹는다 하였습니다. 지금 만승萬乘의 대왕께서 명령을 내리지 않으시니 제가 감히 껍질을 벗기고 먹을 수가 없었습니다. 몰라서 그런 것이 아닙니다."

景公使晏子使於楚. 楚王進橘, 置削. 晏子不剖而并食之.

楚王曰:「橘當去剖.」

晏子對曰:「臣聞之: 賜人主前者, 瓜桃不削, 橘柚不剖. 今萬乘無敎, 臣不敢剖, 然臣非不知也.」

【景公】齊나라 군주. 晏子가 모시는 임금.
【削】削刀, 굽은 칼. 果刀.
【橘柚不剖】귤은 남쪽에서만 나는 것이므로 몰라서 그런 것으로 보인다. 따라서 그 아래의 晏子의 말은 재치와 기지를 말한 것으로 여겨진다.

1.《晏子春秋》雜下

景公使晏子於楚, 楚王進橘, 置削, 晏子不剖而並食之. 楚王曰:「當去剖.」晏子對曰:
「臣聞之: 賜人主之前者, 瓜桃不削, 橘柚不剖. 今者萬乘無教令, 臣故不敢剖; 不然,
臣非不知也.」

375(12-15) 晏子將使荊
강남의 귤이 강북에서는 탱자

안자晏子가 형荊, 楚나라에 사신으로 온다는 소식을 듣고, 형왕이 좌우 신하들에게 물었다.

"안자는 어질다고 소문이 나 있다. 그가 지금 막 우리나라에 오고 있다는데, 내 그를 한 번 곯려 주고 싶다. 어떤 방법이 있겠는가?"

좌우의 관리가 이렇게 말하였다.

"그가 오면 제가 사람 하나를 죄수처럼 묶어서 그 옆을 지나가겠습니다."

이에 형왕이 안자와 마침 말을 나누고 있을 때 그의 말대로 한 사람을 묶어 왕의 곁을 지나게 되었다. 왕이 물었다.

"왠 사람인가?"

관리가 대답하였다.

"제齊나라 사람입니다."

왕이 다시 물었다.

"무슨 죄를 지었는가?"

관리가 대답하였다.

"도둑질을 하였습니다."

왕이 다시 물었다.

"제나라 사람은 정말 도둑질을 잘 하는 모양이지?"

이쯤 되자 안자가 돌아보며 이렇게 말하였다.

"강남江南에 귤橘이 있다기에 우리 왕께서 사람을 시켜 이를 우리 제나라 땅인 강북江北에 옮겨 심었더니 귤은 열리지 않고 탱자가 열리더이다. 왜 그렇겠습니까? 그 환경이 그렇게 만든 것이지요. 지금 제나라에 사는 사람들은 도둑질을 모릅니다. 그런 백성이 이 형나라에 와서 도둑질하는 것 또한 환경이 그렇게 만든 것은 아닐는지요?"

형왕이 이 말을 듣고 이렇게 말하였다.

"그대에게 상처를 주려다 내가 맞았군!"

晏子將使荊, 荊王聞之, 謂左右曰:「晏子賢人也, 今方來, 欲辱之, 何以也?」

左右對曰:「爲其來也, 臣請縛一人, 過王而行.」

於是荊王與晏子立語. 有縛一人, 過王而行.

王曰:「何爲者也?」

對曰:「齊人也.」

王曰:「何坐?」

曰:「坐盜.」

王曰:「齊人固盜乎?」

晏子反顧之曰:「江南有橘, 齊王使人取之, 而樹之於江北, 生不爲橘, 乃爲枳, 所以然者, 何? 其土地使之然也. 今齊人居齊不盜, 來之荊而盜, 得無土地使之然乎?」

荊王曰:「吾欲傷子而反自中也.」

【晏子】晏嬰.
【荊】楚나라의 別稱. 秦 始皇의 아버지 子楚(莊襄王)의 이름을 避諱하여 楚나라를 荊이라 부르기 시작하였다 한다.
【江南】長江 남쪽. 楚나라 땅.
【江北】長江 북쪽. 齊나라 땅.

1. 이것이 유명한 "橘化爲枳" 혹은 "橘逾淮而爲枳", "江南爲橘, 江北爲枳"의 고사이다 (江水가 淮水로 바뀌어 있다). 《周禮》 考工記 總敍에 "橘踰淮而北爲枳, 此地氣然也"라 하였다.

2. 《晏子春秋》 雜下

晏子將至楚, 楚王聞之, 謂左右曰:「晏嬰, 齊之習辭者也, 今方來, 吾欲辱之, 何以也?」左右對曰:「爲其來也, 臣請縛一人, 過王而行, 王曰:『何爲者也?』對曰:『齊人也.』王曰:『何坐?』曰:『坐盜.』」晏子至, 楚王賜晏子酒, 酒酣, 吏二縛一人詣王, 王曰:「縛者曷爲者也?」對曰:「齊人也, 坐盜.」王視晏子曰:「齊人固善盜乎?」晏子避席對曰:「嬰聞之, 橘生淮南則爲橘, 生於淮北則爲枳, 葉徒相似, 其實味不同. 所以然者何? 水土異也. 今民生長於齊不盜, 入楚則盜, 得無楚之水土使民善盜耶?」王笑曰:「聖人非所與熙也, 寡人反取病焉.」

3. 《韓詩外傳》 卷10

齊景公遣晏子南使楚. 楚王聞之, 謂左右曰:「齊遣晏子使寡人之國, 幾至矣.」左右曰:「晏子, 天下之辯士也. 與之議國家之務, 則不如也. 與之論往古之術, 則不如也. 王獨可以與晏子坐, 使有司束人過王, 王問之, 使言齊人善盜, 故束之, 是宣可以困之.」王曰:「善.」晏子至, 卽與之坐. 圖國之急務, 辨當世之得失, 再擧再窮, 王默然無以續語. 居有間, 束徒以過之. 王曰:「何爲者也?」有司對曰:「是齊人, 善盜, 束而詣吏.」王欣然大笑曰:「齊乃冠帶之國, 辯士之化, 固善盜乎?」晏子曰:「然. 固取之. 王不見夫江南之樹乎? 名橘, 樹之江北, 則化爲枳. 何則? 土地使然爾. 夫子處齊之時, 冠帶而立, 儼有伯夷之廉, 今居楚而善盜, 意土地之化使然爾. 王又何怪乎?」詩曰:『無言不酬, 無德不報.』

4. 《周禮》 考工記 總敍

橘踰淮而北爲枳, 此地氣然也.

5. 《爾雅》

江南種橘, 江北爲枳.

6. 《列子》 湯問篇

吳楚之國有大木焉, 其名爲柚. 碧樹而冬生, 實丹而味酸. 食其皮汁, 已憤厥之疾. 齊州珍之. 渡淮而北而化爲枳焉. 鸜鵒不踰濟, 貉踰汶則死矣; 地氣然也. 雖然, 形氣異也, 性鈞己, 無相易己. 生皆全己, 分皆足己. 吾何以識其巨細? 何以識其修短? 何以識其同異哉?

7. 기타 참고자료

《冊府元龜》(745)・《能改齋漫錄》(15)

376(12-16) 晏子使楚
키 작은 내가 사신으로 온 까닭

안자晏子가 초楚나라에 사신으로 갔을 때이다. 안자는 키가 작았다. 이에 초나라 사람들이 대문 옆에 작은 문을 따로 만들어 놓고, 안자로 하여금 그 좁은 문으로 들게 하였다. 그러자 안자가 들어가지 않고 서서 이렇게 말하였다.

"개의 나라에 사신으로 왔다면 개구멍으로 들어가겠지만, 나는 지금 초나라에 사신으로 온 것이다. 이 문으로 들어갈 수는 없다."

안내자는 어쩔 수 없이 대문으로 들게 하였다. 안자가 이번에는 초왕을 만나자 초왕이 물었다.

"제齊나라에는 사람이 없습니까?"

안자가 되물었다.

"제나라는 임치臨淄에 3백이나 되는 여항閭巷이 있고, 사람들의 옷소매가 휘장처럼 드리워져 있으며, 그들이 땀을 뿌리면 비가 오듯합니다. 이처럼 어깨와 발꿈치가 부딪쳐 걸을 수 없을 정도인데 사람이 없다니요?"

왕이 다시 물었다.

"그렇다면 어찌 그대같이 작은 사람이 우리나라에 사신으로 왔소?"

안자는 얼른 이렇게 대답하였다.

"제나라에서 사신을 보낼 때에는 각각 그 상대 나라의 임금에 따라 다르지요. 상대 나라 임금이 어질면 어진 자를 보내고, 상대 나라가 불초하면 불초한 자를 보냅니다. 제나라 사람 가운데 제가 가장 불초하여 그 때문에 귀국 초나라의 사신으로 가장 적합하였을 따름입니다!"

晏子使楚. 晏子短, 楚人爲小門於大門之側, 而延晏子.
晏子不入, 曰:「使至狗國者, 從狗門入. 今臣使楚, 不當從此門.」
儐者, 更從大門入見楚王.
王曰:「齊無人耶?」
晏子對曰:「齊之臨淄三百閭, 張袂成帷, 揮汗成雨. 此肩繼踵而在, 何爲無人?」
王曰:「然則何爲使子?」
晏子對曰:「齊命使, 各有所主. 其賢者, 使賢主, 不肖者, 使不肖主. 嬰最不肖, 故宜使楚耳.」

【晏子】 晏嬰.
【臨淄】 齊나라의 서울. 지금의 山東省 淄博市 臨淄鎭.
【閭巷】 골목과 거리. 또는 행정구역의 수로 보는 것이 알맞을 듯하다.

참고 및 관련 자료

1. 《晏子春秋》 雜下

晏子使楚, 以晏子短, 楚人爲小門於大門之側而延晏子. 晏子不入, 曰:「使狗國者, 從狗門入; 今臣使楚, 不當從此門入.」儐者更從大門入, 見楚王. 王曰:「齊無人耶?」晏子對曰:「臨淄三百閭, 張袂成陰, 揮汗成雨, 比肩繼踵而在, 何爲無人?」王曰:「然則子何爲使乎?」晏子對曰:「齊命使, 各有所主, 其賢者使使賢王, 不肖者使使不肖王. 嬰最不肖, 故直使楚矣.」

2. 기타 참고 자료

《初學記》·《太平御覽》(378, 779, 905)·《藝文類聚》(25, 94) 등

377(12-17) 秦楚戰兵
피가 묻은 종고

진秦·초楚 두 나라가 전쟁을 벌였다. 이에 진나라가 초나라에
사신을 보내어 사정을 알아보도록 하였다. 초왕은 사신이 도착하자
사람을 시켜 그를 이렇게 희롱하여 묻도록 하였다.

"그대는 올 때 점을 쳐보았소?"

사신이 대답하였다.

"그렇소."

그 사람이 다시 물었다.

"그래, 그 점괘가 어떠하였소?"

사신이 대답하였다.

"길吉하다 하였습니다."

그러자 그 초나라 사람은 이렇게 빈정대어 말하였다.

"아! 심하도다. 그대 나라에는 좋은 거북껍질도 없지 않소? 우리
왕께서 그대를 죽여 그 피를 종鐘에 발라 버리겠다고 벼르고 있는데
어찌 길한 괘가 나왔단 말이오?"

진나라 사신은 이렇게 말하였다.

"진·초 두 나라가 싸움을 벌이자 우리 왕께서 나를 귀국의 사신으로
보내어 살펴보도록 하였소. 그런데 내가 이곳에서 죽어 돌아가지 못한
다면 우리 임금은 더욱 경계를 하고, 모든 군대를 바로 세워 귀국을
방비하게 될 것이오. 이것이 바로 길하다는 것입니다. 또 사람이 죽고
나서 아무것도 모를 양이면, 종에다가 그 피를 바른들 무슨 고통을

알겠소? 그러나 사람이 죽어서도 무언가를 안다면, 내가 죽어 어찌 진나라를 망하게 하고 귀국 초나라를 돕겠소?

내 장차 그 피가 묻은 종고鐘鼓를 소리가 나지 않도록 할 것이오. 종고가 소리를 내지 못한다면 장차 사졸을 정비하고 군대를 다스릴 방법이 없어질 것입니다. 무릇 남의 나라 사신을 죽이거나, 남의 계획을 멸절시키는 일은 옛날부터 내려오는 통의通義에 어긋나는 일입니다. 그대 대부께서는 깊이 헤아려 보시기 바라오!"

초나라 사자가 이를 초왕에게 보고하자, 초왕은 그를 풀어 주고 말았다. 이를 일컬어 '조명造命'이라 한다.

秦楚轂兵, 秦王使人使楚, 楚王使人戲之曰:「子來亦卜之乎?」

對曰:「然!」

「卜之謂何?」

對曰:「吉.」

楚人曰:「噫! 甚矣! 子之國無良龜也. 王方殺子以釁鐘, 其吉如何?」

使者曰:「秦楚轂兵, 吾王使我先窺我死而不還, 則吾王知警戒, 整齊兵以備楚, 是吾所謂吉也. 且使死者, 而無知也, 又何釁於鐘, 死者, 而有知也, 吾豈錯秦相楚哉? 我將使楚之鐘鼓無聲, 鐘鼓無聲, 則將無以整齊其士卒而理君軍. 夫殺人之使, 絶人之謀, 非古之通議也. 子大夫試熟計之.」

使者, 以報楚王. 楚王赦之. 此之謂「造命」.

【轂兵】수레를 부딪쳐 싸움. 곧 전쟁을 의미한다.
【釁鐘】사람을 죽여 그 피를 鐘이나 儀器에 칠하는 것.

【錯秦相楚】秦나라를 불리하게 하고 楚나라를 돕는 것을 뜻한다.
【造命】 "짧은 시간(造次之間)에 使命을 완수하다"의 뜻.

참고 및 관련 자료

1.《韓非子》說林(下)

荊王伐吳, 吳使沮衛蹶融犒於荊師而將軍曰:「縛之, 殺以釁鼓.」問之曰:「汝來卜乎?」答曰:「卜.」「卜吉乎?」曰:「吉.」荊人曰:「今荊將與汝釁鼓其何也?」答曰:「是故其所以吉也. 吳使人來也, 固視將軍怒. 將軍怒, 將深溝高壘; 將軍不怒, 將懈怠. 今也將軍殺臣, 則吳必警守矣. 且國之卜, 非爲一臣卜. 夫殺一臣而存一國, 其不言吉何也? 且死者無知, 則以臣釁鼓無益也; 死者有知也, 臣將當戰之時, 臣使鼓不鳴.」荊人因不殺也.

2.《左傳》昭公 5年

楚子以馹至於羅汭. 吳子使其弟蹶由犒師, 楚人執之, 將以釁鼓. 王使問焉, 曰:「女卜來吉乎?」對曰:「吉. 寡君聞君將治兵於敝邑, 卜之以守龜, 曰:『余亟使人犒師, 請行以觀王怒之疾徐, 而爲之備, 尙克知之.』龜兆告吉, 曰:『克可知也.』君若驩焉, 好逆使臣, 滋敝邑休怠, 而忘其死, 亡無日矣. 今君奮焉震電馮怒, 虐執使臣, 將以釁鼓, 則吳知所備矣. 敝邑雖羸, 若早修完, 其可以息師. 難易有備, 可謂吉矣. 且吳社稷是卜, 豈爲一人. 使臣獲釁軍鼓, 而敝邑知備, 以禦不虞, 其爲吉孰大焉. 國之守龜, 其何事不卜? 一臧一否, 其誰能常之? 城濮之兆, 其執在郊. 今此行也, 其庸有執志.」乃弗殺.

378(12-18) 楚使使聘於齊
오동나무의 나이

초楚나라가 사신을 시켜 제齊나라에 보빙報聘토록 하자, 제왕이 이를 위해 오궁梧宮에서 큰 향연을 베풀었다. 초나라 사신이 그 궁궐의 큰 오동나무를 보고 감탄하였다.

"크기도 하구나, 오동나무여!"

그러자 제왕이 이렇게 말하였다.

"강해江海의 큰물에 사는 고기라야 배를 삼킬 수 있듯이 나라가 크니 나무도 큰 것입니다. 사신께서는 무얼 그리 놀라십니까?"

초나라 사신이 이렇게 말하였다.

"옛날 연燕나라가 귀국 제나라를 공격할 때, 낙로雒路를 따라 제수濟水의 다리를 건너 옹문雍門에 불을 질렀습니다. 이렇게 제나라의 왼쪽만 쳤는데도 오른쪽까지 텅 비었으며, 그때 왕촉王歜은 두산杜山에서 목을 매어 자결하였고, 공손차公孫差는 용문龍門에서 싸우다 죽어 연나라는 치수淄水와 면수澠水에서 말을 놓아 물을 먹였지요. 그러고 나서 낭야琅邪까지 휩쓸고 내려가자, 귀국 제나라 왕과 태후는 거莒 땅으로 피하여 성양산城陽山에 숨어야 했습니다. 그때에 이 오동나무는 얼마나 컸었습니까?"

왕은 난처하였다.

"진陳 선생이 대답해 보시오."

그러자 진자陳子는 이렇게 대답하였다.

"저는 조발刁勃만큼 똑똑치 못합니다."

왕이 이번에는 조발에게 대답을 명하였다.

"조ㄱ 선생이 한 번 대답해 보시오!"

조발이 이렇게 대답하였다.

"사신께서는 이 오동나무의 나이를 묻는 것입니까? 지난날 형荊, 楚의 평왕平王이 무도하여 신申씨에게 위해를 가하고, 오자서伍子胥의 아버지와 형을 죽이자, 오자서는 머리를 풀고 오吳나라에 걸식을 하였습니다. 합려闔閭가 이를 등용시켜 장수로 삼자, 3년 만에 오나라 군대를 이끌고 초나라에 원수를 갚겠다고 나서 백거栢擧에서 이겨 백만 군사의 목을 잘랐지요. 그때 장군 낭와囊瓦는 정鄭나라로 도망쳤고, 초왕은 수隨 땅에서 겨우 보호를 받았습니다. 오자서가 오吳나라 군대를 이끌고 초나라 수도 영郢까지 쳐들어갈 때, 오군吳軍은 마치 구름 떼처럼 영의 도시로 밀려들었습니다.

오자서는 몸소 그 궁문에 활을 쏘면서 평왕의 무덤을 찾아 시체를 꺼내어 태질을 하면서 그 죄를 물었지요. '나의 아버지와 형은 아무 죄도 없는데, 너는 그 두 분을 죽였다'라고. 그리고는 사졸들에게 1백 대씩 두들기도록 한 후에야 그쳤습니다. 그때에 이 오동나무는 그 오자서의 활을 만들 만한 크기였지요!"

楚使使聘於齊, 齊王饗之梧宮.

使者曰:「大哉梧乎!」

王曰:「江海之魚吞舟, 大國之樹必巨, 使何怪焉!」

使者曰:「昔燕攻齊, 遵雒路, 渡濟橋, 焚雍門, 擊齊左而虛其右, 王歜絕頸而死於杜山; 公孫差格死於龍門, 飲馬乎淄澠, 定獲乎琅邪, 王與太后奔于莒, 逃於城陽之山, 當此之時, 則梧之大何如乎?」

王曰:「陳先生對之.」

陳子曰:「臣不如刁勃.」

王曰:「刁先生應之.」

刁勃曰:「使者問梧之年耶? 昔者, 荊平王爲無道, 加諸申氏, 殺子胥父與其兄. 子胥被髮乞食於吳. 闔廬以爲將相. 三年, 將吳兵復讎乎楚, 戰勝乎柏擧, 級頭百萬, 囊瓦奔鄭, 王保於隨. 引師入郢, 軍雲行乎郢之都. 子胥親射宮門, 掘平王冢, 笞其墳, 數以其罪. 曰: 『吾先人無罪, 而子殺之.』 士卒人加百焉, 然後止. 當若此時, 梧可以爲其柎矣.」

【報聘】答聘.

【雊路】길 이름. 〈四部叢刊本〉에는 '路'로 되어 있다.

【濟水】齊나라 경내의 강 이름.

【雍門】齊나라 서울 臨淄의 門樓. 城門.

【王歜】燕·齊 싸움 때의 齊나라 장수.

【杜山】齊나라 山東에 있는 산 이름.

【公孫差】당시 齊나라의 장수.

【龍門】地名. 齊나라의 경내인 듯하다.

【淄水】수도 臨淄를 흐르는 강 이름.

【澠水】제나라 경내의 물 이름.

【琅邪】琅琊라도 쓰며, 지금의 山東省 諸城縣 바닷가에 있는 樓臺.

【莒】燕·齊의 싸움에서 卽墨과 莒만 남았다. 《史記》田單樂毅列傳, 燕世家, 田敬仲完世家 참조.

【城陽山】莒 땅 근처의 산 이름.

【陳先生·陳子】당시 陳氏 姓의 신하.

【刁勃】당시의 신하 이름. 〈四部叢刊本〉에는 '刀勃'로 되어 있다.

【荊】楚의 別稱.

【平王】楚나라 군주. 伍子胥의 아버지와 형을 죽였다. 재위 13년(B.C.528~516). 이에 대한 기록은 《史記》伍子胥列傳을 참조할 것. 伍子胥를 申胥라도 부른다.

【闔閭】 吳나라 군주. 재위 19년(B.C.514~496).
【栢擧】 지금의 湖北省 麻城縣. 吳·楚의 싸움터.
【囊瓦】 楚나라 장수.
【鄭】 당시의 소국.
【隨】 춘추시대의 소국. 楚에게 망하였다. 지금의 湖北省 隨縣.
【郢】 楚나라의 서울. 지금의 湖北省 江陵縣.
【柑】 '그 나무에 의지해 화살을 피하다'의 뜻으로도 본다(《全譯》).

두 장수의 거창한 이름

채蔡나라는 두 사람을 초楚나라에 사신으로 보내면서, 그 두 사람 이름을 거짓으로 사강師强과 왕견王堅이라 하였다. 초왕이 이들이 온다는 소식을 듣고 말하였다.

"사람 이름이 대단하군! 어찌 그 이름의 뜻이 홀로 군사는 강하고, 임금은 굳세다라 하는고?"

그리고는 그 둘을 만나 보았더니 예절의 순서도 모르고 그 형상은 그 이름이 의심스러울 정도였으며, 목소리조차 추하고 형색이 말이 아니었다. 초왕이 크게 노하여 이렇게 말하였다.

"채나라에 사람이 없는가? 그렇다면 쳐도 되겠구나. 사람이 있는데도 보내지 않았는가? 그렇게 예의 없다면 쳐도 되겠구나. 이렇게 거짓 이름을 붙여 나를 경계시키려 하는가? 그렇다면 쳐도 되겠구나!"

그러므로 두 사신을 보냈다가 초나라의 세 가지 공격 동기를 유발하였으니 바로 채나라 스스로 자초한 화근이다.

蔡使師强·王堅使於楚. 楚王聞之, 曰:「人名多章章者, 獨爲師强, 王堅乎?」

趣見之, 無以次, 視其人狀, 疑其名而醜其聲, 又惡其形.

楚王大怒曰:「今蔡無人乎? 國可伐也. 有人不遣乎? 國可伐也.

端以此人誠寡人乎? 國可伐也.」

　故發二使, 見三謀伐者蔡也.

【師强】‘군사가 강하다’는 뜻을 사람 이름에 붙인 것.
【王堅】‘임금이 굳세다’는 뜻을 사람 이름에 붙인 것.

여섯 달이나 늦은 사신

조간자趙簡子가 위衛나라를 치려고 사암史黯을 시켜 사정을 살피되 한 달 만에 돌아오도록 명하였다. 그런데 사암은 여섯 달이나 지나서야 돌아오는 것이었다.

간자가 늦은 이유를 묻자 사암이 이렇게 설명하였다.

"이익을 도모하려다가 도리어 해를 입는 경우가 있으니 이는 자세히 살피지 않아서입니다. 지금 거백옥蘧伯玉이 재상으로 있고 사추史鰌가 보좌하고 있으며, 공자孔子가 손님으로 와 있고 자공子貢이 그 임금 밑에서 명령을 잘 따르고 있습니다.

《역易》에 "그 많은 무리들을 어질게 모아들이면 원元하고 길吉하리라"(渙其羣, 元, 吉)라 하였습니다. 환渙은 '어질다賢'의 뜻이고, 군羣은 '많다衆'는 뜻이며, 원元은 길吉의 시작이라는 뜻입니다. 그래서 '환기군渙其群 하면 원元, 길吉하리라'라 한 것은 그 보좌들이 모두 어질다는 뜻입니다."

간자는 이 말에 군대를 눌러 놓고 움직이지 못하도록 하였다.

楚簡子將襲衛, 使史黯往視之, 期以一月, 六月而後反.

簡子曰:「何其久也?」

黯曰:「謀利而得害, 由不察也. 今蘧伯玉爲相, 史鰌佐焉, 孔子爲客, 子貢使令於君前甚聽. 易曰:『渙其羣, 元, 吉.』渙者賢也,羣者, 象也, 元者, 吉之始也. 渙其羣, 元, 吉者, 其佐多賢矣.」
簡子按兵而不動耳.

【趙簡子】春秋 말기 晉나라 六卿의 하나.
【史黯】趙簡子의 신하. 춘추시대 晉나라의 太史.
【六日】六月의 誤記.
【蘧伯玉】衛靈公의 재상. 어질기로 소문남. 《論語》참조.
【史鰌】衛靈公의 신하. 蘧伯玉을 추천하였다. 史鰌로도 쓰며 자는 史魚.
【孔子】仲尼. 丘.
【子貢】孔子 제자. 端木賜.
【易曰】《周易》渙卦 六四의 爻辭.
【象】衆의 誤記.

참고 및 관련 자료

1. 《呂氏春秋》 召類篇

趙簡子將襲衛, 使史黯往睹之, 期以一月. 六月而後反, 趙簡子曰:「何其久也?」史黯曰:「謀利而得害, 猶弗察也. 今蘧伯玉爲相, 史鰌佐焉, 孔子爲客, 子貢使令於君前甚聽. 易曰:『渙其群; 元吉.』渙者, 賢也; 群者, 衆也; 元者, 吉之始也. 渙其群元吉者, 其佐多賢也.」趙簡子按兵而不動.

2. 《淮南子》 主術訓

簡子欲伐衛, 使史黯往覿焉. 還報曰:「蘧伯玉爲相, 未可以加兵. 固塞險阻, 何足以致之?」

381(12-21) 魏文侯使舍人毋擇
놓쳐 버린 고니

위魏 문후文侯가 사인舍人 무택毋擇으로 하여금 고니 한 마리를
제齊나라 임금에게 갖다 바치도록 하였다.

그런데 무택은 가는 길에 이 새를 놓쳐 버리고 말았다.

이에 빈 조롱鳥籠만 들고 제나라 임금을 찾아가 이렇게 말하였다.

"저의 임금이 제게 고니 한 마리를 갖다 바치도록 하였습니다. 그런데
오는 길에 그 새가 기갈飢渴이 든 듯해 끌어내어 물을 먹여 주었지요.
그랬더니 그 새가 그만 하늘을 찌르듯 날아가 되돌아오지 않는 것이었습
니다. 돈으로 그런 새를 한 마리 사서 가져올까 생각지 않은 것은
아니지만, 이는 임금의 신하가 되어 나랏돈을 마구 쓰는 것이 아닌가
하여 그만두었습니다.

또 칼을 빼어 스스로 죽어 저 들 가운데 썩은 시체, 마른 해골로
변해야 되겠다고 생각지 않은 것은 아니지만, 그렇게 되면 우리 임금이
고니는 귀하게 여기면서 선비는 천하게 여긴다는 것을 알리는 것 같아
그만두었습니다.

그런가 하면 저 진陳·채蔡 땅으로 도망가 버려야겠다고 생각이 들지
않은 것은 아니지만, 그렇게 되면 두 임금 사이의 사신 왕래를 끊는
꼴이 되어 그것도 실행하지 못하였습니다. 그래서 감히 몸을 아끼고
죽음으로부터 피하고 싶은 생각이 없이 빈 조롱을 갖다 바치오니 오직
왕께서 제게 부질斧質의 사형을 내려주시기 바랍니다."

제나라 왕이 이 말을 듣자 크게 기뻐하며 이렇게 말하였다.

"과인이 지금 이 세 마디 얻은 것이 고니 한 마리 얻은 것보다 훨씬 값지오. 과인이 이 도읍지에 교외의 1백 리의 땅을 드릴 테니 대부께서는 이를 탕목읍湯沐邑으로 삼아 주시기 바라오!"

그러자 무택은 이렇게 말하였다.

"어찌 임금의 사신이 되어 경홀히 돈을 받으며 제후로부터 땅을 얻는 이익을 구할 수 있겠습니까?"

그리고는 떠나 돌아오지 않았다.

魏文侯使舍人毋擇, 獻鵠於齊侯. 毋擇行道失之.

徒獻空籠, 見齊侯曰:「寡君使臣毋擇獻鵠, 道飢渴, 臣出而飲食之, 而鵠飛沖天, 遂不復反. 念思非無錢以買鵠也, 惡有爲其君使, 輕易其弊者乎? 念思非不能拔劍刎頸, 腐肉暴骨於中野也, 爲吾君貴鵠而賤士也. 念思非不敢走陳·蔡之間也, 惡絶兩君之使, 故不敢愛身逃死, 來獻空籠, 唯主君斧鑕之誅.」

齊侯大悅曰:「寡人今者得玆言, 三賢於鵠遠矣. 寡人有都郊地百里, 願獻子大夫以爲湯沐邑.」

毋擇對曰:「惡有爲其君使而輕易其幣, 而利諸侯之地乎?」

遂出不反.

【魏文侯】戰國 초기 魏나라의 영명한 군주. 재위 50년(B.C.445~396)

【舍人】임금을 측근에서 모시는 직책.

【毋擇】魏文侯의 신하. 〈四庫本〉에는 '毋擇'으로 되어 있으며《史記》注에는 '無擇'으로 되어 있다.

【陳蔡】齊나라나 魏나라가 아닌 곳으로 도망감을 말한다.

【斧質】고대의 刑具.

【湯沐邑】고대에 功臣에게나 戚臣에게 목욕값이나 거두어 쓰라는 뜻으로 주는
선물용 토지.

참고 및 관련 자료

1.《韓詩外傳》卷10

傳曰: 齊使使獻鴻於楚, 鴻渴, 使者道飮, 鴻攫篅潰失. 使者遂之楚, 曰:「齊使臣獻鴻,
鴻渴, 道飮, 攫篅潰失. 臣欲亡去, 爲兩君之使不通. 欲拔劍而死, 人將以吾君賤士貴
鴻也. 攫篅在此, 願以將事.」楚王賢其言, 辯其詞, 因留而賜之, 終身以爲上客.
故使者必矜文辭, 喩誠信, 明氣志, 解結申屈, 然後可使也. 詩曰:『辭之懌矣, 民之莫矣.』

2.《史記》滑稽列傳

昔者齊王使淳于髡獻鵠於楚. 出邑門, 道飛其鵠, 徒揭空籠, 造詐成辭, 往見楚王曰:
「齊王使臣來獻鵠, 過於水上, 不忍鵠之渴, 出而飮之, 去我飛亡. 吾欲刺腹絞頸而死,
恐之議吾王, 以鳥獸之故, 令士自傷殺也. 鵠, 毛物多相類者, 吾欲買而代之, 是不信
而欺吾王也. 欲赴他國奔亡, 痛吾兩主使不通, 故來服過. 叩頭, 受罪大王.」楚王曰:
「善, 齊王有信士若此哉!」厚賜之, 財倍鵠在也.

3.《藝文類聚》(90)

齊使獻鴻於楚, 鴻渴, 使者於道飮鴻而失之. 使者至楚, 曰:「臣欲亡去, 爲兩使不通,
欲絞頸而死, 將以吾君賤士貴鴻也.」楚王賢之, 以爲上客.

4. 기타 참고자료

《太平御覽》(916)・《史記》〈滑稽列傳〉索隱

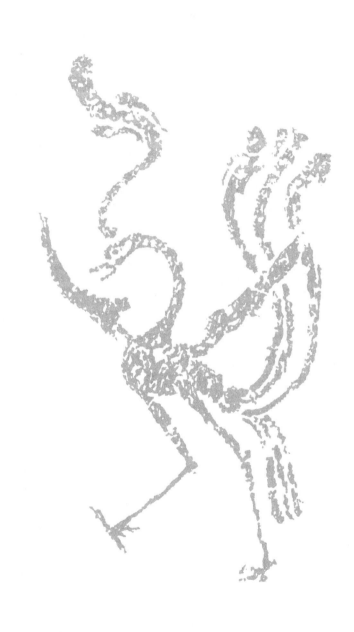

卷十三. 권모편權謀篇

"권모權謀"란 권세를 위한 계략이나 모책 등을 말한다. 본권은 이에 관한 일화와 고사 등을 모은 것이다.

모두 48장(382~429)이다.

382(13-1) 聖王之擧事
모책을 잘 짜는 두 가지 방법

성왕聖王이 일을 도모할 때에는 반드시 먼저 이를 계획과 염려 속에 깊이 생각해 보고, 그런 연후에 시초蓍草와 거북으로 점까지 쳐서 따져 보기도 하였다. 그런가 하면 가난한 집의 선비도 모두 그 계획에 관여시켰고, 꼴 베고 나무하는 천한 백성들의 마음조차 다 헤아려 보았다. 그래서 1만 가지 일을 벌여도 그 계획과 정책에 유실遺失됨이 없었던 것이다.

전傳에 이렇게 말하였다.

"여러 사람의 의견은 하늘의 뜻을 헤아릴 수 있다. 이를 모두 모아 듣되 결단을 내리는 것은 한 사람에게 달려 있다."

이것이 곧 큰 모책謀策을 실현시키는 기술이다.

모책에는 두 가지 종류가 있다.

가장 좋은 모책은 천명天命을 아는 것이요, 그 다음은 인사人事를 아는 것이다. 천명을 알게 되면 존망화복의 근원을 미리 알 수 있고, 성쇠흥폐의 시작을 일찍 알 수 있으며, 아직 싹트지 않은 일을 방비할 수 있고 형태를 갖추지 않은 재난으로부터 피해 나갈 수 있다. 이와 같은 자가 난세에 난다면 반드시 천하의 권세를 잡을 수 있을 것이다. 또 인사를 아는 것만으로도 대단한 정도이다. 일이 되어 가는 것을 보고 득실성패의 분화分化를 알아서 그 끝이 어디인지를 판단하여야 한다. 그래야 이루어 놓은 공과 업적을 그르치는 일이 없게 되는 것이다.

공자孔子는 이렇게 말하였다.

"도道로는 같이 갈 수 있으나 권세權勢로는 같이 갈 수 없다."

그러니 무릇 천명이나 인사를 모르는 자가 어찌 권모權謀의 기술을 얻을 수 있겠는가?

대저 권모에는 정당正當한 것과 사악邪惡한 것이 있다. 군자의 권모는 정당한 것이고, 소인의 권모는 사악한 것이다. 정당한 것이란 그 권모가 공정公正함을 말한다. 그 때문에 백성을 위해 진심을 다하므로 성실하게 마련이다. 그러나 사악한 권모는, 사욕을 좋아하고 이익을 숭상하므로 백성을 위하는 것도 속임수일 수밖에 없다. 속이면 어지러워지고 성실하면 공평하게 된다.

이 까닭으로 요堯임금의 아홉 신하는 성실히 하였기 때문에 능히 조정에서 흥하게 되었고, 네 명의 신하는 사악하였기 때문에 들에 쫓겨 죽음을 당하고 만 것이다.

성실히 하면 후세까지 융성함이 이어지지만, 사악하게 굴면 당장 그 몸에서 멸망하고 만다. 천명과 인사를 알면서 권모에도 능한 자는 반드시 성실인지 속임수인지의 근원을 잘 살펴 처신해야 한다. 이것 역시 권모의 기술이다.

무릇 지혜로운 자가 일을 벌일 때에는 가득 차면 겸손히 해야 함을 염려하고, 평탄한 경우에는 험한 경우를 대비하며, 편안할 때에는 위태로움을 염려하고, 굽었을 때는 곧은 것을 염두에 둔다. 그 예측을 중히 여기되 그에 미치지 못할까 두려워한다. 이렇게 하면 1백 가지 일을 벌여도 함정에 빠지지 않을 것이다.

聖王之擧事, 必先諦之於謀慮, 而後考之於蓍龜. 白屋之士, 皆關其謀; 芻蕘之役, 咸盡其心. 故萬擧而無遺籌失策.

傳曰:「衆人之智, 可以測天, 兼聽獨斷, 惟在一人.」

此大謀之術也. 謀有二端: 上謀知命, 其次知事. 知命者, 預見

存亡禍福之原, 早知盛衰廢興之始, 防事之未萌, 避難於無形,
若此人者, 居亂世, 則不害於其身, 在乎太平之世, 則必得天下
之權: 彼知事者, 亦尙矣, 見事而知得失成敗之分, 而究其所終極,
故無敗業廢功.

孔子曰:「可與適道, 未可與權也.」

夫非知命知事者, 孰能得權謀之術. 夫權謀有正有邪; 君子
之權謀正, 小人之權謀邪.

夫正者, 其權謀公, 故其爲百姓盡心也誠; 彼邪者, 好私尙利,
故其爲百姓也詐. 夫詐則亂, 誠則平, 是故, 堯之九臣, 誠而興於朝,
其四臣, 詐而誅於野.

誠者, 隆至後世; 詐者, 當身而滅. 知命知事, 而能於權謀者,
必察誠詐之原, 而以處身焉, 則是亦權謀之術也.

夫知者擧事也, 滿則慮溢, 平則慮險, 安則慮危, 曲則慮直.
由重其豫, 惟恐不及, 是以百擧而不陷也.

【諦】謹愼細心의 뜻.
【蓍龜】'蓍'는 풀의 일종으로 점치는 데 사용한다. 가새풀이라 한다. '龜'는 거북
  껍질. 역시 점치는 데 이용한다.
【白屋】가난한 집을 말한다.
【可與適道】《論語》子罕篇에 "子曰可與共學, 未可與適道, 可與適道, 未可與立,
  可與立, 未可與權"이라 하였으며, 朱子 注에 "可與權, 謂能權輕重, 使合義也"라
  하였다.
【九臣】禹·皐陶·契·后稷·伯夷·夔龍·垂·益·彭祖 모두 堯舜 시대의 훌륭한
  보좌.
【四臣】共工·驩兜·三苗·鯀을 말함. 모두 舜에게 추방당하거나 처형당하였다.
【直則慮曲】《說苑疏證》에 "直則慮曲, 原曲直二字錯置, 從尾張氏纂注改"라
  하였다.

1. 《荀子》仲尼篇

故知者之擧事也, 滿則慮嗛, 平則慮險, 安則慮危, 曲重其豫, 猶恐及其禍, 是以百擧
而不陷也. 孔子曰:「巧而好度, 必節; 勇而好同, 必勝; 知而好謙, 必賢.」此之謂也.

383(13-2) 楊子曰事之可以之貧
천명을 아는 자는 미혹함이 없다

양주楊朱가 말하였다.

"일을 하다 보면 가난해질 수도 있고 부유해질 수도 있다. 이것이 곧 사람이 마음 놓고 행동하지 못하도록 하는 요소이다. 또 일에 따라 살아날 수도 있고 죽을 수도 있다. 이것이 곧 사람을 마음 놓고 용기를 낼 수 없도록 하는 것이다."

복자僕子는 이 말을 듣고 이렇게 평하였다.

"양주는 지혜롭기는 하나 천명을 모른다. 그래서 그의 지식은 많은 사람들에게 의심을 갖게 한다."

《논어論語》에 "천명을 아는 자는 미혹함이 없다"라 하였으니 바로 안영晏嬰이 그러한 인물이다.

楊子曰:「事之可以之貧, 可以之富者, 其傷行者也; 事之可以之生, 可以之死者, 其傷勇者也.」

僕子曰:「楊子智而不知命, 故其知多疑.」

語曰:『知命者, 不惑.』晏嬰是也.」

【楊子】楊朱. 전국시대 諸子 중에 道家의 爲我派(利己主義)로 알려진 人物. 字는 子居. 老子에게 배웠다고 하며, 著作은 남아 있지 않고 《列子》 중에

楊朱篇(혹은 達生篇이라고도 함)이 있다. 孟子는 그의 학설을 혹평하여 "楊氏爲我,
是無君也"(滕文公下), "楊氏取爲我, 拔一毛而利天下, 不爲也"(盡心上)이라
하였다. 그 외《呂氏春秋》不二篇,《莊子》駢拇篇・胠篋篇 등에도 楊朱에 대한
비평이 있다.
【僕子】人名. 생애는 未詳.
【語曰】《論語》子罕篇에 "子曰知者不惑, 仁者不憂, 勇者不懼"라 하였다.
【晏嬰】晏子・平仲. 齊나라 景公 때의 유명한 재상.《史記》管晏列傳 참조.

384(13-3) 趙簡子曰晉有澤鳴犢犨
둥지를 엎어 알을 깨 버린 곳에
봉황은 가지 않는 법

조간자趙簡子가 말하였다.

"진晉나라에는 택명澤鳴과 독주犢犨가 있고, 노魯나라에는 공구孔丘가 있다. 내 이 세 사람만 없애 버린다면 천하를 마음대로 할 수 있으리라!"

그리고는 택명과 독주를 불러 정치를 맡겼다가 죽여 버렸다. 다음으로 그는 노나라의 공자를 불렀다.

공자가 황하 가에 이르러 그 흐르는 물을 보고 이렇게 탄식하였다.

"아름답도다, 물이여. 넓기도 하다. 내가 이 물을 건너지 않음도 천명이로다!"

자로子路가 이 말을 듣고 달려와서 여쭈었다.

"방금 하신 말씀이 무슨 뜻인지 감히 여쭙습니다."

공자가 이렇게 설명하였다.

"무릇 택명과 독주는 진나라의 어진 대부였다. 조간자가 아직 성공하지 못하였을 때, 그들과 함께 배우고 익혔었다. 그러나 간자가 출세하자 이들을 죽인 후 정권을 휘어잡았다. 그래서 내 듣기로 '태胎를 갈라내고 어린 새끼를 불태우는 곳에 기린麒麟은 가까이가지 않으며, 냇물을 바짝 말린 다음 고기잡는 곳에는 교룡蛟龍이 노닐지 않는다. 또 둥지를 엎어 버리고 알을 깨뜨린 곳에 봉황은 가지 않는 법'이라 하였다. 또 군자란 자기와 같은 무리를 훼상시키는 일에는 깊은 애통을 느낀다고 들었다."

畫像磚〈鳳凰〉

　趙簡子曰:「晉有澤鳴犢犨, 魯有孔丘, 吾殺此三人, 則天下可圖也.」

　於是乃召澤鳴犢犨, 任之以政而殺之. 使人聘孔子於魯.

　孔子至河, 臨水而觀曰:「美哉水! 洋洋乎! 丘之不濟於此, 命也夫!」

　子路趨進曰:「敢問奚謂也?」

　孔子曰:「夫澤鳴犢犨, 晉國之賢大夫也. 趙簡子之未得志也, 與之同聞見, 及其得志也, 殺之而後從政, 故丘聞之:『刳胎焚夭, 則麒麟不至; 乾澤而漁, 蛟龍不遊; 覆巢毀卵, 則鳳凰不翔.』丘聞之: 君子重傷其類者也.」

【趙簡子】春秋 말기 晉나라 六卿의 하나.

【澤鳴】춘추시대 晉나라의 大夫.

【犢犨】역시 춘추시대 晉나라의 大夫.

【孔丘】孔子. 仲尼.

【子路】孔子의 제자. 仲由.

【刳胎焚夭~則鳳凰不翔】《戰國策》趙策에 "有覆巢毀卵, 而鳳凰不翔, 刳胎焚夭, 而麒麟不至"라 하였다.

참고 및 관련 자료

1.《史記》孔子世家

孔子旣不得用於衛, 將西見趙簡子. 至於河而聞竇鳴犢·舜華之死也, 臨河而嘆曰: 「美哉水, 洋洋乎! 丘之不濟此, 命也夫!」子貢趨而進曰: 「敢問何謂也?」孔子曰: 「竇鳴犢 舜華, 晉國之賢大夫也. 趙簡子未得志之時, 須此兩人而後從政; 及其已得志, 殺之乃從政. 丘聞之也, 刳胎殺夭則麒麟不至郊, 竭澤涸漁則蛟龍不合陰陽, 覆巢毀卵則鳳凰不翔. 何則? 君子諱傷其類也. 夫鳥獸之於不義也尙知辟之. 而況乎丘哉!」乃還息乎陬鄕, 作爲陬操以哀之. 而反乎衛, 入主蘧伯玉家.

2.《孔子家語》困誓篇

孔子自衛將入晉, 至河, 聞趙簡子殺竇犨鳴犢及舜華, 乃臨河而嘆曰: 「美哉水, 洋洋乎! 丘之不濟此, 命也夫!」子貢趨而進曰: 「敢問何謂也?」孔子曰: 「竇犨鳴犢·舜華, 晉之賢大夫也. 趙簡子未得志之時, 須此二人而後從政, 及其已得志也而殺之. 丘聞之, 刳胎殺夭, 則麒麟不至郊, 竭澤而漁, 則蛟龍不處其淵, 覆巢破卵, 則鳳凰不翔其邑. 何則, 君子違傷其類者也. 鳥獸之於不義, 尙知避之, 況於人乎!」遂還, 息於鄒, 作槃操以哀之.

3.《三國志》魏志 劉廙傳의 注에《新序》에서 인용된 것(단, 금본《新序》에는 없음).

趙簡子欲專天下, 謂其相曰: 「趙有犢犨, 晉有澤鳴, 魯有孔丘, 吾殺三人者, 天下可王也.」於是乃召犢犨·鐸鳴而問政焉, 已卽殺之. 使使者聘孔子於魯, 以胖牛肉迎於河上, 使者謂船人曰: 「孔子卽上船, 中河, 必流而殺之.」孔子至, 使者致命, 進胖牛之肉, 孔子仰天而嘆曰: 「美哉水乎! 洋洋乎, 使丘不濟此水者, 命也夫!」子路趨而進曰:

「敢問何謂也?」孔子曰:「夫犢犨・澤鳴, 晉國之賢大夫也, 趙簡子未得意之時, 須而後從政, 及其得意也, 殺之. 黃龍不反於涸澤, 鳳凰不離其蔚羅. 故剖胎焚林, 則麒麟不臻, 覆巢破卵, 則鳳凰不翔, 竭澤而漁, 則龜龍不見. 鳥獸之於不仁, 猶知避之, 況丘乎? 故虎嘯而谷風起, 龍興而景雲見, 擊庭鍾於外, 而黃鍾應於內. 夫物類之相感, 精神之相應, 若響之應聲, 影之象形, 故君子違傷其類者. 今彼已殺吾類矣, 何爲之此乎?」於是遂回車, 不渡而還.

4.《孔叢子》記聞篇

趙簡子使聘夫子, 夫子將至焉, 及河, 聞鳴犢與竇犨之見殺也, 迴輿而旋之衛, 使鄹遂爲操, 曰:「周道衰微, 禮樂陵遲, 文武旣墜, 吾將焉歸? 周遊天下, 靡邦可依. 鳳凰不識珍寶, 梟鴟眷然顧之, 慘然心悲! 巾車命駕, 將適唐都. 黃河洋洋, 攸攸之漁. 臨津不濟, 還轅息鄹. 傷予道窮, 哀彼無辜. 翱翔於衛, 復我舊盧. 從吾所好, 其樂祇且.」

5.《呂氏春秋》應同篇

夫覆巢毀卵, 則鳳凰不至, 剖獸食胎, 則麒麟不來, 乾澤涸漁, 則龜龍不往.

6.《戰國策》趙策

有覆巢毀卵, 而鳳凰不翔, 剖胎焚夭, 而麒麟不至.

385(13-4) 孔子與齊景公坐
불타버린 주나라 사당

공자孔子가 제齊 경공景公과 함께 앉아 있을 때 좌우 신하들이 급히 아뢰었다.

"주周나라에서 온 사신의 말에 의하면 주나라 사당이 불탔다 합니다."

이 말에 제 경공이 나와 물었다.

"어느 왕을 모신 사당인가?"

공자가 대답하였다.

"이는 희왕釐王의 사당일 것입니다."

경공이 물었다.

"어떻게 아십니까?"

공자는 이렇게 설명하였다.

"《시詩》에 '위대하신 하느님, 그 천명이 조금도 틀림이 없네! 하늘이 사람과 같이하시니 반드시 덕으로 갚으시네'라 하였으니, 화禍를 내리심도 이와 같습니다. 무릇 희왕은 문왕文王·무왕武王의 제도를 변질시켜 현황玄黃색으로 바꾸었고, 그 수레와 말은 사치스러워 더 이상 어쩔 수가 없게 되고 말았습니다. 이 까닭으로 하늘이 그 사당에 재앙을 내린 것입니다. 이러한 연유로 저는 그 사당일 것이라 여기는 것입니다."

경공이 의문을 나타내었다.

"그렇다면 하늘은 왜 그 자신에게 직접 재앙을 내리지 않습니까?"

공자가 설명하였다.

"하늘은 바로 문왕文王 때문에 그렇게 한 것이지요. 그 자신에게 재앙을 내리면 문왕의 제사가 끊어질 것이 아닙니까? 그 때문에 그 사당에 재앙을 내려 그의 허물을 들어 밝힌 것이지요!"

다시 좌우의 신하가 들어와 보고하였다.

"주나라 희왕의 사당이라 합니다."

이에 경공이 크게 놀라 일어서서 두 번 절한 다음 이렇게 감탄하였다.

"훌륭하십니다. 성인의 지혜여! 그 어찌 크다 하지 않을 수 있으리오!"

孔子與齊景公坐, 左右白曰:「周使來言廟燔.」

齊景公出問曰:「何廟也?」

孔子曰:「是釐王廟也.」

景公曰:「何以知之?」

孔子曰:「詩云:『皇皇上帝, 其命不忒. 天之與人, 必報有德.』禍亦如之. 夫釐王變文武之制, 而作玄黃宮室, 輿馬奢侈, 不可振也. 故天殃其廟, 是以知之.」

景公曰:「天何不殃其身?」

曰:「天以文王之故也. 若殃其身, 文王之祀, 無乃絶乎? 故殃其廟, 以章其過也.」

左右入報曰:「周釐王廟也.」

景公大驚, 起再拜曰:「善哉! 聖人之智, 豈不大乎!」

【齊景公】춘추시대 晏子가 모셨던 齊나라의 군주. 재위 58년(B.C.547~490).

【釐王】東周 때의 임금. 姬胡齊. 재위 5년(B.C.681~677).

【詩云】지금의《詩經》에는 실려 있지 않다. 逸詩이다.

【文武】 周나라의 文王(姬昌)과 武王(姬發). 모두 儒家의 聖王.

【玄黃宮】 궁궐 이름인 듯하다. 玄은 黑色으로 天孽, 黃은 土를 상징한다. 釐王이
天地에 비유하여 玄黃宮을 지었다. 그러나 周나라 文王・武王은 火德(赤色)을
숭상하였는데 釐王이 이에 상극인 玄色(水德)과 黃色(土德)으로 바꾸어 그
德運을 쇠미하게 하였다는 뜻으로도 본다.

참고 및 관련 자료

1.《孔子家語》六本篇

孔子在齊, 舍於外館, 景公造焉, 賓主之辭旣接, 而左右白曰:「周使適至, 言先王廟災.」
景公覆問,「災何王之廟也?」孔子曰:「此必釐王之廟.」公曰:「何以知之?」孔子曰:
「詩云:『皇皇上天, 其命不忒, 天之以善, 必報有德.』禍亦如之. 夫釐王變文武之制,
而作玄黃華麗之飾, 宮室崇峻, 輿馬奢侈, 而弗可振也. 故天殃所宜加其廟焉. 以是
占之爲然.」公曰:「天何不殃其身, 而加罰其廟乎?」孔子曰:「蓋以文武故也. 若殃
其身, 則文武之嗣無乃殄乎? 故當殃其廟以彰其過.」俄頃, 左右報曰:「所災者釐王
廟也.」景公驚起, 再拜曰:「善哉! 聖人之智, 過人遠矣.」

입만 보고 그 뜻을 알아낸 사람

환공桓公**과 관중**管仲이 거莒나라를 칠 계획을 세우고 있었다. 그 계획이 발표되기도 전에 나라 안에 소문이 퍼지고 말았다. 환공이 이상하게 여겨 관중에게 물었다. 그러자 관중이 이같이 대답하였다.

"이 나라에 틀림없이 성인聖人이 있을 것입니다."

이 말에 환공이 깊이 짚이는 바가 있어 탄식하며 말하였다.

"아! 그렇군. 한낮에 절굿공이를 들고 하늘을 쳐다보며 노역하는 자가 있었는데 혹시 그 사람이 아닐까?"

이에 그자에게 같은 일을 계속 하도록 명령을 전달하여 상대를 바꿀 수 없도록 하였다. 조금 후 과연 동곽수東郭垂가 왔다.

관중이 말하였다.

"이 사람이 틀림없다."

그리고는 안내원에게 그를 모시고 들라 하여 계단 중간에 세우도록 하였다. 관중이 다가가 물었다.

"그대가 거나라를 친다는 말을 퍼뜨렸소?"

그가 대답하였다.

"그렇소!"

관중이 다시 물었다.

"내가 그대에게 거나라를 칠 것이라는 말을 하지 않았는데, 그대는 무슨 근거로 거나라를 칠 것이라 여겼소?"

그는 이렇게 대답하였다.

"제가 들으니 군자는 계획을 잘 세우고, 소인은 추측에 뛰어나다고 합니다. 저야말로 추측해서 한 말이지요!"

관중이 다시 물었다.

"내가 거나라를 칠 것이라는 어떤 언질도 주지 않았는데, 그대가 어찌 추측을 할 수 있다는 말이오?"

그의 대답은 이러하였다.

"제가 듣기로 군자에게는 감출 수 없는 세 가지 표정이 있다고 하였습니다. 기뻐서 즐거움에 넘치는 자는 그 얼굴이 종고鐘鼓와 같은 빛이며, 근심스러워 조용한 사람은 최질縗絰의 빛이며, 의기가 충만한 자는 전쟁을 일으킬 얼굴빛이라 하였습니다. 지난번 제가 멀리서 대상臺上에 있는 그대를 바라보았더니 발연충만한 모습이었습니다. 그야말로 곧 전쟁을 일으킬 기색이었습니다. 또 우吁하면서 발음은 정확히 하지 않았지만 그 말은 바로 거라는 것을 알았고, 팔을 들어 어딘가를 가리키는 곳을 보니 바로 거나라 쪽이었습니다. 이에 제가 헤아려 보건대 작은 제후 중에 아직 복종하지 않은 나라는 오직 거나라밖에 없지 않습니까? 그 때문에 그렇게 말한 것입니다!"

이에 군자는 이렇게 말하였다.

"무릇 귀로써 듣는 것이 곧 소리이다. 지금 소리를 듣지 아니하고 그 얼굴과 팔을 보고 알아들으니, 바로 동곽수는 귀로써 소리를 들은 것이 아니다. 환공과 관중이 비록 모책에 뛰어났다고는 하지만 숨길 수가 없었다. 성인은 소리 없는 소리까지 들으며, 모양 없는 것까지 볼 수 있다. 바로 동곽수였다. 그래서 관중은 그에게 녹을 주어 모시고, 예로써 대접하였던 것이다."

齊桓公與管仲謀伐莒, 謀未發而聞於國. 桓公怪之, 以問管仲.
管仲曰：「國必有聖人也.」

桓公歎曰:「歖! 日之役者, 有執柘杵而上視者, 意其是邪!」
乃令復役, 無得相代.

少焉, 東郭垂至. 管仲曰:「此必是也.」

乃令儐者, 延而進之, 分級而立.

管仲曰:「子言伐莒者也?」

對曰:「然.」

管仲曰:「我不言伐莒, 子何故言伐莒?」

對曰:「臣聞君子善謀, 小人善意, 臣竊意之也.」

管仲曰:「我不言伐莒, 子何以意之?」

對曰:「臣聞君子有三色; 優然喜樂者, 鐘鼓之色; 愀然清靜者, 縗絰之色; 勃然充滿者, 此兵革之色也. 日者, 臣望君之在臺上也, 勃然充滿, 此兵革之色, 君吁而不吟, 所言者莒也, 君擧臂而指所當者莒也. 臣竊慮小諸侯之未服者, 其惟莒乎? 臣故言之.」

君子曰:「凡耳之聞, 以聲也. 今不聞其聲, 而以其容與臂, 是東郭垂不以耳聽而聞也. 桓公, 管仲雖善謀, 不能隱聖人之聽於無聲, 視於無形, 東郭垂有之矣. 故桓公乃尊祿而禮之.」

【桓公】齊桓公. 춘추오패의 하나.

【管仲】齊桓公의 재상. 管夷吾.

【莒】지금의 山東 지역 동쪽에 있던 小國. 桓公이 임금이 되기 전에 피신해 있었던 곳이며, 전국시대에는 燕의 침입을 받아 卽墨과 이곳만 남아 田單이 火牛攻法으로 국토를 회복하였던 곳이다. "毋忘在莒"의 고사를 남긴 곳이다.

【乃令復役, 無得相代】《管子》注에 "因得察君, 今不令相代, 彼亦知君覺已, 必當來也"라 하였다.

【東郭垂】人名.《管子》에는 '東郭郵'로,《呂氏春秋》와《韓詩外傳》에는 '東郭牙'로 되어 있다.

【鐘鼓之色】음악을 좋아하는 얼굴 표정.

【縗絰之色】縗絰은 喪服. 곧 부모 상을 당하였을 때와 같은 얼굴 표정.

【兵革之色】전쟁 중의 지도자와 같은 얼굴 표정.

【吽】'莒'와 음이 비슷하기 때문에(첩운) 멀리서 듣고 유추함.

참고 및 관련 자료

1.《管子》小問篇

桓公與管仲闔門而謀伐莒, 未發也, 而已聞於國矣. 桓公怒, 謂管仲曰:「寡人與仲父闔門而謀伐莒, 未發也, 而已聞於國, 其故何也?」管仲曰:「國必有聖人.」桓公曰:「然. 夫日之役者, 有執席食以視上者, 必彼是邪?」於是乃令之復役, 毋復相代. 少焉, 東郭郵至. 桓公令儐者延而上, 與之分級而上. 問焉, 曰:「子言伐莒者乎?」東郭郵曰:「然, 臣也.」桓公曰:「寡人不言伐莒, 而子言伐莒, 其故何也?」東郭郵對曰:「臣聞之, 君子善謀而小人善意, 臣意之也.」桓公曰:「子奚以意之?」東郭郵曰:「夫欣然喜樂者, 鐘鼓之色也; 夫淵然清靜者, 縗絰之色也, 漻然豐滿而手足拇動者, 兵甲之色. 日者臣視二君之在臺上也, 口開而不闔, 是言莒也; 舉手而指, 勢當莒也; 且臣觀小國諸侯之不服者, 唯莒於是. 臣故曰伐莒.」桓公曰:「善哉! 以微射明, 此之謂乎? 子其坐, 寡人與子同之.」

2.《呂氏春秋》重言篇

齊桓公與管仲謀伐莒, 謀未發而聞於國. 桓公怪之曰:「與仲父謀伐莒, 謀未發而聞於國, 其故何也?」管仲曰:「國必有聖人也.」桓公曰:「譆! 日之役者有執蹠癗而上視者, 意者其是邪!」乃令復役, 無得相代. 少頃, 東郭牙至. 管仲曰:「此必是己.」乃令儐者延之而上, 分級而立. 管子曰:「子邪, 言伐莒者?」對曰:「然.」管仲曰:「我不言伐莒, 子何故言伐莒?」對曰:「臣聞君子善謀, 小人善意, 臣竊意之也.」管仲曰:「我不言伐莒, 子何以意之?」對曰:「臣聞君子有三色: 顯然喜樂者, 鐘鼓之色也; 愀然清靜者, 衰絰之色也; 艴然充盈, 手足矜者, 兵革之色也. 日者, 臣望君之在臺上也, 艴色然充盈, 手足矜者, 此兵革之色也; 君呿而不吟, 所言者莒也; 君舉臂而指, 所當者莒也. 臣竊以慮, 諸侯之不服者, 其惟莒乎? 臣故言之.」凡耳之聞以聲也, 今不聞其聲而以其容與臂, 是東郭牙不以耳聽而聞也. 桓公・管仲雖善匿, 弗能隱矣.

3. 《韓詩外傳》卷4

齊桓公與管仲謀伐莒, 而國人知之. 桓公謂管仲曰:「寡人獨爲仲父言, 而國人知之,
何也?」管仲曰:「意者國中有聖人乎? 今東郭牙安在?」桓公顧曰:「在此.」管仲曰:
子有言乎?」東郭牙曰:「然.」管仲曰:「子何以知之?」曰:「臣聞君子有三色, 是以知之.」
管仲曰:「何謂三色?」曰:「歡忻愛說, 鍾鼓之色也. 愁悴哀憂, 衰絰之色也. 猛厲充實,
兵革之色也. 是以知之.」管仲曰:「何以知其莒也?」對曰:「君東南面而指, 口張而
不掩, 舌擧而不下, 是以知其莒也.」桓公曰:「善.」

4. 《論衡》知實篇

齊桓公與管仲謀伐莒, 謀未發而聞於國. 桓公怪之, 問管仲曰:「與仲甫謀伐莒, 未發,
聞於國, 其故何也?」管仲曰:「國必有聖人也.」少頃, 當東郭牙至, 管仲曰:「此必是已.」
乃令賓延而上之, 分級而立. 管仲曰:「子邪, 言伐莒?」對曰:「然.」管仲曰:「我不言
伐莒, 子何故言伐莒?」對曰:「臣聞君子善謀, 小人善意, 臣竊意之.」管仲曰:「我不
言伐莒, 子何以意之?」對曰:「臣聞君子有三色: 驩然喜樂者, 鍾鼓之色; 愁然清淨者,
衰絰之色; 怫然充滿, 手足矜者, 兵革之色. 君口垂不唫, 所言莒也; 君擧臂而指,
所當又莒也. 臣竊虞國小諸侯不服者, 其唯莒乎! 臣故言之.」夫管仲, 上智之人也,
其別物審事矣. 云「國必有聖人」者, 至誠謂國必有也. 東郭牙至, 云「此必是已」, 謂東
郭牙聖也.

5. 《列女傳》賢明篇「齊桓衛姬」의 내용 일부가 본편과 같다.

衛姬者, 衛侯之女, 齊桓公之夫人也. 桓公好淫樂, 衛姬爲之不聽鄭衛之音. 桓公用
管仲・甯戚, 行霸道, 諸侯皆朝, 而衛獨不至. 桓公與管仲謀伐衛, 罷朝入閨. 衛姬望見
桓公, 脫簪珥, 解環佩, 下堂再拜曰:「願請衛之罪.」桓公曰:「吾與衛無故, 姬何請耶?」
對曰:「妾聞之: 人君有三色: 顯然喜樂, 容貌淫樂者, 鐘鼓酒食之色; 寂然清靜, 意氣
沈抑者, 喪禍之色; 忿然充滿, 手足矜動者, 攻伐之色. 今妾望君, 擧趾高, 色厲音揚,
意在衛也, 是以請也.」桓公許諾. 明日臨朝, 管仲趨進曰:「君之涖朝也, 恭而氣下,
言則徐, 無伐國之志, 是釋衛也.」桓公曰:「善.」乃立衛姬爲夫人, 號管仲爲仲父.
曰:「夫人治內, 管仲治外, 寡人雖愚, 足以立於世矣.」君子謂衛姬信而有行. 詩曰:
「展如之人兮, 邦之媛也.」頌曰:「齊桓衛姬, 忠款誠信. 公好淫樂, 姬爲修身. 望色請罪,
桓公加焉. 厥使治內, 立爲夫人.」

6. 기타 참고자료

《金樓子》志怪篇

387(13-6) 晉太史屠餘見晉國之亂
가장 먼저 망할 나라

　　진晉나라 태사太史 도여屠餘가 진나라가 혼란스럽고, 그 진晉
평공平公조차 교만스러우며 덕행과 도덕이 없는 것을 보고, 그 나라
법전法典을 가지고 주周나라로 돌아와 버렸다. 주周 위공威公이 그를
만나 물었다.
　　"천하의 여러 나라 중에 어느 나라가 제일 먼저 망하리라 보십니까?"
　　도여가 대답하였다.
　　"진나라가 가장 먼저 망할 것입니다."
　　위공이 그 이유를 묻자 그는 이렇게 설명하였다.
　　"제가 감히 직접 말을 하지 못하여, 진나라 임금에게 하늘에서 내리는
징조로 설명하였지요. 즉 '일월성신日月星辰의 운행이 궤도를 벗어났다'고
요. 그랬더니 진나라 왕은 '어째서 그런가?'고 물었습니다. 그래서 '인사에
불의를 많이 저질러 백성의 원망이 깊어 그렇다'고 설명하였습니다.
그러자 그는 '그것이 무슨 해가 되는가?'라 하였습니다. 이에 '그렇게
되면 이웃 나라가 복종해 오지 않고, 어진 이가 참여하려 들지 않는다'라
하였지요. 그래도 그는 '그것이 이 나라에 무슨 해가 되느냐?'고 하는
것이었습니다. 그래서 저는 진나라가 가장 먼저 망하리라 보는 것입니다."
　　그로부터 3년 후, 진나라는 과연 망하고 말았다. 위공이 다시 도여를
만나 물었다.
　　"다음은 어느 나라가 망하리라 보십니까?"
　　도여가 대답하였다.

"중산中山이 그 다음에 망할 것입니다."

위공이 그 이유를 묻자 도여는 이렇게 설명하였다.

"하늘이 백성을 내릴 때에는, 그들이 스스로 판단해 살 수 있도록 나라가 주선해 주어야 합니다. 그래야 사람이 해야 할 의를 갖추게 됩니다. 또한 그것이야말로 사람이 금수나 미록麋鹿과 다른 점이며, 군신상하가 바로 서는 명분입니다. 그러나 중산의 풍속은 낮을 밤으로 여기고, 밤의 일을 낮까지 끌고 가서 남녀가 음란에 빠져 쉴 줄을 모릅니다. 그 음란을 즐거움으로 삼고 노래는 비통한 것을 좋아합니다. 그런데도 임금은 이를 모르고 있으니 이야말로 망국亡國의 풍속입니다. 그래서 저는 중산이 그 다음에 망하리라 보는 것입니다."

그로부터 2년 후, 과연 중산은 망하고 말았다. 위공이 다시 도여를 만나 물었다.

"다음은 누구 차례입니까?"

이 말에 도여는 대답을 하지 않았다. 위공이 계속해서 대답을 듣기를 간청하자 도여는 이렇게 대답하였다.

"그대가 그 다음 차례입니다."

이 말에 위공은 두려움에 떨었다. 그래서 나라의 장로長老를 구하여 기주錡疇·전읍田邑 등 두 사람을 얻어 예로써 모셨고, 또 사리史理·조손趙巽을 얻어 이들을 간신諫臣으로 모셨다. 그리고 가혹한 법령 서른아홉 가지를 폐기하고 나서 도여를 만나 그 사실을 전하였다. 그러나 도여는 이렇게 말하였다.

"그렇다 하더라도 오히려 임금께서 죽기 전까지일 뿐입니다. 제가 듣기로 나라가 흥하려면 하늘이 현인과 함께 극렬한 간언을 하는 선비를 내려준다고 하였습니다. 또 나라가 망하려면 하늘이 난신亂臣과 아첨 잘하는 이를 보내 준다고 하였습니다."

위공이 죽자 아홉 달이 되도록 장례를 치르지 못하였다. 주나라는 결국 둘로 나뉘게 되었다. 그래서 도道를 아는 자의 말은 중시하지 않을 수 없는 것이다.

晉太史屠餘, 見晉國之亂, 見晉平公之驕, 而無德義也, 以其國法歸周. 周威公見而問焉, 曰:「天下之國, 其孰先亡?」

對曰:「晉先亡.」

威公問其說.

對曰:「臣不敢直言, 示晉公以天妖, 日月星辰之行, 多不當, 曰:『是何能然?』示以人事, 多不義, 百姓多怨, 曰:『是何傷?』示以鄰國不服, 賢良不興, 曰:『是何害?』是不知所以存, 所以亡. 故臣曰:『晉先亡.』」

居三年, 晉果亡.

威公又見屠餘而問焉. 曰:「孰次之?」

對曰:「中山次之.」

威公問其故, 對曰:「天生民, 令有辨, 有辨, 人之義也. 所以異於禽獸麋鹿也, 君臣上下所以立也. 中山之俗, 以晝爲夜, 以夜繼日, 男女切踦, 固無休息, 淫昏康樂, 歌謳好悲, 其主弗知惡, 此亡國之風也. 臣故曰:『中山次之.』」

居二年, 中山果亡.

威公又見屠餘而問曰:「孰次之?」

屠餘不對. 威公固請.

屠餘曰:「君次之.」

威公懼, 求國之長者, 得錡疇, 田邑而禮之, 又得史理·趙巽以爲諫臣, 去苛令三十九物, 以告屠餘.

屠餘曰:「其尚終君之身. 臣聞國之興也, 天遺之賢人, 與之極諫之士; 國之亡也, 天與之亂人與善諛者.」

威公薨, 九月不得葬. 周乃分而爲二, 故有道者言, 不可不重也.

【太史】고대 官名. 역사와 천문을 기록하는 임무를 맡았다.

【屠餘】人名.《呂氏春秋》에는 '屠黍'로 되어 있다.

【晉平公】춘추시대 晉나라의 군주. 재위 26년(B.C.557~532).

【法典】국가의 법을 기록한 문서.《呂氏春秋》에는 '圖法'으로 되어 있다.

【周威公】당시 東周(즉 宗主國)의 왕은 景王(姬貴). 여기서의 威公은 周考王 (재위 15년. B.C.440~426)이 그 아우를 河南에 봉한 桓公의 아들을 말한다. 따라서 여기서의 晉平公은 잘못인 듯하다. 당시는 전국시대로 晉나라는 이미 三晉(韓·魏·趙)으로 분리된 후이다.

【中山】춘추시대 白狄의 별종인 鮮虞가 세운 나라. 전국시대까지 이어졌으나, 뒤에 趙 武靈王에 의해 망하였다.《戰國策》中山策 참조.

【麋鹿】사슴. 여기서는 짐승을 예로 거론한 것.

【錡疇】人名. 錡는《集韻》에 기(渠羈切)로 음으로 실려 있다.《呂氏春秋》에는 '義蒔'로 되어 있다.

【田邑】人名.

【史理】人名.《呂氏春秋》에는 '史鱗'으로 되어 있다.

【趙巽】人名.《呂氏春秋》에는 '趙駢'으로 되어 있다.

【諫臣】諫言을 임무로 삼는 신하. 司諫의 직책.

【周乃分而爲二】전국시대의 東周가 戰國 후기에 다시 東周와 西周로 분리되었다.《戰國策》東周策 및 西周策 참조.

참고 및 관련 자료

1.《呂氏春秋》先識篇

晉太史屠黍見晉之亂也, 見晉公之驕而無德義也, 以其圖法歸周. 周威公見而問焉, 曰:「天下之國孰先亡?」對曰:「晉先亡.」威公問其故. 對曰:「臣比在晉也, 不敢直言, 示晉公以天妖, 日月星辰之行多以不當, 曰:『是何能爲?』又示以人事多不義, 百姓皆鬱怨, 曰:『是何能傷?』又示以鄰國不服, 賢良不擧, 曰:『是何能害?』如是, 是不知所以亡也. 故臣曰: 晉先亡也.」居三年, 晉果亡. 威公又見屠黍而問焉, 曰:「孰次之?」對曰:「中山次之.」威公問其故, 對曰:「天生民而令有別, 有別, 人之義也, 所異於禽獸麋鹿也, 君臣上下所以立也. 中山之俗, 以晝爲夜, 以夜繼日, 男女切倚,固無休息, 康樂歌謠好悲, 其主弗知惡, 此亡國之風也. 臣故曰, 中山次之.」居二年, 中山果亡. 威公又見屠黍而問焉: 曰:「孰次之?」屠黍不對, 威公固問焉, 對曰:「君次之.」威公乃懼, 求國之長者, 得義蒔・田邑而禮之, 得史驎・趙駢以爲諫臣, 去苛令三十九物, 以告屠黍, 對曰:「其尙終君之身乎!」曰:「臣聞之, 國之興也, 天遺之賢人與極言之士; 國之亡也, 天遺之亂人與善諛之士.」威公薨, 舛九月不得葬, 周乃分爲二. 故有道者之言也, 不可不重也.

388(13-7) 齊侯問於晏子
땅과 재물을 다 빼앗기고 있으니

제후齊侯가 안자晏子에게 물었다.

"지금 이 때에 제후들 가운데 어느 나라가 위험합니까?"

안자가 대답하였다.

"거莒나라가 망할 것입니다!"

임금이 물었다.

"무슨 까닭입니까?"

안자가 대답하였다.

"그 땅은 우리 제나라에게 빼앗기고 있고, 재물은 진晉나라에게 빼앗기고 있으니 이로써 망하게 되고 말 것입니다."

齊侯問於晏子曰:「當今之時, 諸侯孰危?」

對曰:「莒其亡乎!」

公曰:「奚故?」

對曰:「地侵於齊, 貨竭於晉, 是以亡也.」

【齊侯】齊나라도 諸侯國이므로 '侯'를 붙인 것. 구체적으로는 景公을 가리킴.

【晏子】齊 景公 때의 뛰어난 재상 嬰. 平仲.

【莒】춘추시대 지금의 山東 동쪽에 있던 小國.

1.《晏子春秋》問下

景公問晏子曰:「當今之時, 諸侯孰危?」晏子對曰:「莒其先亡乎!」公曰:「何故?」
對曰:「地侵於齊, 貨竭於晉, 是以亡也.」

389(13-8) 智伯從韓魏之兵以攻趙
아궁이에서는 개구리가 들끓고

지백智伯이 한韓·위魏 두 나라의 군대를 모아 조趙나라를 공격하였다. 그리하여 진양晉陽의 성을 포위하고, 물길을 터서 수공작전을 펴 잠기지 않은 성의 높이가 삼판三板 정도에 지나지 않았다.

이때 치자絺疵가 지백에게 일렀다.

"한·위의 주군主君은 틀림없이 배반할 것입니다."

지백이 물었다.

"어떻게 아는가?"

치자는 이렇게 대답하였다.

"무릇 조나라를 이기고 나면, 그 땅을 셋으로 나누어 갖기로 되어 있지 않습니까? 지금 삼판 정도만 남고 모두 물에 잠기어 확과 아궁이에서는 개구리가 들끓고, 사람과 말을 서로 잡아먹고 있어 항복을 받아낼 시간이 눈앞에 다가왔는데도 한·위의 주군은 기뻐하지 않고 도리어 근심스런 얼굴이니, 이것이 배반하겠다는 징조가 아니고 무엇이겠습니까?"

이튿날 지백은 한·위의 주군을 만나서 물었다.

"그대들이 나를 배반할 것이라 치자가 말하던데."

그러자 한·위의 주군은 펄쩍 뛰었다.

"조나라를 이기고 나면 그 땅을 셋으로 나누어 갖기로 하였지요. 지금 그 성을 곧 차지할 판인데, 저희 둘이 비록 어리석으나 어찌 그 좋은 이익을 버리고 약속을 위반하려 하겠습니까? 일의 형세로 보아도 도저히 그럴 수가 없다는 것은 분명하지 않습니까? 이는 치자가 조나라 임금을 기쁘게 하기 위해 그대가 우리 둘에게 의심을 갖도록 하는 것입니다. 바로 조나라에 대한 공격을 풀어 주기 위한 것입니다. 지금 귀하께서 참신의 말을 듣고 우리의 충성에 의심을 가지시니 애석한 일입니다.”

지백이 이 말을 믿고 나가서 치자를 죽이려 하자 치자는 도망치고 말았다. 한·위의 임금들은 과연 지백을 배반하고 말았다.

智伯從韓·魏之兵以攻趙, 圍晉陽之城而漑之, 城不沒者三板.
絺疵謂智伯曰:「韓魏之君, 必反矣.」
智伯曰:「何以知之?」
對曰:「夫勝趙而三分其地, 今城未沒者三板, 白竈生鼃, 人馬相食, 城降有日矣. 而韓魏之君, 無喜志而有憂色, 是非反何也?」
明日, 智伯謂韓魏之君曰:「疵言君之反也.」
韓魏之君曰:「必勝趙而三分其地, 今城將勝矣. 夫二家雖愚, 不奔美利而偕約爲難, 不可成之事, 其勢可見也. 是疵必爲趙說君, 且使君疑二主之心, 而解於攻趙也. 今君聽讒臣之言, 而離二主之交, 爲君惜之.」
智伯出, 欲殺絺疵, 逃. 韓魏之君, 果反.

【智伯】春秋 말기 晉나라 六卿의 하나로 가장 강성하였으나 본 장의 이야기에서 처럼 韓·魏·趙의 연합에 의해 망하였다.《史記》趙世家 및《戰國策》趙策·魏策·韓策 참조.
【晉陽】趙나라의 근거지. 지금의 山西省 太原 근처.

【三板】六尺.《史記》趙世家 正義에는 三板에 대하여 "何休云八尺曰板"이라
하였다.
【絺疵】《戰國策》에는 '郗疵'로 되어 있다.

1.《戰國策》趙策(一)

知伯從韓魏兵以攻趙, 圍晉陽而水之, 城下不沉者三板. 郗疵謂知伯曰:「韓魏之君
必反矣.」知伯曰:「何以知之?」郗疵曰:「以其人事知之. 夫從韓魏之兵而攻趙,
趙亡, 難必及韓魏矣, 今約勝趙而三分其地, 今城不沒者三板, 臼竈生蠅, 人馬相食,
城降有日, 而韓魏之君無憙志而有憂色, 是非反如何也?」明日知伯以告韓魏之君
曰:「郗疵言君之且反也.」韓魏之君曰:「夫勝趙而三分其地, 城今且將拔矣. 夫三家
雖愚, 不棄美利於前, 背信盟之約, 而爲危難不可成之事, 其勢可見也. 是疵爲趙計矣,
使君疑二主之心, 而解於攻趙也. 今君聽讒臣之言, 而離二主之交, 爲君惜之」趨而出.
郗疵謂知伯曰:「君又何以疵言告韓魏之君爲?」知伯曰:「子安知之?」對曰:「韓魏
之君視疵端而趨疾.」郗疵知其言之不聽, 請使於齊, 知伯遣之. 韓魏之君果反矣.

2.《韓非子》十過篇

奚謂貪愎? 昔者, 智伯瑤率趙・韓・魏而伐范・中行, 滅之. 反歸, 休兵數年. 因令人
請地於韓. 韓康子欲勿與, 段規諫曰:「不可不與也. 夫知伯之爲人也, 好利而鷔愎.
彼來請地而弗與, 則移兵於韓必矣. 君其與之. 與之彼狃, 又將請地他國. 他國且有
不聽, 不聽, 則知伯必加之兵. 如是, 韓可以免於患而待其事之變.」康子曰:「諾.」
因令使者致萬家之縣一於知伯. 知伯說, 又令人請地於魏. 宣子欲勿與, 趙葭諫曰:
「彼請地於韓, 韓與之. 今請地於魏, 魏弗與, 則是魏內自强, 而外怒知伯也. 如弗予,
其措兵於魏必矣.」宣子:「諾.」因令人致萬家之縣一於知伯. 知伯又令人之趙, 請蔡
皐狼之地, 趙襄子弗與. 知伯因陰約韓・魏將以伐趙. 襄子召張孟談而告之曰:「夫知
伯之爲人也, 陽規而陰疏. 三使韓・魏而寡人不與焉, 其措兵於寡人必矣. 今吾安居
而可?」張孟談曰:「夫董閼於, 簡主之才臣也, 其治晉陽, 而尹鐸循之, 其餘教猶存,
君其定居晉陽而已矣.」君曰:「諾.」乃召延陵生, 令將軍車騎先至晉陽, 君因從之.
君至, 而行其城郭及五官之藏. 城郭不治, 倉無積粟, 府無儲錢, 庫無甲兵, 邑無守具.
襄子懼. 乃召張孟談曰:「寡人行城郭及五官之藏, 皆不備具, 吾將何以應敵?」張孟

談曰：「臣聞聖人之治，藏於臣，不藏於府庫，務修其教不治城郭．君其出令，令民自遺三年之食，有餘粟者入之倉；遺三年之用，有餘錢者入之府；遺有奇人者，使治城郭之繕．」君夕出令，明日，倉不容粟，府無積錢．庫不受甲兵．居五日而城郭已治，守備已具．君召張孟談而問之曰：「吾城郭已治，守備已具．錢粟已足，甲兵有餘．吾奈無箭何？」張孟談曰：「臣聞董子之治晉陽也，公宮之垣皆以荻蒿楛楚牆之，其高至於丈．君發而用之．」於是發而試之，其堅則雖菌幹之勁弗能過也．君曰：「吾箭已足矣，奈無金何？」張孟談曰：「臣聞董子之治晉陽也，公宮公舍之堂，皆以鍊銅爲柱質．君發而用之．」於是發而用之，有餘金矣．號令已定，守備已具．三國之兵果至．至則乘晉陽之城，遂戰．三月弗能拔．因舒軍而圍之，決晉陽之水以灌之．圍晉陽三年．城中巢居而處，懸釜而炊，財食將盡，士大夫羸病．襄子謂張孟談曰：「糧食匱，財力盡，士大夫羸病，吾恐不能守矣！欲以城下，何國之可下？」張孟談曰：「臣聞之，亡弗能存，危弗能安，則無爲貴智矣．君失此計者．臣請試潛行而出，見韓‧魏之君．」張孟談見韓‧魏之君：「臣聞脣亡齒寒．今知伯率二君而伐趙，趙將亡矣．趙亡，則二君爲之次．」二君曰：「我知其然也．雖然，知伯之爲人也麤中而少親．我謀而覺，則其禍必至矣．爲之奈何？」張孟談曰：「謀出二君之口而入臣之耳，人莫之知也．」二君因與張孟談約三軍之反，與之期日．夜遣孟談入晉陽，以報二君之反．襄子迎孟談而再拜之，且恐且喜．二君以約遣張孟談，因朝知伯而出，遇智過於轅門之外．智過怪其色，因入見知伯曰：「二君貌將有變．」君曰：「何如？」曰：「其行矜而意高，非他時之節也，君不如先之．」君曰：「吾與二主約謹矣，破趙而三分其地，寡人所以親之，必不侵欺．兵之著於晉陽三年，今旦暮將拔之而饗其利，何乃將有他心？必不然．子釋勿憂，勿出於口．」明旦，二主又朝而出，復見智過於轅門．智過入見：「君以臣之言告二主乎？」君曰：「何以知之？」曰：「今日二主朝而出，見臣而其色動，而視屬臣．此必有變，君不如殺之．」君曰：「子置勿復言．」智過曰：「不可，必殺之．若不能殺，遂親之．」君曰：「親之奈何？」智過曰：「魏宣子之謀臣曰趙葭，韓康子之謀臣曰段規，此皆能移其君之計．君與其二君約，破趙國，因封二子者各萬家之縣一．如是，則二主之心可以無變矣．」知伯曰：「破趙而三分其地，又封二子者各萬家之縣一，則吾所得者少．不可．」智過見其言之不聽也，出，因更其族爲輔氏．至於期日之夜，趙氏殺其守隄之吏而決其水灌知伯軍．知伯軍救水而亂，韓‧魏翼而擊之，襄子將卒犯其前，大敗知伯之軍而擒知伯．知伯身死軍破，國分爲三，爲天下笑．故曰：貪愎好利，則滅國殺身之本也．

3.《**韓非子**》難三篇

秦昭王問於左右曰:「今時韓魏孰與始强?」左右對曰:「弱於始也.」「今之如耳·魏齊孰與曩之孟常·芒卯?」對曰:「不及也.」王曰:「孟常·芒卯率强韓·魏猶無奈寡人何也.」左右對曰:」甚然.」中期伏瑟而對曰:「王之料天下過矣. 夫六晉之時, 知氏最强, 滅范, 中行又率韓·魏之兵以伐趙, 灌以晉水, 城之未沈者三板. 知伯出, 魏宣子御, 韓康子爲驂乘. 知伯曰:'始吾不知水可以滅人之國, 吾乃今知之. 汾水可以灌安邑, 絳水可以灌平陽.'魏宣子肘韓康子, 康子踐宣子之足, 肘足接乎車上, 而知氏分於晉陽之下. 今足下雖强, 未若知氏; 韓·魏雖弱, 未至如其在晉陽之下也. 此天下方用肘足之時, 願王勿易之也.」

4. 본《**說苑**》敬愼篇 315(10−18) 참조.

제사에 쓸 희생을 놓쳤으니

노魯나라 공삭씨公索氏가 장차 제사를 지내려다가 그 희생물犧牲物을 놓쳐 버리고 말았다. 공자孔子가 이 소문을 듣고 이렇게 말하였다.

"공삭씨는 3년을 넘기지 못하고 틀림없이 망하고 말 것이다."

그로부터 1년 후에 과연 망하고 말았다. 제자가 공자에게 여쭈었다.

"지난번에 공삭씨가 그 희생을 잃어버리자 선생님께서 3년을 넘기지 못하고 망하리라 하셨는데 과연 지금 1년 만에 망하고 말았습니다. 선생님께서는 그들이 장차 망하리라는 것을 어떻게 아셨습니까?"

공자가 이렇게 설명하였다.

"제사를 지낸다는 것은, '찾는다索'는 뜻이다. 찾는다는 것은 모든 것을 다한다는 뜻으로, 이에 효자가 그 어버이에게 모든 것을 다 바치는 것을 말한다. 제사처럼 중요한 일에 그 희생물을 잃어버린다면 그 나머지는 잃는 것이 더욱 많겠지. 내 이로써 그들이 장차 망하리라 예측한 것이다."

魯公索氏將祭而亡其牲.

孔子聞之, 曰:「公索氏比及三年, 必亡矣.」

後一年而亡.

弟子問曰:「昔公索氏亡牲, 夫子曰:『比及三年, 必亡矣.』今期年而亡. 夫子何以知其將亡也?」

孔子曰:「祭之爲言, 索也, 索也者, 盡也, 乃孝子所以自盡於親也. 至祭而亡其牲, 則餘所亡者, 多矣. 吾以此, 知其將亡矣.」

【公索氏】魯나라의 제사를 맡은 人物인 듯하다. 公索은 複姓. 氏는 代代로 어떤 公職을 맡아 세습하는 씨족을 말한다. 《孔子家語》注에 '索, 先落反'이라 하여 그 음을 '삭'으로 읽었다.

【比及三年】《孔子家語》에는 "不及二年必亡"이라 하였다.

【祭之爲言, 索也, 索也者, 盡也】公索氏의 漢字풀이로 여겨지며, 《孔子家語》에는 이 구절이 실려 있지 않다. 그러나 《尙書》牧誓의 "牝鷄無晨, 牝鷄之晨, 惟家之索"에서 '索'을 '盡'으로 풀이한 예가 있다.

참고 및 관련 자료

1. 《孔子家語》 好生篇

魯公索氏將祭而亡其牲. 孔子聞之, 曰:「公索氏不及二年將亡.」後一年而亡, 門人問曰:「昔公索氏亡其祭牲, 而夫子曰:「不及二年必亡, 今過期而亡, 夫子何以知其然?」孔子曰:「夫祭者, 孝子所以自盡於其親, 將祭而亡其牲, 則其餘所亡者多矣, 若此而不亡者, 未之有也.」

사치는 망국의 지름길

채후蔡侯 **· 송공**宋公 **· 정백**鄭伯이 진晉나라 임금을 조견朝見하러 갔다. 이때 채후가 숙향叔向에게 물었다.

"그대는 어찌하여 나에게 한 말씀 해 주지 아니하십니까?"

그러자 숙향이 대답하였다.

"채나라는 땅과 백성을 다 계산하여도 송나라나 정나라에 미치지 못합니다. 그러면서도 그 수레와 의복은 두 나라보다 사치스럽습니다. 그 때문에 제후들이 귀국 채나라를 넘보고 있는 것입니다!"

1년 후 초楚, 荊나라가 채나라를 쳐서 잔멸殘滅시키고 말았다.

蔡侯宋公鄭伯朝於晉.

蔡侯謂叔向曰:「子亦奚以語我?」

對曰:「蔡言地計衆, 不若宋鄭. 其車馬衣裳侈於二國, 諸侯其有圖蔡者乎!」

處期年, 荊伐蔡而殘之.

【蔡侯·宋公·鄭伯】모두 춘추시대의 나라 이름. 侯·公·伯은 모두 다섯 등급의 爵位, 즉 公·侯·伯·子·男의 제후국 임금의 칭호. 春秋 말기부터 王을 칭하기 시작하였고 전국시대에는 七雄이 차례로 王을 붙였다.

【叔向】춘추시대 晉나라 대부 羊舌肸.
【荊】楚의 별칭.

392(13-11) 白圭之中山
국운이 다하는 다섯 가지 경우

백규白圭란 사람이 중산中山에 가자, 중산왕이 그가 머물러 주기를
원하였지만 끝내 사양하고 떠나 버렸다. 다시 그가 제齊나라에 가자,
제나라 왕 역시 그를 붙들어 두고 싶어하였지만 역시 사양하고 떠나
버렸다.

사람들이 그에게 사양한 까닭을 묻자 백규는 이렇게 대답하였다.

"두 나라는 곧 망할 것이다. 내가 배운 바로 보면, 나라에는 국운이
다하는 다섯 가지 경우가 있다. 즉 충성으로 다하지 않으면 충간이
사라지고, 명예로 북돋우어 주지 않으면 이름을 드러내고 싶어하는
자가 사라지며, 사랑으로 하지 않으면 친한 이가 사라지고, 여행자에게
노자가 없고 머무르는 자에게 먹을 것이 없게 되면 재물이 쌓이지
않는다. 또 능히 사람을 등용시키지도 못하고, 능히 스스로의 능력도
발휘하지 못하게 하면 공功이 없어지고 만다.

나라에 이런 다섯 가지가 나타나면 요행이란 있을 수도 없고, 반드시
망하게 된다. 중산과 제나라가 바로 이 지경에 빠져 있다. 만약 중산과
제나라로 하여금 이 다섯 가지 일을 듣게 하여 고치기만 한다면 망하지
않을 것이로되, 내 생각으로는 그들이 들으려 하지 않을 것이다. 또
들어도 믿지 않을 것이다. 그러므로 임금의 임무란 바로 옳은 말을
잘 듣는 것이 무엇보다 중요하다."

白圭之中山, 中山王欲留之, 固辭而去. 又之齊, 齊王亦欲留之,
又辭而去, 人問其辭.

白圭曰:「二國將亡矣. 所學者, 國有五盡, 故莫之必忠, 則言
盡矣; 莫之必譽, 則名盡矣; 莫之必愛, 則親盡矣; 行者無糧,
居者無食, 則財盡矣; 不能用人, 又不能自用, 則功盡矣; 國有
此五者, 毋幸, 必亡. 中山與齊, 皆當此. 若使中山之與齊也,
聞五盡而更之, 則必不亡也, 其患在不聞也, 雖聞又不信也. 然則
人主之務, 在乎善聽而已矣.」

【白圭】전국시대 魏나라 사람으로서(혹은 周나라 사람이라도 함) 時變에 능통
하였으며, 장사를 해서 부자가 된 인물.
【人問其辭】《說苑疏證》에는 "人問其故"로 고쳐져 있고, "故, 原作辭. 從劉氏斠
補改"라 하였다.
【中山與齊, 皆當此】《說苑疏證》에는 이곳에서 '白圭'의 말이 끝나고, 그 다음
부터 끝까지는 評인 것으로 처리되어 있다.

참고 및 관련 자료

1. 《呂氏春秋》先識篇
白圭之中山, 中山之王欲留之, 白圭固辭, 乘輿而去. 又之齊, 齊王欲留之仕, 又辭而去,
人問其故, 曰:「之二國者將亡, 所學者有五盡. 何謂五盡? 莫之必, 則信盡矣; 莫之譽,
則名盡矣; 莫之愛, 則親盡矣; 行者無糧, 居者無食, 則財盡矣; 不能用人, 又不能自用,
則功盡矣. 國有此五者, 無幸必亡, 中山・齊皆當此.」若使中山之王與齊王聞五盡而
更之, 則必不亡矣. 其患不聞, 雖聞之, 又不信. 然則人主之務, 在乎善聽而已矣.」

393(13-12) 下蔡威公閉門而哭
나라가 장차 망하리라

　　하채下蔡 **땅의 위공**威公이라는 자는 문을 잠그고 사흘 밤낮을 울어 눈물이 다하자 피까지 쏟아내었다. 이웃이 담장 너머로 이를 살펴보고 물었다.

　　"그대는 무슨 연고로 울며 그 비통해함이 어찌 이와 같은가?"

　　그는 이렇게 대답하였다.

　　"우리나라가 장차 망하리라!"

　　이웃이 물었다.

　　"어떻게 아는가?"

　　그가 설명하였다.

　　"내 듣자니 장차 죽을병에 걸린 사람은 양의良醫가 와도 어쩔 수 없고, 나라가 장차 망하려면 그 어떤 계책도 소용이 없다 하였소. 내가 우리 임금에게 자주 간언을 하였건만 우리 임금은 듣지 않았소. 이러한 까닭으로 이 나라가 장차 망하리라는 걸 아는 것이오!"

　　이에 담장 너머에서 살펴보던 그 이웃은 온 종족宗族을 이끌고 채나라를 떠나 초楚나라로 가 버렸다. 그로부터 수년 후 초왕楚王은 과연 군대를 일으켜 채蔡나라를 쳤고, 담장 너머에서 살펴보다가 초나라로 간 그는 사마司馬가 되어, 군대를 이끌고 전쟁에 참가하여 많은 포로를 사로잡게 되었다.

그리고는 이렇게 수소문하였다.

"이 포로들 중에 행여 나의 형제나 친척이나 아는 사람이 없을까?"

그러다가 위공이 포승줄에 묶여 포로 속에 섞여 있는 것을 발견하게 되었다. 그는 놀라서 물었다.

"그대는 어찌 이렇게 포로로 잡혀 있는가?"

그러자 위공이 이렇게 대답하였다.

"이렇게 잡혀 있는 것이 어찌 당연하지 않다는 말씀입니까? 내 듣자 하니 말로 하는 자는 행동하는 자의 노예이며, 실천하는 자는 말로만 하는 자의 주인이라 하였소. 그대는 능히 행동으로 옮겼고 나는 말로만 하였을 뿐! 그래서 그대는 주인이 되었고 나는 노예가 된 것입니다. 그러니 이 경우가 어찌 당연하지 않겠습니까!"

이에 그 사마는 초왕에게 말하여 위공을 풀어 주고 함께 초나라로 향하였다.

그래서 말하는 자가 반드시 행동도 같이하지 못하는 경우가 있으며, 능히 행동으로 옮기는 자가 반드시 말로도 이를 표현하는 것은 아닐 수도 있다고 한 것이다.

下蔡威公閉門而哭, 三日三夜, 泣盡而繼以血, 旁鄰窺牆而問之.

曰:「子何故而哭, 悲若此乎?」

對曰:「吾國且亡.」

曰:「何以知也?」

應之曰:「吾聞病之將死也, 不可爲良醫; 國之將亡也, 不可爲計謀; 吾數諫吾君, 吾君不用, 是以知國之將亡也.」

於是窺牆者, 聞其言, 則擧宗而去之於楚.

居數年, 楚王果擧兵伐蔡. 窺牆者爲司馬, 將兵而往來, 虜甚衆.

問曰:「得無有昆弟故人乎?」

見威公縛在虜中, 問曰:「若何以至於此?」

應曰:「吾何以不至於此? 且吾聞之也, 言之者, 行之役也, 行之者, 言之主也. 汝能行我能言, 汝爲主, 我爲役, 吾亦何以不至於此哉?」

窺牆者, 乃言之於楚王, 遂解其縛, 與俱之楚.

故曰:「能言者, 未必能行, 能行者, 未必能言.」

【下蔡威公】下蔡는 옛날 縣 이름. 춘추시대 楚나라 땅이 되었다. 원래 蔡나라의 昭侯(재위 28년. B.C.518~491)가 來州로 옮긴 다음 下蔡로 불렸다. 威公은 人名.
【司馬】군대를 관장하는 직책.

시신에서 구더기가

관중管仲이 병이 나자 환공桓公이 찾아가 물었다.

"중부仲父께서 만약 과인을 버리고 가신다면 수조豎刁에게 정치를 맡겨도 되겠습니까?"

관중이 반대하였다.

"안 됩니다. 수조는 스스로 궁형宮刑을 하고 임금을 가까이 모시는 자입니다. 그 몸에 차마 못할 짓을 하였는데, 임금에게야 장차 어떤 일인들 못하겠습니까?"

환공이 다시 물었다.

"그러면 역아易牙는 어떻소?"

관중이 역시 반대하였다.

"역아는 자기 아들을 잡아 임금에게 먹인 자입니다. 자기 아들에게 차마 못할 짓을 한 자가, 장차 임금에게 무슨 일을 못하겠습니까! 만약 그를 등용하면 반드시 제후들의 비웃음을 사게 될 것입니다."

과연 나중에 환공이 죽었을 때, 수조와 역아가 난을 일으켜 환공은 죽은 지 60일이 되기까지 그 시신에서 구더기가 생겨 문 밖으로 기어 나오도록 장례를 치르지 못하였다.

管仲有疾, 桓公往問之, 曰:「仲父若棄寡人, 豎刁可使從政乎?」

對曰:「不可. 豎刁自刑以求入君, 其身之忍, 將何有於君.」

公曰:「然則易牙可乎?」

對曰:「易牙解其子以食君, 其子之忍, 將何有於君, 若用之, 必爲諸侯笑.」

及桓公歿, 豎刁易牙乃作難.

桓公死六十日, 蟲出於戶而不收.

【管仲】 管子, 管夷吾.

【桓公】 管子의 도움으로 춘추오패 중의 우두머리가 된 인물.

【仲父】 桓公이 管仲을 높여 아버지 항렬로 칭한 것.

【豎刁】 임금을 모시려고 스스로 宮刑을 자청한 인물. '豎刀'(수도)로 잘못 표기한 기록도 있다.

【易牙】 桓公의 요리담당 신하로 어느 날 桓公이 '나는 세상에 모든 것을 다 먹어 보았으나, 사람고기만은 먹어 보지 못하였'고 하자 자기 아들을 잡아 바쳤다고 한다.

참고 및 관련 자료

1. 본 장의 이야기는 아주 널리 알려진 고사이다.

2. 《史記》 齊太公世家

管仲病, 桓公問曰:「群臣雖可相者?」管仲曰:「知臣莫如君.」公曰:「易牙如何?」對曰:「殺子以適君, 非人情, 不可.」公曰:「開方如何?」對曰:「倍親以適君, 非人情, 難近.」公曰:「豎刁如何?」對曰:「自宮而適君, 非人情, 難親.」管仲死, 而桓公不用管仲言, 卒近用三子, 三子專權.

3. 《呂氏春秋》 知接篇

管仲有疾. 桓公往問之曰:「仲父之疾病矣, 將何以教寡人?」管仲曰:「齊鄙人有諺曰: 居者無載, 行者無埋. 今臣將有遠行, 胡可以問?」桓公曰:「願仲父之無讓也.」管仲對曰:「願君之遠易牙·豎刁·常之巫·衛公子啓方.」公曰:「易牙烹其子以慊寡人, 猶尚可疑邪?」管仲對曰:「人之情, 非不愛其子也, 其子之忍, 又將何有於君?」

公又曰:「豎刁自宮以近寡人, 猶尙可疑耶?」管仲對曰:「人之情, 非不愛其身也, 其身之忍, 又將何有於君?」公又曰:「常之巫審於死生, 能去苛病, 猶尙可疑邪?」管仲對曰:「死生命也, 苛病失也. 君不任其命·守其本, 而恃常之巫, 彼將以此無不爲也.」公又曰:「衛公子啓方事寡人十五年矣, 其父死而不敢歸哭, 猶尙可疑邪?」管仲對曰:「人之情, 非不愛其父也, 其父之忍, 又將何有於君?」公曰:「諾」管仲死, 盡逐之, 食不甘, 宮不治, 苛病起, 朝不肅. 居三年, 公曰:「仲父不亦過乎? 孰謂仲父盡之乎?」於是皆復召而反. 明年, 公有病, 常之巫從中出曰:「公將以某日薨. 易牙·豎刁·常之巫相與作亂, 塞宮門, 築高牆, 不通人, 矯以公令. 有一婦人踰垣入, 至公所」公曰:「我欲食.」婦人曰:「吾無所得.」公又曰:「我欲飮.」婦人曰:「吾無所得.」公曰:「何故?」對曰:「常之巫從中出: 公將以某日薨. 易牙·豎刁·常之巫相與作亂, 塞宮門, 築高牆, 不通人, 故無所得. 衛公子啓方以書社四十下衛.」公慨焉歎涕出曰:「嗟乎! 聖人之所見, 豈不遠哉? 若死者有知, 我將何面目以見仲父乎?」蒙衣袂而絶乎壽宮. 蟲流出於戶, 上蓋以楊門之扇, 三月不葬. 此不卒聽管仲之言也. 桓公非輕難而惡管子也, 無由接見也. 無由接, 固却其忠言, 而愛其所尊貴也.

4.《韓非子》十過篇

奚謂過而不聽於忠臣? 昔者齊桓公九合諸侯, 一匡天下, 爲五伯長, 管仲佐之. 管仲老, 不能用事, 休居於家. 桓公從而問之曰:「仲父家居有病, 卽不幸而不起, 政安遷之?」管仲曰:「臣老矣, 不可問也. 雖然, 臣聞之, 知臣莫若君, 知子莫若父. 君其試以心決之」君曰:「鮑叔牙何如?」管仲曰:「不可. 鮑叔牙爲人, 剛愎而上悍. 剛則犯民以暴, 愎則不得民心, 悍則下不爲用. 其心不懼, 非霸者之佐也.」公曰:「然則豎刁何如?」管仲曰:「不可. 夫人之情莫不愛其身. 公妬而好內, 豎刁自獖以爲治內. 其身不愛, 又安能愛君?」曰:「然, 則衛公子開方何如?」管仲曰:「不可. 齊·衛之間不過十日之行, 開方爲事君, 欲適君之故, 十五年不歸見其父母, 此非人情也. 其父母之不親也, 又能親君乎?」公曰:「然則易牙何如?」管仲曰:「不可. 夫易牙爲君主味. 君之所未嘗食唯人肉耳, 易牙蒸其子首而進之, 君所知也. 人之情莫不愛其子, 今蒸其子以爲膳於君, 其子弗愛, 又安能愛君乎?」公曰:「然則孰可?」管仲曰:「隰朋可. 其爲人也, 堅中而廉外, 少欲而多信. 夫堅中, 則足以爲表; 廉外, 則可以大任; 少欲, 則能臨其衆; 多信, 則能親鄰國. 此霸者之佐也, 君其用之.」君曰:「諾」居一年餘, 管仲死, 君遂不用隰朋而與豎刁. 刁堅事三年, 桓公南遊堂阜, 豎刁率易牙·衛公子開方及大臣爲亂. 桓公渴餒而死南門之寢·公守之室, 身死三月不收, 蟲出於戶. 故桓公之兵橫行天下, 爲五伯長, 卒見弑於其臣, 而滅高名, 爲天下笑者, 何也? 不用管仲之過也.

故曰: 過而不聽於忠臣, 獨行其意, 則滅其高名爲人笑之始也.

5. 《韓非子》 難一篇

管仲有病, 桓公往問之, 曰:「仲父病, 不幸卒於大命, 將奚以告寡人?」管仲曰:「微君言, 臣故將謁之. 願君去豎刁, 除易牙, 遠衛公子開方. 易牙爲君主味, 君惟人肉未嘗, 易牙烝其子首而進之. 夫人情莫不愛其子, 今弗愛其子, 安能愛君? 君妒而好內, 豎刁自宮以治內. 人情莫不愛其身, 身且不愛, 安能愛君? 開方事君十五年, 齊・衛之間, 不容數日行, 棄其母, 久宦不歸. 其母不愛, 安能愛君? 臣聞之: ‘矜僞不長, 蓋虛不久, 願君去此三子者也.」管仲卒死, 而桓公弗行. 及桓公死, 蟲出尸不葬. 或曰: 管仲所以見告桓公者, 非有度者之言也. 所以去豎刁, 易牙者, 以不愛其身適君之欲也. 曰:「不愛其身, 安能愛君?」然則臣有盡死力以爲其主者, 管仲將弗用也. 曰:「不愛其死力, 安能愛君?」是欲君去忠臣也. 且以不愛其身, 度其不愛其君, 是將以管仲之不能死公子糾度其不死桓公也, 是管仲亦在所去之域矣. 明主之道不然, 設民所欲以求其功, 故爲爵祿以勸之; 設民所惡以禁其姦, 故爲刑罰以威之. 慶賞信而刑罰必, 故君擧功於臣, 而姦不用於上, 雖有豎刁, 其奈君何? 且臣盡死力以與君市, 君垂爵祿以與臣市. 君臣之際, 非父子之親也, 計數之所出也. 君有道, 則臣盡力而姦不生; 無道, 則臣上塞主明而下成私. 管仲非明此度數於桓公也, 使去豎刁, 一豎刁又至, 非絶姦之道也. 且桓公所以身死蟲流出尸不葬者, 是臣重也. 臣重之實, 擅主也. 有擅主之臣, 則君令不下究, 臣情不上通. 一人之力能隔君臣之間, 使善敗不聞, 禍福不通, 故有不葬之患也. 明主之道: 一人不兼官, 一官不兼事; 卑賤不待尊貴而進論, 大臣不因左右而見; 百官修通, 群臣輻湊; 有賞者君見其功, 有罰者君知其罪. 見知不悖於前, 賞罰不弊於後, 安有不葬之患? 管仲非明此言於桓公也, 使去三子, 故曰: 管仲無度矣.

6. 《十八史略》 卷1

仲病, 桓公問:「羣臣誰可相? 易牙何如?」仲曰:「殺子以食君, 非人情, 不可近.」「開方何如?」曰:「倍親以適君, 非人情, 不可近.」蓋開方故衛公子來奔者也. 「豎刁何如?」曰:「自宮以適君, 非人情, 不可近.」仲死, 公不用仲言, 卒近之. 三子專權, 公內寵, 如夫人者六, 皆有子. 公薨, 五公子爭立相攻, 公尸在床, 無殯斂者六十七日, 尸蟲出于戶.

7. 한편 唐宋八大家의 하나인 宋나라 때 蘇洵(明允)은, 제환공이 죽고 제나라가 수조・역아・개방이 다섯 공자를 끼고 난을 일으킨 것은 관중이 위에서의 이야기처럼

적극적으로 막지 않았기 때문이라고 본 유명한 〈管仲論〉이라는 글을 남겼다. 이의 일부를 전재하면 다음과 같다.

管仲相威公, 霸諸侯攘夷狄. 終其身, 齊國富强. 諸侯不敢叛. 管仲死, 豎刁·易牙·開方用, 威公薨於亂. 五公子爭立, 其禍蔓延, 訖簡公, 齊無寧歲, 夫功之成, 非成於成之日, 蓋必有所由起, 禍之作, 不作於作之日. 亦必有所有兆, 則齊之治也, 吾不曰管仲而曰鮑叔, 及其亂也, 吾不曰豎刁·易牙·開方而曰管仲. 何則? 豎刁·易牙·開方三子, 彼固亂人國者, 顧其用之者, 威公也. 夫有舜而後, 知放四凶, 有仲尼而後, 知去少正卯, 彼威公, 何人也? 顧其使威公. 得用三子者, 管仲也, 仲之疾也, 公問之相. 當是時也. 吾以仲. 且擧天下之賢者以對. 而其言乃不過曰豎刁·易牙·開方三子. 非人情, 不可近而已. ……(下略).

395(13-14) 石乞侍坐於屈建
백공이 장차 난을 일으키리라

석걸石乞이 굴건屈建을 모시고 있었다. 굴건이 물었다.

"백공白公이 난을 일으킬 것 같은데 어떻게 보시오?"

석걸이 말하였다.

"그게 무슨 말씀입니까? 백공은 지극히 검소하여 자기 사는 집도 잘 꾸밀 줄 모르고, 스스로를 낮추어 받드는 선비가 세 명이나 되며, 자기와 똑같이 신하로 여기는 자가 다섯 명, 그리고 자신과 똑같이 옷을 입고 음식을 먹는 자가 1천 명이나 됩니다. 백공의 덕행이 이와 같은데 어찌 난을 일으키겠습니까?"

그러자 굴건이 말하였다.

"그것이 바로 난을 일으키려는 뜻이라 나는 보고 있소. 군자로서 행동한다면 국가에 옳은 것이겠지만, 지나친 예를 행하게 되면 나라가 이를 의심하게 되는 법이오. 또 구차스럽게 남의 신하보다 아래에 처하는 것을 어렵게 생각하지 않는 자는, 반드시 임금 위에 거하는 것도 어렵게 여기지 않게 마련이오. 나 굴건은 이러한 까닭으로 그가 장차 난을 일으키리라 예견하는 것이오!"

그로부터 열 달 후 백공은 과연 난을 일으키고 말았다.

石乞侍坐於屈建.

屈建曰:「白公其爲亂乎?」

石乞曰:「是何言也? 白公至於室無營所, 下士者三人與己相若, 臣者五人, 所與同衣食者千人. 白公之行若此, 何故爲亂?」

屈建曰:「此建之所謂亂也. 以君子行, 則可於國家行. 過禮則國家疑之, 且苟不難下其臣, 必不難高其君矣. 建是以知夫子將爲亂也.」

處十月, 白公果爲亂.

【石乞】 일찍이 白公의 手下였던 勇士.

【屈建】 春秋 말기 楚나라의 到子. 자는 子木. 楚나라 令尹을 지냈다.

【白公】 楚 平王의 太子였던 建의 아들. 이름은 勝. 호는 白公.

【白公之亂】 楚 平王의 太子인 建이 伍子胥와 함께 鄭나라로 도망하였다. 그러나 鄭나라는 楚나라의 보복이 두려워 建을 죽여 버렸다. 이에 伍子胥는 建의 아들 勝을 데리고 다시 吳로 도망하여 결국 吳나라 군대를 이끌고 楚를 공격, 이에 楚의 令尹 子西가 伍子胥와 협상하여 勝을 불러 巢大夫로 삼고 白公이라 칭하였다. 白公이 子西에게 鄭을 쳐서 아버지(建)의 원수를 갚자고 하자, 이에 응답만 해놓고 도리어 晉을 쳐서 鄭나라를 구해 주었다. 白公이 이에 화를 품고 子西를 죽여 버렸다.

참고 및 관련 자료

1. 《淮南子》 人間訓

何謂非類而是? 屈建告石乞曰:「白公勝將爲亂.」石乞曰:「不然, 白公勝卑身下士, 不敢驕賢. 其家無筦籥之信, 關鍵之固. 大斗斛以出, 輕斤兩以內, 而乃論之, 以不宜也.」屈建曰:「此乃所以反也.」居三年, 白公勝果爲亂, 殺令尹子椒司馬子期. 此所謂弗類而是者也.

이 문을 드나들지 못하리라

한韓 소후昭侯가 높은 문을 지었다.

이를 본 굴의구屈宜咎가 말하였다.

"소후는 이 문을 드나들지 못할 것이다."

어떤 사람이 물었다.

"무슨 이유입니까?"

그러자 굴의구가 이렇게 설명하였다.

"때가 맞지 않다. 내가 소위 말하는 때가 맞지 않다는 것은, 지금은 이런 궁문을 지을 때가 아니라는 뜻이다. 사람에게는 진실로 유리한 때와 불리한 때가 있다. 소후는 일찍이 때가 유리할 때에는 궁문을 짓지 않았다. 지난 몇 해 전에는 진秦나라가 우리의 의양宜陽을 공격하였고, 그 다음 해에는 큰 가뭄이 들어 백성들이 굶주렸다. 이런 때에 백성을 급히 구제할 생각은 하지 않고, 도리어 더욱 사치스럽게 하니 이러한 경우를 일컬어 복은 겹으로 오지 않고, 화는 반드시 겹쳐서 온다고 하는 것이다."

그 높은 성문이 완성되자 소후는 죽고 말았다. 그래서 끝내 그 문을 드나들어 보지 못하고 말았다.

韓昭侯造作高門.

屈宜咎曰:「昭侯不出此門.」

曰:「何也?」

曰:「不時. 吾所謂不時者, 非時日也. 人固有利不利, 昭侯嘗利矣, 不作高門. 往年秦拔宜陽, 明年大旱民飢, 不以此時恤之急也, 而顧反益奢, 此所謂『福不重至, 禍必重來』者也!」

高門成, 昭侯卒. 竟不出此門.

【韓昭侯】 전국시대 韓나라 군주. 재위 30년(B.C.362~333). 韓나라는 昭侯 다음에 왕을 칭하였다. 곧 宣惠王. 한편 昭侯는 법가 사상가인 申不害를 재상으로 삼아 나라를 크게 일으켰다.

【屈宜咎】 昭侯의 신하인 듯하다.《史記》에는 '屈宜臼'로 되어 있다.

【宜陽】 韓나라 땅. 지금의 河南省 洛陽縣 서남쪽.

【福不重至, 禍必重來】《傳燈錄》에 "禍不單行, 福無雙至"라 하였다.

참고 및 관련 자료

1.《史記》韓世家

二十五年, 旱, 作高門. 屈宜臼曰:「昭侯不出此門. 何也? 不時. 吾所謂時者, 非時日也, 人固有利不利時. 昭侯嘗利矣, 不作高門. 往年秦拔宜陽, 今年旱, 昭侯不以此時恤民之急, 而顧益奢, 此謂『時絀舉贏』.」二十六年, 高門成, 昭侯卒, 果不出此門.

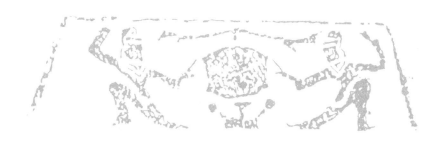

평릉의 반란

전자안田子顔이 대술大術이란 곳으로부터 평릉성平陵城으로 내려
오다가 어떤 이의 아들을 보고 그 아버지의 하는 일을 묻고, 다시
어떤 이의 아버지에게 그 아들의 하는 일을 묻는 것이었다.

전자방田子方이 이를 듣고 말하였다.

"그 자가 평릉에서 반란을 일으키려고 그러나? 내 듣기로 안에 품은
뜻은 밖으로 드러난다고 하였소. 자안은 자기 무리를 부리는 정도가
너무 심하군!"

뒤에 그는 과연 평릉에서 반란을 일으켰다.

田子顔自大術至乎平陵城下, 見人子問其父, 見人父問其子.

田子方曰:「其以平陵反乎? 吾聞行於內, 然後施於外. 子顔
欲使其衆, 甚矣.」

後果以平陵叛.

【田子顔】 전국시대 魏나라 大夫.

【大術】 地名. 구체적으로는 알 수 없다.

【平陵】 地名. 지금의 山東省 文水縣 동쪽.

【田子方】 전국시대 魏文侯의 스승.

398(13-17) 晉人己勝智氏
무력은 겁낼 것이 못됩니다

진晉나라 사람들이 지씨智氏를 멸한 다음 돌아오면서, 군대를 다시 정비하고 무기를 잘 수리하는 것을 알고, 초왕楚王이 두려워 양공홍梁公弘을 불러 물었다.

"진나라 사람들이 지씨를 이긴 후 그 군대와 무기를 수리하고 있소! 이는 우리를 상대로 일을 벌이려는 것이 아닐는지요?"

그러자 양공홍이 이렇게 설명하였다.

"염려할 것 없습니다. 왕께서는 오히려 오吳나라를 걱정하셔야 합니다. 무릇 오나라 임금은 그 백성에게 구휼救恤을 베풀고 노고를 함께 하면서 백성들로 하여금 윗사람의 명령을 중히 여기도록 하여, 윗사람이 시키는 데에 따라 얼마든지 가벼이 죽을 수 있도록 해 놓았습니다. 제가 일찍이 산에 올라 그들을 보았더니 틀림없이 백성들이 믿고 따르도록 하고 있었습니다. 이로 보면 그들의 야심이 끝난 것이 아닙니다. 반드시 방비를 서둘러야 합니다."

그러나 초왕은 이를 듣지 않았다. 이듬해 합려閤廬는 초나라 수도 영郢까지 습격해 왔다.

晉人勝智氏, 歸而繕甲砥兵.

楚王恐, 召梁公弘曰:「晉人己勝智氏矣. 歸而繕甲兵, 其以我爲事乎?」

梁公曰:「不患, 害其在吳乎? 夫吳君恤民而同其勞, 使其民重上之令, 而人輕其死以從上, 使如虜之戰, 臣登山以望之, 見其用百姓之信, 必也勿已乎? 其備之若何?」

不聽, 明年, 闔廬襲郢.

【晉人勝智氏】 韓·魏·趙가 연합하여 智氏를 멸망시켰다. '智氏'는 '知氏'로도 쓴다.

【楚王】 楚나라 군주. 春秋 말기의 昭王(재위 27년. B.C.515~489).

【梁公弘】 楚나라 大夫.

【闔廬】 闔閭로도 쓰며, 춘추 말기 吳나라 군주. 재위 19년(B.C.514~496).

【郢】 楚나라의 도읍지. 지금의 湖北省 江陵縣 부근.

【闔廬襲郢】 伍子胥가 吳나라 군대를 이끌고 쳐들어간 전쟁.

399(13-18) 楚莊王欲伐陳
백성이 고통을 당했다는 증거

초楚 **장왕**莊王이 진陳나라를 치려고 사람을 시켜서 정세를 살피고 오도록 하였다. 심부름하는 사람이 돌아와 이렇게 보고하였다.

"진나라는 칠 수 없습니다."

장왕이 물었다.

"무슨 이유요?"

그는 이렇게 대답하였다.

"그 나라는 성곽이 높고 구학溝壑이 깊으며 쌓아둔 양식 또한 많아 나라가 편안합니다."

그러자 장왕은 이렇게 판단하였다.

"진나라는 쳐도 된다. 무릇 진나라는 작은 나라이면서 쌓아 놓은 것이 많다. 많이 쌓고 모으려면 세금이 무거웠을 것이다. 세금이 무거우면 백성들이 윗사람을 원망하기 마련이다. 또 성곽이 높고 그 둘레를 판 구학이 깊다면 이는 백성이 지쳤다는 뜻이다."

그리고는 군대를 일으켜 쳐서 드디어 진나라를 취하였다.

楚莊王欲伐陳, 使人視之.

使者曰:「陳不可伐也.」

莊王曰:「何故?」

對曰:「其城郭高, 溝壑深, 蓄積多, 其國寧也.」

王曰:「陳可伐也. 夫陳, 小國也, 而蓄積多, 蓄積多則賦斂重, 賦斂重則民怨上矣. 城郭高, 溝壑深, 則民力罷矣.」

興兵伐之, 遂取陳.

【楚莊王】 춘추오패의 하나. 재위 23년(B.C.613~591).
【陳】 춘추시대의 나라 이름. B.C.479년 湣公 23年에 楚에게 망하였다.
【溝壑】 성곽 둘레에 방어용으로 판 垓子. 혹은 물길.

참고 및 관련 자료

1.《呂氏春秋》似順篇

荊莊王欲伐陳, 使人視之. 使者曰:「陳不可伐也.」莊王曰:「何故?」對曰:「城郭高, 溝洫深, 蓄積多也.」寧國曰:「陳可伐也. 夫陳小國也而蓄積多, 賦斂重也, 則民怨上矣; 城郭高, 溝洫深, 則民力罷矣. 興兵伐之, 陳可取也.」莊王聽之, 遂取陳焉.

망할 자는 자신의 허물을 모른다

석익石益이 손백孫伯에게 물었다.

"오吳나라는 곧 망할 것이다. 그대도 알고 있는가?"

손백이 이렇게 말하였다.

"그대가 늦었소. 그대가 알고 있는 것을 내가 어찌 모르겠소?"

석익이 말하였다.

"그렇다면 그대는 어찌하여 충간하지 않소?"

손백이 대답하였다.

"옛날 걸桀은 간언하는 자를 죽였고, 주紂는 성인을 불태우고 왕자 비간比干의 심장을 도려내었소! 원씨袁氏의 부인은 실을 잣다가 그 실마리를 놓쳐 버렸소. 그 첩이 이를 알려 주자 화를 내면서 그 실꾸리를 내던져 버렸다는 이야기가 있소. 그러니 망할 사람이 어찌 자신의 허물을 알겠소?"

石益謂孫伯曰:「吳將亡矣. 吾子亦知之乎?」

孫伯曰:「晩矣, 子之知之也. 吾何爲不知?」

石益曰:「然則子何不以諫?」

孫伯曰:「昔桀罪諫者, 紂焚聖人, 剖王子比干之心, 袁氏之婦, 絡而失其紀, 其妾告之, 怒弃之. 夫亡者, 豈斯人知其過哉?」

【石益】 吳나라의 大夫인 듯하다.

【孫伯】 역시 吳나라 大夫인 듯하다.

【比干】 殷나라 紂王 때의 王子. 그가 紂에게 극간을 하자, 紂가 화를 내며 聖人에게는 심장에 일곱 개의 구멍이 있다는데 어디 살펴보자 하고 배를 갈라 죽였다한다. 《史記》 殷本紀 참조.

【袁氏之婦, 絡而失其紀, 其妾告之, 怒弃之】 구체적인 典據는 알 수 없으나 비유를들기 위해 거론한 이야기인 듯하다.

401(13-20) 孝宣皇帝之時
땔나무를 치우고 구들을 곧게 하시오

효선황제孝宣皇帝 때에 곽광霍光이란 자가 매우 사치스럽게 살았다. 이를 본 무릉茂陵 서徐, 徐福 선생이라는 사람이 이렇게 말하였다.

"곽씨는 반드시 망하리라. 무릇 남의 높은 자리에 있어 임금을 보좌하면서 사치스럽다는 것은 곧 멸망의 길을 가는 것이다. 공자孔子께서 '사치스러우면 겸손을 잃게 된다'라 하였다. 겸손이 없으면 윗사람을 무시하게 되고, 윗사람을 무시하게 되면 패역지도悖逆之道를 저지르게 되며, 그런 사람이 높은 자리에 있게 되면 사람들에게 있어서 적해賊害의 표적이 된다. 지금 곽씨는 정권을 쥐고 있어 천하의 많은 사람들에게 질해疾害의 대상이 되고 있다. 무릇 천하가 그를 미워하고 또 자신이 패역지도를 행하고 있으니 곧 망하지 아니하고 어쩌랴!"

그리고는 임금에게 이렇게 글을 올렸다.

"곽씨는 지극히 사치스럽습니다. 폐하께서 그를 사랑한다면 때를 보아 그를 억제시켜 주셔서 그가 멸망에 이르지 않도록 해 주십시오!"

이렇게 세 번이나 글을 올리자 그제야 문득 임금은 이렇게 말하였다.

"알았노라."

그 뒤 과연 곽씨는 멸족당하고 말았다. 이 일로 동충董忠 등이 그 공을 인정받아 토지를 봉封받게 되었다. 그러자 어떤 사람이 서 선생을 위하여 임금에게 이런 글을 올렸다.

"제가 들으니 어떤 손님이 어느 주인집을 지나게 되었습니다. 그가 보니 그 집은 부엌 구들이 곧게 되어 있는데다가 그 곁에는 땔감도

잔뜩 쌓여 있었습니다. 그래서 그 손님은 주인에게 '구들을 구불구불하게 하고 쌓인 땔나무를 멀리 치우십시오. 그렇지 않으면 불이 날 염려가 있습니다'라 하였지요. 그러나 주인은 들은 체도 아니하는 것입니다. 과연 얼마 지나지 않아 그 집에는 불이 나고 말았습니다. 마을 사람들이 이를 불쌍히 여겨 달려가 불을 꺼주었지요. 다행히 불은 크게 번지지 않고 꺼졌습니다.

이에 주인은 그 고마움에 소를 잡고 술을 마련하여 불을 끄느라 머리카락을 태우고 살을 덴 사람들을 가장 윗줄에 앉혀 대접하고, 그 나머지도 각각 그 공에 따라 다음 자리를 마련하였습니다. 그러나 정작 구들을 구부러지게 하라 일러 준 사람에게는 아무런 대접도 하지 않았습니다. 지난번 그 주인이 손님의 말을 들었다면, 소 잡고 술을 마련하는 비용도 들지 않았을 것이며 결국 불도 나지 않았을 것입니다.

지금 무릉의 서복徐福이 여러 차례 글을 올려 곽씨가 변을 일으킬 것이라 하였을 때, 마땅히 미리 방비하여 끊어 버렸어야 했습니다. 그 서복의 의견을 미리 들었더라면, 땅을 갈라 봉封을 내리고 작위를 나누어 주는 비용은 없었을 것이며 나라도 평안무사하였을 것입니다.

지금 이왕 일이 이렇게 된 터에 오직 서복만은 아무런 공을 인정해 주지 않고 있으니, 오직 폐하께서 사신곡돌徙薪曲埃의 모책이 번발작란燔髮灼爛의 공보다 높이 될 수 있도록 살펴 주시기 바랍니다."

이 글이 상달되자 임금이 사람을 시켜 서복에게 비단 열 필과 낭중郎中 벼슬을 내리도록 하였다.

孝宣皇帝之時, 霍氏奢靡, 茂陵徐先生曰:「霍氏必亡. 夫在人之右而奢, 亡之道也. 孔子曰:『奢則不遜.』夫不遜者, 必侮上, 侮上者, 逆之道也. 在人之右. 人必害之. 今霍氏秉權, 天下之人疾害之者, 多矣. 夫天下害之, 而又以逆道行之, 不亡何待?」

乃上書言;「霍氏奢靡, 陛下卽愛之, 宜以時抑制, 無使至於亡.」

書三上, 輒報:「聞.」

其後霍氏果滅. 董忠等以其功封.

人有爲徐先生上書者, 曰:「臣聞客有過主人者, 見竈直堗, 傍有積薪. 客謂主人曰:『曲其堗, 遠其積薪, 不者, 將有火患.』主人嘿然不應, 居無幾何, 家果失火. 鄕聚里中人, 哀而救之, 火幸息. 於是殺牛置酒, 燔髮灼爛者在上行, 餘各用功次坐, 而反不錄言曲堗者. 向使主人聽客之言, 不費牛酒, 終無火患. 今茂陵徐福數上書言霍氏且有變, 宜防絕之. 向使福說得行, 則無裂地出爵之費, 而國安平自如. 今往事旣已, 而福獨不得與其功, 惟陛下察客徙薪曲堗之策, 而使居燔髮灼爛之右.」

書奏, 上使人賜徐福帛十匹, 拜爲郎.

【孝宣皇帝】 西漢의 宣帝. 劉詢. 재위 25년(B.C.73~49). 漢 武帝의 曾孫으로 어려서 民間에서 자랐으나 昭帝가 죽고 嗣子가 없자 霍光이 이를 迎立하여 帝位에 오르게 하였다.

【霍光】 漢나라 平陽人으로 去病의 아우. 宣帝를 옹립한 공로로 大司馬·大將軍 등의 관직을 지냈으며, 지나치게 권세를 누려 死後 그의 집안은 멸족당하였다.

【茂陵徐福】 茂陵은 地名. 지금의 陝西省 興平縣 근처. 徐福은 人名. 뒤에 郎中 벼슬에 올랐다.

【董忠】 漢宣帝 때의 大臣으로 霍光의 세력을 물리친 공으로 封을 받았다.

【徙薪曲堗】 섶을 옮기고 구들(혹 아궁이)을 구부러지게 하여 불이 나지 않도록 예방함. 曲堗徙薪으로도 표현한다.

【燔髮灼爛】 불을 끄느라 머리카락을 태우고 살을 뎀. 焦頭爛額으로도 표현한다.

【郎】 漢나라 때는 議郎·中郎·侍郎·郎中 등의 벼슬 이름이 있었으며 이를 통틀어 '郎'이라 하였다.

1. 본 장의 내용은 '曲埃徙薪'으로 널리 알려진 고사이며 安重根 의사의 옥중 글씨도 이를 쓴 것이 있다.

2.《淮南子》說山訓 '淳于髡之告失火'의 注

"髡告其鄰突將失火, 言者不爲功, 救火者焦頭爛額爲上客. 刺不豫備"라 하여 "曲埃 徙薪不爲功, 焦頭爛額爲上客"의 성어를 낳았다.

3.《漢書》霍光傳

客有過主人者, 見其竈直突, 傍有積薪. 客謂:「主人更爲曲突, 遠其積薪, 不者, 且有火患.」主人嘿然不應, 俄而家果失火. 鄰里共救之, 幸而得息, 於是殺牛置酒, 謝其鄰人. 灼爛者在於上行, 餘各以功次坐. 而不錄言曲突者. 人謂主人曰:「鄕使聽客 之言, 不費牛酒, 終亡火患. 今論功而請賓, 曲突徙薪無恩澤, 焦頭爛額爲上客耶?」 主人迺寤而請之.

4.《十八史略》卷二

四年, 霍氏謀反, 伏誅, 夷其族. 告者皆封列侯. 初霍氏奢縱, 茂陵徐福上疏言:「宜以 時抑制, 無使至亡.」書三上, 不聽. 至是人爲徐生上書曰:「客有過主人, 見其竈直突, 傍有積薪. 謂主人:『更爲曲突, 速徙其薪.』主人不應, 俄失火. 鄕里共救之, 幸而得息. 殺牛置酒, 謝其鄕人. 人謂主人曰:『鄕使聽客之言, 不費牛酒, 終無火患. 今論功而賞, 曲突徙薪無恩澤, 焦頭爛額爲上客邪!』」上乃賜福帛, 以爲郞. 帝初立謁高廟, 霍光 驂乘. 上嚴憚之, 若有芒刺在背. 後張安世代光參乘, 上從容肆體甚安近焉. 故俗傳, 霍氏之禍萌於驂乘.

5.《明心寶鑑》

曲埃徙薪不爲功, 焦頭爛額爲上客.

화를 바꾸어 복으로 만들다

제齊 **환공**桓公이 산융山戎과 고죽孤竹 두 나라를 치면서 사람을 시켜 노魯나라에 협조를 청하였다. 이에 노나라 임금이 여러 신하들을 모아 놓고 대책을 논의하였다.

그러자 신하들이 모두 반대하였다.

"군대가 수천 리를 행군하여 만이蠻夷의 땅에 들어가면 다시 돌아오기 어려울 것입니다."

이에 노나라에서는 협조할 것을 허락만 하고는 행동에 옮기지 않았다. 그러자 제나라가 이미 산융과 고죽을 점령하고 나서 군대를 몰아 노나라에 보복하고자 나섰다. 이에 관중管仲이 이렇게 만류하였다.

"안 됩니다. 아직 제후들과 우리가 충분히 친밀한 관계도 아니고, 지금은 먼 곳을 원정하고 나서 다시 가까운 이웃을 치게 되면 이웃나라가 우리와 친하려 들지 않을 것입니다. 이는 패왕의 도가 아닙니다. 임금께서 산융에서 얻어 온 보기寶器들은 우리 중국에는 드문 것입니다. 어찌 주공周公의 사당에 바치지 않을 수 있겠습니까?"

환공은 이에 산융에서 얻은 보물을 나누어 주공의 사당에 바쳤다. 이듬해 다시 군대를 일으켜 거莒를 치게 되자, 노나라에서는 스스로 영을 내려 모든 장정을 다 징발하였고 오척五尺 동자들까지 달려왔다.

공자孔子가 이렇게 말하였다.

"성인은 화를 바꾸어 복이 되게 하고 원한을 갚되 덕으로 한다."

이는 바로 이런 경우를 두고 한 말이다.

齊桓公將伐山戎孤竹, 使人請助於魯. 魯君進羣臣而謀, 皆曰: 「師行數千里, 入蠻夷之地, 必不反矣.」

於是魯許助之而不行.

齊已伐山戎孤竹, 而欲移兵於魯.

管仲曰:「不可. 諸侯未親, 今又伐遠而還誅近隣, 鄰國不親, 非霸王之道, 君之所得山戎之寶器者, 中國之所鮮也, 不可不進周公之廟乎?」

桓公乃分山戎之寶, 獻之周公之廟. 明年起兵伐莒. 魯下令丁男悉發, 五尺童子皆至.

孔子曰:「聖人轉禍爲福, 報怨以德.」 此之謂也.

【齊桓公】 춘추오패의 하나.

【山戎】 지금의 長城 근처에 있던 古代 종족 이름. 漢나라 때는 '凶奴'로 불렀다.

【孤竹】 고대의 나라 이름. 伯夷·叔齊의 나라. '觚竹'으로도 쓰이며 漢나라 때에는 遼西郡에 속하였다. 원래 墨胎氏의 후손이다.

【管仲】 管子. 管夷吾.

【周公】 周公旦. 고대 각 諸侯들은 모두 이를 聖人으로 모셨다.

【莒】 지금의 山東省 동쪽에 있던 小國. 원래 이 나라는 B.C.431년 楚나라에게 망하였다. 전국시대의 莒城과는 다른 지역으로 보고 있다.

【轉禍爲福】《史記》蘇秦傳에 "古之善制事者, 轉禍爲福, 因敗爲功"이라 하였고, 管仲傳에는 "其爲政善轉敗爲功"이라 하였다. 한편 '報怨以德'은 《論語》憲問篇에 "或曰以德報怨, 何如, 子曰, 何以報德. 以直報怨, 以德報德"이라 하였다.

> **참고 및 관련 자료**

1. 본 《說苑》 指武篇 474(15-23)를 참조할 것.

403(13-22) 中行文子亡至邊
잘못을 고쳐 준 적이 없는 신하

중항문자中行文子가 도망을 쳐서 국경에까지 이르렀을 때 그를 모시던 시종이 이같이 말하였다.

"이 색부嗇夫 벼슬의 사람은 바로 귀하 편이었습니다. 어찌 조금 쉬어서 그가 따라오도록 그의 수레를 기다리지 않습니까?"

그러자 문자가 이렇게 말하였다.

"지난날 내가 음악을 좋아한다고 하자 그자는 나에게 거문고를 갖다 바쳤고, 내가 무엇을 차고 다니기를 좋아하는 것을 보고 그때는 옥을 갖다 바쳤다. 이 녀석은 나의 잘못을 틀렸다고 고쳐 준 적은 없이 그저 어떻게 하면 나에게 잘 보일까 하고 날뛰기만 하였다. 나는 그자가 이번에는 나를 팔아 다른 사람에게 잘 보이려 하지 않을까 걱정하고 있다."

그리고는 장막으로 들어가지 않고 기다렸다가 색부가 탄 수레가 오자 그가 있는 곳을 물은 다음 그를 찾아 죽여 버리고 말았다.

중니仲尼가 이 소식을 듣고 이렇게 평하였다.

"중항문자는 도에 위배되고 의를 잃은 행동을 하여 그 나라를 망친 자이기는 하나, 뒤에 이를 깨닫고 그 몸을 살렸으니 훌륭한 도란 놓쳐서는 안 되는 것이 이와 같다."

中行文子出亡至邊.

從者曰:「爲此嗇夫者, 君人也, 胡不休焉, 且待後車者.」

文子曰:「異日, 吾好音, 此子遺吾琴, 吾好佩, 又遺吾玉, 是不非吾過者也, 自容於我者也. 吾恐其以我求容也.」

遂不入, 後車入門, 文子問嗇夫之所在, 執而殺之.

仲尼聞之, 曰:「中行文子背道失義, 以亡其國, 然後得之, 猶活其身, 道不可遺也若此.」

【中行文子】 춘추시대 晉나라 六卿의 하나. 뒤에 范氏와 결탁하여 반란을 일으켰다가 晉나라에게 패하였다.

【嗇夫】 관직 이름. 刑罰·賦稅 등을 관장하였으며 司空의 속관으로 공물을 받아 天子에게 올리는 일을 맡았다. 이 관직은 南朝 宋까지 존속되었다.

【仲尼】 孔子·孔丘.

참고 및 관련 자료

1.《韓非子》說林(下)

晉中行文子出亡, 過於縣邑, 從者曰:「此嗇夫, 公人故人, 公奚不休舍? 且待後車.」
文子曰:「吾嘗好音, 此人遺我鳴琴; 吾好珮, 此人遺我玉環; 是振我過者也. 以求容於我者, 吾恐其以我求容於人也.」乃去之. 果收文子後車二乘而獻之其君矣.

2.《孔子家語》辨政篇

子曰:「夫道不可不貴也, 中行文子倍道失義以亡其國, 而能禮賢以活其身, 聖人轉禍爲福, 此謂是與!」

404(13-23) 衛靈公襜被以與婦人游
어떻게 하면 나라가 망할까요

위衛 **영공**靈公이 치마[襜被]를 입고 부인들과 놀이에 빠져 있었다. 자공子貢이 만나 뵙자 영공이 물었다.

"우리 위나라가 망하겠습니까?"

자공이 대답하였다.

"옛날 하夏의 걸桀과 은殷의 주紂는 과실을 책임지지 않으려 하였기 때문에 망하였고, 성탕成湯과 문왕文王·무왕武王은 자기 잘못을 책임질 줄 알았기 때문에 흥한 것입니다. 위나라는 어떤 것 때문에 망할까요?"

衛靈公襜被以與婦人游, 子貢見公.

公曰:「衛其亡乎?」

對曰:「昔者, 夏桀殷紂, 不任其過, 故亡; 成湯文武, 知任其過, 故興, 衛奚其亡也?」

【衛靈公】 孔子와 同時代의 衛나라 군주. 衛襄公의 妾이 낳은 인물로 이름은 元. 재위 42년(B.C.534~493).

【襜被】 直裾. 즉 곧게 내린 치마를 말한다.

【子貢】 孔子의 제자. 端木賜.

【夏桀】 厦의 末王. 湯에게 망하였다.

【殷紂】殷의 末王. 武王에게 망하였다.

【成湯】商(殷)을 세운 임금.

【文王】周의 姬昌.

【武王】周의 姬發. 文王의 아들. 周公旦의 형.

【衛奚其亡也】 '어떻게 해야 망하지 않을지를 스스로 깨우치도록 하라'는 뜻.

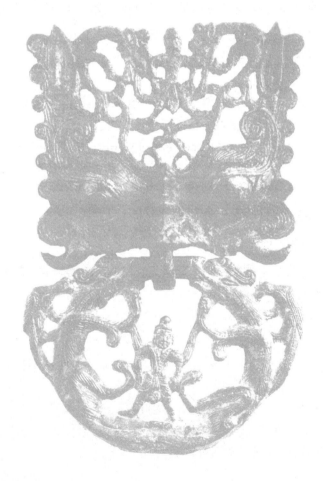

405(13-24) 智伯請地於魏宣子
상대의 욕심을 키워라

지백智伯이 위魏 선자宣子에게 땅을 떼어 달라 요구하였다. 그러나 선자는 이에 응하지 않았다.

임증任增이 물었다.

"왜 땅을 떼어 주지 않는 것입니까?"

선자가 대답하였다.

"아무런 이유도 없이 땅을 달라 하니 내가 주지 않는 것이오!"

그러자 임증이 말하였다.

"그가 아무런 이유도 없이 땅을 달라 요구할 때 이쪽에서 아무런 이유 없이 주어 버리면, 이는 그가 끊임없이 욕심을 부리도록 부추기는 방법입니다. 그는 즐거워하면서 틀림없이 다른 제후들에게도 땅을 요구할 것입니다. 제후들이 땅을 주지 않으면 틀림없이 화를 내며 그 제후를 칠 것입니다."

선자는 수긍하였다.

"좋다."

그리고는 땅을 떼어 주어 버렸다.

지백은 즐거워하며 조趙나라에게도 똑같은 요구를 하였다. 조나라가 이에 응하지 않자, 지백은 화를 내며 진양晉陽을 포위하였다. 그러자 한韓·위魏 두 나라가 조나라와 연합하여 지씨智氏를 반격, 드디어 지씨를 멸망시키고 말았다.

智伯請地於魏宣子, 宣子不與.

任增曰:「何爲不予?」

宣子曰:「彼無故而請地, 吾是以不予.」

任增曰:「彼無故而請地者, 無故而與之, 是重欲無厭也.
彼喜, 必又請地於諸侯, 諸侯不與, 必怒而伐之.」

宣子曰:「善.」

遂與地. 智伯喜, 又請地於趙, 趙不與, 智伯怒, 圍晉陽.
韓魏合趙而反智氏, 智氏遂滅.

【智伯】춘추시대 晉나라 六卿의 하나. 가장 세력이 컸으나 韓·魏·趙의 연합세력
에게 패망하였다.

【魏宣子】《史記》에는 魏宣子가 없으며, 韓·趙와 연합하여 智伯을 멸망시킨
인물은 魏桓子이다. 《戰國策》에는 魏 桓子로 되어 있다.

【任增】魏宣子(桓子)의 謀臣. 《韓非子》·《戰國策》에는 '任章'으로 되어 있다.

【晉陽】春秋 말기 趙나라의 근거지. 지금의 山西省 太原縣.

【智氏遂滅】《史記》·《戰國策》·《說苑》참조.

참고 및 관련 자료

1.《韓非子》說林(上)

智伯索地於魏宣子, 魏宣子弗予. 任章曰:「何故不予?」宣子曰:「無故請地, 故弗予.」
任章曰:「無故索地, 鄰國必恐; 彼重欲無厭, 天下必懼. 君予之地, 智伯必驕而輕敵,
鄰邦必懼而相親. 以相親之兵待輕敵之國, 則智伯之命不長矣. 周書曰:『將欲敗之,
必姑輔之, 將欲取之, 必姑予之.』君不如予之, 以驕智伯. 且君何釋以天下圖智氏,
而獨以吾國爲智氏質乎?」君曰:「善.」乃與地萬戶之邑, 智伯大悅. 因索地於趙,
弗與, 因圍晉陽. 韓·魏反之外, 趙氏應之內, 智氏自亡.

2.《韓非子》十過篇

奚謂貪愎? 昔者, 智伯瑤率趙·韓·魏而伐范·中行, 滅之. 反歸, 休兵數年. 因令人請地於韓. 韓康子欲勿與, 段規諫曰:「不可不與也. 夫知伯之爲人也, 好利而驁愎. 彼來請地而弗與, 則移兵於韓必矣. 君其與之. 與之彼狃, 又將請地他國. 他國且有不聽, 不聽, 則知伯必加之兵. 如是, 韓可以免於患而待其事之變.」康子曰:「諾.」因令使者致萬家之縣一於知伯. 知伯說, 又令人請地於魏. 宣子欲勿與, 趙葭諫曰:「彼請地於韓, 韓與之. 今請地於魏, 魏弗與, 則是魏内自强, 而外怒知伯也. 如弗予, 其措兵於魏必矣.」宣子:「諾.」因令人致萬家之縣一於知伯. 知伯又令人之趙, 請蔡皐狼之地, 趙襄子弗與. 知伯因陰約韓·魏將以伐趙. 襄子召張孟談而告之曰:「夫知伯之爲人也, 陽規而陰疏. 三使韓·魏而寡人不與焉, 其措兵於寡人必矣. 今吾安居而可?」張孟談曰:「夫董閼於, 簡主之才臣也, 其治晉陽, 而尹鐸循之, 其餘教猶存, 君其定居晉陽而已矣.」君曰:「諾.」乃召延陵生, 令將軍車騎先至晉陽, 君因從之. 君至, 而行其城郭及五官之藏. 城郭不治, 倉無積粟, 府無儲錢, 庫無甲兵, 邑無守具. 襄子懼. 乃召張孟談曰:「寡人行城郭及五官之藏, 皆不備具, 吾將何以應敵?」張孟談曰:「臣聞聖人之治, 藏於臣, 不藏於府庫, 務修其教不治城郭. 君其出令, 令民自遺三年之食, 有餘粟者入之倉; 遺三年之用, 有餘錢者入之府; 遺有奇人者, 使治城郭之繕.」君夕出令, 明日, 倉不容粟, 府無積錢. 庫不受甲兵. 居五日而城郭已治, 守備已具. 君召張孟談而問之曰:「吾城郭已治, 守備已具. 錢粟已足, 甲兵有餘. 吾奈無箭何?」張孟談曰:「臣聞董子之治晉陽也, 公宮之垣皆以荻蒿楛楚牆之, 其高至於丈. 君發而用之.」於是發而試之, 其堅則雖菌幹之勁弗能過也. 君曰:「吾箭已足矣, 奈無金何?」張孟談曰:「臣聞董子之治晉陽也, 公宮公舍之堂, 皆以鍊銅爲柱質. 君發而用之.」於是發而用之, 有餘金矣. 號令已定, 守備已具. 三國之兵果至. 至則乘晉陽之城, 遂戰. 三月弗能拔. 因舒軍而圍之, 決晉陽之水以灌之. 圍晉陽三年. 城中巢居而處, 懸釜而炊, 財食將盡, 士大夫羸病. 襄子謂張孟談曰:「糧食匱, 財力盡, 士大夫羸病, 吾恐不能守矣!欲以城下, 何國之可下?」張孟談曰:「臣聞之, 亡弗能存, 危弗能安, 則無爲貴智矣. 君失此計者. 臣請試潛行而出, 見韓·魏之君.」張孟談見韓·魏之君曰:「臣聞脣亡齒寒. 今知伯率二君而伐趙, 趙將亡矣. 趙亡, 則二君爲之次.」二君曰:「我知其然也. 雖然, 知伯之爲人也戇中而少親. 我謀而覺, 則其禍必至矣. 爲之奈何?」張孟談曰:「謀出二君之口而入臣之耳, 人莫之知也.」二君因與張孟談約三軍之反, 與之期日. 夜遣孟談入晉陽, 以報二君之反. 襄子迎孟談而再拜之, 且恐且喜. 二君以約遣張孟談, 因朝知伯而出, 遇智過於轅門之外. 智過怪其色, 因入見知伯曰:「二君貌將有變.」君曰:「何如?」曰:「其行矜而意高, 非他時之節也, 君不如先之.」君曰:「吾與二主約謹矣, 破趙而三分其地, 寡人所以親之, 必不侵欺. 兵之著於晉陽三年, 今旦暮將拔之而嚮其利, 何乃將有他心? 必不然. 子釋勿憂, 勿出於口.」明旦, 二主又朝而出, 復見智過於轅門. 智過入見曰:「君以臣之言告二主乎?」君曰:「何以知之?」曰:「今日二主朝而出, 見臣而其色動, 而視屬臣. 此必有變, 君不如殺之.」君曰:「子置勿復言.」智過曰:「不可, 必殺之. 若不能殺, 遂親之.」君曰:「親之奈何?」智過曰:「魏宣子之謀臣曰趙葭, 韓康子之謀臣曰段規, 此皆能移其君之計. 君與其二君約, 破趙國, 因封二子者各萬家之縣一. 如是, 則二主之心可以無變矣.」知伯曰:「破趙而三分其地, 又封二子者各萬家之縣一, 則吾所得者少. 不可.」智過見其言之不聽也, 出, 因更其族爲輔氏. 至於期日之夜, 趙氏殺其守隄之吏而決其水灌知伯軍. 知伯軍救水而亂, 韓·魏翼而擊之, 襄子將卒犯其前, 大敗知伯之軍而擒知伯. 知伯身死軍破, 國分爲三, 爲天下笑. 故曰: 貪愎好利, 則滅國殺身之本也.

3.《戰國策》魏策(一)

智伯索地於魏桓子, 魏桓子弗予. 任章曰:「何故弗予?」桓子曰:「無故索地, 故弗予.」任章曰:「無故索地, 鄰國必恐; 重欲無厭, 天下必懼. 君予之地, 智伯必憍. 憍而輕敵, 鄰國懼而相親. 以相親之兵, 待輕敵之國, 知氏之命不長矣! 周書曰:『將欲敗之, 必姑輔之; 將欲取之, 必姑與之.』君不如與之, 以驕智伯. 且君何釋以天下圖知氏, 而獨以吾國爲知氏質乎?」君曰:「善.」乃與之萬家之邑一. 知伯大說. 因索蔡皋梁於趙, 趙弗與, 因圍晉陽. 韓·魏反於外, 趙氏應之於內, 知氏遂亡.

4.《戰國策》趙策(一)

知伯帥趙·韓·魏而伐范·中行氏, 滅之. 休數年, 使人請地於韓. 韓康子欲勿與, 段規諫曰:「不可. 夫知伯之爲人也, 好利而鷙復(愎), 來請地不與, 必加兵於韓矣. 君其與之. 與之彼狃, 又將請地於他國, 他國不聽, 必鄉之以兵; 然則韓可以免於患難, 而待事之變.」康子曰:「善.」使使者致萬家之邑一於知伯. 知伯說, 又使人請地於魏. 魏宣子欲勿與. 趙葭諫曰:「彼請地於韓, 韓與之. 請地於魏, 魏弗與, 則是魏內自强, 而外怒知伯也. 然則其錯兵於魏必矣! 不如與之.」宣子曰:「諾.」因使人致萬家之邑一於知伯. 知伯說, 又使人之趙, 請蔡·皋狼之地, 趙襄子弗與. 知伯因陰結韓·魏, 將以伐趙. 趙襄子召張孟談而告之曰:「夫知伯之爲人, 陽親而陰疏, 三使韓·魏, 而寡人弗與焉, 其移兵寡人必矣. 今吾安居而可?」張孟談曰:「夫董閼安于, 簡主之才臣也, 世治晉陽, 而尹澤(鐸)循(修)之, 其餘政教猶存, 君其定居晉陽.」君曰:「諾.」乃使延陵王將車騎先之晉陽, 君因從之. 至, 行城郭, 案府庫, 視倉廩, 召張孟談曰:「吾城郭之完, 府庫足用, 倉廩實矣, 無矢奈何?」張孟談曰:「臣聞董子之治晉陽也, 公宮之垣, 皆以狄(荻)蒿苫楚廧之, 其高至丈餘, 君發而用之.」於是發而試之, 其堅則箘簬之勁不能過也. 君曰:「足矣, 吾銅少若何?」張孟談曰:「臣聞董子之治晉陽也, 公宮之室, 皆以鍊銅爲柱質, 請發而用之, 則有餘銅矣.」君曰:「善」號令以定, 備守以具. 三國之兵乘晉陽城, 遂戰. 三月不能拔, 因舒軍而圍之, 決晉水而灌之. 圍晉陽三年, 城中巢居而處, 懸釜而炊, 財食將盡, 士卒病羸. 襄子謂張孟談曰:「糧食匱, 城(財)力盡, 士大夫病, 吾不能守. 欲以城下, 何如?」張孟談曰:「臣聞之, 亡不能存, 危不能安, 則無爲貴知士也. 君釋此計, 勿復言也. 臣請見韓・魏之君.」襄子曰:「諾.」張孟談於是陰見韓・魏之君曰:「臣聞脣亡則齒寒, 今知伯帥二國之君伐趙, 趙將亡矣, 亡則二君爲之次矣.」二君曰:「我知其然. 夫知伯爲人也, 麁中而少親, 我謀未遂而知, 則其禍必至, 爲之奈何?」張孟談曰:「謀出二君之口, 入臣之耳, 人莫之知也.」二君卽與張孟談陰約三軍, 與之期曰(日), 夜, 遣入晉陽. 張孟談以報襄子, 襄子再拜之. 張孟談因朝知伯而出, 遇知過(果)轅門之外. 知過入見知伯曰:「二主殆將有變.」君曰:「何如?」對曰:「臣遇張孟談於轅門之外, 其志矜, 其行高.」知伯曰:「不然. 吾與二主約謹矣, 破趙三分其地, 寡人所親之, 必不欺也. 子釋之, 勿出於口.」知過出見二主, 入說知伯曰:「二主色動而意變, 必背君, 不如令殺之.」知伯曰:「兵箸晉陽三年矣, 且暮當拔之而饗其利, 乃有他心? 不可, 子愼勿復言.」知過曰:「不殺則遂親之.」知伯曰:「親之奈何?」知過曰:「魏宣子之謀臣曰趙葭, 康子之謀臣曰段規, 是皆能移其君之計. 君其與二君約, 破趙則封二子者各萬家之縣一, 如是則二主之心可不變, 而君得其所欲矣.」知伯曰:「破趙而三分其地, 又封二子者各萬家之縣一, 則吾所得者少, 不可!」知過見君之不用也, 言之不聽, 出, 更其姓爲輔氏, 遂去不見. 張孟談聞之, 入見襄子曰:「臣遇知過於轅門之外, 其視有疑臣之心, 入見知伯, 出更其姓. 今暮不擊, 必後之矣.」襄子曰:「諾」使張孟談見韓・魏之君曰:「夜期殺守堤之吏, 而決水灌知伯軍.」知伯軍救水而亂, 韓・魏翼而擊之, 襄子將卒犯其前, 大敗知伯軍而禽知伯. 知伯身死, 國亡地分, 爲天下笑, 此貪欲無厭也. 夫不聽知過, 亦所以亡也. 知氏盡滅, 唯輔氏存焉.

5.《淮南子》人間訓

智伯求地於魏宣子, 宣子弗欲與之, 任登曰:「智伯之强, 威行於天下, 求地而弗與, 是爲諸侯先受禍也. 不若與之.」宣子曰:「求地不已, 爲之奈何?」任登曰:「與之使喜, 必將復求地於諸侯, 諸侯必植耳. 與天下同心而圖之一心, 所得者非直吾所亡也.」魏宣子裂地而授之. 又求地於韓康子, 韓康子不敢不予, 諸侯皆恐. 又求地於趙襄子,襄子弗與. 於是智伯乃從韓・魏圍襄子於晉陽. 三國通謀, 擒智伯而三分其國. 此所謂奪人而反爲人所奪者也.

6.《淮南子》人間訓

智伯率韓・魏二國伐趙, 圍晉陽, 決晉水而灌之. 城下緣木而處, 縣釜而炊. 襄子謂張孟談曰:「城中力已盡, 糧食匱乏. 大夫病, 爲之奈何?」張孟談曰:「亡不能存, 危弗能安, 無爲貴智士, 臣請試潛行, 見韓・魏之君而約之.」乃見韓・魏之君, 說之曰:「臣聞之: 脣亡而齒寒. 今智伯率二君而伐趙, 趙將亡矣. 趙亡則二君爲之次矣. 不及今而圖之, 禍將及二君.」二君曰:「智伯之爲人也, 粗中而少親. 我謀而泄, 事必敗矣. 爲之奈何?」張孟談曰:「言出君之口, 入臣之耳, 人孰知之者乎? 且同情相成, 同利相死. 君其圖之.」二君乃與張孟談陰謀, 與之期. 張孟談乃報襄子. 至其日之夜, 趙氏殺其守隄之吏, 決水灌智伯. 智伯軍救水而亂, 韓・魏翼而擊之, 襄子將卒犯其前, 大敗智伯軍, 殺其身, 而三分其國. 襄子乃賞有功者, 而高赫爲賞首, 群臣請曰:「晉陽之存, 張孟談之功也, 而赫爲賞首, 何也?」襄子曰:「晉陽之圍也, 寡人國家危, 社稷殆, 群臣無不有驕侮心者, 唯赫不失君臣之禮. 吾是以先之.」由此觀之, 義者人之大本也, 雖有戰勝存亡之功, 不如行義之隆. 故君子曰:「美言可以市尊, 美行可以加人.」

7.《淮南子》人間訓

張務爲智伯謀曰:「晉六將軍, 中行文字最弱, 而上下離心, 可伐以廣地.」於是伐范中行滅之矣. 又教智伯, 求地於韓・魏・趙, 韓・魏裂地而授之. 趙氏不與, 乃率韓・魏而伐趙, 圍之晉陽三年, 三國陰謀同計, 以擊智氏, 遂滅之. 此務爲君廣地者也.

8.《淮南子》人間訓

昔者, 智伯驕, 伐范中行而克之. 又劫韓魏之君而割其地, 尚以爲未足, 遂興兵伐趙, 韓魏反之. 軍敗晉陽之下, 身死高梁之東, 頭爲飲器. 國分爲三, 爲天下笑. 此不知足之禍也. 老子曰:「知足不辱, 知止不殆. 可以脩久.」此之謂也.

406(13-25) 楚莊王與晉戰
나는 박덕한 사람

초楚 장왕莊王이 진晉나라와 싸워 이겼으나, 다른 제후들이 자신을 두려워할까 걱정스러웠다. 그래서 다섯 길 높이의 누대樓臺를 짓고 그 누대가 완성되자 제후들을 불러 잔치를 베풀었다. 그러자 제후들이 먼저 맹약을 맺기를 요청하였다.

그러나 장왕은 이렇게 거절하였다.

"나는 박덕薄德한 사람이오!"

이어서 제후들이 술잔을 들어 축하하자, 이번에는 하늘을 우러러 보며 이렇게 말하였다.

"이 높고 높은 누대여! 나는 깊고 깊은 생각에 잠겨 있네! 내가 하는 말에 옳지 못한 것이 있으면 제후들께서는 나를 공격해 주시오!"

그러자 멀리 있는 자는 복종해 오고 가까이 있는 자도 모두 빈복賓服해 왔다.

楚莊王與晉戰, 勝之, 懼諸侯之攻己也, 乃築爲五仞之臺, 臺成而觴諸侯, 諸侯請約.

莊王曰:「我薄德之人也.」

諸侯請爲觴. 乃仰而曰:「將將之臺, 窅窅其謀, 我言而不當, 諸侯伐之.」

於是遠者來朝, 近者入賓.

【楚莊王】 춘추오패의 하나. 재위 23년(B.C.613~591).
【五仞】 고대 周尺은 8尺, 혹은 7尺을 1仞으로 여겼다.
【窅窅】 深遠의 뜻.

407(13-26) 吳王夫差破越
우리 자신이 화목하지 못하면

오왕吳王 **부차**夫差가 월越나라를 쳐 깨뜨린 다음, 다시 진陳을 치려 하자 초楚나라 대부들이 모두 두려워하였다.

"옛날 합려閭廬는 능히 자신의 무리를 잘 다루어 우리를 백거柏擧에서 패하게 하였었는데, 지금 들으니 부차는 그보다 더 뛰어나다던데!"

그러자 자서子西가 이렇게 말하였다.

"여러분, 걱정스러운 것은 우리 자신이 화목하지 못한 것이지 오나라가 근심거리가 아니오! 지난 날 합려는 음식도 두 가지 맛을 내지 않게 하였고 사는 곳도 검소하게 하였으며, 무엇을 취할 때는 하늘의 재앙이 있어 친척이 굶주리면 모두 구제해 주었고, 싸움터에 나갔을 때는 병사들이 더운 음식을 절반 이상 먹은 후에야 자신이 먹기 시작하였으며, 자기가 맛본 것은 병졸조차 함께 하도록 하였소. 이 때문에 백성들은 지칠 줄을 몰랐고, 죽어도 광야에 그대로 버려지지 않으리라는 믿음을 얻었던 것이오.

그러나 지금 부차는 차례로 대사臺榭, 피지陂池를 만들어 즐기고 잠잘 때는 비빈들이 그 잠자리를 보살피며, 어느 날이고 무엇이든지 하고 싶다면 다 해보며, 즐기고 싶다면 다 공급되고 있소. 진기한 것, 이상한 것이라면 다 모아 놓고 있소. 이처럼 부차는 먼저 스스로 자신을 패망시키고 있는데, 어찌 능히 우리 초나라를 패배시키리라 걱정들 하오!"

吳王夫差破越, 又將伐陳.

楚大夫皆懼, 曰:「昔闔廬能用其衆, 故破我於栢擧. 今聞夫差又甚焉.」

子西曰:「二三子恤不相睦也, 無患吳矣! 昔闔廬食不貳味, 處不重席, 擇不取費. 在國, 天有災, 親戚乏困而供之; 在軍, 食熟者半而後食. 其所嘗者, 卒乘必與焉. 是以民不罷勞, 死知不曠. 今夫差, 次有臺榭陂池焉; 宿有妃嬙嬪御焉. 一日之行, 所欲必成, 玩好必從, 珍異是聚, 夫差先自敗己, 焉能敗我?」

【夫差】 春秋 말기 吳나라 군주. 재위 20년(B.C.495~476?).

【陳】 춘추시대의 小國. 湣公 23년(B.C.479) 楚에게 망하였다.

【闔廬】 夫差의 祖父. 波 太子가 일찍 죽어 그 아들인 夫差가 뒤를 이었다. 춘추시대 吳나라 군주. '闔閭'로도 표기한다. 재위 19년(B.C.514~496).

【栢擧】 地名. 吳나라와 楚가 싸웠던 栢擧之戰의 戰場.

【子西】 楚나라의 대신. 令尹을 지내었다.

【食不貳味】 '음식에 사치를 부리지 않는다'는 뜻.

【臺榭】 누대.

【陂池】 놀이용으로 꾸민 연못.

참고 및 관련 자료

1. 《左傳》 哀公 元年

吳師在陳, 楚大夫皆懼, 曰:「闔廬惟能用其民, 以敗我於栢擧. 今聞其嗣又甚焉. 將若之何?」子西曰:「二三子恤不相睦, 無患吳矣. 昔闔廬食不二味, 居不重席, 室不崇壇. 器不彤鏤, 宮室不觀, 舟車不飾, 衣服財用, 擇不取費. 在國, 天有菑癘, 親巡孤寡, 而共其乏困. 在軍, 熟食者分, 而後敢食. 其所嘗者, 卒乘與焉. 勤恤其民, 而與之勞逸, 是以民不罷勞, 死知不曠. 吾先大夫子常易之, 所以敗我也. 今聞夫差次有台榭陂池焉, 宿有妃嬙嬪御焉. 一日之行, 所欲必成, 玩好必從. 珍異是聚, 觀樂是務, 視民如讎, 而用之日新. 夫先自敗也已, 安能敗我?」

2.《國語》 楚語(下)

子西歎於朝, 藍尹亹曰:「吾聞君子唯獨居思念前世之崇替, 與哀殯喪, 於是有歎, 其餘則否. 君子臨政思義, 飲食思禮, 同宴思樂, 在樂思善, 無有歎焉. 今吾子臨政而歎, 何也?」子曰:「闔廬能敗吾師. 闔廬卽世, 吾聞其嗣又甚焉, 吾是以歎.」對曰:「子患政德之不修, 無患吳矣. 夫闔廬口不貪嘉味, 耳不樂逸聲, 目不淫於色, 身不懷於安, 朝夕勤志, 卹民之羸, 聞一善若驚, 得一士若賞, 有過必悛, 有不善必懼, 是故得民以濟其志. 今吾聞夫差好罷民力以成私好, 縱過而翳諫, 一夕之宿, 臺榭陂池必成, 六畜玩好必從. 夫差先自敗也已, 焉能敗人. 子修德以待吳, 吳將斃矣.」

408(13-27) 越破吳
허세와 과시

월越나라가 오吳나라를 친 후, 초楚나라에게 군대를 내어 함께 진晉나라를 칠 것을 요청하였다. 초왕과 대부들은 모두 두려워하여 장차 이를 허락하려 하였다.

그러자 좌사左史 의상倚相이 나섰다.

"이는 우리가 자기를 칠까 봐 겁이 나서 하는 허세로서, 그 때문에 우리에게 자신들이 지치지 않았다고 과시하는 것입니다. 오히려 청컨대 왕께서는 튼튼한 전차戰車 1천 승과 사졸 3만을 보내어 오나라 땅을 반씩 나누어 가질 좋은 기회입니다."

장왕莊王은 이 말을 듣고 드디어 동국東國 땅을 차지해 버렸다.

越破吳, 請師於楚以伐晉. 楚王與大夫皆懼, 將許之.

左史倚相曰:「此恐吾攻己, 故示我不病. 請爲長轂千乘, 卒三萬, 與分吳地也.」

莊王聽之, 遂取東國.

【左史】 楚나라의 관직 이름. 史官.
【倚相】 楚나라 史官으로 楚靈王이 그를 일컬어 三墳·五典·八索·九丘를 읽은 자라 칭찬하였다. 蘇東坡의 〈李君山房記〉에 "季札聘於上國然後, 得聞詩之風雅頌, 而楚獨有左史倚相, 能讀三墳五典八索九丘"라 하였다.

【莊王】楚惠王을 잘못 지칭한 것이다. 越나라가 吳나라를 쳐부순 것은 魯哀公 때이고, 莊王은 魯文公과 宣公 때의 사람. 《說苑全譯本》에 "《校正》以爲'莊'系'楚' 之誤. 此楚王當爲楚惠王"이라 하였다.

【東國】지역 이름. 楚나라에서 吳·越이 동쪽에 처하여 있으므로 이렇게 부른 것.

참고 및 관련 자료

1.《韓非子》說林(下)

越已勝吳, 又索卒於荊而攻晉, 左史倚相謂荊王曰:「夫越破吳, 豪士死, 銳卒盡, 大甲傷, 今又索卒以攻晉, 示我不病也, 不如起師與分吳.」荊王曰:「善.」因起師而 從越, 越王怒, 將擊之, 大夫種曰:「不可. 吾豪士盡, 大甲傷, 我與戰必不剋, 不如賂之.」 乃割露山之險五百里以賂之.

못된 자의 고통을 덜어 줄 수 없다

양호陽虎가 노魯나라에서 난을 일으켰다가 제齊나라로 도망해 와서는, 제나라에게 군대를 일으켜 노나라를 치자고 청하였다.

제후齊侯가 이를 허락하려 하자, 포문자鮑文子가 반대하고 나섰다.

"안 됩니다. 양호는 제나라 군대가 패배하기를 바라고 있는 것입니다. 제나라 군사가 깨어지면 많은 대신들이 죽을 것입니다. 그때를 노려 제나라에 자신의 위치를 확보하려는 술책입니다.

무릇 양호라는 인물은 노나라에서 계씨季氏 집안에 총애를 입었으면서도 계손季孫을 죽여 노나라에게 불리하게 해놓고 자신이 그 자리를 차지하려던 자입니다. 지금 임금께서는 계씨보다 부유하고 노나라보다 큰 나라를 가지고 있습니다. 이것이 바로 양호가 엎어 버리려고 하는 이유입니다. 노나라가 양호로부터의 고통에서 벗어나 있는데, 임금께서 도리어 그를 수용하고 있으니 이것이 어찌 해로운 일이 아니겠습니까?"

제군齊君은 이에 양호를 잡아들였다. 양호는 겨우 탈면脫免하여 진晉나라로 도망치고 말았다.

陽虎爲難於魯, 走之齊, 請師於魯, 齊侯許之.

鮑文子曰:「不可也. 陽虎欲齊師破, 齊師破, 大臣必多死, 於是欲奮其詐謀. 夫虎有寵於季氏, 而將殺季孫, 以不利魯國, 而容

其求焉. 今君富於季氏, 而大於魯國, 茲陽虎所欲傾覆也. 魯免
其疾, 而君又收之, 毋乃害乎?」
　齊君乃執之, 免而奔晉.

【陽虎】字는 貨. 春秋 때 魯나라 사람으로 季氏의 家臣이었으나, 魯나라에서
　반란을 일으켰다.《論語》陽貨篇 참조. 孔子와 모습이 비슷하였다고 한다.
【鮑文子】齊나라의 大夫.
【季氏】魯나라의 權臣.《論語》季氏篇 등 참조.

참고 및 관련 자료

1.《左傳》定公 9年

六月, 伐陽關. 陽虎使焚萊門. 師驚, 犯之而出, 奔齊, 請師以伐魯, 曰:「三加必取之.」
齊侯將許之. 鮑文子諫曰:「臣嘗爲隷於施氏矣. 魯未可取也. 上下猶和, 衆庶猶睦,
能事大國, 而無天菑. 若之何取之? 陽虎欲勤齊師也, 齊師罷, 大臣必多死亡, 己於
是乎奮其詐謀. 夫陽虎有寵於季氏, 而將殺季孫, 以不利魯國, 而求容焉. 親富不親仁,
君焉用之? 君富於季氏, 而大於魯國, 茲陽虎所欲傾覆也. 魯免其疾, 而君又收之,
無乃害乎?」齊侯執陽虎, 將東之. 陽虎願東, 乃因諸西鄙. 盡借邑人之車, 鍥其軸,
麻約而歸之. 載蔥靈, 寢於其中而逃. 追而得之, 囚於齊. 又以蔥靈逃, 奔宋, 遂奔晉,
適趙氏. 仲尼曰:「趙氏其世有亂乎?」

2.《韓非子》難四

魯陽虎欲攻三桓, 不克而奔齊, 景公禮之. 鮑文子諫曰:「不可. 陽虎有寵於季氏而欲伐
於季孫, 貪其富也. 今君富於季孫, 而齊大於魯, 陽虎所以盡詐也.」景公乃囚陽虎.

410(13-29) 湯欲伐桀
탕임금이 걸왕을 치다

탕湯임금이 걸왕桀王을 치려 하자 이윤伊尹이 말하였다.

"청컨대 그에게 바쳐지는 공물貢物을 막고, 그때 그의 반응이 어떤가를 살펴보지요!"

이윤의 말대로 하자 과연 걸왕은 노하여 구이九夷의 군대를 일으켜 쳐들어왔다. 이를 본 이윤이 탕임금에게 말하였다.

"아직 때가 이르지 않았습니다. 그가 아직도 능히 구이의 군대를 일으킬 수 있는 것을 보면 잘못이 우리에게 있기 때문입니다."

탕임금은 이에 사죄를 받고 항복을 청하여 다시 공물 바치는 임무를 다하였다.

이듬해 다시 공물을 끊자, 걸왕은 다시 노하여 구이의 군대를 일으키려 하였지만 구이의 군대가 따라 주지 않았다. 그제야 이윤이 말하였다.

"됐습니다."

탕임금은 이에 군대를 일으켜 걸왕을 벌하여 잔멸시키고, 그를 남소씨南巢氏의 땅으로 내쫓아 버렸다.

湯欲伐桀.

伊尹曰:「請阻乏貢職, 以觀其動.」

桀怒, 起九夷之師, 以伐之.

伊尹《三才圖會》

伊尹曰:「未可. 彼尚猶能起九夷之師, 是罪在我也.」

湯乃謝罪請服, 復入貢職.

明年, 又不供貢職. 桀怒, 起九夷之師, 九夷之師不起.

伊尹曰:「可矣.」

湯乃興師, 伐而殘之. 遷桀南巢氏焉.

【湯】 商을 세운 임금. 商湯·成湯이라 불린다.

【桀】 夏의 마지막 임금.

【伊尹】 湯의 臣下.

【九夷】 古代 中國 동방, 즉 山東과 渤海 연안의 이민족. 흔히 畎夷·于夷·方夷·
 黃夷·白夷·赤夷·玄夷·風夷·陽夷를 들고 있다.

【南巢氏】 고대 地名. 小國名. 지금의 安徽省 巢縣 근처.

411(13-30) 武王伐紂
한 가지 징조의 두 가지 풀이

무왕武王이 주紂를 치면서 수도隧道를 지나고 나서는 이를 무너뜨려 버리고, 물을 건너고 나서는 배를 부수어 버리고, 골짜기를 건너고

周 武王(姬發)

나서는 다리를 거두어 버렸으며, 산을 넘고 나서는 내萊라는 채소도 다 불태워 버려 다시 살아서 돌아오지 않을 뜻을 백성에게 보였다. 그러나 유융有戎 땅의 수도隧道를 지날 때 군기 軍旗가 큰바람에 부러지고 말았다. 그러자 산의 생散宜生이 이렇게 간언하였다.

"이는 불길한 징조가 아닐까요?"

무왕은 이렇게 해석하였다.

"그렇지 않다. 하늘이 군대를 내려 도와 준다 는 뜻이다."

그 다음에는 바람이 걷히자, 뒤이어 큰비가 내려 땅에 물이 차서 행군할 수가 없었다. 산의 생이 다시 근심스러운 간언을 하였다.

"이것이 불길한 징조가 아닐까요?"

그러나 무왕의 해석을 달랐다.

"아니다. 하늘이 저들의 군대를 쓸어간다는 뜻이다."

다시 거북 껍질로 점을 치려 하자 불이 꺼져 식고 말았다.

산의생이 다시 물었다.

"이는 불길한 징조가 아닙니까?"

무왕은 이렇게 자신감을 보였다.

"하늘에 의지해서 비는 것보다 적군을 치는 것이 더 유리하다는 뜻이다. 그 때문에 그 불이 꺼진 것이다."

따라서 무왕은 천지의 도리에 순응하고, 오히려 세 가지 나쁜 징조를 뛰어넘어 주紂를 목야牧野에서 사로잡은 것은 독특한 견해가 매우 정미精微하였기 때문이다.

武王伐紂, 過隧斬岸, 過水折舟, 過谷發梁, 過山焚萊, 示民無返志也. 至於有戎之隧, 大風折斾.

散宜生諫曰:「此其妖歟?」

武王曰:「非也. 天落兵也.」

風霽而乘以大雨, 水平地而嗇.

散宜生又諫曰:「此其妖歟?」

武王曰:「非也, 天灑兵也.」

卜而龜熸, 散宜生又諫曰:「此其妖歟?」

武王曰:「不利以禱祠, 利以擊衆, 是熸之已.」

故武王順天地, 犯三妖而禽紂於牧野, 其所獨見者精也.

【武王】 周武王. 文王의 아들. 姬發. 紂를 쳐서 周를 세웠다.

【紂】 殷의 마지막 군주.

【隧道】 땅을 파서 다른 사람이 볼 수 없도록 만든 길. 그 길을 지나고 양쪽을 허물어뜨려 메움.

【梁】 험한 골짜기를 건너게 만든 구름다리.

【萊】 채소의 일종으로 '비상식량'이라는 뜻.

【有戎】 고대 有戎氏가 살던 땅.

【散宜生】 周나라 때의 賢人. 西伯昌(文王)이 어진 이를 잘 봉양한다는 소문을 듣고 閎夭와 함께 周나라로 찾아와 文王·武王을 도왔다.

【天灑兵也】 상대의 병사를 沒落시켜 떨어뜨린다는 뜻.

【喬】 潘과 通用. 물이 넘쳐 來往이 불편한 상태를 말한다.

【卜而龜熸】 古代 거북 껍질로 점을 칠 때, 꼬챙이를 달구어 거북 껍질을 지져 그 裂痕을 보고 판단하였다. 그 꼬챙이가 식었다는 뜻.

【牧野】 고대 地名. 지금의 河南省 淇縣 근처라 한다.

412(13-31) 晉文公與荊人戰於城濮
성복의 전투

진晉 문공文公이 초楚, 荊나라와 성복城濮에서 싸우면서 구범舅犯에게 대책을 물었다. 구범이 대답하였다.

"의에 복종하기를 좋아하는 임금에게는 신의로 접근하면 걸려들고, 싸움에 미친 임금은 사기로 접근하면 걸려들지요. 그러니 사술로 대처할 수 있을 따름입니다."

문공이 이번에는 옹계雍季에게 물었더니 옹계는 이렇게 대답하는 것이었다.

"산림을 다 태우며 사냥을 하면 얻는 짐승은 비록 많을지 모르나 이듬해에는 잡을 것이 없게 되고, 못의 물을 다 퍼내고 고기를 잡으면 많은 고기를 얻을 수는 있으나 역시 이듬해에는 잡을 것이 없게 됩니다. 사술을 쓰면 비록 목전의 이익은 훔칠 수 있겠지만 뒤에 큰 보답은 없는 것입니다."

드디어 초나라와 접전을 벌여 이를 크게 쳐부수고 승리를 거두었다. 그리고 나서 논공행상을 벌일 때에, 문공은 옹계의 공을 높이 세우고 구범은 낮게 평가하였다. 시자侍者가 의아해하며 이렇게 말하였다.

"성복의 전투를 승리로 이끈 것은 구범의 모책이었습니다!"

그러자 문공은 이렇게 설명하였다.

"옹계의 말은 백세百世의 모책이고, 구범의 말은 일시一時의 권형權衡일 뿐이다. 그래서 내가 그렇게 상을 내린 것이다."

晉文公與荊人戰於城濮, 君問於咎犯.

咎犯對曰:「服義之君, 不足於信; 服戰之君, 不足於詐, 詐之而已矣.」

君問於雍季, 雍季對曰:「焚林而田, 得獸雖多, 而明年無復也; 乾澤而漁, 得魚雖多, 而明年無復也. 詐猶可以偸, 利而後無報.」

遂與荊軍戰, 大敗之. 及賞, 先雍季而後咎犯.

侍者曰:「城濮之戰, 咎犯之謀也!」

君曰:「雍季之言, 百世之謀也; 咎犯之言, 一時之權也, 寡人旣行之矣.」

【晉文公】 춘추오패의 하나. 重耳.
【城濮】 地名. 춘추시대 衛나라 땅. 춘추시대 가장 큰 싸움인 晉楚戰이 벌어졌던 곳.
【咎犯】 晉文公의 신하. 文公의 舅. 舅犯으로도 쓴다. 《史記》 晉世家 참조.
【服義之君, 不足於信; 服戰之君, 不足於詐】 의에 복종하는 임금, 즉 의를 최고 가치로 알고 있는 임금은 신의로 접근해 오는 자에 대해서는 방비가 족하지 못하고, 싸움을 잘 한다고 스스로 믿는 임금은 사기로 대해 오는 자에 대해서는 방비가 족하지 못하다는 뜻.
【雍季】 역시 晉文公의 謀臣.
【侍者】 侍從官.

참고 및 관련 자료

1. 《呂氏春秋》 義賞篇

昔晉文公與楚人戰於城濮, 召咎犯而問曰:「楚衆我寡, 奈何而可?」咎犯對曰:「臣聞繁禮之君不足於文, 繁戰之君不足於詐, 君亦詐之而已.」文公以咎犯言告雍季, 雍季曰:「竭澤而漁, 豈不獲得, 而明年無魚; 焚藪而田, 豈不獲得, 而明年無獸. 詐僞之道, 雖今偸可, 後將無復, 非長術也.」文公用咎犯之言, 而敗楚人於城濮. 反而爲賞,雍季在上. 左右諫曰: 城濮之功, 咎犯之謀也, 君用其言, 而賞後其身, 或者不可乎?」
文公曰:「雍季之言, 百世之利也; 咎犯之言, 一時之務也. 焉有以一時之務, 先百世
之利者乎?」

2.《韓非子》難一篇

晉文公將與楚人戰, 召舅犯問之, 曰:「吾將與楚人戰, 彼衆我寡, 爲之奈何?」舅犯曰:
「臣聞之, 繁禮君子, 不厭忠信; 戰陣之間, 不厭詐偽. 君其詐之而已矣.」文公辭舅犯,
因召雍季而問之, 曰:「我將與楚人戰, 彼衆我寡, 爲之奈何?」雍季對曰:「焚林而田,
偸取多獸, 後必無獸; 以詐遇民, 偸取一時, 後必無復.」文公曰:「善.」辭雍季, 以舅犯
之謀與楚人戰以敗之. 歸而行爵, 先雍季而後舅犯. 群臣曰:「城濮之事, 舅犯謀也,
夫用其言而後其身可乎?」文公曰:「此非君所知也. 夫舅犯言, 一時之權也; 雍季言,
萬世之利也.」

3.《淮南子》人間訓

昔晉文公將與楚戰城濮, 問於咎犯曰:「爲奈何?」咎犯曰:「仁義之事, 君子不厭忠信;
戰陳之事, 不厭詐偽. 君其詐之而已矣.」辭咎犯, 問雍季. 雍季對曰: 焚林而獵,
愈多得獸, 後必無獸, 以詐偽遇人, 雖愈利, 後無復, 君其正之而已矣.」於是不聽雍
季之計, 而用咎犯之謀. 與楚人戰. 大破之, 還歸賞有攻者, 先雍季而後咎犯. 左右曰:
城濮之戰, 咎犯之謀也, 君行賞先雍季何也?」文公曰:「咎犯之言, 一時之權也;
雍季之言, 萬世之利也; 吾豈可以先一時之權, 而後萬世之利也哉!」

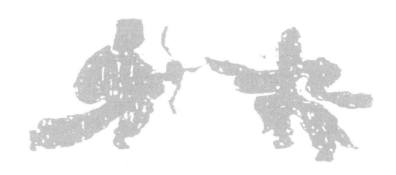

413(13-32) 城濮之戰
혜성이 나타나다

성복城濮 **전투에서** 문공文公이 구범咎犯에게 물었다.

"내가 이번 전쟁을 이길 수 있을까 하고 점을 치려 하였더니 거북 껍질로 점치는 도구가 식어 버렸소. 또 우리는 세성歲星을 마주 보고 있는데, 초나라는 그 세성을 등지고 있소. 혜성彗星이 보일 때 그 모습이 저 초나라는 그 자루를 잡고 있는데, 우리는 그 끝을 쥐고 있는 형상이오. 게다가 내가 꿈속에서 초왕과 격투를 하였는데 그때 위치가 초왕은 위에 있고 나는 밑에서 눌려 있었소. 불길한 생각이 들어 저들과의 싸움을 그만두고 싶은데 그대의 생각은 어떻소?"

그러자 구범은 달리 해석하였다.

"전쟁을 점치는 데 도구가 식은 것은 바로 초나라가 그렇게 식는다는 뜻이며, 우리가 세성을 마주하고 있고 저들이 세성을 등지고 있다는 것은 저들은 도망가고 우리는 쫓는다는 뜻이며, 혜성이 보였을 때 저들이 자루를 잡고 우리는 끝을 쥔 형상이란 이것이 빗자루라면 땅을 쓸 때는 저들이 유리하지만 누구를 치려고 할 때는 우리가 유리한 것입니다. 또 꿈속에 초왕과 격투를 하였는데, 그가 위에 있고 임금께서 아래에 있었다 함은 임금에게는 하늘을 쳐다보는 것이요, 초왕은 엎드려 죄를 비는 형상입니다. 그런가 하면 우리는 송宋·위衛의 두 나라 군대를 주로 삼고 제齊·진秦 두 나라가 보조를 해 주고 있습니다. 이처럼 우리는 천도天道에 맞게 행하고 있습니다. 인사人事로만 해도 우리가 틀림없이 이길 수 있습니다."

문공은 이 말을 따랐다. 과연 초나라를 크게 패배시켰다.

城濮之戰, 文公謂咎犯曰:「吾卜戰而龜熸, 我迎歲, 彼背歲. 彗星見, 彼操其柄, 我操其標. 吾又夢與荊王搏, 彼在上, 我在下, 吾欲無戰, 子以爲何如?」

咎犯對曰:「卜戰龜熸, 是荊人也. 我迎歲, 彼背歲, 彼去我從之也. 彗星見, 彼操其柄, 我操其標, 以掃則彼利, 以擊則我利. 君夢與荊王搏, 彼在上, 君在下, 則君見天, 而荊王伏其罪也. 且吾以宋衛爲主, 齊秦輔我, 我合天道, 獨以人事, 固將勝之矣.」

文公從之, 荊人大敗.

【城濮之戰】춘추시대 가장 컸던 전쟁. 晉과 楚가 城濮에서 싸움.
【文公】晉文公. 重耳. 춘추오패의 하나.
【咎犯】舅犯. 晉文公의 舅.
【歲星】木星. 이는 楚와 晉의 지리 위치를 天文에 맞추어 한 말.
【彗星】꼬리가 있어 빗자루 같음을 말한다.
【宋】春秋 전국시대의 나라. 원래 商의 후손. B.C.286년 齊나라에게 망하였다.
【衛】B.C.209년 秦에게 망한 小國.《戰國策》衛策 참조.

『참고 및 관련 자료』

1.《左傳》僖公 28年
晉侯夢與楚子搏, 楚子伏己而鹽其腦, 是以懼. 子犯曰:「吉. 我得天, 楚伏其罪, 吾且柔之矣.」

번갈아 흉년이 든 오월

월越**나라**에 기근이 들자 구천句踐, 勾踐이 큰 걱정을 하였다. 이때 사수四水가 나아가 이렇게 말하였다.

"무릇 이번의 기근은 우리 월나라의 복이요, 오吳나라의 화가 될 것입니다. 오나라는 심히 부유하면서 재물도 여유가 있습니다. 그 임금은 명예를 좋아하여 뒷일은 걱정을 하지 않는 성격입니다. 만약 우리가 겸손한 말과 귀중한 보물로 그 오나라에게 식량을 꾸어 달라 하면, 오나라는 반드시 꾸어 줄 것입니다. 그들이 우리에게 허락만 하면 우리는 그 나라를 차지할 수 있습니다."

월왕이 이 계책을 따랐다. 오나라에서는 월나라의 요청을 듣고 장차 식량을 주려고 하였다. 그때 오자서伍子胥가 나서서 반대하였다.

"안 됩니다. 무릇 오·월은 땅을 맞대고 경계가 붙어 있으며 길도 쉽게 통합니다. 이것이 바로 원수와 적국일 수밖에 없는 관계입니다. 오나라가 월나라를 삼키지 않으면 월나라가 오나라를 삼켜야 할 관계입니다. 그러나 저 제齊나 진晉은 능히 삼강三江·오호五湖를 건너야 하므로 오나 월을 패망시킬 수 없습니다. 그러니 이번 월나라에 기근이 든 틈을 이용하여 공격해야 합니다. 이것이 바로 우선 선왕이신 합려闔廬가 바라던 패자가 되는 길입니다.

무릇 기근이란 무엇입니까? 그 때문에 허물어지면 마치 깊은 못에 빠진 것과 같이 힘을 쓰지 못합니다. 실패하고 정벌하는 일이 그 어느 나라인들 없겠습니까? 이 기회에 임금께서 공격하지 아니하고 식량을 보내 주신다면, 오나라에서는 이로움이 가서 월나라에서는 흉⊠한 것이 돌아오게 될 것입니다. 우리의 재물이 다 없어지면 백성이 원망할 것입니다. 그때는 후회해도 소용이 없습니다."

그러나 오왕은 달랐다.

"내 들으니 의로운 군대는 어진 이를 항복시키지 않으며, 남이 기근이 들었을 때는 공격하지 않는다고 하였소! 비록 월 같은 나라 열 개를 얻는다 해도 내 그런 일은 하지 못하겠소!"

그리고는 드디어 식량을 꾸어 주었다. 그로부터 3년이 지나 이번에는 오나라에 흉년이 들었다. 그래서 월나라에게 식량을 꾸어 달라 요구하였으나, 월왕은 이를 허락지 않고 도리어 공격하여 드디어 오나라를 쳐부수고 말았다.

越饑, 句踐懼.

四水進諫曰:「夫饑, 越之福也, 而吳之禍也. 夫吾國甚富, 而財有餘, 其君好名, 而不思後患. 若我卑辭重幣, 以請糴於吳, 吳必與我, 與我, 則吳可取也.」

越王從之.

吳將與之, 子胥諫曰:「不可. 夫吳越接地鄰境, 道易通, 仇讎敵戰之國也. 非吳有越, 越必有吳矣, 夫齊晉不能越三江五湖, 以亡吳越, 不如因而攻之, 是吾先王闔廬之所以霸也. 且夫饑何哉? 亦猶淵也, 敗伐之事, 誰國無有? 君若不攻, 而輸之糴, 則利去而凶至, 財匱而民怨, 悔無及也.」

吳王曰:「吾聞義兵不服仁人, 不以餓飢而攻之, 雖得十越, 吾不爲也.」

遂與糴. 三年, 吳亦饑, 請糴於越, 越王不與而攻之, 遂破吳.

【越句踐】春秋 말기 越나라 군주. '勾踐'으로도 표기한다. 《史記》越王句踐世家 참조.

【四水】人名. 越王句踐의 신하.

【其君】吳王 夫差를 가리킨다.

【伍子胥】楚나라 출신의 吳나라 신하. 《史記》伍子胥列傳 참조.

【三江五湖】吳・越은 동남쪽에 치우쳐 있어 齊・秦이 쳐들어오려면 자연조건이 어렵다는 뜻으로 씀.

【闔廬】夫差 바로 앞의 吳나라 임금. '闔閭'로도 쓴다.

참고 및 관련 자료

1. 《呂氏春秋》長攻篇

趙國大饑, 王恐, 召范蠡而謀. 范蠡曰:「王何患焉? 今之饑, 此越之福而吳之禍也. 夫吳國甚富, 而財有餘, 其王年少, 智寡才輕, 好須臾之名, 不思後患. 王若重幣卑辭, 以請糴於吳, 則食可得也, 食得, 其卒越必有吳, 而王何患焉.」越王曰:「善」乃使人請食於吳, 吳王將與之. 伍子胥進諫曰:「不可與也. 夫吳之與越, 接地鄰境, 道易人通, 仇讎敵戰之國也, 非吳喪越, 越必喪吳. 若燕・秦・齊・晉, 山處陸居, 豈能踰五湖九江, 越十七阨以有吳哉? 故曰, 非吳喪越, 越必喪吳. 今將輸之粟, 與之食, 是長吾讎而養吾仇也, 財匱而民怨, 悔無及也, 不若勿與而攻之, 固其數也, 此昔吾先王之所以霸. 且夫饑代事也, 猶淵之與阪, 誰國無有?」吳王曰:「不然. 吾聞之, 義兵不攻服, 仁者食饑餓, 今服而攻之, 非義兵也; 饑而不食, 非仁體也. 不仁不義, 雖得十越, 吾不爲也.」遂與之食. 不出三年, 而吳亦饑, 使人請食於越. 越王弗與, 乃攻之, 夫差爲禽.

415(13-34) 趙簡子使成何涉他
인질로 보낸다고 하십시오

조간자趙簡子가 성하成何와 섭타涉他를 전택剸澤으로 보내어 위衛 영공靈公과 맹약을 맺도록 하였다. 그 자리에서 영공이 맹약의 의식 중에 희생의 피를 입가에 묻히려 들지 않자, 성하와 섭타가 영공의 팔을 잡아 억지로 잡아 눌렀다. 영공은 노하여 조나라를 배반하고자 하였다. 이때 왕손상王孫商이 계책을 말하였다.

"왕께서 조趙나라에게 등돌리고 싶으시면, 백성들과 함께 그들을 미워하는 것이 가장 낫습니다."

영공이 물었다.

"어떻게 하면 되겠소?"

왕손상은 이렇게 말하였다.

"청컨대 저에게 전국에 이런 명을 내리도록 해 주십시오. 즉 고모·누나·딸이 있는 집은 한 집마다 한 명씩 조나라에 인질로 가야 한다고요. 그러면 백성들은 누구나 조나라를 원망할 것입니다. 임금께서는 그것을 배경으로 조나라를 배반해 버리면 됩니다."

영공이 말하였다.

"좋다."

그리고는 명령을 내린 지 사흘, 그리고 여자를 징집하기를 닷새, 그리하여 그 명령이 마쳐지자 백성들 모두가 골목에 나와서 통곡을 하였다. 영공은 이에 대부들을 소집하여 대책을 세웠다.

"조나라가 이렇게 무도한데 우리가 그로부터 등돌림이 가능할까?"

그러자 대부들이 모두 나섰다.

"그렇게 해야 합니다."

이리하여 서쪽 문은 열고 조나라와 통하는 동쪽 관문은 폐쇄해 버렸다. 조나라 왕은 이 소식을 듣고서 섭타를 묶어 참살하고 위나라에게 사죄하였다. 그 사이에 성하는 연燕나라로 도망치고 말았다. 자공子貢이 이를 듣고 이렇게 평하였다.

"왕손상은 모책에 뛰어난 인물이다. 사람을 미워하여 이를 잘 처치하고, 어려움이 있을 때 이를 능히 처리하며, 백성을 이용하되 능히 그들을 끌어들일 줄 아는 자이다. 한 가지 행동으로 세 가지를 얻었으니 이것이야 말로 정말 모책에 뛰어났다고 이를 수 있다."

趙簡子使成何涉他, 與衛靈公盟於剸澤. 靈公未喋盟, 成何涉他捘靈公之手而捝之, 靈公怒, 欲反趙.

王孫商曰:「君欲反趙, 不如與百姓同惡之.」

公曰:「若何?」

對曰:「請命臣令於國曰:『有姑姉妹女者, 家一人, 質於趙.』百姓必怒, 君因反之矣.」

君曰:「善.」

乃令之三日, 遂徵之五日, 而令畢國人巷哭.

君乃召國大夫而謀曰:「趙爲無道, 反之可乎?」

大夫皆曰:「可.」

乃出西門, 閉東門, 趙氏聞之, 縛涉他而斬之, 以謝於衛, 成何走燕.

子貢曰:「王孫商, 可謂善謀矣. 憎人而能害之; 有患而能處之; 欲用民而能附之; 一擧而三物俱至, 可謂善謀矣.」

【趙簡子】春秋 말기 晉나라 六卿의 하나. 뒤에 趙나라를 세웠다.

【成何】趙簡子의 신하.

【涉他】역시 趙簡子의 신하.《左傳》에는 '涉佗'로 되어 있다.

【鄟澤】地名.《左傳》및〈四部叢刊本〉과〈四部備要本〉에는 '鄟澤'으로 되어 있다. 지금의 河北省 濮陽縣 근처.

【衛靈公】춘추시대 衛나라 군주.《論語》衛靈公篇 참조. 재위 42년(B.C.534~ 493).

【喋】'喋'은 제후들이 맹약을 맺을 때 희생물의 피를 입가에 바르거나 대는 의식행위를 말한다. '歃血'과 같다.

【靈公之手而捘之】〈四庫全書本〉에는 '捘'이 '樽'으로 잘못 판각되어 있다. 여기 서는〈四部叢刊本〉및〈四部備要本〉을 따랐다.

【王孫商】衛 靈公의 신하.《左傳》에는 '王孫賈'로 되어 있다.

【子貢】孔子의 제자. 端木賜.

참고 및 관련 자료

1.《左傳》定公 8年

晉師將盟衛侯於鄟澤. 趙簡子曰:「群臣誰敢盟衛君者?」涉佗·成何曰:「我能盟之.」 衛人請執牛耳. 成何曰:「衛, 吾溫原也, 焉得視諸侯?」將歃, 涉佗捘衛侯之手及捥, 衛侯怒. 王孫賈趨進曰:「盟以信禮也. 有如衛君, 其敢不唯禮是事, 而受此盟也?」 衛侯欲叛晉, 而患諸大夫. 王孫賈使次於郊, 大夫問故. 公以晉詬語之, 且曰:「寡人 辱社稷, 其改卜嗣, 寡人從焉.」大夫曰:「是衛之禍, 豈君之過也?」公曰:「又有患焉, 謂寡人必以子與大夫之子爲質.」大夫曰:「苟有益也, 公子則往. 群臣之子, 敢不皆 負羈絏以從.」將行, 王孫賈曰:「苟衛國有難, 工商未嘗不爲患, 使皆行而後可.」 公以告大夫, 乃皆將行之. 行有日, 公朝國人, 使賈問焉, 曰:「若衛叛晉, 晉五伐我, 病何如矣?」皆曰:「五伐我, 猶可以能戰.」賈曰:「然則如叛之, 病而後質焉, 何遲之有?」 乃叛晉. 晉人請改盟, 弗許.

임금을 노예로 삼고자

초楚 **성왕**成王이 여러 제후들에게 찬성을 얻어 노魯나라 임금을 노예로 삼고자 하였다.

이에 노나라 임금은 대부들을 불러 대책을 세웠다.

"우리나라가 비록 작으나 그래도 주周나라가 세워 준 나라요. 지금 성왕이 나를 노비로 삼겠다니 이게 되겠습니까?"

대부들은 모두 이렇게 말하였다.

"말도 안 됩니다."

그러나 공의휴公儀休만은 이렇게 말하였다.

"초왕의 말을 듣지 않을 수 없습니다. 듣지 않으면 몸은 죽고 나라는 망합니다. 임금의 신하는 임금의 소유이며 백성을 위하는 것이 곧 임금이 할 도리입니다."

이에 노군魯君은 드디어 속국이 될 것을 결정하였다.

楚成王贊諸屬諸侯, 使魯君爲僕, 魯君致大夫而謀曰:「我雖小, 亦周之建國也. 令成王以我爲僕, 可乎?」

大夫皆曰:「不可.」

公儀休曰:「不可不聽楚王, 身死國亡, 君之臣, 乃君之有也. 爲民, 君也.」

魯君遂爲僕.

【楚成王】춘추시대 楚나라 군주. 재위 46년(B.C.671~626).

【贊諸屬諸侯】《說苑疏證》에는 "贅諸侯"로 고쳐져 있으며, "贅原誤作贊, 下又衍 諸屬二字, 從孫詒讓札迻刪改"라 하여 孫詒讓의 설을 따르고 있다.

【魯君】당시 魯나라 임금은 莊公·湣公·僖公이었다.

【爲僕】복종하여 속국이 됨을 말한다.

【公儀休】魯나라의 大夫.

417(13-36) 齊景公以其子妻闔廬
딸을 시집보내면서

제齊 경공景公이 자신의 딸을 합려闔廬에게 시집보내면서 교외에까지 나가 송별을 하였다. 경공은 울면서 이렇게 말하였다.

"내가 죽도록 너를 더 이상 못 보겠구나."

이에 고몽자高夢子가 이렇게 물었다.

"우리 제나라는 바다도 있고 산도 있어 비록 천하를 다 휘어잡을 힘은 없다 해도 우리 임금을 간섭한다면 그 정도야 물리칠 수 있습니다. 그렇게 아끼신다면 보내지 않으면 되지 않습니까?"

경공은 이렇게 설명하였다.

"나는 이 제나라 같은 험고한 나라를 가지고 있지만 능히 제후들을 호령하지는 못한다. 그런데 다른 제후들의 명령을 듣지도 않는다면 결국 난이 일어나고 말 것이다. 내가 들으니 명령을 내리지 못할 바에야 차라리 남의 의견을 들어 주는 것이 낫다고 하였다. 게다가 오吳나라는 독벌의 침과 같아 그 독을 어디엔가로 내뱉지 않으면 스스로 견디지 못하는 나라이다. 나는 그 독이 나에게 퍼붓지나 않을까 겁을 내는 것이다."

그리고는 드디어 그 딸을 보내고 말았다.

齊景公以其子妻闔廬, 送諸郊. 泣曰:「余死不汝見矣.」

高夢子曰:「齊負海而縣山, 縱不能全收天下, 誰干我君, 愛則勿行.」

公曰:「余有齊國之固, 不能以令諸侯, 又不能聽, 是生亂也. 寡人聞之: 不能令則莫若從, 且夫吳若蜂蠆然, 不弃毒於人則不靜, 余恐弃毒於我也.」

遂遣之.

【齊景公】춘추시대 齊나라 군주. 재위 58년(B.C.547~490).
【闔廬】吳王. 闔閭로도 쓰며, 재위 19년(B.C.514~496).《吳越春秋》에는 "齊景公이 그 딸을 인질로 보내자 闔廬는 齊나라 公主를 太子 波의 妻로 삼게 하였다"라 되어 있다.
【高夢子】齊景公의 신하.

참고 및 관련 자료

1.《孟子》離婁(上)

孟子曰:「天下有道, 小德役大德, 小賢役大賢; 天下無道, 小役大, 弱役强. 斯二者, 天也. 順天者存, 逆天者亡. 齊景公曰:『旣不能令, 又不受命, 是絶物也.』涕出而女於吳. 今也小國師大國而恥受命焉, 是猶弟子而恥受命於先師也. 如恥之, 莫若師文王. 師文王, 大國五年, 小國七年, 必爲政於天下矣.」

2.《吳越春秋》闔閭內傳 10年

齊侯使女爲質於吳, 吳王因爲太子波聘齊女, 女少思齊, 日夜號泣. 因乃爲病. 闔閭乃起北門名曰望齊門, 令女往遊其上. 女思不止, 病日益甚, 乃至殂落, 女曰:「令死者有知, 必葬我於虞山之巓, 以望齊國.」闔閭傷之, 正如其言. 乃葬虞山之巓. 是時太子亦病而死.

사람은 그에 맞는 짝이 있게 마련

제齊나라가 정鄭나라 태자太子 홀忽에게 딸을 시집보내고자 하였지만 태자 홀은 이를 사양하였다. 사람들이 태자에게 그 이유를 묻자 태자는 이렇게 설명하였다.

"사람은 각각 그에 맞는 짝이 있게 마련이다. 제나라는 큰 나라이다. 나의 짝이 될 만하지 않다. 《시詩》에 '스스로 많은 복을 찾으라'라 하였다. 따라서 복이란 내가 하기 나름인 것이다."

뒤에 융戎이 제나라로 쳐들어오자, 제나라는 정나라에게 구원을 요청하였다. 정나라 태자 홀은 군대를 이끌고 제나라를 도와 융戎의 군대를 크게 쳐부수었다. 이에 제나라에서 다시 태자에게 딸을 주겠노라 하였다. 태자는 이번에도 한사코 거절하였다. 어떤 이가 그 이유를 묻자 이렇게 말하였다.

"제나라와 아무런 관계가 없을 때에도 나는 거절하였는데, 지금 우리 임금의 명령을 받고 제나라의 위급함을 도와 준 이때에 제의를 받아들여 여자를 맞이한다면 사람들이 내가 장차 장가 가려고 군대를 몰고 온 것이라 여기지 않겠는가?"

그리고는 끝내 사양하고 말았다.

齊欲妻鄭太子忽, 太子忽辭, 人問其故.

太子曰:「人各有偶, 齊大, 非吾偶也. 詩云:『自求多福.』在我而已矣.」

後戎伐齊, 齊請師于鄭.

鄭太子忽, 率師而救齊, 大敗戎師, 齊又欲妻之. 太子固辭,
人問其故.

對曰:「無事於齊, 吾猶不敢. 今以君命, 救齊之急, 受室以歸,
人其以我爲師婚乎?」

終辭之.

【太子忽】鄭나라 莊公(재위 43년. B.C.743~701)의 太子. 뒤에 高渠彌에게 죽음을
당하였다.
【詩云】《詩經》大雅 文王의 구절.
【戎】西方의 異民族.

참고 및 관련 자료

1.《左傳》桓公 6年

公之未昏於齊也, 齊侯欲以文姜妻鄭大子忽, 大子忽辭, 人問其故, 大子曰:「人各有耦,
齊大, 非吾耦也. 詩云:『自求多福.』在我而已, 大國何爲?」君子曰:「善自爲謀.」
及其敗戎師也, 齊侯又請妻之, 固辭, 人問其故, 大子曰:「無事於齊, 吾猶不敢.
今以君命救齊之急, 而受室以歸, 是以師昏也.」民其謂我何?」遂辭諸鄭伯.

2.《左傳》桓公 11年

鄭昭公之敗北戎也, 齊人將妻之. 昭公辭. 祭仲曰:「必取之. 君多內寵, 子無大援,
將不立. 三公子皆君也.」弗從. 夏, 鄭莊公卒. 初, 祭封人仲足有寵於莊公, 莊公使爲卿.
爲公娶鄧曼, 生昭公. 故祭仲立之. 宋雍氏女於鄭莊公, 曰雍姞, 生厲公. 雍氏宗,
有寵於宋莊公, 故誘祭仲而執之, 曰:「不立突, 將死.」亦執厲公而求賂焉. 祭仲與宋
人盟, 以厲公歸而立之. 秋九月丁亥, 昭公奔衛. 己亥, 厲公立.

419(13-38) 孔子問漆雕馬人
채라는 거북 껍질

공자孔子가 칠조마인漆雕馬人에게 물었다.

"그대는 장문중臧文仲·무중武仲·유자용孺子容 세 대부를 섬겼는데, 그 중 누가 가장 어질다고 보십니까?"

칠조마인은 이렇게 대답하였다.

"그 장씨 집에는 거북 껍질이 있습니다. 이름을 채蔡라 하지요. 그런데 문중은 관직에 있는 동안 3년에 한 번 점을 치고, 무중은 3년에 두 번 점을 치며, 유자용은 3년에 세 번 점을 치더이다. 이는 제가 보아서 알지요. 그러나 세 대부의 어질고 어질지 못함은 제가 알 수 없습니다."

이 말에 공자는 칠조마인을 이렇게 칭찬하였다.

"군자이시군요! 칠조씨의 아들이여. 그 말이 남의 훌륭한 점을 들되 감추어 주는 듯하나 드러나게 해 주고, 남의 과실을 말하되 지나가는 말처럼 하나 훤히 드러나게 하십니다. 그들 장씨 대부는 지혜가 미치지 못하고 살펴봄이 총명하지 않았으니 어찌 자주 점을 치지 않을 수 있었겠습니까?"

孔子問漆雕馬人曰:「子事臧文仲, 武仲, 孺子容·三大夫者, 孰爲賢?」

漆雕馬人對曰:「臧氏家有龜焉, 名曰蔡; 文仲立三年爲一兆焉; 武仲立三年爲二兆焉; 孺子容三年爲三兆焉, 馬人見之矣. 若夫三大夫之賢不賢, 馬人不識也.」

孔子曰:「君子哉! 漆雕氏之子, 其言人之美也, 隱而顯; 其言
人之過也, 微而著. 故智不能及, 明不能見, 得無數卜乎?」

【漆雕馬人】춘추시대 魯나라의 현인. 臧文仲·臧武仲·臧容을 섬김.
【臧文仲】春秋 魯나라의 大夫인 臧孫辰. 시호가 文仲.
【武仲】文仲의 아들 臧孫紇 武仲의 시호.
【孺子容】孺子는 아들이라는 뜻. 즉 武仲의 아들. 容은 이름.
【蔡】占卜用 거북에 이름을 붙인 것. 혹 점치기 위한 거북을 보관한 창고.《論語》
公冶長篇 참조.《淮南子》說山訓에 "大蔡神龜, 出於溝壑"이라 하였고, 高誘
注에 "大蔡, 元龜之所出地名, 因名其龜大蔡, 臧文仲所居蔡是也"라 하였다. 그러나
이를 '契'자의 가차라 보기도 한다. 朱駿聲의《說文通訓定聲》에는 "或曰; 寶龜産
于蔡地. 亦求其說不得而爲臆揣之辭. 疑蔡者, 契之假借"라 하였다.
【漆雕氏之子】漆雕馬人을 가리킨다.

참고 및 관련 자료

1.《孔子家語》好生篇

孔子問漆雕憑曰:「子事臧文仲·武仲及孺子容, 此三大夫孰賢?」對曰:「臧氏家有守
龜焉, 名曰蔡. 文仲三年而爲一兆; 武仲三年而爲二兆; 孺子容三年而爲三兆. 憑從
此之見, 若問三人之賢與不賢, 所未敢不識也.」孔子曰:「君子哉, 漆雕氏之子! 其言
人之美也, 隱而顯; 言人之過也, 微而著. 智而不能及, 明而不能見, 孰克如此?」

2.《論語》公冶長篇

子曰:「臧文仲居蔡, 山節藻梲, 何如其知也?」

420(13-39) 安陵纏以顔色美壯得幸於楚共王
기회에 뛰어난 안릉전

안릉전安陵纏은 얼굴이 예쁘고 잘생겨 초楚 공왕共王의 사랑을 받고 있었다. 이때 강을江乙이 안릉전을 만나 물었다.

"그대의 선조 가운데 초나라 왕실에 시석지공矢石之功을 세운 이라도 있습니까?"

안릉전이 말하였다.

"없습니다."

강을이 물었다.

"그러면 그대 자신이 이 나라에 무슨 큰공이라도 세웠습니까?"

"아닙니다."

강을이 다시 물었다.

"그렇다면 그대는 무슨 연유로 이 나라에서 이렇듯 귀한 대접을 받습니까?"

"저도 그 이유를 모르겠습니다."

이에 강을이 이렇게 말하였다.

"내 듣자 하니 재물로써 사람을 섬기는 자는 그 재물이 다하면 그 교분도 멀어지는 법이며, 색色으로써 남을 섬기는 경우에는 그 아름다움이 쇠락하고 나면 그 사랑도 식어지는 법이라 하였소. 지금 그대의 아름다움도 어느 때인가는 쇠락하고 말 것입니다. 그대는 어찌 길이 임금에게 사랑을 받고, 그 사랑이 해이해지지 않는 대책을 강구하지 않습니까?"

안릉전이 말하였다.

"저는 나이도 어리고 어리석어 아무것도 모릅니다. 원컨대 모든 것을 선생께 맡기고 싶습니다."

이에 강을이 이렇게 일러 주었다.

"그대는 임금께 스스로 순장殉葬당하겠다고 제의하십시오!"

안릉전은 그 말에 따르겠다고 약속하였다.

안릉전과 헤어지고 나서 1년이 지나 강을은 다시 안릉전을 만나 물었다.

"지난날 내가 그대에게 일러 준 것을 임금께 말씀드렸습니까?"

그러나 안릉전은 이렇게 말하는 것이었다.

"아직 기회를 얻지 못하였습니다."

그러자 강을이 이렇게 핀잔하였다.

"그대는 외출할 때면 임금과 같은 수레를 타고 들어와서는 언제나 같이 앉을 정도인데, 3년이 지나도록 기회를 얻지 못하였다니 이는 나의 계책이 아무런 효과가 없으리라 여기기 때문일 것이오!"

그리고는 불쾌한 표정을 짓고 떠나 버렸다.

다시 1년이 지난 후, 공왕이 강저江渚의 들에서 사냥을 하게 되었다. 들에 불을 놓아 그 연기가 구름 떼같이 피어올랐고, 호랑이의 포효 소리는 우레와 같았다. 그때 미친 듯한 물소가 남쪽 방향에서 튀어나와 왕의 왼쪽 수레를 들이받으려 달려들었다. 왕은 깃발을 들어 활 쏘는 자로 하여금, 쏘아 잡도록 신호를 보냈다. 단 한 발에 그 물소는 수레 아래에 거꾸러졌다. 왕은 크게 기뻐하며 손뼉을 치고 웃었다. 그리고는 안릉전을 돌아보며 이렇게 말하였다.

"내 만세萬歲 후에 그대는 누구와 더불어 이런 즐거움을 맛볼꼬?"

안릉전은 이때 머뭇거리며 뒤로 물러나와 울음을 터뜨려 옷깃을 적시고, 다시 왕을 껴안고 이렇게 말하였다.

"만세 후에 저는 장차 임금을 따라 순장되어 있을 것이온데, 이런 즐거움을 누가 누릴는지 전들 어찌 알겠습니까?"

이에 공왕은 바로 그 수레 아래에서 3백 호戶의 식읍을 봉해 주었다. 그래서 이렇게 말하는 것이다.

"강을은 모책에 뛰어났고, 안릉전은 기회에 뛰어났다."

安陵纏以顔色美壯, 得幸於楚共王.

江乙往見安陵纏, 曰:「子之先人, 豈有矢石之攻於王乎?」

曰:「無有.」

江乙曰:「子之身, 豈亦有乎?」

曰:「無有.」

江乙曰:「子之貴, 何以至於此乎?」

曰:「僕不知所以.」

江乙曰:「吾聞之: 以財事人者, 財盡而交疎: 以色事人者, 華落而愛衰. 今子之華, 有時而落, 子何以長幸無解於王乎?」

安陵纏曰:「臣年少愚陋, 願委智於先生.」

江乙曰:「獨從爲殉可耳.」

安陵纏曰:「敬聞命矣!」

江乙去.

居朞年, 逢安陵纏, 謂曰:「前日所諭子者, 通之於王乎?」

曰:「未可也.」

居朞年.

江乙復見安陵纏曰:「子豈諭王乎?」

安陵纏曰:「臣未得王之間也.」

江乙曰:「子出與王同車, 入與王同坐. 居三年, 言未得王之間乎, 以吾之說, 未可耳.」

不悦而去.

其年, 共王獵江渚之野, 野火之起若雲蜺, 虎狼之嘷若雷霆.
有狂兕從南方來, 正觸王左驂, 王擧旌旄, 而使善射者射之, 一發,
兕死車下, 王大喜, 拊手而笑, 顧謂安陵纏曰:「吾萬歲之後, 子將
誰與斯樂乎?」

安陵纏乃逡巡而却, 泣下沾衿, 抱王曰:「萬歲之後, 臣將從爲殉,
安知樂此者誰?」

於是共王乃封安陵纏於車下三百戶.

故曰:「江乙善謀, 安陵纏知時.」

【安陵纏】 人名. 安陵은 地名. 지금의 河南省 鄢城縣.
【楚共王】 춘추시대 楚나라 군주. 재위 31년(B.C.590~560).
【江乙】 '江一'로도 쓰며 유명한 策士.《戰國策》·《史記》 등 참조.
【江渚】 강가의 사냥터를 말한다.
【萬歲後】 살아 있는 임금의, '죽음 뒤'의 뜻을 완곡하게 이르는 말.

참고 및 관련 자료

1.《戰國策》楚策(1)

江乙說於安陵君曰:「君無咫尺之地, 骨肉之親, 處尊位, 受厚祿, 一國之衆, 見君莫
不斂衽而拜, 撫委而服, 何以也?」曰:「王過擧而已. 不然, 無以至此.」江乙曰:
「以財交者, 財盡而交絶; 以色交者, 華落而愛渝. 是以孌女不敝席, 寵臣不避軒.
今君擅楚國之勢, 而無以深自結於王, 竊爲君危之.」安陵君曰:「然則奈何?」「願君
必請從死, 以身爲殉, 如是必長得重於楚國.」曰:「謹受令.」三年而弗言. 江乙後見
曰:「臣所爲君道, 至今未效. 君不用臣之計, 臣請不敢復見矣.」安陵君曰:「不敢忘
先生之言, 未得間也.」於是, 楚王游於雲夢, 結駟千乘, 旌旗蔽日, 野火之起也若雲蜺,
兕虎嘷之聲若雷霆. 有狂兕牂車依輪而至, 王親引弓而射, 壹發而殪.王抽旍旄而抑

兕首, 仰天而笑曰:「樂矣, 今日之游也. 寡人萬歲千秋之後, 誰與樂此矣?」安陵君泣
數行而進曰:「臣人則編席, 出則陪乘. 大王萬歲千秋之後, 願得以身試黃泉. 蓐螻蟻,
又何如得此樂而樂之.」王大說, 乃封壇爲安陵君. 君子聞之曰:「江乙可謂善謀, 安陵
君可謂知時矣.」

421(13-40) 太子商臣怨令尹子上也
뇌물 받고 물러나 준 것이다

초楚**나라 태자 상신**商臣은 영윤令尹인 자상子上을 몹시 미워하였다. 마침 초나라가 진陳나라를 공격하였을 때, 진晉나라가 진陳나라 구원에 나서서 치수泜水를 끼고 진을 치고 있었다. 이때 진晉나라 양처보陽處父가 상신이 자상을 미워한다는 것을 알고 자상을 이렇게 유혹하였다.

"조금 물러나십시오. 내가 강을 건너 그대를 따르겠습니다."

이 말에 자상은 이를 허락하고 군대를 퇴각시켰다.

그리고 나서 양처보는 도리어 진晉나라 군대에게 이런 말을 퍼뜨렸다.

"초나라 군대가 도망치고 있다."

그리고는 사람을 시켜 상신에게 이렇게 알리도록 하였다.

"자상은 진晉나라의 뇌물을 받고 물러나 준 것이다."

상신은 이 말을 초楚 성왕成王에게 사뢰었다. 그러자 성왕이 드디어 자상을 죽여 버리고 말았다.

太子商臣怨令尹子上也. 楚攻陳, 晉救之. 夾泜水而軍.
陽處父知商臣之怨子上也, 因謂子上曰:「少却, 吾涉而從子.」
子上却.
因令晉軍曰:「楚遁矣.」
使人告商臣曰:「子上受晉賂而去之.」
商臣訴之成王, 成王遂殺之.

【太子商臣】楚 成王의 太子. 뒤에 父王인 成王을 공격하여 목매달아 죽게 하고 자신이 왕이 되었다. 穆王.

【令尹子上】令尹은 楚나라 최고 관직. 子上을 이름.

【泜水】滍水로도 쓰며, 지금 이름은 沙河. 河南省 魯山縣에서 발원하여 襄城縣의 汝水와 합친 다음 黃河로 흘러듦.

【陽處父】晉나라의 太傅.

【楚成王】춘추시대 楚나라의 군주. 재위 46년(B.C.671~626).

참고 및 관련 자료

1. 《左傳》僖公 33年

晉陽處父侵蔡, 楚子上救之, 與晉師夾泜而軍. 陽子患之, 使謂子上曰:「吾聞之, 文不犯順, 武不違敵. 子若欲戰, 則吾退舍, 子濟而陳, 遲速唯命, 不然紓我. 老師費財, 亦無益也.」乃駕以待. 子上欲涉, 大孫伯曰:「不可. 晉人無信. 半涉而薄我, 悔敗何及, 不如紓之.」乃退舍. 陽子宣言曰:「楚師遁矣.」遂歸, 楚師亦歸. 大子商臣譖子上曰: 「受晉賂而避之, 楚之恥也, 罪莫大焉.」王殺子上.

422(13-41) 智伯欲襲衛故遺之乘馬
이유 없는 예물과 공이 없는 상은 화의 근원

지백智伯이 위衛나라를 치려고 고의로 먼저 승마乘馬와 벽璧 하나를 선물로 보냈다. 이에 위나라 임금이 대단히 기뻐하면서 잔치를 벌이자 여러 대부들이 모두 축하를 하였다. 그러나 남문자南文子만이 홀로 축하하기녕 근심 띤 얼굴을 보이는 것이었다. 위군이 물었다.

"대국에서 과인에게 예물을 보내왔소. 그래서 내가 여러 대부들에게 술자리를 마련하였고, 대부들은 축하를 해 주고 있소. 그런데 그대만은 홀로 축하의 말도 없고, 도리어 근심 띤 얼굴을 하니 무슨 연유요?"

남문자는 이렇게 설명하였다.

"이유 없는 예물, 공이 없는 상은 화의 근원입니다. 내가 주지도 않았는데 저쪽에서 보내왔습니다. 이 때문에 제가 근심 띤 얼굴을 하게 된 것입니다."

이 말에 위군은 교량과 나루를 정비하고 변방에 성 쌓을 계획을 세웠다. 지백은 위나라 군대가 변경에 수비를 하고 있다는 소식을 듣고 군대를 되돌렸다.

智伯欲襲衛, 故遺之乘馬, 先之一璧, 衛君大悅, 酌酒, 諸大夫 皆喜. 南文子獨不喜, 有憂色.

衛君曰:「大國禮寡人, 寡人故酌諸大夫酒, 諸大夫皆喜, 而子 獨不喜, 有憂色者, 何也?」

南文子曰:「無方之禮, 無功之賞, 禍之先也. 我未有往, 彼有以來, 是以憂也.」

於是衛君乃修梁津, 而擬邊城.

智伯聞衛兵在境上, 乃還.

【智伯】春秋 말기 晉나라 六卿의 하나.
【南文子】춘추시대 衛나라 대부.

> 참고 및 관련 자료

1.《戰國策》衛策

智伯欲伐衛, 遺衛君野馬四, 白璧一. 衛君大悅, 群臣皆賀. 南文子有憂色. 衛君曰:「大國大懽, 而子獨有憂色何?」文子曰:「無功之賞, 無力之禮, 不可不察也. 野馬四, 白璧一, 此小國之禮也, 而大國致之, 君其圖之.」衛君以其言告邊境. 智伯果起兵而襲衛, 至境而反曰:「衛有賢人, 先知吾謀也.」

423(13-42) 智伯欲襲衛
죄짓고 도망올 자 아니다

지백智伯이 위衛나라를 치고자, 거짓으로 그 태자太子 안顏을 위나라로 도망가게 하였다. 이때 위나라 남문자南文子가 말하였다.

"태자 안은 군자를 위해 주는 정도가 지극합니다. 결코 큰 죄를 짓고 도망올 자가 아닙니다. 무슨 까닭이 있을 것입니다. 그러나 도망온 사람을 받아 주지 않으면 상서롭지도 못합니다."

그리고는 관리를 시켜 그를 맞이하도록 하면서 이렇게 명하였다.

"수레가 오승五乘 이상이거든 절대로 통과시키지 말라!"

지백이 이 소문을 듣고 계획을 철회해 버렸다.

智伯欲襲衛, 乃佯亡其太子顏, 使奔衛.

南文子曰:「太子顏之爲其君子也, 甚愛, 非有大罪也, 而亡之, 必有故. 然, 人亡而不受, 不祥.」

使吏逆之曰:「車過五乘, 愼勿內也.」

智伯聞之, 乃止.

【智伯】春秋 때 晉나라 六卿의 하나. '知伯'으로도 쓴다.
【太子顏】智伯의 아들. 顏은 이름.

【南文子】 衛나라 大夫.

【逆】 迎과 같다.

【 참고 및 관련 자료 】

1.《戰國策》衛策

智伯欲襲衛, 乃佯亡其太子, 使奔衛. 南文子曰:「太子顔爲君子也, 甚愛而有寵, 非有大罪而亡, 必有故.」使人迎之於境, 曰:「車過五乘, 愼勿納也.」智伯聞之, 乃止.

424(13-43) 叔向之殺萇弘也
그런 인물일 줄 알았다

숙향叔向이 장홍萇弘을 죽이려고 주周나라에 가서 자주 장홍을 만났다. 그리고는 거짓으로 이런 편지를 주나라에 보냈다.

"장홍이 제게 이렇게 말하더이다. '그대가 진晉나라 병사를 이끌고 이 주나라를 공격해 오면 내가 유씨劉氏를 폐하고 선씨單氏를 세우겠다'라고요!"

유씨가 이를 보고 왕에게 알렸다. 그러자 주나라 임금이 이렇게 말하였다.

"장홍이 이런 인물일 줄 알았다."

그리고는 그를 죽여 버렸다.

叔向之殺萇弘也, 數見萇弘於周.

因佯遺書曰:「萇弘謂叔向曰:『子起晉國之兵, 以攻周, 吾廢劉氏而立單氏』」

劉氏請之, 君曰:「此萇弘也.」

乃殺之.

【叔向】 晉나라 대부 羊舌肸.
【萇弘】 周나라 敬王(재위 44년. B.C.519~476) 때의 大夫.

【劉氏】周 成王이 王季의 아들을 劉邑에 봉하여 성씨가 됨. 周나라 신하의 권신 집안.

【單氏】역시 成王이 蔑을 單邑에 봉하여 周나라 功臣이 되었다.

참고 및 관련 자료

1. 尾張氏의 《說苑纂注》에는 "此章多脫誤"라 하였다.

2. 《韓非子》 內儲說下

叔向之讒萇弘也, 爲書曰:「萇弘謂叔向曰: 子爲我謂晉君, 所與君期者時可矣, 何不亟以兵來?」因佯遺其書周君之庭而急去行, 周以萇弘爲賣周也, 乃誅萇弘而殺之.

425(13-44) 楚公子午使於秦
성을 쌓으십시오

초楚나라 공자公子 오午가 진秦나라에 사신으로 가자, 진나라가 이를 잡아 가두어 버렸다. 공자 오의 동생이 이를 알고 진晉나라 숙향叔向에게 얼른 3백 금을 갖다 바쳤다. 숙향이 계책을 세워 진晉 평공平公에게 말하였다.

"어찌하여 호구壺丘에 성을 쌓지 않습니까? 진秦·초楚 두 나라는 우리가 호구에 성을 쌓을까 봐 겁을 내고 있습니다. 진秦나라가 이를 두려워하게 되면, 공자 오를 풀어 주는 대신 우리에게 성을 쌓지 않도록 요구할 것입니다. 그때 우리가 중단하면 힘든 전쟁도 일어나지 않을 것이며, 초나라는 틀림없이 임금께 고마움을 느낄 것입니다."

평공이 수긍하였다.

"옳습니다."

그리고는 성을 쌓는 작업에 들어갔다. 이에 진秦나라가 두려워하여 드디어 공자 오를 진晉나라에 사신으로 보내 주었고, 진晉나라도 성 쌓는 일을 철회해 버렸다. 한편 초나라에서는 진晉나라에 수레 3백 량을 보내어 그 고마움을 표시하였다.

楚公子午使於秦, 秦囚之, 其弟獻三百金於叔向.

叔向謂平公曰:「何不城壺丘? 秦楚患壺丘之城. 若秦恐而歸公子午, 以止吾城也, 君乃之, 難亦未構, 楚必德君.」

平公曰:「善.」

乃城之.

秦恐, 遂歸公子午使之晉, 晉人輟城, 楚獻晉賦三百車.

【公子午】공자 이름. 楚나라의 公子.

【叔向】晉나라의 대부. 羊舌肸.

【晉平公】춘추시대 晉나라의 군주. 재위 26년(B.C.557~532).

【壺丘】地名. 춘추시대 陳나라의 읍. 지금의 河南省 新蔡縣 근처.

참고 및 관련 자료

1.《韓非子》說林(下)

荊王弟在秦, 秦不出也. 中射之士曰:「資臣百金, 臣能出之.」因載百金之晉, 見叔向,
曰:「荊王弟在秦. 秦不出也, 請以百金委叔向.」叔向受金, 而以見之晉平公曰:「可以
城壺丘矣.」平公曰:「何也?」對曰:「荊王弟在秦, 秦不出也, 是秦惡荊也, 必不敢禁我
城壺丘. 若禁之, 我曰:『爲我出荊王之弟, 吾不城也.』彼如出之, 可以德荊. 彼不出,
是卒惡也, 必不敢禁我城壺丘矣.」公曰:「善.」乃城壺丘, 謂秦公曰:「爲我出荊王之弟,
吾不城也.」秦因出之, 荊王大說, 以鍊金百鎰遺晉.

426(13-45) 趙簡子使人以明白之乘六

나의 계책을 눈치챘구나

조간자趙簡子가 사람을 시켜 번쩍번쩍 빛나는 수레 6승에 벽璧 하나를 실어 위衛나라에 보냈다.

그러자 위나라 숙문자叔文子가 이렇게 말하였다.

"불의의 일을 잘 살펴야 살아날 수 있습니다. 이것이 곧 작은 나라가 큰 나라를 섬기는 방법입니다. 지금 우리는 저들에게 아무것도 주지 않았는데 간자가 먼저 우리에게 예물을 보낸 것은 반드시 이유가 있을 것입니다."

이에 위나라는 수풀을 베어 적이 숨어들 만한 곳을 없애 버리고 식량과 재물을 모아들여 쌓아 놓은 후에 사신을 조나라에 보냈다.

간자가 이를 보고서 이렇게 말하였다.

"내가 일을 꾸밀 때 저들은 모르는 줄 알았더니 지금 보니 이미 알고 있었구나!"

그리고는 위나라 포위를 풀고 말았다.

趙簡子使人以明白之乘六, 先以一璧, 爲遺於衛.

衛叔文子曰:「見不意, 可以生, 故此小之所以事大也. 今我未以往, 而簡子先以來, 必有故.」

於是斬林除圍, 聚斂蓄積, 積而後遣使者.

簡子曰:「吾擧也, 爲不可知也. 今旣已知之矣.」
乃報圍衛也.

【趙簡子】春秋 말기 晉나라 六卿의 하나.
【叔文子】衛나라 大夫.

참고 및 관련 자료

1. 본 장의 내용은 앞의 422(13-41)와 아주 흡사하다.

427(13-46) 鄭桓公將欲襲鄶
내통한 자들의 거짓 명단

정鄭 환공桓公이 장차 회鄶나라를 치려고 먼저 회나라의 똑똑하고 용감한 선비들을 알아낸 다음 이들 이름을 기록하고, 다시 회나라의 양신良臣을 택해 그들의 관작 이름을 같이 써서 그 나라 성문 밖에 단을 만들어 묻었다. 그리고는 수퇘지의 피를 발라 마치 맹약을 맺은 듯한 흔적을 남겨 두었다.

이에 회나라 임금은 나라 안에 정나라와 내통한 인물이 있다고 여기고 그에 적힌 양신들을 모조리 죽이고 말았다.

환공은 이때를 틈타 회나라를 습격하여 드디어 차지하고 말았다.

鄭桓公將欲襲鄶, 先問鄶之辨智果敢之士, 書其名姓, 擇鄶之良臣, 而與之, 爲官爵之名, 而書之, 因爲設壇於門外, 而埋之. 釁之以豭, 若盟狀. 鄶君以爲內難也, 盡殺其良臣. 桓公因襲之, 遂取鄶.

【鄭桓公】 춘추시대 鄭나라 군주. 재위 36년(B.C.806~771). 이름은 友. 周 厲王의 少子이며, 宣王의 庶弟로 鄭에 봉해졌다.

【鄶】 고대의 小國. 檜로도 쓰며, 周初 祝融의 후손이 封을 받은 나라. 지금의 河南省 密縣 근처. 《詩經》 檜風 참조.

1.《韓非子》內儲說下

鄭桓公將欲襲鄶, 先問鄶之豪傑良臣辯智果敢之士, 盡與其姓名, 擇鄶之良田賂之, 爲官爵之名而書之, 因爲設壇場郭門之外而埋之, 釁之以雞猳, 若盟狀. 鄶君以爲內難也而盡殺其良臣. 桓公襲鄶, 遂取之.

때란 얻기는 어렵고 잃기는 쉽다

정鄭 환공桓公이 동쪽으로 정鄭 땅을 봉封받고자 그 회의에 참석하러 떠났다. 날이 저물어 송宋나라 동쪽의 국경지역에 이르러 여관에서 잠을 자게 되었다. 그때 여관의 늙은이가 밖에서 들어와 이렇게 묻는 것이었다.

"손님께서는 어디로 가시는 길입니까?"

환공이 말하였다.

"정 땅을 받으려고 봉책封冊 회의에 가는 길이오!"

여관의 늙은이는 이렇게 말하였다.

"제가 들으니 때는 얻기는 어렵고 잃기는 쉽다고 하였습니다. 지금 손님께서 여기에 누워 편안히 주무시다가는 그 봉을 받지 못할지도 모릅니다."

정환공은 이 말을 듣고 고삐를 잡고 말에 올랐다. 그 수행원은 얼른 쌀을 씻어 함께 싣고 10일 밤낮을 쉬지 않고 달려가서야 겨우 다다를 수 있었다. 갔더니 희하釐何가 이미 그 봉지를 다투고 있었다. 따라서 정 환공이 어질다고는 하나 여관의 늙은이가 아니었더라면 하마터면 봉을 받지 못할 뻔하였던 것이다.

鄭桓公東會封於鄭, 暮舍於宋東之逆旅. 逆旅之叟, 從外來, 曰:「客將焉之?」

曰:「會封於鄭.」

　逆旅之叟曰:「吾聞之: 時難得而易失也. 今客之侵安, 殆非封也.」

　鄭桓公聞之, 援轡自駕, 其僕接淅而載之, 行十日夜而至. 釐何與之爭封. 故以鄭桓公之賢, 微逆旅之叟, 幾不會封也.

【鄭桓公】姬友. 周厲王의 少子이며, 宣王의 아우. 宣王이 그를 鄭 땅에 봉하여 시호가 桓公이다. 재위 36년(B.C.806~771).

【會封】天子가 諸侯를 봉하는 의식을 말한다.

【宋】고대 商나라의 후예.

【殆非封地】《說苑疏證》에서는 "殆非會封者也"라 하였고 덧붙여 "會者二字原脫. 從拾補及劉氏斠補補"라 하였다.

【釐何】周宣王의 大夫.

참고 및 관련 자료

1.《史記》齊太公世家(太公就封)

武王已平商而王天下. 封師尙父於齊營丘, 東就國, 道宿行遲, 逆旅之人曰「吾聞, 時難得而易失, 客寢甚安, 殆非就國者也.」太公聞之, 夜衣而行, 犂明至國, 蔡侯來伐, 與之爭營丘, 營丘邊萊, 萊人, 夷也, 會紂之亂, 而周初定, 未能集遠方, 是以與太公爭國.

뽕 따는 여자를 도와 주었더니

진晉 문공文公이 위衛나라를 치면서 그 나라 성곽까지 이르렀다. 그는 병사들에게 앉아서 밥을 먹도록 하면서 이렇게 장담하였다.

"오늘은 반드시 저 큰 성에 달라붙어 함락시키리라!"

이때 공자公子 여慮가 고개를 숙이고 웃는 것이었다.

그러자 문공이 물었다.

"어찌하여 웃는가?"

공자 여는 이렇게 대답하였다.

"저의 아내가 잠깐 친정에 다녀온다기에 바래다 주었지요. 돌아서서 보니 뽕 따는 여인이 있기에 그녀를 도와 주었습니다. 그러면서 아내를 보았더니, 역시 어떤 남자가 그녀를 전송해 주고 있더이다."

이 말에 문공이 두려워하여 군대를 돌이켜 나라로 돌아왔더니 맥인 貉人이 진晉나라를 공격해 오고 있었다.

晉文公伐衛, 入郭, 坐士令食, 曰:「今日, 必得大垣.」

公子慮俛而笑之.

文公曰:「奚笑?」

對曰:「臣之妻歸, 臣送之, 反見桑者而助之. 顧臣之妻, 則亦有送之者矣.」

文公懼, 還師而歸, 至國, 而貉人攻其地.

【晉文公】 춘추오패의 하나.

【公子廲】 당시 晉나라 大夫.《列子》에는 '公子鋤'로 되어 있다.

【臣之妻歸~則亦有送之者矣.】 '나라를 비우고 이곳에 열중하는 사이 다른 사람이 당신의 왕위를 넘볼지도 모른다'는 뜻. 혹 '그 사이 다른 나라가 쳐들어올지도 모른다'는 뜻.

【貉人】 당시 북방의 이민족. '貊人'과 같다.

참고 및 관련 자료

1. 본 장의 내용은 본《說苑》正諫篇 272(9-14)와 흡사하다.

趙簡子擧兵而攻齊, 令軍中有敢諫者罪至死, 被甲之士, 名曰公盧, 望見簡子大笑; 簡子曰:「子何笑?」 對曰:「臣有夙笑.」 簡子曰:「有以解之則可, 無以解之則死.」 對曰:「當桑之時, 臣隣家夫與妻俱之田, 見桑中女, 因往追之, 不能得, 還反, 其妻怒而去之, 臣笑其曠也.」 簡子曰:「今吾伐國失國, 是吾曠也.」 於是罷師而歸.

2.《列子》說符篇

晉文公出, 會欲伐衛, 公子鋤仰天而笑, 公問何笑? 曰:「臣笑鄰之人有送其妻適私家者, 道見桑婦, 悅而與言, 然顧視其妻, 亦有招之者矣. 臣竊笑此依.」 公寤其言, 乃止. 引師而還, 未至而有伐其北鄙者矣.

3.《藝文類聚》(24)

晉文公出會, 欲伐衛, 公子鉏仰而笑之. 公問何故笑, 對曰:「笑臣之鄰人也. 臣之鄰人, 有送其妻適私家者, 道見桑婦, 悅而與之言, 顧視其妻, 亦有招之者. 臣竊歎之也.」 公乃止.

4.《藝文類聚》(88)

晉文公會欲伐衛, 公子鉏仰而笑, 公問何笑. 曰:「臣之鄰人, 有送其妻適私家者, 道見桑婦, 悅而與言. 然顧視其妻, 亦有招之者矣. 臣竊笑此.」 公悟其言, 乃止. 引師還, 未至而有伐其北鄙者.

5.《太平御覽》(305, 955)에도 실려 있다.

卷十四. 지공편至公篇

　"지공至公"이란 지극히 공평무사하게 일을 처리함을 뜻한다. 본권
은 이에 관한 일화와 고사 등을 모은 것이다.

　모두 22장(430～451)이다.

430(14-1) 書曰不偏不黨
공평무사의 대도

《서書》에 말하였다.

"치우치지도 작당하지도 않으면 왕도가 탕탕하리라."

이는 곧 지극히 공평무사公平無私함을 말한 것이다.

고대에 이 대공大公을 실행한 사람은 바로 제요帝堯이다. 천자天子의 귀한 자리에 천하의 부富를 다 가지고 있으면서도 순舜을 얻자, 그에게 자리를 물려주고 사사로이 자신의 후손에게 물려주려 하지 않았다.

이처럼 천하를 버리기를 헌신짝 버리듯 하였으니, 천하같이 큰 것도 이러한데 하물며 미세한 것들에 대해서랴! 제요가 아니면 누가 능히 그렇게 해 낼 수 있었겠는가.

그래서 공자孔子는 이렇게 칭송하였다.

"높고 높도다. 오직 높은 것은 하늘이로되 오직 요임금만이 그 하늘을 본받았도다."

그리고 《역易》에는 이렇게 말하였다.

"꼭대기가 되려 하지 않는 것, 그것이 길한 것이다."

이는 대개 임금 된 자가 가져야 할 공公을 말한 것이리라. 무릇 공公으로 천하에 같이하면 그 덕이 크다 하리라. 이를 자기에게서부터 추진하고 남이 이를 본받게 하면 만백성이 추대해 주며, 후세 사람들이 이를 법으로 따르게 된다.

延陵季子《三才圖會》

　다음으로 남의 신하된 자로서 실행하여야 할 공은 관직의 일을 처리하되 사사로이 자신을 위해 힘쓰지 아니하며, 공문公門에 거할 때는 화리貨利를 말하지 아니하며, 공법公法을 처리할 때는 친척에게 유리하도록 하는 일이 없으며, 봉공거현奉公擧賢할 때는 원수라 해서 배척해서도 안 된다.

　바로 임금을 섬김에는 충으로 하고 인으로써 아랫사람을 이롭게 하며, 서도恕道로써 추진해 나가되 실행할 때는 당黨을 짓지 아니한 사람이 바로 이윤伊尹과 여상呂尙이다. 그 때문에 그들의 이름이 지금까지 드러나고 있는 것이니, 이를 일컬어 공公이라 한다.

　《시詩》에는 "큰 도는 숫돌처럼 평평하며, 그 곧은 모습은 화살과 같도다. 군자가 그 길을 걸어가면 소인은 그 뒤를 따르기 마련!"이라 하였으니 이를 두고 한 말이다.

　무릇 공公은 명明을 낳고, 편偏은 암暗을 낳는다.

　단정하고 성실히 하면 저절로 통달通達이 생기고, 거짓과 위선은 막힘을 낳게 마련이며, 성실과 믿음으로 하면 신이 감응하고, 과장과 허탄虛誕은 미혹迷惑함을 낳게 마련이다.

　이상 여섯 가지는 군자가 조심하여야 할 내용으로서 우禹와 걸桀이 구분되는 소이所以다.

《시詩》에 "질풍과 재화災禍를 내리는 하느님이여, 그의 명령이 편벽된 자에게 미치도다"라 하였으니 이는 바로 공公을 잃었을 때의 경고이다.

書曰: 『不偏不黨, 王道蕩蕩.』 言至公也.

古有行大公者, 帝堯是也. 貴爲天子, 富有天下, 得舜而傳之, 不私於其子孫也. 去天下, 若遺躧, 於天下猶然, 況其細於天下乎? 非帝堯孰能行之?

孔子曰: 『巍巍乎! 惟天爲大, 惟堯則之.』

易曰: 『無首, 吉.』

此蓋人君之公也.

夫以公與天下, 其德大矣. 推之於此, 刑之於彼, 萬姓之所戴, 後世之所則也. 彼人臣之公, 治官事, 則不營私家, 在公門, 則不言貨利, 當公法, 則不阿親戚, 奉公擧賢, 則不避仇讐, 忠於事君, 仁於利下, 推之以恕道, 行之以不黨, 伊呂是也. 故顯名存於今, 是之謂公.

詩云: 『周道如砥, 其直如矢, 君子所履, 小人所視.』

此之謂也.

夫公生明, 偏生暗, 端愨生達, 詐僞生塞, 誠信生神, 夸誕生惑, 此六者, 君子之所愼也, 而禹桀之所以分也.

詩云: 『疾威上帝, 其命多僻.』

言不公也.

【書曰】《尙書》洪範篇의 구절.

【帝堯】堯임금. 唐堯.

【舜】古代 聖君.《史記》五帝本紀 참조.

【巍巍乎! 惟天爲大, 惟堯則之】《論語》泰伯篇 참조.

【易曰】《周易》乾卦 用九에 "見群龍無首, 吉, 象曰用九, 天德不可爲首也"라 하였다.

【推之於此, 刑之於彼】자신에게 이를 추진하고 저들이 본받도록 함을 말한다. 刑을 效·則으로 보았다.

【恕道】《論語》里仁篇에는 "曾子曰夫子之道, 忠恕而已矣"라 하였고, 衛靈公篇에는 "子貢問曰, 有一言而可以終身行之者乎, 子曰其恕乎己所不欲, 勿施於人"이라 하였다.

【伊尹】商湯을 도운 名臣.

【呂尙】呂望, 姜太公望, 子牙. 文王·武王을 도운 인물.

【詩云】《詩經》小雅 大東篇의 구절. 周道는 大道로 보고 있다.

【六者】公生明, 偏生暗, 端慤生達, 詐僞生塞, 誠信生神, 夸誕生惑의 여섯 가지를 가리킨다.

【禹】고대의 聖人. 夏의 시조.

【桀】夏의 末王. 폭군.

【詩云】《詩經》大雅 蕩篇의 구절.

참고 및 관련 자료

1.《荀子》不苟篇

公生明, 偏生暗, 端慤生通, 詐僞生塞, 誠信生神, 夸誕生惑. 此六生者, 君子愼之, 而禹·桀所以分也.

431(14-2) 吳王壽夢有四子
오왕 수몽의 네 아들

오왕吳王 수몽壽夢에게는 네 명의 아들이 있었다. 장자는 알謁, 그 다음은 여제餘祭, 다음은 이매夷昧, 그리고 막내는 계찰季札로 흔히 연릉계자延陵季子로 불리며 가장 훌륭하였다. 세 명의 형들은 모두 계찰의 훌륭함을 알고 있었으므로 왕인 수몽이 죽자 첫째인 알이 왕위를 계자에게 양보하였다. 그러나 계찰은 끝내 이를 받아들이지 않았다. 맏형 알은 할 수 없이 이렇게 약속하였다.

"계자는 어질다. 그러므로 왕위가 그에게 돌아가게 하면 오나라를 부흥시킬 수 있을 것이다."

그리고는 형제가 서로 밥을 먹을 때 이렇게 기도하였다.

"나를 어서 죽게 하여 왕위가 계찰에게까지 이어지게 하옵소서."

알이 죽고 나서 여제가 왕위에 올랐고, 다시 여제가 죽고 이매가 들어섰다. 이 이매조차 죽자 왕위는 당연히 계찰의 차례였다. 그러나 이때 계찰은 마침 사신으로 나라를 떠나 있었다.

이때 서형庶兄인 요僚가 나섰다.

"나 역시 형이다."

그리고는 스스로 들어서 왕이 되고 말았다. 계찰은 귀국하여 아무 일이 없는 듯 그대로 그를 왕으로 모셨다.

그때 알의 아들 공자 광光이 불만을 표시하였다.

"우리 아버지의 뜻에 따르면, 나라는 마땅히 막내삼촌인 계찰에게 돌아가야 한다. 그렇지 않고 계사지법繼嗣之法에 의한다면 내가 왕이 되어야 한다. 그런데 지금 요僚가 왕위에 올라 있으니 이 어찌된 일인가?"

그리고는 전제專諸를 시켜 요를 찔러 죽이고 말았다. 그를 죽이고 나서 공자 광은 계찰에게 왕위를 잇도록 하였다. 그러나 계찰은 이렇게 사양하였다.

"네가 우리 임금을 죽이고 내가 너의 이 나라를 맡는다면, 이는 나와 네가 공모하여 왕위를 찬탈한 것이 된다. 또 네가 나의 형을 죽였다고 내가 너를 죽이면, 이는 형제·부자 사이의 죽임이 끊일 날이 없게 된다."

그리고는 연릉延陵으로 가서 종신토록 오나라에 들어오지 않았다.

군자는 불살不殺을 인으로 여기고, 나라를 취하지 않는 것을 의로 여긴다. 무릇 나라를 사사로이 자기 것으로 여기지 않으면 천승지국을 버리고도 원망하지 않으며 높은 직위를 버리고도 분忿해하지 않으니 계찰이야말로 대단한 인물이로다.

吳王壽夢有四子, 長曰謁, 次曰餘祭, 次曰夷昧, 次曰季札, 號曰延陵季子. 最賢, 三兄皆知之.

於是王壽夢薨, 謁以位讓季子, 季子終不肯當, 謁乃爲約曰: 「季子賢, 使國及季子, 則吳可以興.」

乃兄弟相繼, 飮食必祝曰: 「使吾早死, 令國及季子.」

謁死, 餘祭立; 餘祭死, 夷昧立; 夷昧死, 次及季子. 季子時使行不在.

庶兄僚曰: 「我亦兄也.」

乃自立爲吳王. 季子使還, 復事如故.

謁子光曰: 「以吾父之意, 則國當歸季子, 以繼嗣之法, 則我適也, 當代之君, 僚何爲也?」

於是乃使專諸刺僚殺之, 以位讓季子.

季子曰:「爾殺吾君, 吾受爾國, 則吾與爾爲共簒也. 爾殺吾兄, 吾又殺汝, 則是昆弟父子相殺無已時也.」

卒去之延陵, 終身不入吳.

君子以其不殺爲仁, 以其不取國爲義. 夫不以國私身, 捐千乘而不恨, 弃尊位而無怨, 可以庶幾矣.

【壽夢】 春秋 때 吳나라의 임금. 吳나라는 원래 古公亶父의 첫째 아들인 太伯이 동생 虞仲과 함께 막내인 季歷(文王의 아버지)에게 왕위를 물려주기 위하여 남쪽으로 내려와 세운 나라이다. 이 때문에《史記》에서는 吳太伯世家라 하였다. 壽夢은 재위 25년(B.C.585~561). 吳太伯의 19세손이라 한다.

【謁】 壽夢의 첫째아들. '遏'로도 쓴다.《史記》에는 '諸樊'으로 되어 있다. 재위 13년(B.C.560~548).

【餘祭】 壽夢의 둘째아들. 재위 17년(B.C.547~531).

【夷眛】《史記》에는 '餘眛'로 되어있으며, 壽夢의 셋째아들이다. 재위 4년 (B.C.530~527). 글자가 판각상 말(眛)과 매(昧)가 뒤섞여 있다.

【季札】 壽夢의 넷째아들. 吳나라에서 가장 어진 이로 널리 칭송되었다.

【延陵季子】 季札이 延陵 땅에 봉하여져 부르는 이름.

【庶兄僚】 季札과 같은 항렬이 아니라 餘眛의 아들로서 같은 항렬 중에 형뻘이라는 뜻. 餘眛를 이어 스스로 왕이 되었다가 公子光에 의해 죽었다. 재위 12년(B.C.526~515).

【光】 壽夢의 첫째아들 諸樊(謁)의 아들. 왕이 되어 闔盧로 불렸다. 專諸를 시켜 僚를 죽이고 왕이 되었다. 재위 19년(B.C.515~496).

【繼嗣之法】 嫡孫이 왕이 되어야 하는 법칙. 즉 壽夢에서 諸樊으로, 그리고 다시 자신에게로 왕위가 이어져야 한다는 뜻.

【專諸】 伍子胥가 公子光의 속셈을 알아차리고 추천한 인물. 구운 생선 속에 비수를 숨겨 잔치자리에 가서 僚를 죽였다.《史記》吳太伯世家 참조.

참고 및 관련 자료

1. 吳나라의 계보를 보면 다음과 같다(숫자는 왕위의 차례).

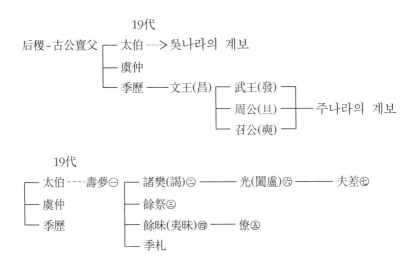

2. 《公羊傳》襄公 29年

謁也, 餘祭也, 夷昧也, 與季子同母者四. 季子弱而才, 兄弟皆愛之, 同欲立之以爲君.
謁曰:「今若是迮而與季子國, 季子猶不受也, 請無與子而與弟, 弟兄迭爲君, 而致國
乎季子.」皆曰:「諾.」故諸爲君者皆輕死爲勇, 飮食必祝曰:「天苟有吳國, 尙速有悔
於予身.」故謁也死, 餘祭也立; 餘祭也死, 夷昧也立; 夷昧也死, 則國宜之季子者也.
季子使而亡焉, 僚者長庶也, 卽之. 季子使而反, 至, 而君之爾. 闔盧曰:「先君之所以
不與子國, 而與弟者, 凡爲季子故也. 將從先君之命與, 則國宜之季子者也, 如不從
先君之命與, 則我宜立者也, 僚惡得爲君乎?」於是使專諸刺僚, 以致國乎季子. 季子
不受曰:「爾弑吾君, 吾受爾國, 是吾與爾爲簒也. 爾殺吾兄, 吾又殺爾, 是父子兄弟
相殺, 終身無已也.」去之延陵, 終身不入吳國. 故君子以不受爲義, 以其不殺爲仁.

3. 《左傳》昭公 27年

季子至, 曰:「苟先君無廢祀, 民人無廢主, 社稷有奉, 國家無傾, 乃吾君也, 吾誰敢怨?
哀死事生, 以待天命. 非我生亂, 立者從之, 先人之道也.」復命哭墓, 復位而待.
吳公子掩餘奔徐, 公子燭庸奔鍾吾. 楚師聞吳亂而還.

4.《史記》吳太伯世家

壽夢有子四人, 長曰諸樊, 次曰餘祭, 次曰夷眛, 次曰季札. 季札賢, 而壽夢欲立之, 季札讓不可, 於是乃立長子諸樊, 攝行事當國.

5.《史記》吳太伯世家

十三年, 王諸樊卒. 有命授弟餘祭, 欲傳以次, 必致國於季札而止, 以稱先王壽夢之意, 且嘉季札之義, 兄弟皆欲致國, 令以漸至焉. 季札封於延陵, 故號曰延陵季子.

6.《史記》刺客列傳

專諸者, 吳堂邑人也. 伍子胥之亡楚而如吳也, 知專諸之能. 伍子胥既見吳王僚, 說以伐楚之利. 吳公子光曰:「彼伍員父兄皆死於楚而員言伐楚, 欲自爲報私讎也, 非能爲吳.」吳王乃止. 伍子胥知公子光之欲殺吳王僚, 乃曰:「彼光將有內志, 未可說以外事.」乃進專諸於公子光. 光之父吳王諸樊. 諸樊弟三人: 次曰餘祭, 次曰夷眛, 次曰季子札. 諸樊知季子札賢而不立太子, 以次傳三弟, 欲卒致國于季子札. 諸樊既死, 傳餘祭. 餘祭死, 傳夷眛. 夷眛死, 當傳季子札; 季子札逃不肯立, 吳人乃立夷眛之子僚爲王. 公子光曰:「使以兄弟次邪, 季子當立; 必以子乎, 則光眞適嗣, 當立.」故嘗陰養謀臣以求立. 光既得專諸, 善客待之. 九年而楚平王死. 春, 吳王僚欲因楚喪, 使其二弟公子蓋餘・屬庸將兵圍楚之灊; 使延陵季子於晉, 以觀諸侯之變. 楚發兵絕吳將蓋餘・屬庸路, 吳兵不得還. 於是公子光謂專諸曰:「此時不可失, 不求何獲! 且光眞王嗣, 當立, 季子雖來, 不吾廢也.」專諸曰:「王僚可殺也. 母老子弱, 而兩弟將兵伐楚, 楚絕其後. 方今吳外困於楚, 而內空無骨鯁之臣, 是無如我何.」公子光頓首曰:「光之身, 子之身也.」四月丙子, 光伏甲士於窟室中, 而具酒請王僚. 王僚使兵陳自宮至光之家, 門戶階陛左右, 皆王僚之親戚也. 夾立侍, 皆持長鈹. 酒既酣, 公子光詳爲足疾, 入窟室中, 使專諸置匕首魚炙之腹中而進之. 既至王前, 專諸擘魚, 因以匕首刺王僚, 王僚立死. 左右亦殺專諸, 王人擾亂. 公子光出其伏甲以攻王僚之徒, 盡滅之, 遂自立爲王, 是爲闔閭. 闔閭乃封專諸之子以爲上卿.

7.《新序》卷7

延陵季子吳王之子也, 嫡同母昆弟四人, 長曰遏, 次曰餘祭, 次曰夷眛, 次曰札. 札卽季子, 最小而賢, 兄弟皆愛之. 既除喪, 將立季子, 季子辭, 曰:「曹宣公之卒也, 諸侯與曹人不義曹君, 將立子臧, 子臧去之, 遂不爲也, 以成曹君. 君子曰:『能守節矣!』君, 義嗣也, 誰敢干君有國, 非吾節也. 札雖不才, 願附子臧以無失節.」固立之, 棄其室而耕, 乃舍之. 遏曰:「今若是作而與季子, 季子必不受. 請無與子而與弟, 弟兄迭爲君,

而致諸侯乎季子.」皆曰:「諾.」故諸其爲君者皆輕死爲勇, 飲食必祝曰:「天若有吾國,
必疾有禍予身.」故遏也死, 餘祭立; 餘祭死, 夷昧立; 夷昧死, 而國宜之季子也.
季子使而未還. 僚者長子之庶兄也, 自立爲吳王, 季子使而還, 至, 則君事之. 遏之子
曰王子光, 號曰闔閭, 不悅, 曰:「先君之所爲不與子而與弟者, 凡爲季子也. 將從先
君之命, 則國宜之季子也, 如不從先君之命而與子, 我宜當立者也, 僚惡得爲君?」
於是使專諸刺僚, 而致國乎季子, 季子曰:「爾殺我君, 吾受爾國, 是吾與爾爲亂也,
爾殺我兄, 吾又殺爾, 是父子兄弟相殺, 終身無已也.」去而之延陵, 終身不入吳國,
故號曰延陵季子. 君子以其不受國爲義, 以其不殺爲仁, 是以春秋賢季子而尊貴之也.

8.《吳越春秋》吳王壽夢傳

壽夢病將卒, 有子四人, 長曰諸樊, 次曰餘祭, 次曰夷昧, 次曰季札. 季札賢, 壽夢欲
立之, 季札讓曰:「禮有舊制, 奈何廢前王之禮, 而行父子之私乎?」壽夢乃命諸樊曰:
「我欲傳國及札, 爾無忘寡人之言.」諸樊曰:「周之太王知西伯之聖, 廢長立少, 王之
道興. 今欲授國於札, 臣誠耕於野.」王曰:「昔周行之德, 加於四海, 今汝於區區之國,
荊蠻之鄉, 奚能成天子之業乎? 且今子不忘前人之言, 必授國以次及於季札.」諸樊
曰:「敢不如命.」壽夢卒, 諸樊以適長攝行事, 當國政.

9.《吳越春秋》吳王壽夢傳

諸樊驕恣, 輕慢鬼神, 仰天求死. 將死, 命弟餘祭曰:「必以國及季札.」乃封季札於延陵,
號曰延陵季子.

10.《吳越春秋》吳王壽夢傳

餘祭卒, 餘昧立四年卒, 欲授位季札, 季札讓, 逃去, 曰:「吾不受位, 明矣, 昔前君有命,
己附子臧之義, 潔身清行, 仰高履尚, 惟仁是處, 富貴之於我如秋風之過耳.」遂逃歸
延陵.

11.《十八史略》卷1

吳: 姬姓, 太伯・仲雍之所封也. 十九世至壽夢, 始稱王. 壽夢, 四子, 幼曰季札.
札賢, 欲使三子相繼立以及札, 札義不可. 封延陵, 號曰延陵季子. 聘上國過徐, 徐君
愛其寶劍, 季子心知之. 使還, 徐君已歿, 遂解劍懸其墓而去.

432(14-3) 諸侯之義死社稷
기산으로 옮겨간 주나라

제후諸侯의 의義는 사직社稷을 위해 죽는 데 있다. 그런데도 태왕太王이 나라를 넘겨 주고 떠난 이유는 무엇인가?

무릇 성인은 백성에게 포악하게 하여 침릉侵陵하는 것을 원치 않는다. 그 때문에 제후들로 하여금 그 나라를 버리더라도 백성을 지키는 길을 택하도록 한 것이다. 태왕은 지극히 어진 은혜가 있어 차마 백성을 전쟁으로 내모는 것을 원치 않았다. 그 때문에 견마犬馬와 진기한 물건을 주어 가면서까지 훈육勳育과 융씨戎氏를 섬긴 것이다. 그러나 그들의 침략은 끊이지 않았다. 그래서 그들이 원하는 바가 무엇인지 물었더니 토지라는 것이었다. 이에 군신들과 기로耆老들을 불러모아 놓고 이렇게 고하였다.

"땅이란 사람을 길러내는 바탕이다. 그런데 그 땅이 사람을 길러 주지 못하고 오히려 해를 주고 있다. 그래서 우리는 장차 이곳을 떠나야 한다."

그리고는 드디어 기산岐山 아래로 옮아갔다. 이를 알게 된 빈邠 땅 사람들이 어린이를 업고 노인을 부축하여 마치 부모를 따르듯 태왕이 가는 곳으로 좇아왔다. 세 번을 옮겨가면서 백성은 오히려 처음보다 다섯 배나 늘었으니 모두가 인의의 흥함을 좇아 모여들었기 때문이다.

군자가 나라를 지키고 백성을 편안히 해 주는 것은 결코 전쟁을 일으켜 많은 무리를 죽이고 지치게 하는 데에 있지 않다. 자신을 사사로이 돌보지 않고 백성을 풍족하게 하며 백성을 지켜 주기 위한 것이 곧 그 땅을 버리고 떠난 큰 뜻이다. 이를 일컬어 '지공至公'이라 한다.

諸侯之義死社稷, 大王委國而去, 何也? 夫聖人不欲强暴侵陵百姓, 故使諸侯死國守其民. 大王有至仁之恩, 不忍戰百姓, 故事勳育戎氏以犬馬珍幣, 而伐不止. 問其所欲者, 土地也.

於是屬其羣臣耆老, 而告之曰:「土地者, 所以養人也, 不以所以養, 而害其養也, 吾將去之.」

遂居岐山之下. 邠人負幼扶老從之, 如歸父母. 三遷而民五倍其初者, 皆興仁義趣上之事. 君子守國安民, 非特鬪兵罷殺士衆而已. 不私其身惟民, 足用保民, 盖所以去國之義也, 是謂至公耳.

【社稷】 社는 土地神. 稷은 穀神. 곧 국가를 말한다.
【太王】 곧 周나라의 중흥을 꾀한 古公亶甫. 그 아들이 季歷이며, 그 뒤를 이어 文王(姬昌)・武王(姬發)이 周나라를 일으켰다.
【勳育】 玁狁으로도 쓰며, 漢代는 匈奴로 불리던 고대 북방의 이민족. 흔히 狄으로도 쓰고, '獯鬻'으로도 쓴다.
【戎氏】 고대 서쪽의 이민족.
【耆老】 나라의 정책에 참여하는 元老.《說文解字》에는 70세 이상을 '耆'라 한다 하였고《禮記》에는 60세 이상을 '耆'라 한다 하였다.
【岐山】 古公亶父가 邠(豳) 땅에 살다가 戎狄의 침략으로 이를 버리고 옮겨온 곳. 지금의 陝西省 岐山縣 동북.
【邠】 옛 地名. 지금의 陝西省 북부일대.

[참고 및 관련 자료]

1.《史記》周本紀

古公亶父復修后稷, 公劉之業. 積德行義, 國人皆戴之. 薰育, 戎狄攻之, 欲得財物, 予之. 已復攻. 欲得地與民. 民皆怒, 欲戰, 古公曰:「有民立君, 將以利之, 今戎狄所爲攻戰, 以吾地與民, 民之在我, 與其在彼何異? 民欲以我故戰, 殺人父子而君之, 予不忍爲!」乃與私屬遂去豳, 渡漆, 沮, 踰梁山, 山於岐下. 豳人擧國扶老携弱, 盡復歸古公於岐下, 及他旁國聞古公仁. 亦多歸之, 於是古公乃貶戎狄之俗, 而營築城郭室屋, 而邑別居之. 作五官有司, 民皆歌樂之, 頌其德.

2.《孟子》梁惠王(下)

昔者大王居邠, 狄人侵之. 事之以皮幣, 不得免焉; 事之以犬馬, 不得免焉; 事之以珠玉, 不得免焉. 乃屬其耆老而告之曰:「狄人之所欲者, 吾土地也. 吾聞之也君子不以其所以養人者害人. 二三子何患乎無君, 我將去之.」去邠踰梁山, 邑於岐山之下居焉. 邠人曰:「仁人也, 不可失也.」從之者如歸市.

곡부 땅과 영구 땅

신력辛櫟이 노魯 목공穆公을 만나 말을 나누었다.

"주공周公은 태공太公만큼 훌륭하지 못합니다."

목공이 물었다.

"무슨 이유로 그렇게 말하는 것입니까?"

신력이 대답하였다.

"주공은 봉을 받을 때 곡부曲阜 땅을 택하였고, 태공은 영구營丘 땅을 택하였습니다. 두 사람은 작위와 토지가 똑같았지만, 주공이 봉함을 받은 땅은 영구만큼 비옥하지 못하였고 백성도 영구만큼 많지 않았습니다. 이것만이 아닙니다. 영구는 천혜의 방어를 갖추고 있습니다."

이에 목공은 부끄러워 응답할 길이 없었다. 신력이 나가고 나서 남궁변자南宮邊子가 들어오자, 목공은 신력이 한 말을 남궁변자에게 일러 주었다. 그러자 남궁변자가 이렇게 말하는 것이었다.

"옛날 주周 성왕成王이 성주成周에 터를 잡으면서 점을 쳤더니 점괘가 이렇게 나왔습니다. '나 혼자 천하를 가지고 있으면서 백성을 다스리는데 어찌 가운데 지역을 택하지 않을 수 있으랴! 또 내가 만약 잘못을 하는 게 있으면 사방에서 몰려와 나를 성토하기에도 어려움이 없도다!'

그리고 주공이 곡부를 택하고 나서의 점괘는 '산의 남쪽에 터를 잡아라. 어진 임금이 나타나면 국가가 창성할 것이요, 어리석은 이가 나오면 쉽게 망하리라'였습니다. 그래서 계손행보季孫行父가 자기 자식에게 이렇게 경계하였습니다. '나는 궁실을 두 나라 사이에 지어서

주공과 강태공

내 후세에 윗사람을 잘 모시지 아니하는 자가 생기면 그 교체됨이 이처럼 빠르도록 하리라.'

이는 곧 '어진 이가 나오면 창성하고 그렇지 않으면 빨리 망하게 된다'는 뜻이지 어찌 어느 땅을 택하여 봉을 받았는지 또는 지세가 험고한지에 관련이 있는 것이겠습니까! 신력은 소인이나 할 수 있는 말을 하고 있으니 귀하께서는 더 이상 언급하지 마십시오!"

辛櫟見魯穆公曰:「周公不如太公之賢也.」

穆公曰:「子何以言之?」

辛櫟對曰:「周公擇地而封曲阜; 太公擇地而封營丘, 爵土等, 其地不若營丘之美, 人民不如營丘之衆. 不徒若是, 營丘又有天固.」

穆公心慙, 不能應也. 辛櫟趨而出. 南宮邊子入, 穆公具以辛櫟之言, 語南宮邊子.

南宮邊子曰:「昔周成王之卜居成周也. 其命龜曰:『予一人兼有天下, 辟就百姓, 敢無中土乎? 使予有罪, 則四方伐之, 無難得也.』周公卜居曲阜, 其命龜曰:『作邑乎山之陽, 賢則茂昌, 不賢則速亡.』季孫行父之戒其子也, 曰:『吾欲室之俠於兩社之間也. 使吾後世有不能事上者, 使其替之益速.』如是則曰:『賢則茂昌, 不賢則速亡.』安在擇地而封哉? 或示有天固也. 辛櫟之言, 小人也, 子無復道也!」

【辛櫟】魯穆公의 신하.《呂氏春秋》에는 '辛寬'으로 되어 있다.
【魯 穆公】전국시대 魯나라 군주. 재위 34년(B.C.407~374).
【周公】周公 旦. 魯나라에 봉을 받아 아들 伯禽을 보내었다.
【太公】呂尙. 姜太公望 子牙. 齊나라에 封을 받았다.
【曲阜】魯나라의 도읍지.
【營丘】齊나라의 초기 도읍지. 지금의 山東省 昌樂縣.
【南宮邊子】魯나라의 大夫.《論語》에는 南宮適.《呂氏春秋》에는 南宮括로 되어 있다.
【周成王】周武王의 아들. 姬誦. 周公의 보필을 받았다.
【成周】周나라 宗主國을 말한다. 洛邑을 중앙으로 삼아 공물을 받기 편하도록 함.
【山之陽】陽은 산의 남쪽이며 동시에 강의 북쪽 지역을 가리킨다. 즉 "山南江北曰陽"이라 한다.
【季孫行父】季友의 손자 季文子.
【俠】挾의 오기.

1. 《呂氏春秋》長利篇

辛寬見魯繆公曰:「臣而今而後知吾先君周公之不若太公望封之知也. 昔者, 太公望封於營丘, 之渚海阻山高險固之地也, 是故地日廣, 子孫彌隆. 吾先君周公封於魯, 無山林谿谷之險, 諸侯四面以達, 是故地日削, 子孫彌殺.」辛寬出, 南宮括入見. 公曰:「今者, 寬也非周公, 其辭若是也.」南宮括對曰:「寬少者, 弗識也. 君獨不聞成王之定成周之說乎? 其辭曰:『惟余一人, 營居於成周. 惟余一人, 有善易得而見也, 有不善易得而誅也.』故曰:『善者得之, 不善者失之.』古之道也. 夫賢者豈欲其子孫之阻山林之險以長爲無道哉? 小人哉寬也! 今使燕爵爲鴻鵠鳳皇慮, 則必不得矣. 其所求者, 瓦之間隙, 屋之霤蔚也, 與一擧則有千里之志, 德不盛·義不大則不至其郊. 愚庳之民, 其爲賢者慮, 亦猶此也. 固妄誹訾, 豈不悲哉?

434(14-5) 秦始皇帝既吞天下
선양과 세습

진秦 시황제始皇帝가 천하를 겸병한 후 대신들을 불러 모아 의논을 하였다.

"옛날 오제五帝는 어진 이에게 자리를 선양하였고, 삼왕三王은 세습하여 이었다. 어느 것이 옳은 것인가? 나도 옳은 쪽으로 선택하리라."

참가한 박사가 70여 명이었지만 누구 하나 대답을 하지 못하고 있었다. 그때 포백령지鮑白令之라는 사람이 나섰다.

"천하를 공가公家로 보면 어진 이에게 선양하는 것이 옳고, 천하를 사가私家로 보면 세습이 맞는 것입니다. 그 때문에 오제는 천하를 공公으로 본 것임을 알 수 있고, 삼왕은 천하를 사가私家로 여겼음을 알 수 있습니다."

이 말에 진시황제는 하늘을 쳐다보고 탄식한 다음 말문을 열었다.

"나의 덕은 오제에서 나왔다. 내 장차 천하를 공적인 것으로 보리라. 누가 나의 뒤를 이을 만한가?"

이 질문에 포백령지가 다시 나섰다.

"폐하께서는 행위는 걸桀·주紂와 같이하면서 선양禪讓은 오제처럼 하시겠다니 그것이 폐하께서 해 낼 수 있는 일이겠습니까?"

시황은 크게 노하여 소리쳤다.

"영지, 앞으로 나오라. 너는 어째서 내가 걸·주와 같은 행위를 한다고 하는가? 어서 말하라. 대답하지 못하면 죽이리라!"

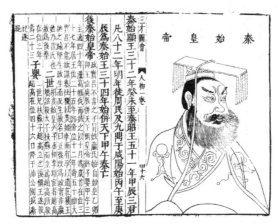

秦始皇(嬴政) 《三才圖會》

영지는 이렇게 대답하였다.

"예, 말씀드리지요. 폐하께서 짓는 누대樓臺는 하늘을 찌를 듯이 높고, 궁전은 5리나 되는 땅을 차지하고 있으며, 1천 석의 무게나 되는 종을 세우고, 1만 석의 무게나 되는 종고鍾鼓를 걸어둘 틀까지 세우고 있습니다. 후궁의 부녀자는 1백 단위로 세어야 하고, 궁중의 배우는 수천 명에 이릅니다. 여산驪山에 짓는 궁실이 옹雍 땅까지 이어질 정도로 그 먼 땅이 서로 연이어져 끊이지 않고 있습니다.

이는 모두 스스로를 위한 것으로서, 천하를 메마르게 하고, 백성의 힘을 진갈盡竭시키는 행위입니다. 자신만을 위한 사사로운 일들을 하면서 그 덕이 남에게 미치기를 바랄 수는 없습니다. 폐하께서는 그나마 군주로 존재하기도 바쁜데, 어느 겨를에 오제의 덕에 비유하여 천하를 공으로 여길 수 있겠습니까?"

이 말에 진시황은 묵연히 아무 대답을 못하고 얼굴에는 부끄러워하는 기색뿐이었다. 한참 후에야 시황은 입을 열었다.

"영지의 말은 많은 사람들로 하여금 나를 추하게 여기도록 하는구나!"

그리고는 계획을 철회하고 선양의 뜻도 포기하고 말았다.

秦始皇帝旣吞天下, 乃召群臣而議曰:「古者, 五帝禪賢, 三王世繼, 孰是? 將爲之.」

博士七十人未對.

鮑白令之對曰:「天下官, 則讓賢是也; 天下家, 則世繼是也. 故五帝以天下爲官, 三王以天下爲家.」

秦始皇帝仰天而歎曰:「吾德出于五帝, 吾將官天下, 誰可使代我後者.」

鮑白令之對曰:「陛下行桀紂之道, 欲爲五帝之禪, 非陛下所能行也.」

秦始皇帝大怒曰:「令之前, 若何以言我行桀紂之道也. 趣說之, 不解則死.」

令之對曰:「臣請說之: 陛下築臺干雲, 宮殿五里, 建千石之鍾, 萬石之虡, 婦女連百, 倡優累千, 興作驪山宮室至雍, 相繼不絶, 所以自奉者, 殫天下, 竭民力, 偏駁自私, 不能以及人, 陛下所謂自營僅存之主也. 何暇比德五帝, 欲官天下哉?」

始皇闇然無以應之, 面有慚色.

久之, 曰:「令之之言, 乃令衆醜我.」

遂罷謀, 無禪意也.

【秦始皇帝】 전국시대를 통일한 임금. 스스로 三皇과 五帝의 덕을 다 갖추어 황제라 칭하였으며 자신이 최초이므로 '始皇帝'라 하였다. 자신의 재위 26년째인 B.C.221년에 천하통일을 이루었고 총재위는 37년(B.C.246~210)이다.《史記》秦始皇帝紀 참조.

【五帝】《史記》五帝本紀에는 皇帝·顓頊·帝嚳·唐堯·虞舜을 들고 있다. 모두가 禪讓時代의 임금.

【三王】 夏·商·周 三代의 開國君主. 즉 禹·湯·武王 모두가 세습시대를 열어 자손이 왕을 하였다.

【讓賢·世繼】 禪讓과 世襲. 선양은 제왕의 지위를 어진 이에게 천하를 물려주는 것으로 '公天下'의 개념이며 세습은 제왕의 지위를 자신의 자손에게 물려주는 것으로 '家天下'의 뜻임.

【鮑白令之】 人名. 鮑白은 姓. 令之는 이름. 秦始皇의 신하.

【桀, 紂】 폭군. 桀은 夏의 末王. 紂는 商의 末王.

【虡】 鐘鼓를 매다는 큰 틀.

【驪】 陝西省 臨潼縣의 산. 대대로 이곳에 別宮을 지었다. 溫泉地.

【雍】 咸陽 서쪽 지역. 秦의 초기 도읍지.

〈堯舜禪位圖〉 畫像塼

435(14-6) 齊景公嘗賞賜及後宮
굶어 죽은 자입니다

제齊 경공景公이 한 번은 상을 내리는데 그것이 후궁에게까지 주어졌다. 그런가 하면 대사臺榭는 온갖 무늬로 장식하였고, 기르는 오리와 기러기 등 새들은 콩이나 좁쌀을 먹일 정도로 사치스러웠다. 그러던 어느 날 경공이 밖에 나갔다가 굶어 죽은 사람을 보게 되었다.

경공이 안자晏子에게 물었다.

"이 사람은 무엇 때문에 죽은 것입니까?"

안자가 말하였다.

"예, 먹을 것이 없어 굶어 죽은 것입니다."

환공은 탄식을 하였다.

"아! 나의 덕 없음이 어찌 이렇게 심한고?"

안자가 이 말을 받아 이렇게 말하였다.

"임금의 덕은 밝게 드러나 있습니다. 어찌 덕이 없다고 하십니까?"

경공이 의아해하며 물었다.

"무슨 뜻입니까?"

안자가 이렇게 답하였다.

"임금의 덕은 후궁과 대사에까지 미치고 있습니다. 임금의 아끼는 동물은 비단옷을 입으며, 임금께서 기르는 오리나 기러기는 사람이 먹을 콩과 좁쌀을 먹고 있습니다. 임금께서는 이렇게 스스로의 즐거움을 위해 애쓸 뿐만 아니라, 그 덕이 후궁의 가족들에게까지 미치고 있습니다.

그런데 어찌 덕이 없다고 말씀하십니까? 그러나 생각건대 임금께 청하고 싶은 것이 있습니다. 임금님의 뜻과 스스로 즐기고 싶은 마음을 미루어 생각하셔서 백성들과 똑같이 하면 어떨는지요. 그렇게 하면 어찌 굶어 죽는 자가 생기겠습니까? 임금께서 이를 실행하지 아니하고 진실로 사사로운 즐거움을 위해서 애쓰시며, 재물이 한 곳으로 치우쳐 모이고 곡식과 폐백幣帛은 창고에 썩어나면서도 그 은혜는 사방으로 퍼지지 않습니다. 공평한 처리가 나라에 두루 퍼지지 않는 것. 이것이 곧 걸桀·주紂가 망한 이유입니다. 무릇 백성의 반란은 무언가가 치우쳤기 때문입니다. 임금께서 저의 말을 잘 살피시고 임금의 성덕을 천하에 널리 퍼지도록 추진하시면 탕湯·무武와 같은 이름을 얻을 수 있을 것이오니, 어찌 굶어 죽는 한 사람 구하는 일에 그치겠습니까?"

齊景公嘗賞賜及後宮, 文繡被臺榭, 菽粟食梟鴈. 出而見殣, 謂晏子曰:「此何爲而死?」

晏子對曰:「此餧而死.」

公曰:「嘻! 寡人之無德也, 何甚矣!」

晏子對曰:「君之德著而彰, 何爲無德也?」

景公曰:「何謂也?」

對曰:「君之德及後宮與臺榭, 君之玩物, 衣以文繡, 君之梟鴈, 食以菽粟, 君之營內自樂, 延及後宮之族, 何爲其無德也? 顧臣願有請於君, 由君之意, 自樂之心, 推而與百姓同之, 則何殣之有? 君不推此而苟營內好私, 使財貨偏有所聚, 菽粟幣帛腐於囷府, 惠不遍加于百姓, 公心不周乎國, 則桀紂之所以亡也. 夫士民之所以叛, 由偏之也. 君如察臣嬰之言, 推君之盛德, 公布之於天下, 則湯武可爲也, 一殣何足恤哉?」

【齊景公】춘추시대 齊나라 군주.

【臺榭】누대와 전각.

【晏子】景公의 재상.

【桀, 紂】夏桀과 商紂. 폭군.

【湯, 武】商湯과 周武王. 성군.

1.《晏子春秋》外篇

景公賞賜及後宮, 文繡被臺榭, 菽粟食鳧鴈. 出而見殣, 謂晏子曰:「此何謂而死?」
晏子對曰:「此餒而死.」公曰:「嘻! 寡人之無德也甚矣.」對曰:「君之德著而彰,
何爲無德也?」景公曰:「何謂也?」對曰:「君之德及後宮與臺榭, 君之玩物, 衣以文繡;
君之鳧鴈, 食以菽粟; 君之營內自樂, 延及後宮之族. 何爲其無德! 顧臣願有請於君,
由君之意, 自樂之心, 推而與百姓同之, 則何殣之有! 君不推此, 而苟營內好私, 使財
貨偏有所聚, 菽粟幣帛腐於困府, 惠不徧加於百姓, 公心不周乎萬國, 則桀, 紂之所
以亡也. 夫士民之所以叛, 由偏之也. 君如察臣嬰之言, 推君之盛德, 公布之於天下,
則湯, 武可爲也. 一殣何足恤哉!」

436(14-7) 楚共王出獵而遺其弓
잃어버린 활

초楚 공왕共王이 사냥을 나갔다가 활을 잃어버렸다. 좌우 신하들이 찾아보겠다고 나서자 공왕이 말렸다.

"그만두어라. 초나라 사람이 활을 잃었으면 초나라 사람이 주우면 됐지, 꼭 다시 찾아야 될 것까지 있으랴!"

중니仲尼가 이 말을 듣고 이렇게 평하였다.

"아깝도다. 초왕의 대범치 못함이여. 마땅히 '사람이 잃은 것을 사람이 주우면 그뿐이다!'라 해야지, 하필 초나라 이름까지 넣어야 한단 말인가?"

공자가 한 말이 바로 대공大公이다.

楚共王出獵而遺其弓, 左右請求之, 共王曰:「止, 楚人遺弓, 楚人得之, 又何求焉?」

仲尼聞之曰:「惜乎其不大, 亦曰:『人遺弓, 人得之而已.』何必楚也!」

仲尼所謂大公也.

【楚 共王】춘추시대 楚나라 군주. 莊王의 뒤를 이음. 재위 31년(B.C.588∼560).
【仲尼】孔子. 孔丘.

1. 《呂氏春秋》貴公篇

荊人有遺弓者, 而不肯索, 曰:「荊人遺之, 荊人得之, 又何索焉.」孔子聞之曰:「去其荊而可矣.」老聃聞之曰:「去其人而可矣.」故老聃則至公矣.

2. 《孔子家語》好生篇

楚王出遊, 亡弓, 左右請求之. 王曰:「止, 楚王失弓, 楚人得之, 又何求之.」孔子聞之曰:「惜乎其不大也, 不曰人遺弓, 人得之而已, 何必楚也.」

3. 《公孫龍子》迹府篇

龍聞楚王張繁弱之弓, 載忘歸之矢, 以射蛟兕於雲夢之圃, 而喪其弓. 左右請求之. 王曰:「止, 楚人遺弓, 楚人得之, 又何求乎?」仲尼聞之曰:「楚王仁義而未遂也. 亦曰: 人亡弓, 人得之而已, 何必楚?」

공자가 주인으로 삼은 사람

만장萬章이 맹자孟子에게 여쭈었다.

"공자孔子께서 위衛나라에서는 옹저雍睢를, 제齊나라에서는 시인寺人 척환脊環을 주인으로 모셨다는데 그런 일이 있습니까?"

孟子

맹자는 이렇게 설명하였다.

"아니다. 그렇지 않다. 호사자好事者가 꾸며낸 말이다. 위衛나라에 있을 때는 안수유顏讎由의 집에 머물렀다. 마침 그곳의 미자彌子의 아내와 자로子路의 아내가 자매 사이였는데, 미자가 자로에게 '공자가 나를 주인으로 모시면 위나라에서의 벼슬하기는 문제도 없다'라 하자, 자로가 이를 공자께 알렸다. 그러자 공자는 '사람이란 천명이 있는 법이다'라 하며 거절하였다.

이로 보면 공자는 나아갈 때는 예로써 하였고, 물러날 때는 의로써 하였다. 얻고 못 얻는 것은 천명天命이라 보았던 것이다. 옹저나 시인 척환을 주인으로 모신다는 것은 천명이 아니다.

공자는 노魯·위衛 두 나라에서 환영을 받지 못하자, 송宋나라로 가고자
하였다. 그런데 환사마桓司馬가 그를 맞아 죽이려고 하여, 공자는 미복
微服을 입고 송나라를 빠져 나왔다. 이때가 공자께서 큰 액운을 당한
때였다. 이에 공자는 진후陳侯 주周의 신하였던 사성정자司城貞子의 집에
머물렀다.

내가 듣기로 임금의 근신近臣은 그가 어떤 이를 받아들여 주인 행세를
하는가를 보면 그 인물됨을 알 수 있고, 멀리서 온 신하는 그가 어떤
이를 주인으로 모셔서 행동하는가를 보면 그 인물됨을 알 수 있다고
하였다. 만약 공자께서 옹저나 시인 척환을 주인으로 모셔서 숙박하였
다면 그를 어찌 공자라 할 수 있겠느냐?"

萬章問曰:「孔子於衛主雍雎, 於齊主寺人瘠環, 有諸?」

孟子曰:「否! 不然. 好事者爲之也. 於衛主顔讐由, 彌子之妻
與子路之妻, 兄弟也. 彌子謂子路曰:『孔子主我, 衛卿可得也.』
子路以告. 孔子曰:『有命.』孔子進之以禮, 退之以義, 得之不
得曰:『有命.』而主雍雎與寺人瘠環, 是無命也. 孔子不說於魯衛,
將適宋, 遭桓司馬, 將要而殺之, 微服過宋, 是孔子嘗阨, 主司城
貞子, 爲陳侯周臣. 吾聞之, 觀近臣, 以其所爲之主, 觀遠臣,
以其所主, 如孔子主雍雎與寺人瘠環, 何以爲孔子乎?」

【萬章】 전국시대 齊나라 사람으로 孟子의 제자. 《孟子》 萬章篇 참조.
【孟子】 이름은 軻. 鄒 땅 사람. 王道政治를 주장하였다. 亞聖으로 불린다.
【衛】 전국시대 말기까지 존재하였던 나라. B.C.221년 秦에게 멸망당하였다.
【雍雎】 人名. 《孟子》에는 '癰疽'로 되어 있다. 趙岐의 《孟子注》에서는 癰疽
라는 瘡病을 치료하는 大夫로 보았다.
【瘠環】 人名. 《孟子》에는 '瘠環'으로 되어 있다.

【主】손님이 되어 주인으로 모시다, 즉 '머물다, 숙박하다'의 뜻.《孟子集註》에 "主. 謂舍於其家, 以之爲主人也"라 하였다.

【顔讎由】衛나라의 賢大夫.《史記》에는 '顔濁鄒'로 되어 있다.

【彌子】衛 靈公의 寵臣인 彌子瑕. "愛憎之變"의 고사로 유명하다.《韓非子》 說難篇 참조.

【子路】孔子의 제자. 仲由.

【桓司馬】宋나라 大夫인 상퇴(向魋).

【微服】신분을 알 수 없게 변장함.

【過宋】'宋나라를 거쳐갔다'고도 해석한다.

【陳侯】이름이 周이다.

【司城貞子】역시 宋나라의 賢大夫라《孟子》에 실려 있으나 陳나라 大夫이어야 옳을 듯하다.《孟子集註》에 "按史記, 孔子爲魯司寇, 齊人饋女樂以間之, 孔子遂 行適衛. 月餘去衛適宋. 司馬魋欲殺孔子, 孔子去至陳, 主於司城貞子"라 하였다. 그리고 역시《孟子集註》에 "君子小人, 各從其類, 故觀其所爲主, 與其所主者, 而其人可知"라 하였다.

참고 및 관련 자료

1.《孟子》萬章(上)

萬章問曰:「或謂孔子於衛主癰疽, 於齊主侍人瘠環, 有諸乎?」孟子曰:「否! 不然也; 好事者爲之也. 於衛主顔讎由, 彌子之妻與子路之妻, 兄弟也. 彌子謂子路曰:『孔子 主我, 衛卿可得也.』子路以告. 孔子曰:『有命.』孔子進以禮, 退以義, 得之不得, 曰:『有命』. 而主癰疽與侍人瘠環, 是無義無命也. 孔子不悅於魯衛, 遭宋桓司馬將 要殺之, 微服而過宋. 是時孔子當阨, 主司城貞子, 爲陳侯周臣. 吾聞觀近臣, 以其所 爲主; 觀遠臣, 以其所主. 若孔子主癰疽與侍人瘠環, 何以爲孔子?」

438(14-9) 夫子行說七十諸侯
공자의 주유천하

공자孔子, 夫子는 70여 제후들에게 돌아다니며 유세를 하면서도 그 정해진 처소가 없었다. 그의 뜻은 천하의 백성들이 각각 자기의 뜻한 바를 얻기를 바라는 것이었다. 그러나 그의 도가 실행되지 않자, 그는 물러나서 《춘추春秋》를 지었다. 그는 선행善行은 털끝같이 작은 것일지라도 찾아내었고, 악은 실낱같이 작은 것도 드러내어 인사人事에 융합되고 왕도가 갖추어지도록 하였다. 이처럼 정미精微하고 화평和平한 성스러운 제작은 위로 하늘에까지 통하여 인麟이라는 동물을 내려 보내 주신 것이다. 이를 보면 하늘까지도 공자를 알고 계셨던 것이다.

이에 공자는 위연히 탄식하였다.

"하늘은 과연 지극히 밝아 그 무엇으로도 가릴 수 없는 것인가? 그런데 어찌하여 해에는 일식이 있는가? 또 땅은 지극히 안전하여 절대로 위험이 없는 것인가? 그런데도 어찌하여 지진이 있는가! 이를 보면 천지도 오히려 움직이고 가려지고 하는 것인가 보다. 그래서 성현이 세상에 많은 말로 가르쳐 주건만, 이것이 실행되지 않아 재이災異가 생겨나는가 보다!"

또 공자는 이렇게 말하기도 하였다.

"하늘을 원망할 것도 사람을 탓할 것도 없다. 낮은 곳으로부터 배워 높은 경지에 통달하면 되는 것이다. 그렇게 보면 나를 알아 주는 것은 오직 하늘뿐이로다!"

夫子行說七十諸侯, 無定處, 意欲使天下之民, 各得其所, 而道
不行. 退而修春秋, 采毫毛之善, 貶纖介之惡, 人事浹, 王道備,
精和聖制, 上通於天而麟至, 此天之知夫子也.

於是喟然而歎曰:「天以至明爲不可蔽乎? 日何爲而食? 地以
至安爲不可危乎? 地何爲而動?」

天地尚有動蔽, 是故賢聖說於世, 而不得行其道, 故災異並作也.

夫子曰:「不怨天, 不尤人, 下學而上達, 知我者, 其天乎!」

【夫子】 당시 말로 선생님, 스승님의 뜻. 孔子를 가리킨다.

【春秋】 책 이름. 孔子가 편찬하였다. 魯隱公 元年(B.C.722)부터 魯哀公 14年
(B.C.481)까지 12公 242년 간의 역사.《孟子》滕文公(下)에 "孔子成春秋, 而亂臣
賊子懼"라 하였다.

【纖介】 아주 작은 것을 말한다.

【人事浹】 浹은 融洽의 뜻.

【上通於天而麟至】 魯哀公 14年(B.C.481)에 서쪽으로 사냥을 가서 麟을 잡았다는
소식을 듣고 絶筆하였다고 한다.《左傳》哀公 14年 참조. 한편 韓愈의 〈獲麟解〉는
이를 풀이한 글이다.

【夫子曰】《論語》憲問篇에 "子曰莫我知也夫, 子貢曰何爲其莫知子也. 子曰不
怨天, 不尤人. 不學而上達, 知我者天乎!"라 하였다.

참고 및 관련 자료

1.《孟子》滕文公(下)

世衰道微, 邪說暴行有作, 臣弒其君者有之, 子弒其父者有之. 孔子懼, 作春秋. 春秋,
天子之事也. 是故孔子曰:『知我者其惟春秋乎! 罪我者其惟春秋乎!』

2.《孟子》滕文公(下)

孔子成春秋而亂臣賊子懼.

3.《**史記**》孔子世家

孔子在位聽訟, 文辭有可與人共者, 弗獨有也. 至於爲春秋, 筆則筆, 削則削, 子夏之徒不能贊一辭. 弟子受春秋, 孔子曰:「後世知丘者以春秋, 而罪丘者亦以春秋.」

4.《**史記**》孔子世家

子曰:「弗乎弗乎, 君子病沒世而名不稱焉. 吾道不行矣, 吾何以自見於後世哉?」乃因史記作春秋, 上至隱公, 下訖哀公十四年, 十二公. 據魯, 親周, 故殷, 運之三代. 約其文辭而指博. 故吳楚之君自稱王, 而春秋貶之曰'子'; 踐土之會實召周天子, 而春秋諱之曰「天王狩於河陽」: 推此類以繩當世. 貶損之義, 後有王者舉而開之. 春秋之義行, 則天下亂臣賊子懼焉.

439(14-10) 孔子生於亂世
난세에 태어난 공자이기에

공자孔子는 난세亂世에 태어나서 천하가 그를 용납하지 못하였다.
그래서 임금들에게 그 말씀을 행하여 백성에게 혜택을 베풀게 한 후에야
벼슬을 하였다. 그러나 말이 임금에게 먹혀들지 않고 그 혜택이 백성에게
돌아가지 않으면 그대로 물러났다. 공자는 천하를 다 덮어 줄 마음과
인성仁聖의 덕을 끼고 시속時俗의 더러움을 불쌍히 여기며, 기강紀綱이
허물어짐을 상심하면서 무거운 짐에 먼길을 달려 천하의 초빙에 응하러
다녔다.
이는 곧 그나마 백성을 자식같이 여기며 인도할 수 있지 않을까
하는 기대 때문이었다. 그러나 역시 당세의 제후들은 능히 그를 임용해
주지 않았다. 그래서 덕을 쌓을수록 겸손히 하였던 것이다. 때문에
대도大道가 굽혀진 채 펴지지 못하였고, 온 세상은 그 교화를 입지
못하였으며 군생群生은 그 은혜를 입지 못하였다.
이에 공자는 위연히 탄식하였다.
"나를 등용해 주는 자가 있기만 하다면, 내 저 주周나라의 훌륭한
정치를 이 동쪽에서 실현해 보련만!"
이를 보면 공자가 다니며 유세한 것은 자기 자신을 위한 것이 아니며,
작은 한 성城으로부터 덕치德治를 운용하여 천하가 편안해지며 그로
인해 그 은혜가 만백성에게 세워지기를 원하였기 때문이었음을 알
수 있다.

孔子生於亂世, 莫之能容也. 故言行於君, 澤加於民, 然後仕. 言不行於君, 澤不加於民則處. 孔子懷天覆之心, 挾仁聖之德, 憫時俗之汙泥, 傷紀綱之廢壞, 服重歷遠, 周流應聘, 乃俟幸施道以子百姓, 而當世諸侯莫能任用, 是以德積而不肆, 大道屈而不伸, 海內不蒙其化, 羣生不被其恩, 故喟然而歎曰:「而有用我者, 則吾其爲東周乎!」

故孔子行說, 非欲私身, 運德於一城, 將欲舒之於天下, 而建之於羣生者耳.

【德積而不肆】'덕을 쌓았지만 이를 널리 펴지 못함'의 뜻으로 해석되기도 한다.
【其爲東周乎】'옛 周나라 文王·武王의 정치를 동쪽에서 실현해 보다'의 뜻으로 새김.

440(14-11) 秦晉戰交敵
내일 싸웁시다

진秦나라와 진晉나라가 싸움이 붙어 서로 교전을 벌이고 있었다.

이때 진秦나라가 사람을 시켜 진晉나라 장군에게 이렇게 말하도록 하였다.

"두 나라 군대가 서로 휴식도 취하지 못하고 있으니 내일 다시 싸웁시다."

유변臾駢이 말하였다.

"진나라 심부름꾼을 보니 눈동자를 굴리고 말에 조리가 없는 것으로 보아 우리를 두려워하여 장차 시간을 얻어 도망치려는 계략인 것 같습니다. 그들을 저 하수河水까지 몰아붙이면 틀림없이 쳐부술 수 있을 것입니다."

그러자 조돈趙盾이 만류하였다.

"죽은 자를 아직 거두지도 않고 내버려 두게 하는 것은 은혜롭지 못한 일이며 때를 기다리지 않고 남을 험한 지경으로 몰아넣는 것은 용기라 할 수 없는 일이오. 기다립시다!"

진秦나라 병사들은 과연 밤을 타서 도망치고 말았다.

秦晉戰, 交敵, 秦使人謂晉將軍曰:「三軍之士, 皆未息, 明日請復戰.」

臾駢曰:「使者, 目動而言肆, 懼我, 將遁矣, 迫之河, 必敗之.」

趙盾曰:「死傷未收而棄之, 不惠也. 不待期而迫人於險, 無勇也, 請待.」

秦人夜遁.

【三軍】商務印書館의《楊以堂本》에는 '二軍'으로 되어 있다.

【臾駢】春秋 때 晉나라 大夫.

【言肆】言語失常의 뜻. 말을 마구 하여 실수를 범함을 뜻함.

【趙盾】趙宣子. 春秋 때 晉나라 大夫. 趙衰의 아들로 晉 襄公 때에 장군이 되어 大權을 잡았다. 시호는 宣.

참고 및 관련 자료

1.《左傳》文公 12年

秦行人夜戒晉師曰:「兩君之士皆未憖也, 明日請相見也.」臾駢曰:「使者目動而言肆, 懼我也, 將遁矣. 薄諸河, 必敗之.」胥甲, 趙穿當軍門呼曰:「死傷未收而之, 不惠; 不待期而薄人於險, 無勇也.」乃止. 秦師夜遁.

441(14-12) 子胥將之吳
오자서와 신포서

오자서伍子胥가 장차 오吳나라로 가면서 그의 친구 신포서申包胥에게 이렇게 말하였다.

"지금부터 3년 내에 초楚나라가 망하지 않으면 내 다시는 그대를 보지 않을 것이오!"

그러자 신포서는 이렇게 말하였다.

"그대는 노력하시오. 나는 그대를 도울 수 없소. 그대를 돕는다는 것은 나의 조국을 벌하는 것이 되고, 그대를 제지하는 것은 친구의 관계를 저버리는 것이 되오. 비록 그렇기는 하나 그대는 망하게 하시오. 나는 버티게 할 터이니. 그리하여 초나라가 망하는지 이겨내는지를 봅시다."

그로부터 3년 후, 과연 오자서는 오나라 군대를 이끌고 초나라를 쳐들어왔다. 초楚 소왕昭王은 할 수 없이 서울을 떠나 도망가야 했다. 이때 신포서는 임금의 명령을 받지 않았음에도 서쪽으로 진秦나라를 찾아가 진왕에게 이렇게 요청하였다.

"오나라는 무도無道한 나라입니다. 군대도 강하고 사람도 많습니다. 천하를 정복할 야심을 가졌으며 이를 초나라로부터 시작하고 있습니다. 우리 임금은 도망하여 운몽雲夢에 거하고 있으면서 저를 보내어 이 위급함을 고하게 한 것입니다."

이 말에 애공哀公이 허락하였다.

"좋습니다. 장차 시도해 보겠습니다."

그러나 신포서는 진나라 조정에 똑바로 선 채 떠나지 아니하고 밤낮으로 울어 칠일칠야七日七夜를 그치지 않았다.

애공이 이를 보고 이렇게 말하였다.

"이와 같은 신하가 있는데 어찌 구원해 주지 않으랴!"

그리고는 군대를 일으켜 초나라 구원에 나섰다. 오나라에서는 이 소식을 듣자 군대를 이끌고 돌아가 버렸다. 소왕昭王이 다시 나라를 복구하자, 신포서의 공을 높이 들어 그를 봉封하려 하였다. 그러나 신포서는 사양하였다.

"망해 가는 나라를 구한 것은 명예를 위한 것이 아닙니다. 공을 이루었다고 상을 받는 것은 용기를 팔아먹는 행위입니다."

끝내 받지 않은 채 숨어 버리고는 종신토록 얼굴을 내놓지 않았다.

《시詩》에는 이렇게 노래하였다.

"백성에게 재앙이 있으면 기어가서라도 구해야지."

子胥將之吳, 辭其友申包胥曰:「後三年, 楚不亡, 吾不見子矣!」

申包胥曰:「子其勉之! 吾未可以助子, 助子是伐宗廟也; 止子是無以爲友. 雖然, 子亡之, 我存之, 於是乎觀楚一存一亡也.」

後三年, 吳師伐楚, 昭王出走, 申包胥不受命西見秦伯曰:「吳無道, 兵強人衆, 將征天下, 始於楚, 寡君出走, 居雲夢, 使下臣告急.」

哀公曰:「諾, 固將圖之.」

申包胥不罷朝, 立於秦庭, 晝夜哭, 七日七夜不絶聲.

哀公曰:「有臣如此, 可不救乎?」

興師救楚, 吳人聞之, 引兵而還.

昭王反, 復欲封申包胥, 申包胥辭曰:「救亡, 非爲名也, 功成受賜, 是賣勇也.」

辭不受, 遂退隱, 終身不見.
詩云:『凡民有喪, 匍匐救之.』

【伍子胥】원래 楚나라 출신으로 아버지와 형이 平王에게 죽자 吳나라로 망명
하여 뒤에 원수를 갚으러 吳나라 군대를 이끌고 들어갔다.《史記》伍子胥列傳
참조.
【申包胥】원래 伍子胥의 친구. 伍子胥가 吳나라 군대를 이끌고 쳐들어오자,
秦나라에 가서 구원을 요청한 인물로 유명하다.
【楚昭王】楚平王의 아들. 재위 27년(B.C.515~489).
【雲夢】地名.
【秦哀公】당시 秦나라 군주. 재위 36년(B.C.536~501).
【詩云】《詩經》邶風 谷風의 구절.

> 참고 및 관련 자료

1.《左傳》定公 4年

初, 伍員與申包胥友. 其亡也, 謂申包胥曰:「我必復楚國.」申包胥曰:「勉之. 子能復之,
我必能興之.」及昭王在隨, 申包胥如秦乞師, 曰:「吳爲封豕長蛇, 以薦食上國. 虐始
於楚, 寡君失守社稷, 越在草莽. 使下臣告急曰, 夷德無厭, 若隣於君, 疆場之患也.
逮吳之未定, 君其取分焉. 若楚之遂亡, 君之土也. 若以君靈撫之, 世以事君.」秦伯
使辭焉, 曰:「寡人聞命矣, 子姑就館, 將圖而告.」對曰:「寡君越在草莽, 未獲所伏.
下臣何敢卽安?」立依於庭墻而哭, 日夜不絶聲, 勺飮不入口, 七日. 秦哀公爲之賦
無衣, 九頓首而坐. 秦師乃出.

2.《史記》伍子胥列傳

始, 伍員與申包胥爲交. 員之亡也, 謂包胥曰:「我必覆楚.」包胥曰:「我必存之.」
及吳兵入郢, 伍子胥求昭王. 旣不得, 乃掘楚平王墓, 出其尸, 鞭之三百, 然後已.
申包胥亡於山中, 使人謂子胥曰:「子之報讐, 其以甚乎! 吾聞之, 人衆者勝天, 天定
亦能破人. 今子故平王之臣, 親北面而事之. 今至於僇死人, 此豈其無天道之極乎?」

伍子胥曰:「爲我謝申包胥曰, 吾日暮塗遠, 吾故倒行而逆施之.」於是申包胥走秦告急, 求救於秦, 秦不許. 包胥立於秦廷, 晝夜哭, 七日七夜不絶其聲. 秦哀公憐之曰:「楚雖無道, 有臣若是, 可無存乎!」乃遣車五百乘救楚擊吳.

3.《新序》節士篇

申包胥者楚人也. 吳敗楚兵於柏擧, 遂人郢, 昭王出亡在隨. 申包胥不受命, 而赴於秦乞師, 曰:「吳爲無道, 行封豕長蛇, 蠶食天下, 從上國, 始於楚, 寡君失社稷, 越在草莽, 使下臣告急曰:『吳, 夷狄也, 夷狄之求無厭, 滅楚則西與君接境, 若隣於君, 疆場之患也. 逮吳之未定, 君其圖之, 若得君之靈, 存撫楚國, 世以事君.』」秦伯使辭焉, 曰:「寡君聞命矣, 子其就館, 將圖而告子.」對曰:「寡君越在草莽, 未獲所休, 下臣何敢卽安.」倚於庭墻立哭, 日夜不絶聲, 水漿不入口, 七日七夜. 秦哀公爲賦無衣之詩, 言兵今出, 包胥九頓首而坐. 秦哀公曰:「楚有臣若此而亡, 吾無臣若此, 吾亡無日矣.」於是乃出師救楚. 申包胥以秦師至楚, 秦大夫子滿, 子虎帥車五百乘. 子滿曰:「吾未知吳道.」使楚人先與吳人戰而會之, 大敗吳師. 吳師旣退, 昭王復國, 而賞始於包胥, 包胥曰:「輔君安國, 非爲身也; 救急除害, 非爲名也; 功成而受賞, 是賣勇也. 君旣定又何求焉.」遂逃賞, 終身不見.

4.《韓詩外傳》卷2

昔者, 申包胥立於秦廷, 七日七夜, 哭不絶聲, 是以存楚.

5.《吳越春秋》卷4 闔閭内傳 9年

申包胥亡在山中, 聞之乃使人謂子胥曰:「子之報讎, 其以甚乎! 子故平王之臣, 北面事之. 今於僇屍之辱, 豈道之極乎?」子胥曰:「爲我謝申包胥曰:『日暮路遠, 倒行而逆, 施之於道也.』」申包胥知不可, 乃之於秦, 求救楚. 晝馳夜趨, 足踵躋劈裂裳裹膝鶴, 倚哭於秦庭, 七日七夜, 口不絶聲.

442(14-13) 楚令尹虞丘子
우구자와 손숙오

초楚나라 영윤令尹 우구자虞丘子가 장왕莊王에게 말하였다.
"제가 듣기로 '공公을 받들어 법을 행하면 영화를 얻을 수 있고,
능력이 낮고 행동이 천박하면 윗자리를 바라볼 수 없다. 또 인의와
지혜가 뛰어나지 못하면 현달과 영화를 구할 수 없고, 재주가 드러나지
못하면 그 자리를 지킬 수 없다'라 하였습니다. 제가 이 나라 영윤이
된 지 10년이 되었건만 나라를 더 잘 다스리지도 못하였고, 소송과
옥사獄事는 그칠 줄 모르며, 처사
處士가 승격되지 못하였으며, 음일
淫佚과 화禍가 토벌되지도 못하였
습니다. 그런데도 높은 자리를 차
고 앉아서 여러 어진 이의 길을
방해하며 하는 일 없이 음식만 축내
면서 탐욕도 그칠 줄 모르니, 저의
죄를 마땅히 법리法理대로 헤아려
주시옵소서.

제 생각으로는 나라의 준사俊士
이면서 향리鄕里에 묻혀 살고 있는
손숙오孫叔敖를 거용하시면 어떨까
합니다. 그는 마른 체구이나 청수
清秀하여 재능도 많으며 성격도

孫叔敖와 어머니《列女傳》삽화

욕심이 없는 자입니다. 임금께서 그를 거용하여 정치를 맡기시면 나라를 잘 다스릴 수 있으며, 백성들도 따라올 것입니다."

장왕은 이렇게 말하였다.

"나는 그대 덕분에 저 중국中國에까지 어른 노릇하게 되었고, 끊어진 편벽한 지역까지 명령을 듣게 하여 제후의 패자가 되었소. 이는 그대가 아니면 누가 할 수 있었겠소?"

우구자가 다시 이렇게 말하였다.

"오랫동안 녹위祿位를 고집하는 것은 탐貪이며, 어진 이를 진달進達시키지 못하는 것은 무誣이며, 그 자리를 양보하지 않는 것은 불렴不廉입니다. 이 세 가지를 잘 처리하지 못하는 것은 바로 불충不忠입니다. 남의 신하가 되어서 이처럼 불충한데 왕께서는 어찌 저를 충성되다고 여기십니까? 원컨대 굳이 사양하겠나이다."

장왕은 할 수 없이 그의 의견을 따르기로 하고, 그에게 채읍採邑 3백 호를 내리며 국로國老라는 칭호를 주었다. 그리고는 손숙오를 영윤으로 삼았다.

그로부터 얼마 후 우구자의 가족이 법을 어기고 말았다. 손숙오가 그를 잡아다가 사형에 처하도록 하였다. 우구자는 자신의 가족을 사형에 처한다는 사실을 알고 대단히 즐거워하며 장왕을 만났다.

"제가 말한 손숙오는 과연 나라를 잡고 이끌게 할 만합니다. 국가의 법을 받들어 자기 무리의 이익을 위해 사사로이 하는 법이 없으며 형륙刑戮을 베풀되 이를 왜곡하는 경우가 없습니다. 가히 공평公平하다고 이를 수 있습니다."

이에 장왕은 이렇게 말하였다.

"모두가 그대가 내려 준 유훈遺訓이오!"

楚令尹虞丘子, 復於莊王曰:「臣聞奉公行法, 可以得榮, 能淺行薄, 無望上位, 不名仁智, 無求顯榮, 才之所不著, 無當其處.

臣爲令尹十年矣, 國不加治, 獄訟不息, 處士不升, 淫禍不討, 久踐高位, 妨群賢路, 尸祿素飡, 貪欲無厭, 臣之罪當稽於理, 臣竊選國俊下里之士孫叔敖, 秀嬴多能, 其性無欲, 君擧而授之政, 則國可使治而士民可使附.」

莊王曰:「子輔寡人, 寡人得以長於中國, 令行於絶域, 遂霸諸侯, 非子如何?」

虞丘子曰:「久固祿位者, 貪也; 不進賢達能者, 誣也; 不讓以位者, 不廉也; 不能三者, 不忠也. 爲人臣不忠, 君王又何以爲忠? 臣願固辭.」

莊王從之, 賜虞子采地三百, 號曰「國老」, 以孫叔敖爲令尹.

少焉, 虞丘子家干法, 孫叔敖執而戮之.

虞丘子喜, 入見於王曰:「臣言孫叔敖果可使持國政, 奉國法而不黨, 施刑戮已不骫, 可謂公平.」

莊王曰:「夫子之賜也已!」

【令尹】 楚나라 관직. 다른 나라의 相國과 같다. 최고 관직인 宰相.
【虞丘子】 楚莊王 때의 令尹.
【楚莊王】 춘추오패의 하나. 재위 23년(B.C.613~591).
【復】 "보고하다, 말하다"의 뜻. 金嘉錫의 《說苑補正》에는 "復應作言"이라 함.
【尸祿素飡】 尸는 神主. 尸祿은 神主처럼 하는 일 없이 제사나 받는다는 뜻. 素飡은 음식.
【孫叔敖】 楚 莊王 때의 令尹. 蔿敖. '兩頭蛇'의 고사로 유명하다.(《列女傳》 참조)
【中國】 中原을 말한다.
【採邑】 卿·大夫에게 封하는 食邑을 말한다.

1. 《韓詩外傳》 권2와 《列女傳》의 '樊姬'의 고사는 이 사건과 연관이 있다.

죽음에 임해서도 두려움을 모르는 자

조선자趙宣子가 한헌자韓獻子를 진후晉侯, 晉王에게 추천하였다.

"그는 사람됨이 당을 짓지 않고 무리를 다스려 난에 빠지지 않게 하며, 죽음에 임해서도 두려움을 모르는 자입니다."

이에 진왕은 한헌자를 중군위中軍尉로 삼았다. 그리고 하곡河曲의 전쟁이 벌어졌을 때였다. 조선자의 수레가 군대 행렬을 흐뜨리자 한헌자가 그 조선자의 수레 모는 이를 사형에 처해 버렸다. 이를 본 많은 사람들이 이렇게 입방아를 찧었다.

"한헌자는 틀림없이 죽음을 당할 것이다. 조선자가 아침에 그를 추천해 주었는데 저녁에 그의 수레 모는 마부를 죽였으니 누군들 이를 그냥 두겠는가?"

전쟁이 끝나고 조선자가 대부들에게 주연을 베풀었다. 세 번씩의 건배가 이루어진 후 조선자는 이렇게 말하였다.

"여러분이 나에게 축하해 주어야 할 일이 있소!"

이 말을 들은 대부들이 어리둥절하여 물었다.

"무엇을 축하해 드려야 할지 모르겠습니다."

이에 선자는 이렇게 말하였다.

"내가 한궐韓厥을 임금에게 추천할 때에 만약 잘못된 일이 생기면 반드시 그 형벌을 받겠노라 약속하였소. 지금 나의 수레가 차례를 어기고 잘못을 범하자 그는 나의 마부를 처형하였으니 이것이야말로 당을 짓지 않아 나의 말이 틀림없는 것으로 만들어 주었소!"

그러자 대부들이 재배계수再拜稽首하며 이렇게 말하였다.

"이는 진晉나라가 복을 누리는 일일뿐더러, 당숙唐叔의 보살핌까지 있는 셈이니 어찌 감히 재배계수하지 않을 수 있으리오!"

趙宣子言韓獻子於晉侯曰:「其爲人不黨, 治衆不亂, 臨死不恐.」 晉侯以爲中軍尉.

河曲之役, 趙宣子之車千行, 韓獻子戮其僕, 人皆曰:「韓獻子 必死矣, 其主朝昇之, 而暮戮其僕, 誰能待之!」

役罷, 趙宣子觴大夫, 爵三行曰:「二三子可以賀我.」

二三子曰:「不知所賀.」

宣子曰:「我言韓厥於君, 言之而不當, 必受其刑. 今吾車失次 而戮之僕, 可謂不黨矣. 是吾言當也.」

二三子再拜稽首曰:「不惟晉國適享之, 乃唐叔是賴之, 敢不 再拜稽首乎?」

【趙宣子】趙盾. 晉나라 六卿의 하나. 趙衰의 아들. 襄公 때에 中軍을 통솔하였다. 시호는 宣. 뒤에 그 후손이 趙나라를 세웠다.

【韓獻子】韓厥. 晉나라 六卿의 하나로 畢萬의 玄孫. 대대로 韓 땅에 살아 성씨로 삼았다. 뒤에 韓나라를 세웠다. 시호는 獻.

【晉侯】晉나라 왕. 구체적으로는 靈公. 재위 14년(B.C.620~607).

【中軍尉】古代의 兵制는 右軍·中軍·左軍이 있어 그 중 中軍의 지휘관을 中軍尉 라 한다.

【河曲】地名. 지금의 山西省 永濟縣.

【趙宣子之車千行】'千'은 '干'의 오기.

【韓厥】韓獻子.

【再拜稽首】두 번 절하고 머리를 조아림.

【唐叔】周初 唐叔이 晉에 봉해졌다. 즉 晉나라의 시조.

참고 및 관련 자료

1.《國語》晉語(五)

趙宣子言韓獻子於靈公, 以爲司馬. 河曲之役, 趙孟使人以其乘車干行, 獻子執而戮之. 衆咸曰:「韓厥必不沒矣. 其主朝升之, 而暮戮其車, 其誰安之!」宣子召而禮之, 曰: 「吾聞事君者比而不黨. 夫周以舉義, 比也; 舉以其私, 黨也. 夫軍事無犯, 犯而不隱, 義也. 吾言女於君, 懼女不能也. 舉而不能, 黨孰大焉! 事君而黨, 吾何以從政? 吾故以是觀女. 女勉之. 苟從是行也, 臨長晉國者, 非女其誰?」皆告諸大夫曰:「二三子可以賀我矣! 吾舉厥也而中, 吾乃今知免於罪矣.」

444(14-15) 晉文公問於咎犯
원수를 추천한 이유

진晉 **문공**文公이 구범咎犯에게 물었다.

"누구를 과연 서하西河의 태수로 삼는 것이 좋겠소?"

구범은 말하였다.

"우자고虞子羔가 적당한 인물입니다."

그러자 문공이 물었다.

"그대는 그 사람과 원수지간이 아니오?"

구범은 이렇게 말하였다.

"왕께서는 누가 태수로 적당한가를 물었지, 누가 저의 원수인가를 물은 것이 아니지 않습니까?"

그러자 우자고가 구범을 만나 이렇게 사죄의 말을 하였다.

"다행히 저의 잘못을 용서하시고, 저를 임금에게 서하 태수로 추천 하셨다면서요?"

이 말에 구범은 이렇게 말하였다.

"그대를 추천한 것은 공公이요, 그대를 미워하는 것은 사私입니다. 내 사사로운 일로 공의公義를 해치고 싶지 않았을 뿐이오. 그대는 어서 떠나시오. 나를 다른 눈으로 뒤돌아보면 활로 쏘아 죽여 버리겠소!"

晉文公問於咎犯曰:「誰可使爲西河守者?」

咎犯對曰:「虞子羔可也.」

公曰:「非汝之讐也?」

對曰:「君問可爲守者, 非問臣之讐也.」

羔見咎犯而謝之曰:「幸赦臣之過, 薦之於君, 得爲西河守.」

咎犯曰:「薦子者, 公也, 怨子者, 私也, 吾不以私事害公義, 子其去矣, 顧吾射子也.」

【晉文公】 춘추오패의 하나. 재위 9년(B.C.636~628).

【咎犯】 舅犯. 文公의 외삼촌이며, 文公을 도와 패자로 만든 인물.

【西河】 晉나라 땅으로 黃河의 서쪽. 지금의 陝西省 華陰縣·華縣·白水縣·澄域縣 일대.

【虞子羔】 당시 晉文公의 신하.

【顧吾赦子也】 '赦'는 '射'의 오기.

참고 및 관련 자료

1. 《左傳》 襄公 3年

祁奚請老, 晉侯問嗣焉. 稱解狐, 其讐也, 將立之而卒. 又問焉, 對曰:「午也可.」於是羊舌職死矣, 晉侯曰:「孰可以代之?」對曰:「赤也可.」於是使祁午爲中軍尉, 羊舌赤佐之.

2. 《韓非子》 外儲說左下

中牟無令, 晉平公問趙武曰:「中牟, 三國之股肱, 邯鄲之肩髀, 寡人欲得其良令也, 誰使面可?」武曰:「邢伯子可.」公曰:「非子之讐也?」曰:「私讐不入公門.」

3. 《韓非子》 外儲說左下

解狐薦其讎於簡子以爲相, 其讎以爲且幸釋己也, 乃因往拜謝, 狐乃引弓送而射之, 曰:「夫薦汝公也, 以汝能當之也. 夫讎汝, 吾私怨也, 不以私怨汝之故擁汝於吾君, 故私怨不入公門.」

4. 《韓非子》外儲說左下

一曰, 解狐擧邢伯柳爲上黨守, 柳往謝之曰: 「子釋罪, 敢不再拜.」曰: 「擧子公也, 怨子私也, 子往矣, 怨子如初也.」

5. 《呂氏春秋》去私篇

晉平公問於祁黃羊曰: 「南陽無令, 其誰可而爲之?」祁黃羊對曰: 「解狐可.」平公曰: 「解狐非子之讎邪?」對曰: 「君問可, 非問臣之讎也.」平公曰: 「善.」遂用之, 國人稱善焉.

6. 《韓詩外傳》卷9

魏文侯問於解狐曰: 「寡人將立西河之守, 誰可用者?」解狐對曰: 「荊伯柳者賢人, 殆可.」文侯曰: 「是非子之讎也?」對曰: 「君問可, 非問讎也.」於是將以荊伯柳爲西河守. 荊伯柳問左右: 「誰我於吾君?」左右皆曰: 「解狐.」荊伯柳往見解狐而謝之曰: 「子乃寬臣之過也, 言於君. 謹再拜謝.」解狐曰: 「言子者公也, 怨子者私也. 公事已行, 怨子如故.」張弓射之, 走十步而沒, 可謂勇矣. 詩曰: 『邦之司直.』

7. 《新序》卷1

晉大夫祁奚老, 晉君問曰: 「孰可使嗣?」祁奚對曰: 「解狐可.」君曰: 「非子之讎邪?」對曰: 「君問可, 非問讎也.」晉遂擧解狐. 後又問: 「孰可以爲國尉?」祁奚對曰: 「午也可.」君曰: 「非子之子邪?」對曰: 「君問可, 非問子也.」君子謂祁奚能擧善矣. 稱其讎不爲諂, 立其子不爲比. 書曰: 『不偏不黨, 王道蕩蕩.』祁奚之謂也. 外擧不避仇讎, 內擧不回親戚, 可謂至公矣. 唯善, 故能擧其類. 詩曰: 『唯其有之, 是以似之.』祁奚有焉.

8. 《國語》晉語(七)

祁奚辭於軍尉, 公問焉, 曰: 「孰可?」對曰: 「臣之子午可. 人有言曰: 『擇臣莫若君, 擇子莫若父.』午之少也, 婉而從令, 遊有鄉, 處有所, 好學而不戲. 其壯也, 彊志而用命, 守業而不淫. 其冠也, 和安而好敬, 柔惠小物, 而鎮定大事, 有直質而無流心, 非義不變, 非上不擧. 若臨大事, 其可以賢於臣. 臣請薦所能擇而君比義焉.」公使祁午爲軍尉, 歿平公, 軍無秕政.

9. 《史記》晉世家

三年, 晉會諸侯. 悼公問群臣可用者, 祁傒擧解狐. 解狐, 傒之仇. 復問, 擧其子祁午. 君子曰: 「祁傒可謂不黨矣! 外擧不隱仇, 內擧不隱子.」

10. 기타 참고자료

《類說》(28)·《太平御覽》(429, 482)·《冊府元龜》(901)

445(14-16) 楚文王伐鄧
나물을 빼앗긴 노인

초楚 문왕文王이 등鄧을 칠 때에 두 왕자 혁革과 영靈으로 하여금 나물을 뜯어 오도록 하였다. 밖으로 나온 그들은 한 늙은이가 바구니 가득 나물을 담아 가는 것을 보고 그것을 달라고 요구하였다. 노인이 이를 허락하지 않자, 두 왕자는 노인을 때리고 그것을 빼앗아 버렸다. 왕이 이 사실을 알고 두 왕자를 잡아다가 장차 죽이고자 하였다. 그때 대부들이 나서서 말렸다.

"나물 바구니를 빼앗은 것은 죄임에 틀림없습니다. 그러나 그만한 일로 죽인다면 그 죄에 맞는 형벌은 아닌 것 같습니다. 임금께서는 어찌 꼭 사형으로 처하려만 하십니까?"

이 말이 끝나자 나물을 빼앗겼던 노인이 군영軍營을 찾아와서 이렇게 말하였다.

"등나라가 무도하기 때문에 그를 치려 한다면서, 지금 두 왕자가 달려들어 사람을 치면서까지 남의 바구니를 빼앗았으니 이는 등나라보다 더욱 무도한 것입니다."

그리고는 하늘을 우러르며 우는 것이었다. 임금까지 이 소리를 듣게 되자 여러 신하들이 두려움에 떨었다. 임금이 그 노인을 만나 이렇게 말하였다.

"죄 있는 자를 토벌한다면서 횡포를 부리고 남의 것을 빼앗았으니, 이는 포악을 막는다는 명분에 어긋남이 분명하오. 또 힘을 믿고 노인을 학대하였으니, 이 또한 아이를 가르치는 도리에 어긋나오. 아들을 사랑한다고 법을 저버리게 되면 국가를 보위할 명분 또한 사라지지요.
두 아들을 사사로운 정으로 감싸고 세 가지 옳은 행동을 잃게 된다면
정치를 제대로 해나갈 수가 없겠지요. 어르신께서는 용서해 주시기
바랍니다."

그리고 군문軍門 밖까지 나가 사죄하며 그를 보냈다.

楚文王伐鄧, 使王子革王子靈共拾菜, 二子出採, 見老丈人
載畚, 乞焉, 不與, 搏而奪之. 王聞之, 令皆拘二子, 將殺之.

大夫辭曰:「取畚信有罪, 然殺之, 非其罪也, 君若何殺之.」

言卒, 丈人造軍而言曰:「鄧爲無道, 故伐之, 今君公之子搏而
奪吾畚, 無道甚於鄧.」

呼天而號, 君聞之, 羣臣恐, 君見之曰:「討有罪而橫奪, 非所
以禁暴也; 恃力虐老, 非所以敎幼也; 愛子弃法, 非所以保國也;
私二子, 減三行, 非所以從政也, 丈人舍之矣.」

謝之軍門之外.

【楚文王】 춘추시대 楚나라 임금. 재위 13년(B.C.689~677).
【鄧】 춘추시대 나라 이름. B.C.678년 楚에게 망하였다. 지금의 河南省 鄧縣.
【王子革】 文王의 아들.
【王子靈】 역시 文王의 아들.
【三行】 禁暴·敎幼·保國 세 가지를 가리킨다.

446(14-17) 楚令尹子文之族
친족에게 형벌을 내리다

초楚나라 영윤令尹 자문子文의 친족이 법을 어겨 정리廷理가 이를 구속하였다. 그러나 정리는 그가 영윤의 친족이라는 사실을 알고 석방시켜 주었다. 이에 자문은 정리를 불러 이렇게 문책하였다.

"나라에 정리라는 직책을 세운 것은 왕의 명령이나 국가의 법을 거스르는 자를 살펴 처리하라 한 것이오. 그래서 곧은 선비로 이 일을 맡게 하여 법대로 하되, 부드러우나 흔들리지 않고 강직하나 꺾이지 않도록 한 것이오. 그런데 지금 그대는 법령을 저버리고 범법자를 석방하였으니, 이는 그 다스림이 잘못되었을 뿐만 아니라 마음속에 공정치 못한 생각을 품고 있는 셈이오. 어찌 나의 사사로운 뜻을 헤아린 답시고 정리로서 법을 그렇게 왜곡할 수 있단 말이오!

나는 윗자리에서 백성을 인솔하고 있지만, 사민士民 가운데 누구라도 원망이 있으면 이는 나 역시 법에서 면제될 수 없는 일이거늘, 지금 나의 친족이 법을 어긴 것이 분명한데도 정리를 시켜 나의 권위를 이용하여 이를 풀어 준 꼴이 되었으니, 이는 내가 공정하지 못한 생각을 가졌다는 것을 나라 안에 널리 밝혀 보이는 셈이오. 한 나라의 중요한 자리를 쥐고서 내 사사로이 일을 처리하고, 의義를 실행하지 못하며 사느니 차라리 죽어 버리느니만 못하오."

드디어 그 친족을 법대로 처리하라 정리에게 맡기면서 다시 이렇게 일렀다.

"이 사람에게 형벌을 내리지 않으면 내가 죽으리라!"

정리는 두려움 끝에 그 친족에게 형벌을 내렸다. 성왕成王이 이 소식을 듣고 신도 제대로 신지 않은 채 자문의 집으로 달려가서 이렇게 말하였다.

"과인이 어려서 그 법관을 관리하지 못하였소. 그래서 선생의 뜻에 어긋나게 하였습니다."

그리고 나서 정리를 축출시키고 자문을 높여 주면서 내정內政까지 관리하도록 하였다. 백성들이 이 소식을 듣고 이렇게 말하였다.

"만약 영윤과 같이 공평히만 해 준다면 우리에게 무슨 근심거리가 있으리오!"

그리고는 이렇게 노래를 불렀다.

"자문의 친족이 나라의 법을 어겼네. 정리가 이를 석방하였으나 자문이 듣지 않았네. 그는 백성의 원망의 싹이 날까 걱정하였으니, 이것이야말로 방정方正하고 공평한 일이지!"

楚令君子文之族, 有干法者, 廷理拘之, 聞其令尹之族也, 而釋之.

子文召廷理, 而責之曰:「凡立廷理者, 將以司犯王令而察觸國法也. 夫直士持法, 柔而不撓; 剛而不折. 今棄法而背令, 而釋犯法者, 是爲理不端, 懷心不公也. 豈吾營私之意也, 何廷理之駁於法也! 吾在上位, 以率士民, 士民或怨, 而吾不能免之於法. 今吾族犯法甚明, 而使廷理因緣吾心而釋之, 是吾不公之心, 明著於國也. 執一國之柄, 而以私聞, 與吾生不以義, 不若吾死也.」

遂致其族人於廷理曰:「不是刑也, 吾將死.」

廷理懼, 遂刑其族人.

成王聞之, 不及履而至于子文之室曰:「寡人幼少, 置理失其人, 以違夫子之意.」

於是黜廷理而尊子文, 使及內政.

國人聞之曰:「若令尹之公也, 吾黨何憂乎?」

乃相與作歌曰:『子文之族, 犯國法程. 廷理釋之, 子文不聽. 恤顧怨萌, 方正公平.」

【令尹】楚나라 최고의 관직. 宰相·相國과 같다.
【子文】楚 成王 때의 令尹. 孔子도 늘 칭찬하였다.
【廷理】법을 다스리는 관직.
【成王】춘추시대 楚나라 군주. 재위 46년(B.C.671~626).

447(14-18) 楚莊王有茅門者
태자의 범법

초楚 **장왕**莊王이 신하들이 모문茅門을 들어올 때의 법을 이렇게 정하였다.

"여러 신하들과 대부 및 여러 공자公子의 신분으로 입조入朝 할 때에 그들이 타고 온 수레가 처마 밑 낙숫물 떨어지는 곳을 넘으면 그 수레를 부수고 그 마부를 죽이리라!"

그런데 태자太子가 조회에 참석하러 오다가 말발굽이 그 정해진 경계선을 넘고 말았다. 정리廷理는 법대로 그 수레를 부수고 그 마부를 죽여 버렸다. 그러자 태자가 크게 노하여 임금에게 들어가 울면서 말하였다.

"저를 위해서 정리를 죽여 주십시오!"

이 말에 왕은 이렇게 말하였다.

"법이란 종묘宗廟를 공경하고 사직을 존중하기 위해 있는 것이다. 그래서 능히 입법종령入法從令하는 것이다. 또 사직을 존경하는 일을 맡은 신하는 곧 사직지신社稷之臣이다. 어찌 가히 그를 죽일 수 있단 말이냐? 그리고 범법폐령犯法廢令의 행위는 사직을 존경하지 않는 것이니 이는 신하가 임금을 버리고 아랫사람이 윗사람을 능멸하는 것이다. 신하가 임금을 버리면 군주는 권위를 잃게 되고, 아래가 위를 능멸하면 윗자리가 위험해져서 사직을 지켜낼 수가 없다. 이 나라가 그렇게 되면 너에게 무엇을 넘겨 줄 게 있겠느냐?"

태자는 이에 다시 돌아와 자기 집에 머물면서 재배하고 죽음을 청하였다.

楚莊王有茅門者法曰:「羣臣大夫諸公子入朝, 馬蹄蹂霤者, 斬其輈而戮其御.」

太子入朝, 馬蹄蹂霤. 廷理斬其輈而戮其御.

太子大怒, 入爲王泣曰:「爲我誅廷理.」

王曰:「法者, 所以敬宗廟, 尊社稷, 故能立法從令尊敬社稷者, 社稷之臣也, 安可以加誅? 夫犯法廢令, 不尊敬社稷, 是臣棄君, 下陵上也. 臣棄君則主失威, 下陵上則上位危, 社稷不守, 吾何以遺子?」

太子乃還走避舍, 再拜請死.

【楚莊王】춘추오패의 하나.
【茅門者法】茅門은 諸侯의 궁문. 天子보다 낮추어 띠풀로 지붕을 이는 검소함을 말한다. 혹은 雉門이라도 한다. '茅門者法'은 신하들이 諸侯의 궁문을 출입할 때의 규정을 말한다.
【廷理】법을 처리하는 관직.
【立法從令】법을 세우고 그 명령을 따름.
【臣棄君】《說苑疏證》에 "乘原棄, 從拾補及朱駿聲校記改"라 하여 '乘'으로 보아야 한다고 하였다. 그렇게 되면 뜻은 "타고 오르다, 기어오르다"의 뜻이 된다.

1.《韓非子》外儲說右上

荊莊王有茅門之法曰:「群臣大夫諸公子入朝, 馬蹄踐霤者, 廷理斬其輈戮其御.」
於是太子入朝, 馬蹄踐霤, 廷理斬其輈, 戮其御. 太子怒, 入爲王泣曰:「爲我誅戮廷理.」
王曰:「法者所以敬宗廟, 尊社稷. 故能立法從令尊敬社稷者, 社稷之臣也, 焉可誅也?
夫犯法廢令不尊敬社稷者, 是臣乘君而下尙校. 臣乘君則主失威, 下尙校則上位危.
威失位危, 社稷不守, 吾將何以遺子孫?」於是太子乃還走, 避舍露宿三日, 北面再
拜請死罪.

448(14-19) 楚莊王之時
태자의 수레를 내쫓다

초楚 **장왕**莊王 때에 태자太子의 수레가 모문茅門 안까지 들어온 경우가 있었다. 이때 소사경少師慶이 이를 내쫓아 버렸다.

태자가 화를 내며 들어가 왕을 뵙고 호소하였다.

"소사경이 저의 수레를 내쫓았습니다."

그러자 왕이 이렇게 대답하였다.

"그쳐라! 늙은 내가 앞에 있을 때도 그는 조금도 예절에 어긋남이 없었다. 어린 너에게도 그 뒤에서 너의 잘못을 망설임 없이 꾸짖어 주니 이런 분이야말로 나라의 보배로운 신하이다."

楚莊王之時, 太子車立於茅門之內, 少師慶逐之.

太子怒, 入謁王曰:「少師慶逐臣之車.」

王曰:「舍之, 老君在前而不踰, 少君在後而不豫, 是國之寶臣也.」

【楚莊王】 춘추시대 초나라의 영명한 군주. 춘추오패의 하나.

【茅門】 諸侯의 궁문.

【少師慶】 莊王의 신하. 당시 廷理의 이름인 듯. 少師는 복성, 慶은 이름.

1. 본 장은 앞장(447)과 관련이 있다.

2. 《韓非子》外儲說右上

楚王急召太子. 楚國之法, 車不得至於茆門. 天雨, 廷中有潦, 太子遂驅車至於茆門.
廷理曰:「車不得至茆門, 非法也.」太子曰:「王召急, 不得須無潦.」遂驅之. 廷理擧
殳而擊其馬, 敗其駕. 太子入爲王泣曰:「廷中多潦, 驅車至茆門, 廷理曰非法也,
擧殳擊臣馬, 敗臣駕, 王必誅之.」王曰:「前有老主而不踰, 後有儲主而不屬, 矜矣.
是眞吾守法之臣也.」乃益爵二級, 而開後門出太子.「勿復過.」

공을 빌려 사사로운 원한을 갚은 오자서

오왕吳王 **합려**闔廬가 오자서伍子胥를 위해 군대를 일으켜 초楚나라
를 공격, 그 원수를 갚아 주고자 하였다. 그러자 오자서가 나서서
말렸다.

"제후가 한갓 필부匹夫를 위해서 군대를 일으키는 법은 없습니다.
또 임금을 섬기는 것은 어버이를 섬기는 것과 같습니다. 임금의 의를
훼손시켜 가면서까지 어버이의 원수를 갚는 일이라면 저는 하지 못하겠
습니다."

오왕은 이에 그치고 말았다.

그 뒤에 이 일로 인해 다시 군대를 일으켜 결국 아버지의 원수를
갚았다. 이를 보면 오자서 같은 이는 공사公事를 빌려 사사私事를 처리
하지는 않았다고 이를 수 있겠다.

吳王闔廬爲伍子胥, 興師復讐於楚.

子胥諫曰:「諸侯不爲匹夫興師, 且事君猶事父也, 虧君之義,
復父之讐, 臣不爲也.」

於是止. 其後因事而後復其父讐也, 如子胥可謂不以公事趨
私矣.

【吳王闔廬】 춘추시대 吳나라 군주. 재위 19년(B.C.514~496).

【伍子胥】 楚나라 출신으로 아버지와 형이 平王에게 죽자 吳나라로 망명하여 결국 원수를 갚았다. 《史記》 伍子胥列傳 참조.

450(14-21) 孔子爲魯司寇
공자의 공정한 재판

공자孔子가 노魯나라의 사구司寇가 되어 소송을 판결할 때에는 반드시 많은 사람들 앞에서 심판하였다. 그러면서 간절하게 그 이유를 설명하였다. 그런 다음 학식 있는 자가 나아가 이렇게 설명하였다.

"어떤 이는 이렇게 해야 한다고 하고, 또 어떤 이는 저렇게 해야 한다고 합니다."

그리고 다시 또 다른 이가 나와 이렇게 변론을 하였다.

"어떤 이는 저렇게 해야 한다고 하고, 또 어떤 이는 이렇게 해야 한다고 합니다."

그리고 나서 다시 이를 모두에게 알렸다. 그런 후 군자로서 마땅히 누구의 의견을 따라야 할 것인가를 살폈다. 즉 군자의 지혜로 누구의 의견이 능히 이 송사를 잘 판결하였는지를 본 것이다. 이것은 바로 군자로서 공경과 사양의 뜻이 있음을 말한다.

무릇 문사文辭란 많은 사람과 공통적인 의견이 있는 것이니, 홀로 독단으로 처리해서는 안 된다는 뜻을 보인 것이다.

孔子爲魯司寇, 聽獄必師斷, 敦敦然皆立, 然後君子進曰:「某子以爲何若, 某子以爲云云.」

又曰:「某子以爲何若, 某子曰云云.」

辯矣, 然後君子幾當從某子云云乎, 以君子之知, 豈必待某子之云云, 然後知所以斷獄哉?

君子之敬讓也, 文辭有可與人共之者, 君子不獨有也.

【司寇】송사에 대한 판결을 맡은 직분. 법관·재판관.
【師斷】師는 衆, 斷은 判決을 말한다.

> 참고 및 관련 자료

1.《史記》孔子世家

孔子在位聽訟, 文辭有可與人共者, 弗獨有也.

2.《孔子家語》好生篇

孔子爲魯司寇, 斷獄訟, 皆進衆議者而問之, 曰:「子以爲奚若? 某以爲何若?」皆曰云云, 如是, 然後夫子曰:「當從某子幾是.」

451(14-22) 子羔爲衛政
발꿈치를 잘린 문지기

자고子羔가 위衛나라에서 정치를 펴면서 한 죄인에게 발꿈치를 자르는 형벌을 내리게 되었다. 그 후 위나라에서 군신 사이에 난리가 나자, 자고는 성곽문으로 도망을 가게 되었다. 그런데 성곽문은 닫혀 있었고, 마침 발꿈치를 잘린 그자가 문지기 노릇을 하고 있었다. 그 자는 자고가 급히 도망가려는 것을 보고 그에게 일러 주었다.

"저쪽으로 가면 성이 허물어진 곳이 있어 넘어갈 수 있습니다."

그러자 자고가 거절하였다.

"군자는 담을 넘지 않는 법이오!"

그가 이번에는 다른 쪽을 일러 주었다.

"그럼 저쪽으로 가면 구멍이 있습니다."

이번에도 자고는 거절하였다.

"군자는 굴을 통과하지 않는 법이오."

이에 문지기는 이렇게 말하였다.

"여기에 방이 있습니다."

그리고는 그를 들여보내어 숨겨 주었다.

뒤쫓던 자들이 더 이상 찾지 못하고 돌아가 버렸다. 자고가 떠나면서 그 문지기에게 물었다.

"나는 임금의 법령을 지키느라 손수 그대의 발꿈치를 잘랐소. 내가 이러한 어려움에 처하여, 그대는 원한을 갚을 좋은 기회인데 어찌하여 나를 피하게 해 주었소?"

이에 다리 잘린 문지기는 이렇게 설명하였다.

"발꿈치가 잘린 것은 진실로 내가 그에 해당하는 죄를 지었기 때문이지요. 어쩔 수 없는 일이 아닙니까? 그대가 나를 다스릴 때에는 법령을 바꾸어 나를 제일 뒤에 두었소. 그래서 저를 법에서 구해 주려고 하였습니다. 이는 저도 잘 알고 있습니다. 그러나 판결이 나서 형벌이 정해지고 장차 이를 시행하면서, 그대의 얼굴 가득히 불쌍해하는 눈빛이 나타나 있었소. 이 또한 제가 잘 알고 있지요. 그때 귀하는 더 이상 저를 사사로이 구제해 줄 수가 없었습니다. 다만 천성으로 어진 마음을 타고나신 것은 사실이었습니다. 그래서 제가 그대를 위험에서 구해 준 것뿐입니다."

공자孔子가 이 소식을 듣고 이렇게 평하였다.

"관리로서 행동을 잘 하는 자는 덕을 심고, 관리로서 잘못하는 자는 원한을 심는다. 오로지 공으로 행할 일이니 이는 자고를 두고 이른 말이로다!"

子羔爲衛政, 刖人之足. 衛之君臣亂, 子羔走郭門, 郭門閉, 刖者守門, 曰:「於彼有缺.」

子羔曰:「君子不踰.」

曰:「於彼有竇.」

子羔曰:「君子不遂.」

曰:「於此有室.」

子羔入, 追者罷.

子羔將去, 謂刖者曰:「吾不能虧損主之法令, 而親刖子之足, 吾在難中, 此乃子之報怨時也, 何故逃我?」

刖者曰:「斷足固我罪也, 無可奈何. 君之治臣也, 傾側法令, 先後臣以法, 欲臣之免於法也, 臣知之. 獄決罪定, 臨當論刑,君愀然不樂, 見於顏色, 臣又知之. 君豈私臣哉? 天生仁人之心, 其固然也. 此臣之所以脫君也.」

　孔子聞之曰:「善爲吏者, 樹德, 不善爲吏者, 樹怨, 公行之也, 其子羔之謂歟!」

【子羔】 高柴. 衛나라 사람으로 子羔는 그의 字. 또 '子皐'란 인물이 있다. 孔子의 弟子이다. 《孔子家語》에는 '季羔'로 되어 있다.

【刖】 발꿈치를 자르는 형벌.

【罷】 '그쳐 그만두다'의 뜻.

참고 및 관련 자료

1. 《韓非子》外儲說左下

孔子相衛, 弟子子皐爲獄吏, 刖人足, 所跀者守門. 人有惡孔子於衛君者曰:「尼欲作亂.」衛君欲執孔子, 孔子走, 弟子皆逃, 子皐從出門, 跀危引之而逃之門下室中, 吏追不得. 夜半, 子皐問跀危曰:「吾不能虧主之法令而親跀子之足, 是子報仇之時也, 而子何故乃肯逃我? 我何以得此於子?」跀危曰:「吾斷足也, 固吾罪當之, 不可奈何. 然方公之獄治臣也, 公傾側法令, 先後臣以言, 欲臣之免也甚, 而臣知之. 及獄決罪定, 公愀然不悅, 形於顏色, 臣見又知之. 非私臣而然也, 夫天性仁心固然也, 此臣之所以悅而德公也.」

2. 《韓非子》外儲說左下

孔子曰:「善爲吏者樹德, 不能爲吏者樹怨. 槩者平量者也, 吏者, 平法者也, 治國者, 不可失平也.」

3. 《孔子家語》致思篇

季羔爲衛之士師, 刖人之足. 俄而衛有蒯聵之亂, 季羔逃之. 走郭門, 刖者守門焉, 謂季羔曰:「彼有缺.」季羔曰:「君子不踰.」又曰:「彼有竇.」季羔曰:「君子不隧.」又曰:「於此有室.」季羔乃入焉. 旣而追者罷, 季羔將去, 謂刖者曰:「吾不能虧主之法而親刖子之足矣, 今吾在難, 此正子之報怨之時, 而逃我者三, 何故哉?」刖者曰: 「斷足, 固我之罪, 無可奈何. 曩者君治臣以法, 令先人後臣, 欲臣之免也, 臣知之. 獄決罪定, 臨當論刑, 君愀然不樂, 見君顏色, 臣又知之, 君豈私臣哉! 天生君子, 其道固然, 此臣之所以悅君也.」孔子聞之曰:「善哉爲吏, 其用法一也, 思仁恕則樹德, 加嚴暴則樹怨, 公以行之, 其子羔乎!」

임동석(茁浦 林東錫)

慶北 榮州 上茁에서 출생. 忠北 丹陽 德尙골에서 성장. 丹陽初中 졸업. 京東高 서울
敎大 國際大 建國大 대학원 졸업. 雨田 辛鎬烈 선생에게 漢學 배움. 臺灣 國立臺灣師
範大學 國文硏究所(大學院) 博士班 졸업. 中華民國 國家文學博士(1983). 建國大學校
敎授. 文科大學長 역임. 成均館大 延世大 高麗大 外國語大 서울대 등 大學院 강의.
韓國中國言語學會 中國語文學硏究會 韓國中語中文學會 會長 역임. 저서에《朝鮮譯
學考》(中文)《中國學術槪論》《中韓對比語文論》. 편역서에《수레를 밀기 위해 내린
사람들》《栗谷先生詩文選》. 역서에《漢語音韻學講義》《廣開土王碑硏究》《東北民族
源流》《龍鳳文化源流》《論語心得》〈漢語雙聲疊韻硏究〉등 학술 논문 50여 편.

임동석중국사상100

설원說苑

劉向 撰 / 林東錫 譯註
1판 1쇄 발행/2009년 12월 12일
2쇄 발행/2013년 10월 1일
발행인 고정일
발행처 동서문화사
창업 1956. 12. 12. 등록 16-3799
서울강남구신사동563-10 ☎546-0331~6 (FAX)545-0331
www.dongsuhbook.com
잘못 만들어진 책은 바꾸어 드립니다.

*

*

사업자등록번호 211-87-75330
ISBN 978-89-497-0578-1 04080
ISBN 978-89-497-0542-2 (세트)